주역의 근원적 이해

-천문역법을 중심으로

김진희 지음

보고사

머리말

역易에 관심을 갖고 공부를 해 본 사람들은 대부분 역학이 쉽지 않다고 말한다. 그도 그럴 것이 역은 우주가 생성 변화하는 이치를 담고 있는 과학이자 철학의 내용을 포괄하는 만능 코드라고 할 수 있기 때문이다. 바꿔 말하면 역의 이치를 이해한다는 것은 사람이 사는 세상은 물론 우주 만물이 생멸하는 원리를 터득한다는 것이다.

이런 역에 대한 탐구의 갈래는 일반적으로 의리역학과 상수역학 내지는 과학역학, 그리고 응용역학으로 정리할 수 있다.

본래 은殷나라 말에서 주周나라 초기에 지어진 『역경』은 점을 치는데 쓰이는 책으로 알려져 있다. 또 이 『역경』을 우주 만물의 생성 변화에 관한 철학적 원리와 이 철학적 원리를 사람이 본받아야 할 인륜도덕에 중점을 두고 풀이한 것이 공자의 『역전』이다. 즉 점치는 책으로 출발한 『역경』을 인륜도덕적 관점에서 탐구하는 것을 의리역학이라고 할 수 있다.

그리고 상수역학은 천체가 운행하는 과학적 이치를 파악하고, 이를 통해 인사에서 발생할 일들을 예측하여 정치에 이용하려는 목적으로 한대漢代에 발흥한 역학의 갈래로 볼 수 있다. 이 상수역은 후대로 갈수록 천체 운행의 과학적 이치보다는 이를 이용한 점술에 더 많은 관심을 갖게 되어 상수역이라고 하면 곧 점술역으로 이해되는 경향이 있다. 그러나 어찌 됐던 상수역학은 천체에 관한 과학적 탐구가 전제되는 것으로서 오늘날은 과학역학의 의미에 무게가 실린다고 하겠다.

끝으로 응용역학은 역의 철학적이고 인륜도덕적 사상을 바탕으로 우주의 생성 소멸하는 과학적 이치를 통해 사람의 삶을 위한 예측수단으로 활용하는 것에 탐구의 중점을 두는 것으로 정리할 수 있다.

역학의 갈래를 이렇게 정리할 때 역학의 탐구에서 앞세워야 할 것은 과학역학이라고 할 수 있다. 즉 역의 이치를 과학적으로 먼저 이해한 다음 이를 토대로 의리역학을 하는 것이 순서일 것이다. 그런데 통상 이제까지 역학에서는 곧 바로 의리적 측면에서 접근해왔으며, 이 때문에 역학은 이해가 쉽지 않았다고 본다.

또 역을 인사人事를 예측하는데 활용하는 응용학에서는 이런 과학적 원리와 의리적 철학을 멀리하고 단순히 기술적으로만 접근하는 경향이 다분하다고 본다. 응용역학에서 자연과학적 원리의 이해가 부족하면 발전이 있을 수 없다. 즉 본바탕이 없이 응용은 불가능하다. 그리고 인륜도덕적 철학사상이 없으면 아무리 뛰어난 예측술을 가졌다 해도 그것이 궁극에 가서는 우주와 인간에 피해를 줄 것은 자명한 일이다.

이렇게 볼 때 역학에서 가장 먼저 해야 할 것은 역의 원리를 과학적으로 파악하는 일이다. 그런데 역의 생성에 가장 큰 영향을 준 것이 천문이다. 공자가 지은 것으로 전해지는 「계사전」에는 "옛날에 포희씨가 천하를 다스릴 때 우러러 하늘의 상을 관찰하고, 굽혀 땅의 법을 관찰하고, … 가까이는 자신에게서 취하고, 멀리는 물건에서 취하여 비로소 팔괘를 만들어 신명의 덕을 통하고, 만물의 정을 분류하였다(古者包犧氏之王天下也 仰則觀象於天 附則觀法於地 … 近取諸身 遠取諸物 於是 始作八卦 以通神明之德 以類萬物之情)"고 한다. 여기서 우리는 성인이 역을 지을 때 제일 먼저 하늘을 관찰하고, 다음이 땅이고, 그 다음이 사람과 물건의 순이었음을 알 수 있다. 즉 역의 생성에 가장 중요한 역할을 한 것이 천문임을 확인할 수 있다.

다시 말해 역학이 사람을 중심으로 우주만물의 생멸 변화하는 이치를 파악하는 것이라고 한다면, 당연히 사람이 발을 붙이고 선 지구를 중심으로 천상이 지구에 미치는 영향을 파악하는 것이 먼저가 될 것이다. 그런 다음 천상의 영향을 받은 지구에서 일어나는 변화현상을 이해하고, 이 모든 것을 사람을 중심으로 해석하는 것이 역학의 올바른 순서라고 생각된다.

이런 맥락에서 본서는 먼저 역학의 갈래를 통해 『주역』 공부에서는 천문역법의 이해가 필수적임을 살펴본 뒤, 『주역』이 지어진 시기의 사람들이 하늘을 보는 시각을 살펴본다. 다음은 『역전』을 포함하는 『역경』에서 드러나는 천문 관련 내용을 알아보고, 천문역법의 시공순환時空循環 특성과 이를 포괄적으로 표현하는 간지干支에 관해 탐구해본다. 끝으로 고대역법과 역학易學의 관계를 정리해본다.

필자는 자신은 물론 역학에 관심을 가진 사람들이 역학을 이해하는 데 조금이나마 보탬이 되도록 하기 위해 본서를 구상하고, 중국과 국내의 여러 문헌에서 관련 내용을 뽑아 필자의 의도를 구체화하고자 시도했다. 그러나 필자는 아직 공부가 미숙하여 의도한 목적에 도달하기엔 많이 부족하며, 많은 오류가 있다고 생각된다. 이점 독자 여러분께서 양해하시고 질책을 부탁드린다.

2010년 2월 김진희

차 례

제1장 『역경』의 개념과 성격

1. 『역경』과 『주역』의 개념

『역경易經』 또는 『주역周易』의 개념을 정리하기에 앞서 '역易'이란 말의 의미를 알아본다.

'易'자를 글자의 조합으로 풀어보면 해를 나타내는 '일日'자와 달을 표시하는 '월月'자를 합쳐놓은 것으로 볼 수 있다. 그런데 해는 낮에 나타나고, 달은 밤에 보인다. 그리고 낮이 가면 밤이 오고, 밤이 다하면 다시 낮이 된다. 밤과 낮이 한 번 바뀌면 하루가 되고, 하루하루가 지나가면 한 달이 되고, 한 달이 12번 바뀌면 1년이 되며, 1년에는 사시사철의 변화가 있게 마련이다. 즉 일日과 월月이 합치면 바뀜·변화 등의 의미가 있다.

또 '역易'자는 도마뱀의 모양을 본뜬 것이라는 설이 있다. 도마뱀은 보호색을 가지고 있어서 위험이 닥치면 몸의 색깔을 바꾸어서 스스로를 보호한다. '역易'자가 도마뱀을 형상한 글자라고 하더라도 여기에는 상황에 따라 변화한다는 뜻이 담겨 있다.

이처럼 변화의 의미를 담고 있는 '역易'자는 『역경』 또는 『주역』에서는 그 뜻이 더욱 확장되어 우주만물의 생성 변화하는 이치 내지는 규율이라는 의미를 갖고 있다. 『역경』을 해설한 『역전易傳』의 「계사전繫辭傳」
을 보면 '역易'의 이런 의미가 더욱 확실해진다.

「계사전」은 "역易에 태극太極이 있고, 태극이 양의兩儀의를 낳고, 양의
가 사상四象을 낳으며, 사상이 팔괘八卦를 낳는다."[1]는 말이 있다. 이
말은 우주가 생성 발전하는 과정을 설명하는 것이다. 또 "역易은 천지天
地와 똑같다. 그러므로 천지의 도道를 두루 다스린다."[2]고 하고 이어
"역易은 사물을 열어주고 일을 이루어 천하의 도를 포괄한다."[3]고 한
다. 이 말은 역易이 우주만물이 변화하는 이치 내지는 규율을 뜻하는
것임을 설명하는 것이다.

이런 역易의 내용을 담아 처음 지은 책을 『역경』 또는 『주역』이라고
한다. 이 『역경』과 『주역』은 같은 책을 말하지만 뒷이야기는 좀 차이가
있다. 통상 중국의 6대 경전의 머리에 놓이는 『역경』이라고 하면 본경本
經 『역경』과 이 『역경』 본경을 해설한 공자의 『역전』을 포함해 말한다.

본경 『역경』은 64괘卦와 괘명卦名·괘사卦辭·효사爻辭로 구성된 것으
로, 중국 은殷나라 말에서 서주西周 초에 주周나라 문왕文王과 그의 아들
주공周公 단旦에 의해 지어진 것으로 알려져 있다.

본경 『역경』을 공자와 그의 문도들이 인륜도덕과 우주 철학적 관점
에서 해설한 10편의 전傳을 『역전』이라고 한다. 『역전』은 이처럼 본경
『역경』의 깊은 뜻을 쉽게 이해하도록 돕는다는 의미에서 보통 '십익十
翼'이라고 표현한다. 십익은 「단전彖傳」 상하·「상전象傳」 상하·「계사전
繫辭傳」 상하·「설괘전說卦傳」·「서괘전序卦傳」·「잡괘전雜卦傳」·「문언전
文言傳」의 10편을 말한다.

---

1) 「繫辭傳」 상10장, "易有太極 太極生兩儀 兩儀生四象 四象生八卦"
2) 「繫辭傳」 상4장, "易與天地準 故能彌綸天地之道"
3) 「繫辭傳」 상11장, "易 開物成務 冒天下之道"

「단전」은 괘명卦名·괘상卦象·괘사卦事에 대한 해석이고, 「상전」은 괘상을 설명하는 '대상大象'과 효상爻象을 설명하는 '소상小象'을 말하고, 「문언전」은 건乾괘와 곤坤괘에 대한 해석이다. 「계사전」은 『역경』의 괘효사卦爻辭에 대한 해석으로, 『역전』의 주요 사상을 담고 있다. 「설괘전」은 팔괘八卦의 성질·방위·상징象徵의 의의意義·중괘重卦의 유래 등을 해석한다. 또 「서괘전」은 64괘의 배열 순서에 대해 설명하고, 「잡괘전」은 각 괘간의 뒤섞이고 종합되는 관계를 설명한다.

그리고 또 본경 『역경』과 『역전』을 포함하여 『주역』이라고도 부른다. 그러므로 넓은 의미의 『역경』과 『주역』은 같은 말이 된다.

그러나 『주역』은 넓은 의미의 『역경』을 말하지만 시대적 구분의 의미도 있다. 즉 '역서易書'는 시대별로 세 종류가 있다. 하夏나라 때의 역서는 『연산連山』, 은나라 때의 역서는 『귀장歸藏』이라고 하며, 주나라의 역은 『주역』이라고 부른다. 이들 세 종류의 역서는 모두 우주변화의 규율을 담고 있으나 괘의 배열에서 어떤 괘를 머리에 배치하느냐는 차이가 있다. 즉 『연산』은 간艮괘를 머리에 두고, 『귀장』은 곤坤괘를 머리에 두며, 『주역』은 건乾괘를 머리에 둔다. 또 『연산』과 『귀장』은 괘효卦爻가 변화하지 않은 상태에서 점을 치고, 『주역』은 괘효의 변화 상태로 점을 하는 점도 다른 점이다.4) 다만 『연산』과 『귀장』은 이미 실전하여 그 내용을 구체적으로 알 수 없다.

다시 말해 『주역』은 본경 『역경』과 『역전』을 포함하는 광의의 『역경』과 같은 말이면서 또 하나라의 『연산』과 은나라의 『귀장』과 구분하는 의미도 가지고 있다.

---

4) 張其成 主編, 『易學大辭典』, 華夏出版社, 1995. 5쪽 참고.

2. 『역경』의 3대 구성요소

본경『역경』은 괘상·서수筮數 또는 역수易數·괘효사의 3종으로 구성
되어 있다. 건괘를 예로 들어본다.

> 건乾(䷀) 원형이정元亨利貞−건은 원하고, 형하고, 이하고, 정하다.
> 초구初九 잠룡潛龍 물용勿用−초구는 물에 잠겨있는 용이니 쓰지 말아
> 야 한다.
> 구이九二 현룡재전見龍在田 이견대인利見大人−구이는 나타난 용이 밭
> 에 있으니 대인을 만나 봄이 이롭다.
> 구삼九三 군자종일건건君子終日乾乾 석척약石惕若 려厲 무구无咎−구삼
> 은 군자가 종일토록 힘쓰고 힘써서 저녁까지도 두려워하면
> 위태로우나 허물이 없으리라.
> 구사九四 혹약재연或躍在淵 무구无咎−구사는 혹 뛰어 오르거나 연못에
> 있으면 허물이 없으리라.
> 구오九五 비룡재천飛龍在天 이견대인利見大人−구오는 나는 용이 하늘
> 에 있으니 대인을 만나봄이 이롭다.
> 상구上九 항룡유회亢龍有悔−상구는 끝까지 올라간 용이라 뉘우침이 있
> 다.
> 용구用九 견군룡見群龍 무수无首 길吉−용구는 여러 용을 보되 앞장서
> 지 않으면 길하리라.

여기서 ䷀은 괘상 부호로 천지만물 즉 천도를 상징하는『역경』의 중
요 구성요소다. 또 괘의 여섯 부호(효爻) 가운데 아래부터 초구初九·구이
九二·구삼九三·구사九四·구오九五·상구上九까지는 서수筮數로서 괘상을
이루는 근거이자 천도의 수적 표현이다. 그리고 '건 원형이정'과 같은
문자 부분은 인사人事를 서술하는 괘효사이다.

『역경』을 구성하는 3대 요소인 괘상·서수·괘효사에 대해 좀 더 살펴본다.

1) 역상易象

역易의 상象은 크게 세 부분으로 나눠볼 수 있다. 첫째는 전체 역상으로 64괘와 하도·낙서·태극도·선천팔괘방위도·후천팔괘방위도·복희팔괘방위도·복희64괘방위도 등을 말한다. 다음은 64괘를 이루는 각 괘의 괘상이다. 끝으로 괘를 이루는 효상을 말한다. 즉 역상은 전체 괘상과 각 괘상 그리고 효상의 세 종류를 포함하는 것이다.

먼저 64괘 전체 괘상은 우주의 발전과정을 나타내는 모형이라고 볼 수 있다. 이것은 64괘의 배열 순서를 설명하는 「서괘전」을 보면 쉽게 이해된다.

> 「서괘전」의 첫 부분에는 "천지가 있은 뒤에 만물이 생겨나니 천지 사이에 가득한 것이 만물이다. 그러므로 둔屯으로 받았다. 둔은 가득함이고 물건이 처음 나온 것이다. 물건이 생겨나면 반드시 어리므로 몽蒙으로 받았다. 몽은 어린 것이고 물건이 어린 것이다. 물건이 어리면 기르지 않을 수 없으니 수需로 받았다. 수는 음식의 도다. …"[5)]고 한다.

여기서 천지는 건乾괘와 곤坤괘를 말하며, 건괘와 곤괘가 자리하고 교감하면 만물이 생기게 마련이고, 만물이 천지를 이룸은 가득한 것이면서 또 갓 태어났으니 어릴 것은 당연하다. 이 천지에 가득한 어린

---

5) 「서괘전」, "有天地然後 萬物生焉 盈天地之間者唯萬物 故受之以屯 屯者盈也 屯者物之始生也 物生必蒙 故受之以蒙 蒙者蒙也 物之穉也 物穉不可不養也 故受之以需 需者飮食之道也 …"

만물을 둔괘로 상징한 것이다. 이어서 어린 물건은 몽괘로 상징하고, 어린 물건은 잘 자라게 길러야 하므로 기른다는 의미의 수괘로써 상징한다.

이것은 『역경』 64괘 가운데 상경上經의 첫 부분에 대한 설명이다. 「서괘전」은 상경의 마지막 괘인 감坎괘와 리離괘까지 계속하여 이렇게 천도의 발전 과정을 밝히고 있다.

이어서 「하경」의 머리 부분인 함咸괘와 항恒괘에 관한 부분을 본다. "천지가 있은 후에 만물이 있고, 만물이 있은 뒤에 남녀가 있으며, 남녀가 있은 뒤에 부부가 있고, 부부가 있은 뒤에 부자가 있으며, 부자가 있은 뒤에 군신이 있고, 군신이 있은 뒤에 상하가 있으며, 상하가 있은 뒤에 예의가 둘 곳이 있는 것이다. 부부의 도는 오래하지 않을 수 없으므로 항으로써 받았고, 항은 오래함이니 물건은 한 곳에 오랫동안 머물수 없으므로 돈遯으로써 받았다. …"6)고 한다.

이것은 천지만물이 있은 뒤에는 남녀·부부·부자·군신·상하·예의 등의 인륜의 질서가 자리하게 되며, 인사의 문제는 천도의 이치를 따라 진행됨을 설명하는 것이다. 즉 64괘의 「상경」 30괘에서는 천도의 생성과 발전을 말하고, 하경 34괘에서는 천도를 빌려서 인사의 문제를 설명한다.

다음으로 괘상은 팔괘와 64괘의 괘형을 말하며, 만물을 구체적으로 상징한다.

「설괘전」은 "건은 굳셈이고, 곤은 순함이고, 진은 동함이고, 손은 들어감이고, 감은 빠짐이고, 간은 그침이고, 태는 기뻐함이다."7)고 하여

---

6) 「서괘전」, "有天地然後 有萬物 有萬物然後 有男女 有男女然後 有夫婦 有夫婦然後 有父子 有父子然後 有君臣 有君臣然後 有上下 有上下然後 禮義有所錯 夫婦之道不可以不久也 故受之以恒 恒者 久也 物不可以久居其所 故受之以遯 …"

팔괘의 성정을 밝히고 있다. 또 이어서 "건乾은 말이 되고, 곤坤은 소가 되고, 진震은 용이 되고, 손巽은 닭이 되고, 감坎은 돼지가 되고, 이離는 꿩이 되고, 간艮은 개가 되고, 태兌는 양이 된다."8)고 하고, "건乾은 머리가 되고, 곤坤은 배가 되고, 진震은 발이 되고, 손巽은 다리가 되고, 감坎은 귀가 되고, 이離는 눈이 되고, 간艮은 손이 되고, 태兌는 입이 된다."9)고 하여 팔괘와 물건을 구체적으로 대응시키고 있다.

「설괘전」은 팔괘에 대해서만 만물과 구체적 대응 설명을 하고 있다. 그러나 64괘가 팔괘를 겹쳐서 나온 것을 고려하면 곧 팔괘와 만물의 관계를 확장하고 유추하여 64괘도 만물의 구체적 상징임을 알 수 있다. 즉 괘상은 "방소는 류類로써 모이고 사물은 무리로써 나누어진다."10)는 기능을 갖추고 있는 것이다.

마지막으로 효상은 괘를 이루는 최소 단위로서 양(–)과 음(––)의 부호로 나뉘며, 『역경』의 기본요소가 된다. "역은 음양陰陽을 말한다."11)는 것은 음양의 효상이 역의 기본요소임을 한마디로 표현한 것이다. 또 "한 번은 음陰하고 한 번은 양陽하게 하는 것을 도라고 한다."12)는 것은 효상이 천하 만물의 생성과 변화운동을 상징함을 말하는 것이다. 「계사전」에서는 또 "효爻는 천하의 움직임을 본뜬 것이다."13)고 하고, "효는 변하는 것을 말한 것이다."14)고 하여 효가 천하의 움직임과 변화를

---

7) 「설괘전」 제7장, "乾健也 坤順也 震動也 巽入也 坎陷也 離麗也 艮止也 兌說也"
8) 「설괘전」 제8장, "乾爲馬 坤爲牛 震爲龍 巽爲鷄 坎爲豕 離爲雉 艮爲狗 兌爲羊"
9) 「설괘전」 제9장, "乾爲首 坤爲腹 震爲足 巽爲股 坎爲耳 離爲目 艮爲手 兌爲口"
10) 「계사전」 상1장, "方以類聚 物以群分"
11) 『莊子』 천하편, "易以道陰陽"
12) 「계사전」 상5장, "一陰一陽之謂道"
13) 「계사전」 하3장, "爻也者 天下之動者也"
14) 「계사전」 상3장, "爻者言乎變者也"

본뜬 것임을 밝히고 있다.

이상에서 보듯이 역상易象은 겉으로 드러나는 형상形像과 그것이 상징하는 내용으로 구분해 볼 수 있다. 역상의 의미는 원래 물物을 떠나서 뜻을 깨우치게 만드는 것으로 세 가지 의미가 함축돼 있다. 그 하나는 이름을 세워 그 사물을 가리키는 현상現象이다. 두 번째는 취상取象의 상으로 그 정신, 혹은 뜻을 취해서 다른 물에 비유하며, 형용에 비겨서 그 작용이나 기능을 상징하는 정신의 상이다. 마지막으로는 상을 본받는다는 뜻의 법상法象으로 추상, 즉 정신으로 원칙을 세워서 우주 운행의 근본적인 법상으로 삼는 것이다.[15] 이 세 가지상에서 첫째는 드러난 형상의 현상이고, 둘째와 셋째는 현상이 상징하는 우주의 생성변화의 규율이다.

상을 취해서 역괘를 해석하는 것은 가장 원시적이고 가장 초기의 방법이다. 괘효사는 상을 취해서 64괘가 가지고 있는 천도변화의 이치를 해독한 것이다.

2) 역수易數

역수易數는 서수筮數이며, 또 역수曆數라고 할 수 있다. 역의 수를 서수라고 하는 이유는 괘를 이루는 일과 관계된다. 「계사전」은 시초를 세어서 괘를 이루는 과정을 설명하고 있다.

"크게 넓혀진 수가 50이고 그것의 씀은 49이다. 이를 나누어 둘로 만들어 양의兩儀를 상징하고, 하나를 걸어서 삼재를 상징하고, 넷으로 세어 사시를 상징하고, 남는 것을 손가락에 끼워서 윤달을 상징하니, 5년에 윤

---

15) 박재주, 『주역의 생성논리와 과정철학』, 청계, 2001. 122쪽 참고.

달이 두 번이므로 두 번 낀 뒤에 거는 것이다. 건乾의 책수가 216이요, 곤坤의 책수가 144이다. 그러므로 모두 360이니, 1년의 수인 360에 해당하고, 상하 두 편의 책수가 1만 1천 520이니, 만물의 수에 해당한다. 이러므로 네 번 경영하여 역을 이루고, 18번 변해서 괘를 이룬다."[16]

이처럼 괘상을 작성하기 위해 시초를 헤아리는 것을 서수라고 하는 것이다. 그런데 여기에 보이는 사시, 윤달, 5년 재윤, 1년 360일 등의 표현은 모두 역법曆法과 관계되는 말이다. 즉 역의 수는 서수이고, 역법을 이루는 역수曆數임을 알 수 있다.

그런데 역수曆數는 시공時空의 변화와 순환주기循環周期의 성질이 있다. 「계사전」에 "『주역』이라는 책은 처음에 근원하여 마침을 살핌으로써 괘체卦體를 삼고, 육효가 서로 섞임은 오직 그 때와 일이다."[17]고 한다.

여기서 "처음에 근원하여 마침을 살핌"은 주기순환성을 가리키는 말이다. 64괘로 말하면 머리 괘인 건乾괘와 곤坤괘는 시작이 되고, 맨 마지막 괘인 기제旣濟와 미제未濟는 마침이 된다. 한 괘로 말하면 초효는 시작이고, 상효는 마침이다. 또 "육효가 서로 섞임은 오직 그 때와 일"이라는 것은 시공의 변화를 말하는 것이다. 한 괘에서 효의 변화를 통해 어느 때에 어떤 상황이 일어나는지를 읽을 수 있는 것이 이를 말하는 것이다. 그러므로 「계사전」은 "변變과 통通은 때에 따르는 것이다."[18]라고 한다.

왕필王弼[19]은 "대저 괘는 때이고 효는 때에 맞는 변화다."[20]라고 한

---

16) 「繫辭傳」 상9장, "大衍之數 五十 其用四十九 分爲二以象兩 掛一以象三 揲之以四以象四時 歸奇于扐以象閏 五歲再閏 故再扐而後掛 乾之策二百一十有六 坤之策百四十有四 凡 三百有六十 當期之日 二編之策 萬有一千五百二十 當萬物之數也 是故四營而成易 十有八變而成卦"

17) 「계사전」 하9장, "易之爲書也 原始要終以爲質也 六爻相雜 唯其時物也"

18) 「계사전」 하1장, "變通者 趣時者也"

다. 이것은 곧 64괘 중에 각 괘와 괘 중에 각 한 효는 모두 시공 순서상의 운동변화를 표시하는 것을 말한다. 즉 처음부터 끝까지의 시간순서의 추이를 나타내는 것이다.

시時를 중요하게 생각하는 관념은『역경』전체를 관통하고 있다.「단전象傳」에 자주 등장하는 시중時中(몽蒙)·시행時行(대유大有)·시의時義(예豫)·시용時用(규暌)·시대時大(구姤) 등과 같은 표현이 이를 잘 말해주고 있다.『역경』의 시 관념에 대해 중국 현대 의역醫易학자 전합록은 "시는 『역경』의 영혼이다. '시'를 벗어나면『역경』은 더 이상 존재하지 않는다."[21]라고 극언한다. 이런『역경』의 시 관념은 천도天度에 대한 고대인들의 인식에서 왔다. 일월이 왕래하는 운행규율은 시에 대한 고대인들의 인식을 형성했다. 연年·계季·월月·주야晝夜·회삭晦朔 등에 대한 고대인들의 인식은 곧 최초의 시 관념 요소를 이룬다. 고대인들은 시를 파악함으로써 때의 변화에 따른 길흉吉凶을 알고자 했다. 이 시를 파악해 길흉을 아는 방법이 복서卜筮를 하는 것이고, 서筮는 곧 천도의 운행규율을 헤아리는 것이다.

여기서 괘상과 역수의 관계를 정리해보면, 괘상과 역수는 동전의 앞면과 뒷면의 관계라고 할 수 있다. 괘상이 표현하는 것은 천지만물의 생성 변화규율, 즉 천도의 운행법칙이다. 그런데 괘상은 서筮를 통해서 나오며, 서는 천도의 운행규율을 헤아리는 과정이다. 다시 말해 괘상은

---

19) 王弼(226~249)-중국 위魏나라 때 산동성山東省 출신의 학자로 자는 보사輔嗣. 하안何晏과 함께 위魏·진晉의 현학玄學의 시조로 불린다. 의義와 이理의 분석·사변적 학풍을 창시하여 중국 중세의 관념론체계에 영향을 주었다. 저서로『노자주老子註』『주역주周易註』가 있다.

20)『주역약례周易略例』「명괘적변통효明卦適變通爻」, "夫卦者 時也 爻者 適時之變者也"

21) 田合祿,『周易眞原』, 山西科學技術出版社, 2006. 236쪽.

천체운행규율에 대한 형상화이고, 역수는 수리화된 표시다. 그러므로 괘상은 정적인 면이 있고, 역수는 동적인 면이 있다. 괘상과 역수는 이렇게 일체이면서 2면이기 때문에 상호 보완의 기능을 한다. 즉 상象으로써 뜻을 다 밝히지 못하므로 서수로 이를 보충하고, 수數로써 뜻을 모두 드러내지 못하므로 상으로써 보충하는 것이다. 그래서 「계사전」은 역도를 일러 "한 번은 음하고, 한 번은 양하게 하는 것을 도라고 한다."[22]라고 한 것이다.

3) 계사繫辭

계사는 괘명, 괘사, 효사 세 부분을 포함한다. 64괘 각 괘의 이름으로서 상사象辭라고도 하는 괘명은 괘효사에 대해 매우 정도가 높게 개괄하면서 괘에 대해 아주 적절하게 이름을 부여한다. 괘명의 유래와 관련해서는 학설이 많아 일치하지 않지만 일반적으로 취상설取象說·취의설取義說·서사설筮辭說·점사설占事說 등을 들 수 있다.

취상설은 물상物象을 관찰해서 괘를 만들었다는 것으로, 어떤 물상이 괘의 이름이 된다. 예를 들어 건乾괘의 상은 하늘이므로 건괘의 본뜻은 하늘이 되고, 곤괘는 땅을 상징하므로 곤坤괘의 본뜻은 땅이 된다. 취의설은 괘상이 사물의 이치를 대표하므로 그 뜻을 따서 괘명으로 삼았다는 것이다. 예를 들어 건괘는 모두 양효陽爻이므로 건은 강건한 뜻이 있어 그것을 이름으로 삼은 것이다. 서사설은 64괘의 효사爻辭가 먼저 있은 다음에 그 효사 가운데서 한 글자 혹은 두 글자를 뽑아서 괘 이름을 삼았다는 것이다. 예컨대 건괘는 구삼효사九三爻辭 중의 '乾'자를 취해서 이름을 삼은 것이다. 점사설은 괘명이 점을 친 일과 같다는 것이

---

22) 「계사전」 상5장, "一陰一陽之謂道"

다. 즉 괘효사의 내용과 관련이 있다. 예컨대 가인家人괘는 가정의 일을
점친 것에서 연유한 것이고, 진震괘는 천둥이 치는 일을 점친 것이다.
　괘사는 괘의 뜻을 설명하는 말로서 일반적으로 점을 친 사람이 기록
한 것으로 갑골문의 복사卜辭와 같은 부류로 인식되고 있다. 괘사의 내
용은 주로 자연현상과 변화, 역사의 인물과 사건, 인사행위에서의 득
실, 길흉의 판단 등이다.
　이 괘사가 언제 누구에 의해 지어졌는가에 대해『한서』「예문지」는
"사람은 세 사람의 성인이 바뀌었으며, 시대는 상고上古, 중고中古, 근고
近古의 3고古를 거쳤다."[23]라고 적고 있다. 즉 고대에 복희宓犧와 주周의
문왕文王 그리고 그의 아들 주공(공자를 포함하기도 함) 등 3성인을 거쳐서
괘사가 이루어졌다는 것이다. 이 밖에도 주 문왕 단독으로 지었다거나,
주공이 단독으로 지었다는 주장과 문왕과 주공의 공동 제작설, 공자 제
작설 등이 있다. 그리고 제작 시기에 관해서도 은나라와 주나라 교체시
기, 서주 초기, 춘추·전국시기 등 여러 주장이 있다. 그러나 현대의
대다수 학자들은 서주시기에 많은 복서를 한 사람들이 괘사의 제작에
참여했다고 보고 있다.
　효사爻辭는 효爻의 뜻을 설명하는 것으로『주역』384효마다 달려 있
다. 효사는 효의 제목과 효사로 이루어진다. 효제爻題는 어떤 효의 성질
을 표시한다. 예를 들어 '초구初九'는 괘의 여섯 효 가운데 아래부터 첫
번째 양효陽爻라는 뜻이고, '구삼九三'은 양의 효로서 아래부터 세 번째
효를 말하며, '상구上九'는 맨 위의 양효라는 의미다. 마찬가지로 '초육
初六'은 음효陰爻로 여섯 효 가운데 맨 아래 효를 말하고, '육오六五'는
아래부터 다섯 번째의 음효를 의미하고, '상육上六'은 맨 위의 음효를

---

23)『한서』「예문지」, "人更三聖 世歷三古"

뜻한다.

효사는 각 괘의 내용을 구성하는 주요 부분으로 체제와 취급하는 내용은 괘사와 같다.

효사의 제작시기와 지은 사람에 관해서도 괘효사 모두를 주 문왕이 지었다는 설과 괘사는 문왕이 짓고, 효사는 주공이 지었다는 설, 괘효사를 모두 공자가 지었다는 설 등 여러 사람의 주장이 엇갈린다. 그러나 현대의 다수 학자들은 서주 초기에서 전국시기에 많은 사람들이 참여하여 이루어졌다고 보고 있다.[24]

어찌됐던 계사는 괘상과 서수에 대한 설명이며, 괘상과 서수가 품고 있는 깊은 의미를 밝히는 것이다. 다시 말해 계사는 상과 수에 포함된 깊은 뜻을 모두 밝혀서 사람들에게 그 가운데 길흉의 무엇이 길하고 무엇이 흉한가를 알려주는 것이다. 그리하여 추길피흉의 목적에 도달하게 하는 것이다.

예를 들어 「계사전」에서는 "천하의 오묘함을 지극히 하는 것은 괘상에 있고, 천하의 동함을 고무시키는 것은 효사에 있으며, 화하여 재제함은 변에 있고, 미루어 행함은 통에 있으며, 신묘하게 하여 밝힘은 사람에게 있고, 묵묵히 이루며 말하지 않아도 이룸은 덕행에 있다."[25]고 한다.

이 말은 우리들에게 계사가 어떤 문제를 설명하는지를 알려준다. 즉 계사는 괘상이 포함하고 있는 천하의 오묘한 사물, 곧 천지의 만사만물을 밝히는 것이고, 서수 가운데 시간의 변통규율을 밝히는 것이며, 사람이 사물의 규율을 본받는 행위를 밝히는 것이다.

---

24) 장기성, 앞의 책, 9~10쪽 참고.
25) 「계사전」 상12장, "極天下之蹟者存乎卦 鼓天下之動者存乎辭 化而裁之存乎變 推而行之存乎通 神而明之存乎其人 默而成之 不言而信 存乎德行"

한마디로 정리하면 계사의 작용은 곧 천도天道를 밝히고 인사를 살피는 것이다. 여기서 말하는 '천도를 밝힘'은 상수가 천도에서 본래 근원한다는 것에 대한 밝힘이다. 천도를 명백히 이해하고, 하늘에 순종하여 일을 한다. 즉 이른바 인사를 살피는 것이다.

3. 『역경』의 성격과 역학

『역경』이 어떤 성격의 책인가에 대해서는 관점에 따라 점치는 책, 인륜도덕과 철학적 이치를 밝힌 책, 천문역법책, 역사서, 논리서 등 다양하다. 그런데 실은 『역경』은 이렇게 다양하게 구분되는 내용을 모두 포함하는 책이라고 할 수 있다. 왜냐하면 앞에서도 밝힌 바와 같이 『역경』은 우주만물의 생성변화규율을 담고 있으며, 이것을 해석한 계사는 중국 고대의 역사·문화·사회·인류 등을 총체적으로 언급하기 때문이다.

여기서는 『역경』을 점치는 책, 의리철학서, 천문역법서의 세 가지 성격으로 나누고, 이 세 가지 가운데 어느 것에 관심을 중점적으로 기울이느냐에 따라 점학·의리학·천문역법학의 세 종류의 역학으로 구분할 수 있음을 살펴보기로 한다.

1) 점치는 책

일반적으로 『역경』을 점치는 책으로 보는 데는 대부분 이의가 없다. 『역경』이 점치는 책이라는 근거는 무엇보다도 『역경』의 계사繫辭에서 찾을 수 있다.

64개 괘의 괘효사에는 길吉·흉凶·회悔·인吝·무구无咎·이利·불리不

利 등 미래를 예견하는 내용이 빠짐없이 등장한다. 이와 같은 계사는
『역경』이 점과 관련됐음을 드러내는 것이다. 예컨대 몽괘蒙卦 괘사는
"몽은 형통하니, 내가 동몽童蒙에게 구하는 것이 아니라 동몽이 나에게
구함이니, 처음 묻거든 고해주고 두세 번 물으면 번독하다. 번독하면
고해주지 않을 것이니, 정함이 이롭다."[26]이다. 이 글에서 "처음 묻거
든 고해주고 두세 번 물으면 번독하다. 번독하면 고해주지 않을 것이
니"에 해당하는 "초서곡初筮告 재삼독再三瀆 독즉불곡瀆則不告"의 대목에
서 '서筮'라는 말이 나온다. 이 '서筮'라는 말과 관련한 『정전程傳』[27]의 주
석은 "서筮는 점을 쳐서 결단함이다. '초서곡初筮告'은 지극한 정성과 한
결같은 뜻으로 나에게 구하면 고해주고, 두 번 세 번 자꾸 물으면 불경
이 되므로 고해주지 않는 것이다."[28]고 한다. 이는 괘사에서 『역경』이
스스로 점(筮)과 관련됨을 드러낸 것이다. 그러므로 "정하여야 이롭다."
는 말의 '이利' 또한 점과 관련된 것을 알 수 있다.

또 몽괘蒙卦 육오효六五爻 괘사는 "동몽童蒙이니 길吉하다."[29]이다. 이
에 대해 『본의本義』[30]는 "유중柔中으로 존위에 거하여 아래로 구이에 응
하니, 순일純一하고 계발되지 않아 남을 따른다. 그러므로 그 상은 동몽
이 되고, 그 점占은 이와 같이 하면 길함이 된다."[31]고 주석한다. '길吉'
역시 점의 결과를 말하고 있다.

---

26) 『易經』 蒙卦, "蒙 亨 匪我求童蒙 童蒙求我 初筮告 再三瀆 瀆則不告 利貞"
27) 중국 북송北宋 중기의 유학자 정이程頤(1033~1107)가 지은 『易傳』을 공자의 『易
    傳』과 구분하여 붙인 이름이다.
28) 『程傳』 蒙卦, "筮 占決也 初筮告 謂至誠一意以求己則告之 再三則瀆慢矣 故 不
    告也"
29) 『易經』 蒙卦, "童蒙 吉"
30) 중국 송대의 유학자인 주자朱子(1130~1200)가 지은 『周易本義』의 약칭이다.
31) 『本義』 蒙卦, "柔中居尊 下應九二 純一未發 以聽於人 故 其象爲童蒙 而其占 爲
    如是則吉也"

같은 맥락에서 사괘師卦 초육효사 "군대를 출동하되 규율에 맞게 함이니, 그렇지 않으면 승리하더라도 흉하다."[32]의 '흉凶'과 수괘需卦 초구효사 "교외에서 기다림이다. 항상함이 이로우니, 허물이 없으리라.(无咎)"[33]의 '무구' 또한 점사占辭임을 알 수 있다. 물론 여기서 예로 들지 못한 회悔 · 인吝 · 불리不利 등도 모두 점사다.

또 괘효사 중에 자주 나오는 정貞자는『설문해자』에 의하면, 점을 쳐서 묻는다는 뜻이다.[34] 이는 모두『역경』이 점치는 책임을 말하는 증거이다.

이처럼『역경』을 사람들은 복서라고 말한다. 그렇다면 복서의 의미는 무엇인가?『예기』「곡례」에 "복서는 옛날 성왕이 백성들로 하여금 때와 날을 믿게 하고, 귀신을 공경하고, 법령을 두렵게 하는 것이다. 또 백성들로 하여금 의심스러운 것을 결단하고, 망설이는 일을 결정하게 하는 것이다."[35]라고 말한다. 즉 복서는 사람들이 때와 날을 알고, 의심이 가거나 망설임이 있는 일을 결단하고 결정하도록 하는 것이다.

오늘날처럼 과학이 발전하지 못한 고대에는 천지와 일월성신日月星辰이라는 자연을 잘 이해하지 못하였기 때문에 이 자연의 위력에 대해 항상 두려움을 가지고 있었다. 그러므로 두려움을 가져오는 천지일월성신을 신이라고 불렀다. 「계사전」에서도 "음하고 양하여 측량할 수 없음을 신이라고 한다."[36]라고 밝히고 있다. 그래서 사람들은 점서를 하여 신에게 때를 묻고, 그 때에 어떤 일이 일어날지 점을 쳐서 알고자

---

32)『易經』師卦, "師出以律 否 臧 凶"

33)『易經』需卦, "需于郊 利用恒 无咎"

34) 許愼 撰, 徐鉉 校定,『說文解字』, 江蘇古籍出版社, 2001, 69쪽, "貞卜問也"

35) "卜筮者 先聖王所以使民信時日 敬鬼神 畏法令也 所以使民決嫌疑 定猶豫也"

36) 「계사전」 상5장, "陰陽不測之謂神"

했다.

그리고 한대漢代에 이르러서는 천문에 관한 지식이 더욱 발전하여 천문역법과 『역경』의 괘를 배합한 괘력으로써 천도의 자연재해를 예측하기에 이른다. 이를 학계에서는 괘기학卦氣學 또는 괘기설卦氣說이라고 부른다.

정리하면 『역경』은 천도의 운행규율을 통해 얻은 괘상으로 결단하기 어려운 인사와 인사에 영향을 미치는 자연재해를 예측하기 위해 점치는 것을 위한 책이라고 요약할 수 있다.

2) 의리철학서

『역경』은 점치는 책일 뿐 아니라, 또한 의리철학서다. 『역경』은 사람이 복서를 하여 그 결과를 활용함에 있어서 천도를 본받아 그에 순응해야 한다는 것을 강조한다. 즉 『역경』은 괘상과 효상 밑에 점사占辭를 붙여서 천도규율을 설명하고, 사람이 이것을 본받는 사회활동 규율을 밝히고 있다. 천도에 순응하는 사람은 하늘이 도와서 불리한 일이 없다는 것이 『역경』을 관통하는 사상이라고 할 수 있다. 다시 말해 이것은 하늘과 사람이 하나가 되는 천인합일의 사상이다.

대유大有괘 상구효사는 "하늘로부터 노우므로 길하어 불리함이 있다.(自天佑之 吉无不利)"고 한다. 그런데 「계사전」은 "'우佑'는 돕는 것이다. 하늘이 돕는 것은 순함이다."[37]라고 해석한다. 또 「상전」은 "하늘의 아름다운 명에 순종한다.(順天休命)"고 해석한다. 이 말은 곧 하늘에 순종하여 일을 하기 때문에 길하여 불리함이 없다는 것이다.

「문언전」 건괘에서는 이런 종류의 사람은 "천지와 더불어 그 덕을 합

---

37) 「계사전」 상12장, "佑者 助也 天地所助者 順也"

하고, 일월과 더불어 그 밝음을 합하고, 사시와 그 질서가 합하고, 귀신과 그 길흉을 합한다."[38]고 말한다. 이런 '대인'은 천도규율과 완전히 합하여 어떤 사정이 일어나도 좋지 않음이 없다. 이른바 「문언전」의 "하늘보다 먼저 하여도 하늘이 어기지 않으며, 하늘보다 뒤에 하여도 천시를 받들어 하늘도 어기지 않는데 하물며 사람에게 있어서랴? 귀신에게 있어서랴?"[39]라는 말이 이를 대변해주고 있다.

『역경』은 이와 같은 천인합일사상을 바탕으로 괘상과 서수에서 천도규율을 표현하고, 계사에서 이 천도규율을 본받는 사회인사규율을 말한다. 그런데 천도규율이란 것은 시공時空의 변화가 주기적으로 순환하는 것이며, 사람이 길함을 얻기 위해서는 이 시공변화의 주기순환 특성을 잘 파악하여 대처해야함이 강조된다.

예를 들어 『역경』 64괘의 머리 괘인 건괘와 곤괘는 각각 여섯 개의 양효와 음효로 이루어진 것으로서 양효로 된 건괘는 동지로부터 하지 직전까지, 음효로 된 곤괘는 하지부터 동지 직전의 천상변화를 상징한다. 따라서 건괘 양의 기운이 처음 자라기 시작하는 자월子月에서 양기가 극에 이르는 사월巳月까지의 6개월을 초효부터 상효까지 여섯 효가 차례로 한 달씩을 담당하는 것으로 본다. 마찬가지로 곤괘는 음기가 시작되는 하지부터 극에 이르는 동지까지 6개월을 여섯 효가 한 달씩을 담당한다.

건괘와 곤괘의 계사는 이렇게 천상을 나타내는 것을 인사에 끌어들여 사람의 각각의 시기에 맞는 상황과 대처방법을 논하고 있다.

천상에 의하면 건괘 초효는 이제 막 자라기 시작하는 양기이기 때문에 미약하기 짝이 없다. 그러므로 다치지 않게 조심하고 조심해야 한

---

38) 「문언전」, 건괘, "與天地合其德 與日月合其明 與四時合其序 與鬼神合其吉凶"
39) 「문언전」, 건괘, "先天而天弗違 後天而奉天時 天且不違 而況于人乎 況于鬼神乎"

다. 그래서 초효사는 "물에 잠겨있는 용이니 쓰지 말아야 한다.(初九 潜龍 勿用)"라고 한다. 여기서의 용은 '군자', 혹은 '대인'의 의미가 있다.

구이효九二爻의 천상은 양기가 존재를 확인할 수 있을 만큼 어느 정도 자란 상태다. 사람으로 말하면 이제 훌륭한 어른의 지도편달을 받아야 이로움이 있을 때다. 그래서 구이효사는 "나타난 용이 밭에 있으니 대인을 만나 봄이 이롭다.(九二 見龍在田 利見大人)"가 된 것이다.

구삼효九三爻는 양기가 담당하는 6개월 가운데 전반의 끝에 이르러 아직 왕성하지는 않으나 꽤 많이 자랐다. 사람으로 말하면 아직 아래에 있으나 덕을 갖춰서 높게 드러난 것이다. 그래서 주변의 시선이 집중되며, 경쟁자의 도전에 직면하기 쉬운 것이다. 이때는 더욱 근신하고 수덕해야 한다. 따라서 구삼효사는 "군자가 종일토록 힘쓰고 힘써서 저녁까지도 두려워하면 위태로우나 허물이 없으리라.(九三 君子終日乾乾 夕惕若厲 无咎)"라고 경계한 것이다.

구사효九四爻는 양기가 이미 후반에 들어서 왕성한 단계에 이르러 자유로이 그 영향력을 행사할 수 있는 때다. 사람에게서는 때를 보아 뜻을 펴도 될 때이면 나서고, 아직 그럴 때가 아니면 때를 기다림이 좋다. 그러므로 구사효사는 "혹 뛰어 올라 연못에 있으면 허물이 없으리라.(九四 或躍在淵 无咎)"는 것이다.

구오효九五爻는 양기가 왕성하여 만물의 성장을 장악하는 때다. 사람으로 치면 성인이 이미 높은 자리에 올랐으니 아래로 큰 덕을 갖춘 사람을 만나서 천하의 일을 이룸이 이로운 것이다. 따라서 구오효사는 "나르는 용이 하늘에 있으니 대인을 만나봄이 이롭다.(九五 飛龍在天 利見大人)"라고 한다.

상구효上九爻는 양기가 절정에 이르러 이제 음기에 자리를 내주어야 되는 때이다. 사람으로 말하면 무엇이든 지나치면 뉘우침이 있는 것이다. 오직 성인은 나가고 물러남과 존재하고 망함의 때를 알아 뉘우침에 이르지 않는다. 그러므로 상구효사는 "끝까지 올라간 용이라 뉘우침이 있다.(上九 亢龍有悔)"라고 한 것이다.

곤괘 초효初爻는 앞서 말한 바와 같이 하지夏至가 막 지난 때이므로 아직 지상에서의 계절은 오월의 양기가 기승을 부리는 한여름이다. 그러나 태양은 이미 북의 정점을 치고 남쪽으로 내려가는 때이므로 음기가 막 자라기 시작한 것이다. 천도의 운행규율에 따르면 하지를 지난 뒤에는 동지를 향해 가는 것이며, 음기가 절정에 이르는 동지 때는 맹추위가 기승을 부리는 것이 예정돼 있다. 그러므로 곤괘 초효사는 "서리를 밟으면 단단한 얼음이 이른다.(初六 履霜 堅氷至)"라고 한다. 이와 같은 천도의 운행규율을 아는 사람이라면 사람의 일도 무엇이든 처음의 미약한 싹이 점점 자라서 크게 되며, 군자와 소인의 관계에서는 소인이 처음에는 미약하나 점점 그 세력이 자라서 성하게 되어, 궁극에는 강성한 소인이 군자를 밀어낼 것이라는 것을 쉽게 알 수 있는 것이다.

특히 『역경』은 이처럼 천도규율에 의한 적절한 때를 알아 때에 순응해야 함을 강조하지만, 또한 사람의 주체적 대응도 밝히고 있다. 이것은 하늘이 일방적으로 모범을 제시하는 것이 아니라, 사람도 천도에 부합하고자 스스로의 노력과 참여의 자세를 가져야 한다는 것을 말하는 것이다. 즉 진정한 천인합일은 사람이 하늘의 도를 따르는 데에만 그치는 것이 아니라, 주체적으로 하늘의 도에 참여하는 주체성을 가져야 함을 강조하는 것이다.

『역경』은 이런 천인합일사상의 관점에서 복서의 결과에 대해 그것이 길한 것이든 흉한 것이든, 복서자의 대응자세가 어떠해야 되는가를 제시하고 있다. 다시 말해 『역경』은 복서의 결과가 길하더라도 무조건 좋기만 한 것이 아니고, 흉하더라도 문제되는 부분에 대해 뉘우치고 고치면 다시 길하게 되거나 흉함을 피할 수 있음을 말한다. 즉 점의 결과에 대한 이행 과정에서도 점자의 윤리 도덕을 강조하고 있다.

『역경』에서 점의 결과를 해석하는 괘효사의 의미는 길吉·흉凶·회悔·인吝·무구无咎로 요약된다. 점의 결과를 길과 흉으로만 구분하지 않고 회·인·무구를 더한다. 이것은 점단 결과가 흉하더라도 반성하고 바로잡으면 흉함을 피할 수 있다는 것을 보여주는 것이다.「계사전」에서는 "길한 것은 얻음이 있는 것이고, 흉한 것은 잃는 것을 말한다. 회와 인은 약간의 흠이 있는 것을 말하고, 무구는 과실을 잘 보충한 것을 가리킨다."40)라고 밝히고 있다.

예를 들어 건乾괘 괘사는 "크게 형통하고 정貞함이 이롭다."41)이다. 얼핏 보기에는 점을 하여 이 괘를 얻고, 점단 결과가 괘사에 해당된다면 매우 길한 것으로 단정할 수 있다. 그러나 여기에는 "정하여야만 이롭다."는 조건이 있다. 주자朱子는 "원형이정元亨利貞은 문왕이 붙인 말로 한 괘의 길흉을 결단한 것이니, 이른바 단사彖辭라는 것이다. 원元은 큼이요, 형亨은 통함이요, 이利는 마땅함이요, 정貞은 바르고 굳음이다. 문왕은 건도가 크게 형통하고 지극히 바르다고 생각하였다. 그러므로 점을 쳐서 이 괘를 얻고 육효가 모두 변하지 않은 경우에는 그 점이 마땅히 크게 통함을 얻고 반드시 이로움이 바르고 굳음에 있다고 말하였으니, 이렇게 한 뒤에야 그 끝을 보존할 수 있는 것이다."42)고 주석한다. 여기서 "그 점이 마땅히 대통함을 얻고"라고 한 것은 점괘가 크게

---

40) 「繫辭傳」 상3장, "吉凶者 言乎其失得也 悔吝者 言乎其小疵也 无咎者 善補過也"
41) 『易經』 乾 卦辭, "乾 元亨 利貞"-朱子 『本義』의 해석을 따른 것이다. 「건乾괘」 괘사를 "원하고, 형하고, 이하고, 정하다-元 亨 利 貞"으로 해석하기도 한다.
42) 朱子 『本義』 "元亨利貞 文王所繫之辭 以斷一卦之吉凶 所謂彖辭者也 元 大也 亨 通也 利 宜也 貞 正而固也 文王以爲乾道大通而至正 故 於筮得此卦而六爻皆不變者 言其占当得大通而必利在正固 然後 可以保其終也"

통하는 것을 의미하지만, "반드시 이로움이 정고함에 있다고 하였으니, 이렇게 한 뒤에야 그 끝을 보존할 수 있는 것이다."라고 하여 건괘의 점괘가 태통할 수 있는 조건은 정고함에 있음을 강조하고 있다.

또 태泰괘의 괘사는 "작은 것이 가고 큰 것이 오니 길하여 형통하다."[43]로 천지 음양이 서로 사귀어 크게 통함을 나타낸다. 점치는 사람이 태괘를 얻어 괘사에 해당하는 점괘를 얻었다고 해서 역시 모두 다 좋은 것은 아니다. 태괘는 양이 안에 있고 음이 밖에 있으며 굳셈이 안에 있고 순함이 밖에 있으며 군자가 안에 있고 소인이 밖에 있는 것으로 군자의 도가 자라고 소인의 도가 사라지는 것을 의미한다.[44] 그러므로 태괘의 괘사에 해당하는 점단을 얻어 길한 사람은 군자이어야 한다. 주자의 "태괘는 통함이다. 괘됨이 천지가 사귀어 음양의 두 기운이 통한다. … 점치는 자가 양강陽剛의 덕이 있으면 길하여 형통할 것이다."[45]고 한 것이 이를 뒷받침하고 있다.

비否괘의 괘사는 "비否는 인도人道가 아니니, 군자의 정貞에 이롭지 않고, 큰 것이 가고 작은 것이 온다."[46]로서 태泰괘의 반대가 된다. 비否괘는 위로 향하는 성질의 건乾이 위에 있고, 아래로 향하는 성질의 곤坤이 밑에 있어 천지 음양이 사귀지 못하는 것을 나타낸다. 즉 천지가 사귀지 않아 만물이 통하지 못하고, 상하上下가 사귀지 않아 천하에 나라가 없는 것이다. 음陰이 안에 있고 양陽이 밖에 있으며, 소인의 도가 자라나고 군자의 도가 사라지는 것이다.[47] 점치는 사람이 이런 점단占

---

43) 『易經』泰 卦辭, "泰 小往 大來 吉 亨"
44) 「彖傳」, "內陽而外陰 內健而外順 內君子以外小人 君子道長 小人道消也"
45) 朱子 『本義』, "泰 通也 爲卦 天地交而二氣通 … 占者有剛陽之德 則吉而亨矣"
46) 『易經』 否 卦辭, "否之匪人 不利君子貞 大往小來"
47) 「彖傳」, "天地不交而萬物不通也 上下不交而天下无邦也 內陰而外陽 內柔而外剛 內小人而外君子 小人道長 君子道消也"

斷을 얻었다고 실망해서는 안 된다. 군자의 도가 사라지고 소인의 도가 자란다고 언제까지 이런 상황이 계속되는 것은 아니다. 태泰가 극에 이르면 돌아가고, 비否가 끝나면 기울어서 항상하고 변하지 않는 이치가 없으니 소인小人의 도道도 있을 수 있는 것이다.48) 따라서 이때 군자는 덕을 검약儉約하여 난亂을 피해서 록祿으로써 영화롭게 하지 말아야 한다.49) 즉 "비否는 소인이 뜻을 얻는 때이니, 군자가 드러나고 영화로운 지위에 거처하면 환난이 반드시 몸에 미치게 된다. 그러므로 마땅히 숨어 궁약窮約함에 처하여야 함"을 말한다.50)

또 몽蒙괘 초육효사는 "몽매함을 계발하되 사람을 형벌하여 몽매한 질곡을 벗겨줌이 이로우니 그대로 가면 부끄러우리라."51)이다. 몽蒙괘의 초는 음암陰暗으로 아래에 위치하였으므로 아래 백성의 몽매함이다. 초효에서는 이것을 계발하는 도를 말한 것이다. 아래 백성의 몽매함을 계발함에는 마땅히 형벌과 금령禁令을 밝혀 보여주어서 그들로 하여금 두려워할 줄 알게 한 뒤에 가르치고 인도하여야 한다. 그런데 만일 오로지 형벌만 사용하여 정치를 하려 하면 몽매한 자가 비록 두려워하나 끝내 몽매함을 계발하지 못할 것이고, 구차히 형벌만 면하려 하고 부끄러운 마음이 없어서 다스림과 교화를 이룰 수 없다. 그러므로 그대로 가면 부끄러운 것이다.52)

흠을 보충하면 뉘우침에 이르지 않는다. 복復괘 육오효사는 "돌아옴

---

48) 『程傳』, "泰極則復 否終則傾 无常而不變之理 人道豈能无也"
49) 「象傳」, "天地不交否 君子以儉德避難 不可榮而祿"
50) 『程傳』, "否者 小人得志之時 君子居顯榮之地 禍患必及其身 故宜晦處窮約也"
51) 『易經』, 蒙 初六爻辭, "發蒙 利用刑人 用說桎梏 以往 吝"
52) 『程傳』, "初以陰暗居下 下民之蒙也 爻言發之之道 發下民之蒙 当明刑禁以示之 使之知畏然後 從而教導之 … 苟專用刑以爲治 則蒙雖畏而終不能發 苟免而无恥 治化不可得而成矣 故 以往則可吝"

에 도타움이니, 뉘우침이 없다."53)이다. 『정전』은 "육오六五는 중순中順
한 덕德으로 군왕의 자리에 처하여 선善에 돌아오기를 돈독히 하는 자
이다. 그러므로 뉘우침이 없는 것이다."54)라고 주석한다. 복復괘는 순
음純陰에서 처음으로 아래에 양陽효가 하나 생겨나 양의 회복함이 미약
한 때이다. 이때 유약함으로서 군왕의 자리에 있으면서 아래에서도 도
와주는 자가 없으므로 매우 어려운 상황이지만 중순中順한 덕을 가지고
선에 돌아오기를 돈독히 하기 때문에 뉘우침이 없다고 하는 것이다.

또 사師괘 육사효사六四爻辭는 "군대가 후퇴하여 머무니 허물이 없다."55)
이다. 군대의 나아감은 강함과 용맹으로써 한다. 사四효는 유柔로서 음위陰
位에 있어서 능히 전진하여 승리할 수 있는 자가 아니니, 전진할 수 없음을
알고 후퇴한다. 마땅함을 헤아려 전진하고 후퇴함은 바로 마땅한 것이므
로 허물이 없는 것이다.56)

이처럼 『역경』의 괘효사는 인간의 대응방법에 따라 결과가 길하게도
되고, 흉할 수도 있으며, 뉘우침이나 허물이 있을 수도 있고, 고쳐질
수도 있음을 말한다. 즉 괘효사는 인간의 자유의지에 의한 주체적 판단
과 대응을 중요시하고 있는 것이다.

이렇게 보면 『역경』은 점치는 책이면서 점의 결과를 판단하는 계사
를 통해 천도를 밝히고 천인합일의 관점에서 인간의 사회활동 규율을
설명하는 의리철학서라고 할 수 있다.

---

53) 『易經』復, 六五爻辭, "敦復 无悔"
54) 『程傳』復, "六五以中順之德 處君位 能敦篤於復善者也 故无悔"
55) 『易經』師, 六四爻辭, "師左次 无咎"
56) 『程傳』師, "師之進 以强勇也 四以柔居陰 非能進而克捷者也 知不能進而退 …
    量宜進退 乃所当也 故无咎"

3) 천문역법서

『역경』이 천문역법과 관련됨은 앞서 이미 여러 번 언급이 됐으나 여기서 좀 더 구체적으로 정리해본다. 『역경』이 천도를 추단하여 인사를 밝히는 책[57]이라는 것은 중국 청나라 건륭제乾隆帝 때 편찬된 『사고전서총목제요四庫全書總目提要』[58]가 공식적으로 확인하고 있다.

여기서 천도라는 말은 천체의 운행규율을 말하는 것이다. 그리고 천체의 운행규율을 숫자나 부호로 표현한 것이 역曆이고, 역을 추산하는 법을 역법曆法이라고 할 수 있다. 역법의 개념을 보다 구체적으로 살펴보면 일월오성의 운행을 연구하고, 시간을 계산하는 각종 단위와 길이를 추산하여 그것의 관계를 세우고, 시간의 차례에 대한 법칙의 과학을 제정하는 것으로 정의할 수 있다.[59] 여기서 말하는 일월오성의 운행을 연구한다는 것은 천문의 관찰을 말하는 것이다. 천문을 관찰하여 시간을 정확하게 계산해내는 것이 역이고 역법이라는 말이다. 다시 말해 천도의 운행규율은 천문역법으로 파악하고 표현한다는 것이다.

이와 같은 천문역법의 개념을 토대로 할 때 『역경』은 다름 아닌 천문역법서라고 할 수 있다. 이미 살펴본 바와 같이, 『역경』의 괘상은 일월의 운행에 의한 1년, 사시, 360일, 윤달, 5년 재윤 등의 역수로 추산해낸 상징물이다.

그런데 역법은 기본적으로 연, 월, 일로 표현된다. 이 역법의 기본요소의 최소 단위인 일은 지구가 한 바퀴 자전하여 생기는 것으로 해가

---

57) "夫易者 推天道以明人事者也"

58) 四庫全書總目提要는 중국 청나라 건륭제 47년(1782)에 기윤이 황제의 명에 따라 『사고전서』의 총목록을 기록하고 각 서적의 이름 밑에 그 대요大要를 간단하게 설명하여 200권으로 나눠 엮은 책이다.

59) 張培瑜, 『中國古代曆法』, 中國科學技術社, 2007. 前言.

나타나는 낮과 해가 사라지는 밤이 한 번씩 존재하는 한 주기를 말한다. 다시 말해 해를 중심으로 공전하는 지구가 자전하기 때문에 지구에서 볼 때 태양이 밤과 낮을 만들어내는 주기순환운동에 의해 하루라는 '일'이 생기는 것이다. 또 월은 달이 초하루에서 다음 초하루까지, 또는 망월에서 다음 망월까지의 기간을 말하는 것이다. 이것을 삭망월이라고 한다. 연은 지구가 태양을 한 바퀴 공전하는 기간으로 365일과 1/4일이다. 즉 지구가 한 지점에서 시작하여 태양을 한 바퀴 돌고 출발점으로 돌아오는 기간으로서 회귀년이라고 한다. 즉 역법의 기본요소인 연年·월月·일日은 천체의 운행규율임이 확실하다.

그렇기 때문에 『역경』괘사에는 '일중日中', '종일終日', '월망月望', '기망幾望' 등의 일월과 관계된 말이 자주 등장하는 것이다. 그러므로 『역경』을 가장 먼저 해설한 「단전」은 천도를 밝히는 것부터 시작한다. 몇 가지만 예를 들어본다.

"시작과 끝을 크게 밝힌다.(大明終始-乾)", "해와 달이 틀리지 않는다.(日月不過-豫)", "해와 달이 천리에 순하다.(日月得天-恒)", "해는 중천에 있으면 기울고, 달은 차면 먹힌다.(日中則昃 月盈則食-豊)", "처음과 끝을 크게 밝히면 육위가 때로 이루어진다.(大明終始 六位時成-乾)", "마치면 곧 시작이 있는 것이 천도다.(終則有始 天行也-蠱)", "사라지고 생겨나고 차고 비는 것이 천도다.(消息盈虛 天行也-剝)", "그 도를 반복하여 7일만에 와서 회복함은 하늘의 운행이다.(反復其道 七日來復 天行也-復)", "천지의 도는 항구하여 그침이 없으니 … 마치면 시작이 있기 때문이다.(天地之道恒久而不已 … 終則有始-恒)"

그런데 중국의 고대력은 단순히 우리가 오늘날 일상적으로 사용하는 일력과 같은 종류를 가리키는 것이 아니고, 또 단순히 역산가들이 편제

한 '역법'을 가리키는 것도 아니다. 그것은 인사와 관련한 길흉 및 마땅
함과 거리낌 등의 주석을 대량으로 갖고 있다. 즉 '역법曆法'과 '역주曆
注'는 고대역학의 핵심내용이다.[60]

이와 같은 중국 고대력에 대한 개념을 염두에 두고 『역경』이 천도규
율을 통해 인사를 밝히는 책이라는 점을 상기하면 『역경』이 곧 천문역
법서임이 더욱 확실해진다.

4) 역학易學의 갈래

역학은 『주역』에 대한 학문적 탐구활동이다. 그런데 역학이라는 말
만 나오게 되면 제도권 학계에서는 '의리철학'을 떠올리고, 재야 점술
계에서는 역점과 관련된 것을 공부하는 것으로 생각하기 일쑤이다. 또
상수역학이라는 말과 관련해서도 역시 점술을 위한 역학 정도로 이해
하는 것이 현실임을 부정할 수 없다. 그리고 천문역법학 내지는 과학역
학이라고 하는 말은 거의 생소한 것으로 받아들여지고 있다. 어느 경우
가 됐던 각각 한 분야에만 치중하고 이 세 분야가 하나를 이룬다는 인
식은 부족하다.

그러나 역易을 제대로 이해하기 위해서는 이 세 분야를 모두 이해하
는 것이 필요하다. 그리고 공부의 순서상으로는 먼저 복서를 알아야 한
다. 왜냐하면 역의 괘상과 역수는 복서를 통해 얻을 수 있고, 상수가
있은 다음에 이것의 이치를 밝히는 세사를 통해 의리철학을 논할 수
있기 때문이다. 이것은 공자의 역학에 대한 다음과 같은 인식에서 잘
확인할 수 있다.

공자는 『백서주역帛書周易』「요要」편에서 "내가 백 번 점을 치면 칠십

60) 田合祿, 『周易眞原』, 山西科學技術出版社, 248-249쪽 참고.

번 적중했다. … 역시 그 점을 따르는 경우도 많았다. 하지만 나는 역에서
점을 치고 복을 비는 성분은 버리고, 그것의 덕의만을 살필 뿐이다."⁶¹⁾
고 한 뒤, 다만 "점을 하여 점괘를 뽑는 시초의 책수에 달통하여야 수를
밝게 알아서 덕의에 도달할 수 있다. … 점을 하여 수에 달통하지 못하면
즉 그 행위는 점서에 그치고, 수에 밝지 못하면 덕의에 이를 수 없다."⁶²⁾
고 말한다.

공자의 이 말은 그 자신이 역의 계사를 즐기고, 그 덕의를 살피고,
그 덕을 구하지만 복을 비는 행위는 버리고 따르지 않는다는 것이다.
그러나 점서에 밝지 못하면 역수를 이해하지 못하고, 그러면 『주역』의
덕의를 밝게 알 수 없다는 것이다. 다시 말해 공자에 있어서도 천도를
점치는 것이 근본이고, 그 덕을 구하여 일을 행하는 것이 쓰임이었다.

이런 이유로 『주역』을 의리철학적으로 탐구하려면 먼저 점서의 원리
에 정통해야 하는 것이다. 그런데 점서의 원리는 다름 아닌 천문역법이
라는 사실은 이미 앞서 여러 차례 확인했다. 즉 『역경』은 아직 과학적
지식이 오늘날처럼 진전되지 못한 상태에서 자연의 위력을 예측하여
이에 대비하고자 하는데서 출현했지만, 그것은 천체운행을 관찰하여
얻은 당시로서는 고도의 과학적인 방법에서 탄생한 것이다. 다시 말해
점서의 원리는 천도의 운행규율이며, 천도의 규율은 천문역법으로 표
현되는 것이다.

정리하면 『주역』이 점치기 위한 것이지만 천문역법의 원리에 의해
괘상을 뽑아야 하므로 천문역법을 먼저 이해해야 한다. 그리고 『주역』

61) 『帛書周易』 「要」, "吾百占而七十当 … 亦必從其多者而已矣 易 我后亓祝卜矣 我
觀亓德義耳也"
62) 『帛書周易』 「要」, "幽贊而達乎數 明數而達乎德 … 贊而不達乎數 則亓爲之巫 數
而不達于德"

을 의리철학적으로 논하더라도 천문역법의 원리를 알아야 한다. 그러므로 『주역』에 대한 공부는 먼저 천문역법을 탐구하고, 이를 토대로 의리철학을 연구하여야 하는 것이 순서일 것이다. 그리고 역의 근본 원리인 천문역법과 사상적 기반이 되는 의리철학을 토대로 인류의 실생활에 필요한 각종 응용역학을 공부하는 것이 올바른 역학 방법일 것이다.

특히 근래에 와서 역을 실생활에 활용하는 응용역학에 대한 관심이 고조되고 있으나 이런 과학적 원리와 의리철학을 멀리하고 단순히 기술적으로만 접근하는 경향이 다분하다. 그런데 응용역학에서 자연과학적 원리의 이해가 부족하면 발전이 있을 수 없다. 즉 본바탕이 없이 응용은 불가능하다. 그리고 인륜도덕적 철학사상이 없으면 아무리 뛰어난 예측술을 가졌다 해도 그것은 끝내 우주와 인간에 피해를 줄 것은 자명한 일이다.

제2장 『주역』 시대의 우주관념

앞장에서는 『주역』을 구성하는 3대 요소 가운데 가장 기본인 상과 수가 천문역법에 바탕을 두고 있음을 확인했다. 이번에는 『주역』이 지어진 시기를 전후하여 당시의 우주에 대한 사람들의 생각이 어떠했으며, 이 우주관념과 『주역』이 서로 어떤 영향을 미치고 있는가를 살펴본다.

고대 중국인들은 하늘이 인간 세상의 길흉을 좌우한다고 믿었다. 따라서 하늘의 세계를 유심히 관찰하여 하늘의 상을 이해하고자 했다. 그리고 하늘의 모습을 관측하여 얻어낸 천체의 운행규율을 담은 책이 『주역』이라는 것은 앞에서 이해한 바와 같다. 이것은 「계사전」에서 "하늘이 상을 드리워 길흉을 드러내니 성인이 이를 형상했다."[1]라고 하는데서 잘 드러나고 있다.

그런데 관측을 통해 얻은 하늘의 모습에 대한 고대인들의 생각은 통일되지 않고 서로 차이가 있었다. 『진서晉書』「천문지天文志」는 "옛날의 하늘을 말하는 것에는 3가家가 있다. 하나는 개천蓋天, 둘은 선야宣夜, 셋은 혼천渾天이다. 서한西漢 영제靈帝 때(168-189)에 채옹蔡邕[2]은 삭방朔

---

1) 「계사전」 상9장, "天垂象 見吉凶 聖人象之"
2) 채옹蔡邕(132~192)-자는 백개伯喈, 중국 후한의 학자 문인 서예가로 비백체飛白體를 만들었다. 진류현陳留縣(현 하남성河南省 기현杞縣)에서 출생했으며, 젊어서

方에서 서書를 올려 말하길 '선야의 학이 끊어져 사법師法이 없어졌다. 『주비산경』은 술수는 모두 갖추어져 있으나 천상을 검증하는데 있어 과실이 많다. 오직 혼천만이 그 정상情狀에 가깝다. 지금의 사관 후태候台가 동의銅儀를 사용하는 바가 그것이다."[3]라고 말한다.

이것은 서한 이전의 우주관념이 적어도 개천설·선야설·혼천설의 세 가지가 있었다는 것을 말하는 것이다. 그리고 이후에 안천론女天論·궁천론穹天論·흔천론昕天論 등 몇 가지 우주관념이 추가된다.

여기서는 태극 이전의 우주 발전과정을 포함하여 이들 우주론이 각각 어떤 것인지, 그리고『주역』과는 어떤 관계인지에 대해 개괄적으로 알아본다.

1. 개천설과 천존지비

1) 개천설의 개요

대체로 하늘은 둥글고 땅은 네모지다는 것으로 인식되는 개천설의 기원에 관하여는 두 가지가 전해진다. 하나는 진晉의 유지劉智가 "전욱顓頊이 혼의渾儀를 제작하고 황제가 개천을 만들었다."[4]고 한『수서隋書』

부터 박학하기로 이름이 높았고 문장에 뛰어났다. 170년 영제靈帝의 낭중郎中이 되어 동관東觀에서 서지 교정에 종사하였으며, 175년 제경諸經의 문자평정文字平定을 주청하여 스스로 써서 돌에 새긴 후 태학太學의 문 밖에 세웠다. 이것이 '희평석경熹平石經'이다.

  3)『주비산경』, "古言天者有三家 一曰蓋天 二曰宣夜 三曰渾天 西漢靈帝時 蔡邕于朔方上書 言 宣夜之學絶 无師法 周髀術數具存 考驗天狀 多所違失 惟渾天近得其情 今史官候台所用銅儀 則其法也"
  4)『수서隋書』「천문지」, "顓頊造渾儀 黃帝爲蓋天"

「천문지」의 기록이고, 다른 하나는『진서』「천문지」의 "개천설은 곧 주비周髀다. 그것은 본래 포희씨가 세운 주천역도周天曆度다. 그것은 주공이 은상殷商으로부터 받아서 주나라 사람이 그것을 기록하였기 때문에 주비라고 한다."[5]는 기록이다.

개천설의 기원과 관련한 이 두 가지 기록으로부터 개천설은 '주비'와 관련이 있음을 알 수 있다. 그런데 여기서 '비'는 '표表'를 말하며, 표는 해의 그림자를 재어 그것으로 방위를 정하고 낮의 길이와 계절의 변화를 알아내기 위한 막대를 말한다. 즉 비를 써서 주천역도를 알아내는 법을 비라고 하고, 이 방법이 주나라 때 쓰였기 때문에 '주비'라고 한다는 것이다. 그리고 이 같은 맥락을 토대로『주비산경』은 주비의 방법을 적은 책임을 알 수 있다.

따라서 개천설에 관한 내용은『주비산경』에 담겨 있으나『진서』「천문지」에도 간명한 소개가 돼 있다. 그런데『진서』가 기록하고 있는 개천설의 내용은 두 가지가 있다. 하나는 '주비가'설이고 다른 하나는 '『주비산경』'설이다.

'주비가설'로 불리는 개천설에 대해『진서』「천문지」는 다음과 같이 기술하고 있다.

> "하늘은 둥글다(天圓)는 것은 덮개를 펼쳐 덮은 것과 같고, 땅은 네모처럼 반듯하다(地方)는 것은 바둑판 같다는 것이다. 하늘이 옆으로 도는 것은 맷돌이 돌아가는 것과 같아서 이것이 좌행하면 해와 달은 우행하지만 하늘을 따라서 좌로 도는 것이다. 그러므로 해와 달은 실제로 동쪽으로 가는 것이다. 그리고 하늘의 이끌음은 서쪽으로 들어간다. 비유하면 개미가 맷돌 위를 갈 때 맷돌이 좌로 돌면 개미는 우로 간다. 맷돌이 빠르게

---

5)『진서』「천문지」, "盖天之說 卽周髀是也 其本包犧氏立周天曆度 其所傳則周公受于殷商 周人志之 故曰周髀"

돌면 개미는 느리다. 그러므로 부득불 맷돌을 따라서 좌로 도는 것이다. 하늘의 형태는 남쪽이 높고 북쪽은 낮다. 일출은 높기 때문에 보이고, 일입은 낮아서 보이지 않는다. 하늘의 거처함은 덮개에 기댄 것과 같다. 그러므로 사람에게 있어서 극은 북이 된다. 이것이 그 증거다. 극은 하늘의 중간에 있다. 그리고 지금 사람에게 있어서는 북쪽이다. 그리하여 천의 형상이 덮개에 의지한 것과 같음을 아는 것이다. 해는 아침에 양陽 가운데로 나오고, 저녁에는 음으로 들어간다. 음의 기운은 어둡다. 그러므로 낮아지면 보이지 않는다. 여름에는 양기가 많고 음기가 적다. 양의 기운은 광명하여 해와 함께 빛난다. 그러므로 해가 나오면 곧 보인다. 가리는 것이 없다. 그러므로 여름의 해(日)는 길다. 겨울에는 음의 기운이 많고 양의 기운이 적다. 음기는 어두워서 해의 빛을 가린다. 비록 나오지만 숨은 것 같아서 보이지 않는다. 그러므로 겨울 해는 짧다.[6)]

주비가의 이 개천설은 첫째, 우주천지의 구성 형태가 '하늘은 둥글고 땅은 반듯한 것(天圓地方)'으로 인식하고 있다.

〈개천설이 보여주는 천지우주형상〉[7)]

---

6) 『진서』 「천문지」〈천체〉, "天圓如張蓋 地方如棋局 天旁轉如推磨而左行 日月右行 隨天左轉 故日月實東行 而天牽之以西沒 譬之于蟻行磨石之上 磨左旋而蟻右去 磨疾以蟻遲 故不得不隨磨以左回焉 天形南高而北下 日出高 故見 日入下 故不見 天之居如倚蓋 故極在人北 是其證也 極在天之中 而今在人北 所以知天之形如倚蓋也 日朝出陽中 暮入陰中 陰氣暗冥 故沒不見也 夏時陽氣多 陰氣少 陽氣光明 與日同輝 故日出卽見 无蔽之者 故夏日長也 冬天陰氣多 陽氣少 陰氣暗冥 掩日之光 雖出猶隱不見 故冬日短也"

둘째, 하늘은 하나의 맷돌과 같아서 왼쪽으로 돌고(즉 시계 바늘을 따라 향함), 태양과 달은 오히려 우행한다. 그들은 전체 하늘의 배경 아래 있어서 오히려 하늘을 따라 좌로 도는 것과 같다. 태양과 달은 하늘의 이런 큰 배경 중에 있어서, 좌회전하는 맷돌 위에 있는 개미가 우행하는 것처럼 보이는 것과 같다.

셋째, 하늘의 형상은 남쪽 면은 높고, 북쪽 면은 낮으며, 극은 하늘의 가운데 있다. 그러나 사람에게 있어서 (극은) 북면에 있다. 이 때문에 하늘이 덮개에 기댄 것 같다.

넷째, 밤낮의 변화는 태양이 일찍 올라오기 때문에 양기의 가운데를 좇아서 나오고, 밤은 음의 가운데로 들어간다. 왜냐하면 음기는 어둡기 때문이다. 그리하여 밤에는 태양을 볼 수 없다.

다섯째, 4계절의 변화다. 여름에는 양기가 많고 음기가 적기 때문에 태양이 천상에서 보이는 시간이 길다. 그리고 겨울은 그와 반대로 음기가 많고 양기가 적다. 음기는 어둡고 햇빛을 가리기 때문에 비록 천상에 있지만 쉽게 볼 수 없다. 그리하여 겨울 태양은 천상에서 보이는 시간이 짧다.

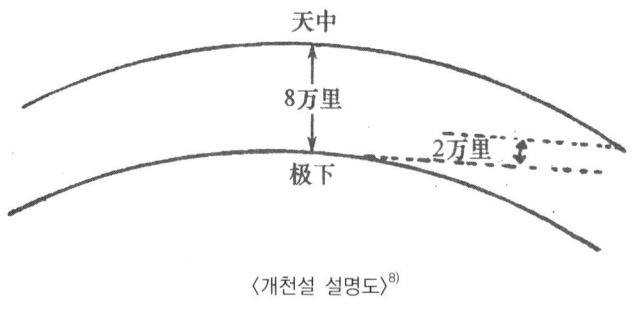

〈개천설 설명도〉[8]

---

7) 盧央, 『易學與天文學』, 中國書店, 2003, 197쪽.

또 『주비산경』설에 해당하는 개
천설의 내용은 다음과 같다.

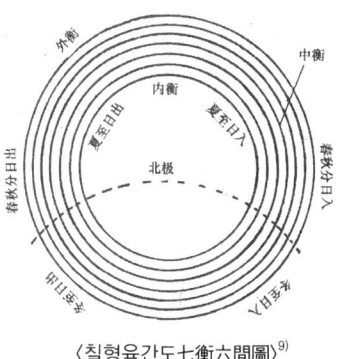

〈칠형육간도七衡六間圖〉[9]

"채옹蔡翁이 말하는 주비는 즉 개
천설이다. 그것은 본래 복희宓犧씨
가 세운 '주천역도周天曆度'다. 그것
의 전수는 즉 주공이 은상에서 받
고, 주나라 사람이 이것을 기록한
것이다. 그러므로 주비라고 한다.
비牌는 고股다. 고股는 해의 그림자를 재는 기구인 표表다. 그것은 하늘이
삿갓을 덮은 것과 같고, 땅은 큰 접시를 엎은 것과 같으며, 천지는 각기
가운데는 높고 밖은 낮은 것을 말한다. 북극의 아래는 천지의 중간이다.
그곳의 땅은 가장 높다. 그리고 높은 곳에서 사방으로 비를 쏟아 붓고 해
와 달과 별이 빛을 비춤으로써 주야가 이루어진다. 하늘의 중앙은 외형보
다 높아서 동지일은 6만 리에 소재하고, 북극 아래 땅도 외형보다 높아
땅에서 또한 6만 리다. 외형은 북극 아래의 땅보다 높아 2만 리가 된다.
천지의 높이 솟음은 서로 따르고 해는 땅과 항상 8만 리 떨어져있다. 해는
하늘에 붙어서 평평하게 돈다. 동지와 하지 사이를 나누어 해가 가는 길
이 '칠형육간七衡六間'이다. 각 형의 둘레 직경의 거리를 헤아리는 것은
각각 산술에 따르고, 층차를 구고로써 계산하고, 궤적의 그림자와 북극성
의 계류를 추단함으로써 원근의 수로 삼는다. 이것은 모두 규표에서 얻는
것이다. 그러므로 '주비'라고 한다."[10]

---

8) 노앙, 앞의 책, 198쪽.

9) 노앙, 앞의 책, 199쪽.

10) 『주비산경』, "蔡邕所謂周牌者 卽盖天之說也 其本包犧氏立周天曆度 其所傳則周
公受于殷商 周人志之 故曰周牌 牌股也 股者表也 其言天似盖笠 地法覆盤 天地各
中高外下 北極之下爲天地之中 其地最高 而'滂沱四隤 三光隱映 以爲晝夜 天中高
于外衡冬至日之所在六萬里, 北極下地高于外衡于地亦六萬里, 外衡高于北極下地
二萬里. 天地隆高相從, 日去地恒八萬里. 日麗天而平轉, 分冬夏之間日所行道爲七
衡六間. 每衡周徑里數, 各依算術 用句股重差 推軌影極游 以爲遠近之數, 皆得于

이 글의 요지는 5가지로 집약된다. 첫째, 천지의 구성형태는 마치 덮어쓰는 하나의 삿갓 같다는 것이다. 삿갓은 대나무 껍질을 써서 짠 햇볕을 가리고 비를 막는 딱딱한 모자다. 즉 두립頭笠의 종류다. 땅은 마치 엎어놓은 하나의 쟁반 같다.

둘째, 천지의 관계에 관한 것으로, 천지는 모두 중앙이 높고 바깥쪽은 낮다. 북극의 하면은 천지의 중앙이 되고, 땅의 최고 높은 곳이 된다.

셋째, 태양은 삿갓처럼 생긴 천상에 붙어서 평평하게 돌아간다. 1년 4계절이 가는 궤도는 같지 않다. 그 궤도는 즉 이른바 칠형七衡이다.

넷째, 앞의 주비가의 개천설이 해는 양의 가운데 혹은 음의 가운데서 나온다는 것을 강조한다. 그러나 여기에서는 해가 음 가운데서 혹은 양 중에서 뜬다는 말은 없다. 그러나 주야의 변화에 대한 해석을 『주비산경』에 근거하고 있다. 그것에서는 "해가 운행하는 곳은 북극이다. 북방은 한낮이고 남방은 야반이다. 해는 극동에 있으면 동방은 일중이고 서방은 야반이다. 해가 극남에 있으면 남방은 일중이고 북방은 야반이다. 해가 극서에 있으면 서방은 일중이고 동방은 야반이다. 무릇 이 사방은 천지의 4극極 4화和이므로 주야晝夜가 바뀌는 곳이며 더하여 시간이 서로 반대이다. 그러나 음양이 마치는 바와 겨울과 여름이 다하는 바는 모두 하나와 같다."[11]고 한다.

『주비산경』에서 "사람이 멀리 바라보는 곳의 원근은 마땅히 일광이 비추는 곳과 같다."[12]고 한다. 즉 태양광이 비추는 범위와 사람이 볼 수 있는 범위는 동일하다고 인식한다. 따라서 태양광이 비추는 범위는

表股者也. 故曰 周髀"

11) 『주비산경』, "日運行處極北 北方日中 南方夜半 日在極東 東方日中 西方夜半 日在極南 南方日中 北方夜半 日在極西 西方日中 東方夜半 凡此四方者 天地四極四和 晝夜易處 加時相反 然其陰陽所從 冬夏所極 皆若一也"

12) 『주비산경』, "人所望見 遠近宜如日光所照"

한계가 있다. 『주비산경』이 제시하는 태양이 비추는 범위는 사방은 각 16만 7천리다. 즉 반경이 16만 7천리의 원면이다. 그리하여 태양이 극의 북에서 운행할 때는 북방이 일중이다. 그리고 남방은 야반이다. 즉 남방에는 일광이 도달하지 않기 때문이다. 이 말은 "해가 하늘에 걸려서 평전한다."는 운행방식과 일치하는 것이다. 그러나 『주비산경』은 여기서 최후로 다시 "음양이 마치는 곳은 겨울과 여름이 다하는 곳으로 모두 똑같다."13)는 것을 제기한다. 비록 똑같이 음양으로 말한 것에 불과하나 층차는 오히려 같지 않다.

다섯, 4계절 변화에 대한 해석이다. 이것은 단지 간단하게 음양의 기의 많고 적음에 따른 변화를 말하는 것이 아니라 겨울과 여름에 있어서 태양의 운행 궤적을 좇아서 음양변화를 다르게 설명하는 것이다. 그리하여 계절 변화를 설명한다. 여기서 몇 가지 보충설명이 필요하다. 먼저 태양의 운행궤적에 관한 것이다. 『주비산경』은 "무릇 해와 달의 운행은 둥근 둘레를 이루면서, 일곱 궤도는 여섯 간격을 도는데, 이것은 여섯 달의 절기에 해당한다."14)고 한다. 이것은 '칠형육간'이다. 칠형은 태양이 월별로 보여주는 7조의 운동궤도이다. 이 때문에 '칠형'을 보면 7개의 동심원이다. 서로 이웃한 두 원 사이에는 한 길의 간격이 있다. 그러므로 6간이 있는 것이다. 이 7개의 동심원의 가장 안쪽 1개를 '극내형極內衡'이라고 칭하며, 가장 바깥쪽 1개원은 '극외형極外衡'이라고 한다. 극내형은 하지 때의 태양운동궤도이고, 극외형은 동지 때의 태양운동궤도이다. 『주비산경』이 제출하는 극내형의 직경은 2만 3천 800리다. 그리고 극외형의 직경은 4만 7천 600리다. 이 양 자의 차는 꼭 내형의 직경과 흡사하다. 즉 외형의 직경이 내형 직경의 1배가 된다.

---

13) "陰陽所從 冬夏所極 皆若一也"

14) "凡爲日月運行之圓周 七衡周而六間 以当六月節"

이 때문에 이것에 근거하여 이 칠형 각 형간의 평균 거리를 구할 수 있다. 그리고 『주비산경』은 바로 이 평균거리를 취하여 양 형간의 너비로 삼는다. 이것은 간단하게 산출할 수 있다.

23,800/6=3,966과 2/3

즉 서로 이웃하는 두 형 사이는 3,966과 3분의 2리다. 하지의 극내형으로부터 해가 가는 길(일도日道)을 계산하면, 제2형은 곧 대서(6월 중기) 때의 일도이고, 제3형은 곧 처서(7월 중기) 때의 일도이다. 이와 같이 극외형에 이르도록 미루어 구하면 곧 동지(11월 중기) 때 일도가 된다. 또 반대로 추산하면 즉 동지부터 일도의 극외형을 기산하면 제2형은 곧 대한(12월 중기) 때의 일도, 제3형은 곧 우수(정월 중기) 때 일도 등등이다. 곧 바로 극내형의 하지까지 일도를 추산하면 다음과 같은 하나의 표를 만들 수 있다.

표 2-1 칠형에 있는 각 중기의 분포표[15]

大暑 (第二衡)	處暑 (第三衡)	秋分 (第四衡)	霜降 (第五衡)	小雪 (第六衡)
夏至 (極內衡)				冬至 (極外衡)
小滿 (第六衡)	穀雨 (第五衡)	春分 (第四衡)	雨水 (第三衡)	大寒 (第二衡)

위의 계산으로부터 내형에서 제2형 사이에 이르는 거리는 3,966과 3분의 2리 즉 그 직경은 27,766과 3분의 2리임을 알 수 있다. 여기서

---

15) 노앙, 앞의 책, 202쪽.

특별히 눈여겨 볼 것은 '중형中衡'이다. 중형은 곧 춘분과 추분 때의 일도다. 이것은 하지부터 계산하는 제4형이다. 또 동지부터 계산하는 제4형이다. 그러므로 이름하여 중형이라고 한다. 중형의 직경은 23,800+3,966과 3분의 2×3=35,700리가 된다.

칠형육간은 『주비산경』이 달마다 태양이 매일 지구를 돌아 운행하는 기하도형을 서술하는데 쓰는 것이다. 만약에 잠시 추산을 해보면 외형 둘레의 길이는 내형 둘레 길이의 2배다.(고인의 '둘레는 3이고 지름은 1이다'는 법칙에 따라 추산하면 극외형의 둘레 길이는 142만 8,000리, 극내형 둘레 길이는 71만 4,000리다.) 그런 까닭에 동지일의 태양운행의

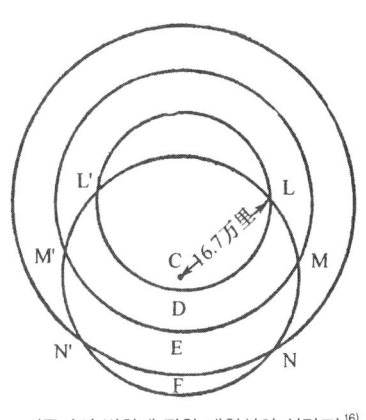

〈주야의 변화에 관한 개천설의 설명도〉[16]

속도는 하지일 태양운행속도의 2배다. 아는 바와 같이 지구의 태양 둘레 공전은 하나의 타원궤도상에서, 태양은 지구공전궤도의 1개 초점상에 거하기 때문에 케플러의 제2법칙[17])에 따라 궤도상에 있는 지구의

16) 노앙, 앞이 채, 203쪽. 그림 가운데 C는 관측자가 된다 C점으로 원심圓心을 삼고, 16만 7천리가 반경이다. 원이 L' L점에서 내형이 교차하고, M' M점에서 중형이 교차하고, N' N점에서 외형이 교차한다. 하지일에 태양이 내형을 따라서 한 원을 달린다. 태양이 L점에 도달했을 때 사람의 눈은 태양을 볼 수 있다. 이것이 일출이다. CL은 곧 일출의 방향이고, 그림에서 동북방이다. CL'은 곧 일몰의 방향이고, 그림에서 서북방이다. 춘분과 추분 때에 태양은 중형에서 한 원을 달린다. 태양이 M점에 이르렀을 때는 곧 2분일의 일출이다. M'점은 2분일의 일몰하는 곳이다. 그리고 동짓날에 태양이 외형을 돈다. N점은 동지 일출이 되고, N'점은 동일 일몰이다.
17) 케플러의 법칙은 면적 속도 일정의 법칙으로 태양과 행성을 연결한 선분이 같은 시간에 지나는 면적은 행성의 위치에 관계없이 항상 일정하다. 즉 속도는 근일점에서 빠르고 원일점에서 느리다.

운전속도는 변화가 있는 것이다. 다만『주비산경』이 제출하는 변화는 그렇게 크지 않으며, 또 궤도상에서 지구의 운행속도는 비교적 큰 시간은 동지점 부근이고, 하지점 부근에 있지 않다.

다음으로 "해는 사방 각 16만 7천리를 비춘다. 사람이 바라보는 바의 원근은 일광이 비추는 바와 같다."는 것에 대한 것이다. 학자들의 연구에 의하면 이것은 개천가가 개천모형을 구축할 때 끌어들인 하나의 기초수치라고 인식한다. 곧 끌어들인 기본 수치상에서 주야 현상의 해석을 만들어 내고, 주야의 장단의 변화를 계산하고, 태양궤도의 변역을 계산하고, 일조원리를 구축했다. 그리하여 그것은 개천설의 기초적 자료인 것이다.

마지막으로『주비산경』은 당간을 세워 보이는 그림자를 관측한 기초상에서 건립된다는 것이다. 즉 규표로 관측한 태양의 그림자를 위주로 한다. 그리고 그것이 구성하는 우주천지모식이 '칠형육간'이다. 외형은 동지일도, 중형은 춘분 추분일도, 내형은 하지일도이다.

『주비산경』은 또 "태양은 하지에 동정東井(정수井宿)에 있고, 극내형이다. 동지의 태양은 견우牽牛(우수牛宿)에 있고 극외형이다. 태양이 춘분에는 루수婁宿에 있고, 추분에는 각수角宿에 있다."고 한다. 즉 이것은 동지 때 태양은 우수의 극외형에 있고, 하지 때 태양은 정수의 극내형에 있고, 춘분의 태양은 루수와 중형에 있고, 추분 때 태양은 각수와 중형에 있다는 것이다. 이 4수宿가 북극과 떨어진 도수는 전보종의 추산에 의하면 다음과 같다.[18]

동지 일도와 북극의 거리는 115.867도, 이를 현대 도수로 바꾸면 115.867×365.25분의 360하면 115.867×0.9856=114도 11분 55초가

---

18)『錢寶琮科學史論文選集』, 科學出版社, 1983년 제1판.

된다. 하지 일도와 북극의 거리는 66.758도, 현재 도수로 바꾸면 65도 47분 48초이다. 춘분과 추분의 일도와 북극의 거리는 91.3125도, 현재 도수로 환원하면 90도이다.

이 통계수치와 그것의 정확한 수치와 차이는 모두 반半 도도度 이내에 있고, 상당히 정확하다.[19]

2) 개천설과 『주역』

개천설과 『주역』은 출현 시기와 만든 사람에서부터 밀접한 관계가 있다. 또 『역전』의 우주 구성에 관한 관점은 기본적으로 개천설의 주장과 본질적으로 같은 유형이라고 할 수 있다.

앞서 개천설의 개요를 살피면서, 『진서』 「천문지」에는 개천설은 주비周髀로서 복희가 세운 주천역도라고 했다. 그리고 『주비산경』은 끝부분에서 "옛날에 포희 신농이 역도曆度의 근원을 만들었다."[20]고 한다. 이것은 곧 『진서』의 '포희씨가 세운 주천역도'로서 고대 4분력법을 의미한다.

일반적으로 『주역』 팔괘도 복희가 만든 것으로 사람들에게 인식되고 있다. 그리고 「계사전」에 "옛날에 포희씨가 천하에 왕을 할 때 우러러 하늘에서 상을 관찰하고, 구부려 땅의 법을 관찰하고, 조수의 무늬와 땅의 마땅함을 관찰하고, 가까이 몸에서 취하고, 멀리 물건에서 취하여 팔괘를 치음으로 지었다."[21]라고 한다. 이것은 포희씨가 천시를 관찰

---

19) 노앙, 앞의 책, 196-204쪽 참고.
20) 『주비산경』, "古者包犧 神農制作爲曆度元之始 見三光未和其則 日月列星未有分度"
21) 「계사전」 하2장, "古者包犧氏之王天下也 仰則觀象於天 俯則觀法於地 觀鳥獸之文與地之宜 根取諸身 遠取諸物 於是始作八卦"

함이 역법을 만들기 위한 것이기도 하고, 또 일월성신이 지나가는 길을 관측하여 하늘의 도수 표준標準, 즉 365와 4분의 1도를 만들기 위한 것을 말하는 것이다. 그리하여 가장 일찍 고사분력을 제정했다.[22]

이상은 모두 개천설과 『주역』은 그것이 처음 만들어진 시기와 작자가 같다는 것을 말하는 것이다.

『주역』과 개천설은 이렇게 출현시기와 작자가 동일할 뿐 아니라, 우주 구성에 관한 생각이 기본적으로 유사한 점을 가지고 있다. 예컨대 개천설의 두 가지 유형인 주비가설과 『주비산경』 설의 요지는 하늘은 높고 땅은 낮다는 발상을 갖고 있다. 그리고 『역전』 「계사전」은 첫머리에서 "하늘은 높고 땅은 낮아 건곤乾坤이 정해진다."[23]라고 한다. 곧 하늘이 위에 있고 땅이 아래에 있음을 긍정적으로 인식하는 것이다.

하늘이 위에 있고 땅이 아래 있는 상황에서는 사람과 일체 형체가 있는 물체는 모두 하늘과 땅 사이에 있다. 하늘이 덮고 있고 땅은 싣고 있기 때문이다. 아주 먼 옛날 이런 천지 사이의 광활한 대지에서 생활하던 유목민들은 하늘을 직접 관찰한 뒤 하늘이 땅을 덮어씌운 궁륭형의 막을 생각했을 것이다.

남북조南北朝(대략 기원후 6세기) 때에 선비족鮮卑族의 가수 곡률금斛律金은 한 수의 유명한 민요를 창작했다. 그 가사는 "칙륵천敕勒川 음산陰山 아래 하늘은 궁려穹廬 같아 사방의 들을 둘러 덮었다. 하늘은 창창하고 들은 망망하다. 바람이 초원 바닥에 부니 소와 양이 드러난다."[24]고 한다. 이 민요는 고대 유목민이 느낀 하늘이 사방의 들을 둘러 덮은 '궁려'

---

22) 팔괘가 천문역법의 팔괘력이기도 하다는 해석은 이 책의 '고대역법과 역학易學' 부분에서 상세히 언급하였다.

23) 「계사전」 상1장, "天尊地卑 乾坤定矣"

24) "敕勒川 陰山下 天似穹廬 籠盖四野 天蒼蒼 野芒芒 風吹草低見牛羊"

와 같음을 생동감 있게 설명한 것이다. 이것은 바로 개천설이 기대고 선 직관형상이다.

『역전』도 천지구성을 이와 같이 취급한다. 「계사전」은 "아주 옛날에는 굴을 파고 살거나 들에 거처했다. 후에 이르러 성인이 궁실로 바꾸었다. 위에는 대들보를 얹고 아래에 서까래를 깔아 풍우에 대비하였으니 대장괘大壯卦에서 취하였다."[25]라고 한다. 즉 먼 옛날 사람들은 궁실이 있기 전에 땅에 굴을 파고 살거나 들에서 거처했다. 그러다가 오랫동안 하늘의 모습을 관찰하여 궁실 같은 하늘의 모습을 흉내 내어 궁려를 짓고 비와 바람과 맹수 등을 피해 안전하게 살 수 있었다는 것이다.

『주역』의 대장괘는 이 같은 내용을 잘 상징하고 있다. 대장괘의 괘상은 상체가 진震이고 하체가 건乾이다. 상체 진은 우레가 되고 비가 된다. 하체 건은 하늘이 된다. 그러므로 대장괘가 상징하는 의미는 궁륭에 천막의 위쪽으로부터 우레와 비가 동시에 가해지는 것이 된다. 이 천막 같은 궁륭으로 말미암아 뇌우를 막아내어 사람들로 하여금 편안히 거처할 수 있게 한다. 곧 대장괘로부터 아이디어를 얻어 궁실의 창조에 이른 것이다. 「계사전」이 대장괘의 때를 이렇게 이해하는 것은 실제상 개천설 유형의 우주 구성관념을 구체적으로 나타내는 것이다.

이처럼 하늘은 둥글다는 생각은 개천설 중에 "하늘은 장개張盖 같이 둥글다.(天圓如張盖)"고 하는 주비가설이나 "하늘은 삿갓 같다.(天似盖笠)"는 『주비산경』이 모두 같기 때문에 대장괘의 하체는 건이고 궁륭형의 천막으로 해석이 가능하다.

그러나 땅에 대한 관점에서는 약간의 차이가 있다. 주비가설은 "땅의 네모짐은 바둑판과 같다.(地方如棋局)"고 하고, 『주비산경』은 오히려 "땅

---

25)「계사전」하2장, "上古穴居野處 後世聖人 易以宮室 上棟下宇 以待風雨 盖取諸大壯"

은 접시를 엎은 것을 본받았다.(地法覆盤)"라고 말한다. 즉 주비가설은 땅을 네모진 것으로 보는 반면, 『주비산경』설은 땅을 원형으로 보는 것이다. 땅의 모습을 『주비산경』설의 관점으로 이해하면 개천설의 하늘과 땅은 마땅히 모두 원형인 것이다.

이에 대한 『역전』의 관점은 땅이 반듯하다는 개념을 구체적 형상이 아니라 형이상적 입장에서 말하고 있다. 「문언전」은 곤坤괘에 대하여 "곤은 지극히 부드러우나 움직임은 강하고, 지극히 고요하나 덕은 반듯하다."[26]라고 말한다. 역괘易卦에서 곤坤은 땅을 대표한다. 곤坤은 유순하고 지극히 고요한 두 가지 특성을 갖고 있다. 곤의 고요함은 땅의 고요함으로 인식된다. 그러나 고요함이 방정한 것은 아니다. 또 여기서 말하는 것은 땅의 형체가 방정하다는 것이 아니고 덕이 반듯한 것을 말하는 것이다. 또 「설괘전」에는 곤은 땅이 되고, 어머니가 되고, 삼베가 되는 것 등을 말하면서 땅이 반듯하다고는 말하지 않는다.

다시 말해 개천설의 주비가에서 말하는 "하늘은 둥글고 땅은 네모지다."는 주장에서 땅의 네모짐은 반드시 땅의 구체적 모습이 네모지다기보다는 땅이 가지는 덕성이 반듯하다는 의미가 크다고 할 수 있다.

「계사전」은 일월의 운행과 관련한 정황을 자주 언급한다. 예를 들어 "하늘과 땅의 도는 항상 보여주는 것이요, 일월의 도는 항상 밝은 것이다."[27] "해가 가면 달이 오고, 달이 가면 해가 오고, 일월이 서로 미루어 밝음이 생겨난다. 추위가 가면 더위가 오고 더위가 가면 즉 추위가 와서 한서가 서로 미루어 한 해가 이루어진다."[28] "강과 유는 낮과 밤

---

26) 「문언전」, "坤至柔而動剛, 地靜而德方"
27) 「계사전」 하1장, "天地之道 貞觀者也 日月之道 貞明者也"
28) 「계사전」 하5장, "日往則月來 月往則日來 日月相推而明生焉 寒往則署來 署往則寒來 寒暑相推而歲成焉"

의 상이다."29) "주야의 도를 겸하여 안다."30)라고 하는 것이다. 이것은 모두 「계사전」이 개괄하는 바의 "한번은 음하고 한번은 양하게 하는 것을 일러 도라고 한다."31)의 근본 내용이다.

이처럼 음양 변화의 도를 나타내는 해와 달의 운행 정황은 태양의 주일운동周日運動과 주년시운동周年視運動으로 구분할 수 있다. 태양의 주일周日운동은 주야현상을 위주로 한 음양변화이다. 태양의 주년시운동은 춥고 더운 현상을 위주로 한 음양변화이다.

다시 말해 주일운동이란 해가 떠서 낮이 되고, 해가 져서 밤이 되는 밤낮이 번갈아 드는 일을 말한다. 그리고 해가 져서 밤이 오면 달이 보인다. 그래서 「계사전」은 "해가 가면 달이 오고, 달이 가면 해가 온다. 일월이 서로 미루어 밝음이 생겨난다."고 하고, 또 "일월의 도는 항상 밝은 것이다."이라고 한다.

그리고 이 주야의 도를 미루어 음양陰陽·강유剛柔의 도를 알 수 있다. 즉 『주역』의 양효는 강剛이고 낮을 상징하며, 음효는 유柔로서 밤을 상징한다. 강유가 서로 미룸은 또 밤과 낮이 서로 교체하며 가는 것을 상징한다. 그래서 「계사전」은 "강과 유는 주야의 상이다.(剛柔者 晝夜之象也)"고 말하고, "주야의 도를 겸하여 안다.(通乎晝夜之道而知)"를 강조한다. 즉 일월의 운행으로부터 주야의 변화와 강과 유의 서로 미룸, 음양의 변화는 서로 관련이 있음을 강조한다. 이것은 태양이 밝은 양기를 좇아서 나오고, 어두운 음기의 가운데로 들어가기 때문에 주야의 변화가 일어난다는 개천설과 맥을 같이 하는 것이다.

앞서 개천설의 개요에서 태양의 빛은 16만 7천리를 비춘다고 했다.

29) 「계사전」 상2장, "剛柔者 晝夜之象也"
30) 「계사전」 상4장, "通乎晝夜之道而知"
31) 「계사전」 상5장, "一陰一陽之謂道"

사람들이 볼 수 있는 천상天象은 모두 관측자를 기준으로 16만 7천리 이내에 있다. 만약에 16만 7천리 밖에 있다면 볼 수 없는 것이다. 그런데 이 16만 7천리가 고정불변의 것이 아니기 때문에 태양은 4유游를 가지고 있다. 즉 태양은 동극·남극·서극·북극을 유동한다. 만약 태양 운행이 북극에 이르면 북방의 태양은 바로 머리 위에 있고, 남방은 오히려 밤중이다. 기타 방위에서도 또한 이와 같다. 예를 들어 태양이 극동에 처하면 서방은 곧 밤중이다. 그러므로 주야의 도는 태양의 사방 운행을 반영한다.

그러나 다시 중요한 것은 태양은 하나의 고정된 궤도상에서 4극을 운행하는 것이 아니다. 매달마다 하나의 궤도를 바꾼다. 이 궤도는 모두 7조(7형)가 있다. 태양은 12개월 중에 이 7조 궤도를 돌아가며 자리를 바꾼다. 그리하여 매달의 주야는 모두 차이가 있다. 주야의 도는 그렇게 간단하지가 않다.

다시 더 나아가 주야의 변화는 한서의 변화와 긴밀하게 서로 연결된다. 바로 한래서왕寒來署往과 서왕한래署往寒來하여 세歲를 이루는 음양 변화와 유착돼 있기 때문이다. 즉 실질적으로 이것은 태양주년시운동의 변화이고, 주야 장단이 같지 않은 변화를 이룬다. 과학적으로 말해 태양주년시운동은 본질적으로 지구가 태양을 휘감아 도는 공전을 반영한다. 지구 스스로도 우주공간의 위치에 있기 때문에 지구가 태양을 휘감아 도는 공전궤도 평면(황도평면)과 지구 자전의 적도평면을 이루는 두 개의 큰 원이 서로 교차하는 각도는 23도 27분이 된다. 즉 지구 자전축과 황도면은 66도 33분의 교각(90도−23도 27분)을 이룬다. 그리하여 태양과 천극의 각도 거리로써 태양운행을 기술한다.

그러나 지구가 태양을 도는 공전은 지구상의 관측자로부터 볼 때 황도 상에 있는 태양의 운행이고, 매일 1도를 간다. 이에 태양은 북극에 가깝게 갈 때가 있고, 남극에 가깝게 갈 때도 있다. 황도 상에서 북극에 가장 가까운 한 점을 하지점이라고 부른다. 남극과 가장 가까운 일 점 (즉 북극에서 가장 먼 일 점)은 동지점이라고 부른다.

황도와 적도의 두 개의 큰 원은 두 개의 교차점이 있다. 하나는 춘분점이고, 다른 하나는 하지점이다. 황도 상에서 태양의 운행은 만약 동지점으로부터 계산하면[32], 태양은 이 날부터 시작하여 북극에 가까운 방향으로 시계바늘의 반대 방향으로 운행한다.[33] 3개월 지나(대략 태양은 황도 상에서 90도를 간다.)면 곧 춘분점에 도달하고 다시 3개월을 지나면 하지점에 이른다. 다시 하지점으로부터 3개월을 지나면 추분점에 이르고 또 3개월을 지나면 태양은 동지점으로 돌아온다. 이것은 곧 회귀년이고 지구의 공전 1주기다.

『주비산경』은 衡 상에 있는 태양의 운행으로써 주야의 변화를 설명한다. 주야의 장단으로 말미암아 사계변화를 따라 변화한다. 그러므로 칠형을 더하여 태양의 매월 운행궤도를 설명하고, 사계 주야가 어떻게 하여 장단이 같지 않은가를 해석한다. 또 어찌하여 사계의 기온이 같지 않은가를 해석한다. 이것은 곧 주야의 도가 매우 간단치 않다는 것이다.

그리고 주야의 도는 바로 일월의 왕래이고 한서의 도는 일월의 운행으로부터 얻는 것이다. 이 때문에 일월의 왕래운행은 음양의 큰 도리를 표현한다.

음양은 층차 고저가 같지 않다. 만약 태양이 낮에 양기 중에 있다면,

---

32) 이 때 태양은 북극에서 가장 멀리 떨어져 있고 그 각의 거리는 90도+23도 27분=113도 27분, 남극과는 가장 가깝고 그 각의 거리는 90도-23도 27분=66도 33분, 그리하여 동지의 태양은 황도의 최남점에 있다.

33) 혹은 북을 향해 운행한다고 말한다. 그러나 실제는 지구가 태양을 역 시침방향으로 운행한다고 기억해둘 필요가 있다.

밤에는 음기 중에 있다. 음기는 어둡기 때문에 태양은 보이지 않는다.
이것은 곧 저층차적으로 음양을 이용하여 자연현상을 해석하는 것이다.
　그리고 태양이 16만 7천리를 비추고, 또 달의 운행궤도가 주야 사계
를 다르게 해석하기 때문에 음양개념을 태양의 운행으로 귀결시킨다.
이것은 비교적 높은 층차 상에서 음양으로써 자연현상을 해석하는 것이
다. 이 때문에『역전』이 견지하는 개천설의 관념은 음양설의 기초가
된다.
　『주비산경』은 주야의 길고 짧은 변화에 대하여 다시 보다 직접적인
서술을 하고 있다. 그것은 "해는 좌측에서 떠서 우측으로 진다. 남과
북을 운행한다. 그러므로 동지는 감坎에서 시작한다. 양은 자子에 있고,
해는 손巽에서 떠서 곤坤으로 들어간다. 보이는 일광은 적다. 그러므로
날이 춥다. 하지는 이離에서 시작한다. 음이 오午에 있다. 해는 간艮에서
나와 건乾으로 들어간다. 보이는 일광은 많다. 그러므로 날은 덥다."[34)]
고 한다.
　이것은 곧 태양이 다른 계절의 출몰 방위로부터 한서변화를 표시하
고, 주야장단의 변화를 표시하는 것이다. 흥미 있는 것은 후천팔괘 방
위로써 태양의 출몰 방위를 표시한다는 것이다. 당연히 관측자는 남쪽
을 향하고 등을 북쪽에 기댈 때 좌면은 동쪽이 되고 우면은 서쪽이 된
다. 동짓날 천공운행의 궤도에 있는 태양은 바로 천공의 최남면에 처해
있다. 그리고 하짓날에는 태양이 천공운행의 궤도에서 천공의 최북면
에 처해있다.
　이 때문에 만약 중오中午에 태양을 관측하면(태양은 바로 자오선子午線 상
에 있음) 동지부터 하지까지 태양은 최저점에서 최고점으로 간다.(또 이

---

34)『주비산경』, "日出左而入右 南北行 故冬從坎 陽在子 日出巽而入坤 見日光少 故
　日寒 夏至從離 陰在午 日出艮而入坤 見日光多 故日暑"

것은 최남에서 최북으로 가는 것이다.) 하지부터 동지까지 자오선 상에서 볼 때 최고점에서 최저점으로 간다.(또 이것은 최북에서 최남으로 가는 것이다.) 또 태양이 출몰하는 방위로부터 보면 동지 때는 태양이 외형에 있고 손巽(동남)방에서 나오고, 곤坤(서남)방에서 진다. 그리고 하지를 당해서 태양이 내형에 있을 때는 간艮방(동북)에서 뜨고, 건乾방(서북)에서 진다.

이것을 종합하면, 태양의 출몰과 중천에서 태양의 운행은 모두 "해는 좌에서 나와 우로 들어가고 남북을 운행한다." 즉 지평선 좌표 상(관측자와 상관된 좌표)에 있는 태양은 남북을 오가는 운행의 정황을 보여준다.

이 현상으로부터 논하면, 태양은 외형外衡에 있을 때에 천체 천공에서 남쪽에 치우쳐 있는 것이다. 그리고 태양이 내형에 있을 때 전체 천공의 북쪽에 치우친 것이다. 태양이 남쪽에 치우칠 때는 보이는 일광이 적으므로 한랭하다. 태양이 북쪽으로 치우칠 때 보이는 일광은 많으므로 무덥다. 이것은 당시 중국의 중원 부분에 해당하는 말이다. 실제로 북반구의 관측자에 대해서는 모두 이와 같다. 또 음양을 말하면 동지를 당했을 때 태양은 남쪽으로 가서 극점에 이르고, 이 때 양기는 자子의 위치(坎位, 正北)에 있다. 그리고 하지 때 태양은 북방의 극점에 이른다. 이때 음은 오午의 위치(離位, 正南)에 이른다. 이것의 의미는 양이 감坎의 위치에 있을 때는 바로 태양이 남으로부터 북으로 가는 것을 말하는 것이다. 그리고 음이 이離의 위치에 있을 때는 태양이 북으로부터 남으로 가는 것이다. 그렇기 때문에 여기에 있는 음양은 하나의 순수한 관념의 음양 개념이 아니다. 그리고 이것은 관측의 기초가 있고, 이것은 자연히 역학의 음양관념의 높은 단계의 주석이다.

「계사전」은 다시 직접적으로 설명한다. "추위가 가면 더위가 오고, 더위가 가면 추위가 온다. 추운 것과 더운 것이 서로 미루면 세가 이루어진다."[35]고 한다. 「계사전」은 또 이어서 "가는 것은 굽힘이요, 오는

것은 펴짐이니, 굴屈과 신伸이 서로 감동함에 이로움이 생긴다."[36]라고
한다.

『주비산경』에 "일월이 서로 도度를 잃으면 한서가 서로 간섭한다. 가
는 것은 굽히는 것이요 오는 것은 펴짐이다. 그러므로 굽힘과 펴짐이
서로 감응한다. 그래서 동지 후 해는 우행하고, 하지 후 해는 좌행한다.
좌左는 가는 것이요, 우右는 오는 것이다. 그러므로 월과 일이 합하여
1개월이 되고, 해는 다시 해로 돌아와 1일이 되고, 해가 다시 별로 돌아
오면 1세歲가 된다. 외형外衡은 동지이고, 내형은 하지다. 육기가 다시
돌아옴은 다 중기라고 이른다."[37]고 한다. 굴신詘信은 곧 굴신屈伸이다.
하지부터 시작하여 태양의 남북 왕반은 북쪽에서 남쪽으로 가는 것이
고, 주야변화에서 말하면 대낮의 해가 점점 짧아지는 것이다. 이 때문
에 굴詘, 혹은 굴屈이라고 말하는 것이다.

반대로 동지부터 시작하여 태양은 남에서 북으로 간다. 이때는 대낮
에 해가 점점 길어진다. 곧 신信이라고 부른다. 또 신伸이다. 곧 대낮에
점점 해가 신장伸長하는 의미다.

그러나 여기서 하지 후 해가 좌행하고, 동지 후 해는 우행하는 것을
말하면, 무엇 때문에 좌우행의 설법을 취해야 하는가? 이것은 실제로
음양개념의 해석을 위한 것이다. 고대인들이 말하는 좌행은 왕왕 동으
로부터 서쪽으로 운행하는 것이다. 시계바늘의 방향을 따르는 것이다.
그렇다면 반대로 오는 것은 우행으로 서쪽으로부터 동쪽으로 운행하는
것이다. 예를 들어 말하면, 하늘은 좌행, 곧 동에서 서로 운행한다. 매

---

35) 「계사전」 하5장, "寒往則署來 署往則寒來 寒暑相推而歲成焉"

36) 「계사전」 하5장, "往者 屈也 來者 信(伸)也 屈信相感而利生焉"

37) 『주비산경』, "日月失度而寒暑相奸 往者詘 來者信也 故屈信相感 故冬至之後日
　右行 夏至之後日左行 左者往 右者來 故月與日合爲一月 日復日爲一日 日復星爲一
　歲 外衡冬至 內衡夏至 六氣復返 皆謂中氣"

일 해가 동에서 떠서 서에서 지는 것과 같다.

또 해가 우행하는 것을 말하면 지구가 해를 감싸고 공전하기 때문이다. 서로부터 동으로 가는 것이다. 시계바늘의 반대 방향을 보여주는 것이다. 그리고 시운동으로 보면 해가 지구를 싸고도는 것이다. 또한 역시침방향으로 표현된다. 즉 서로부터 동으로 향하는 것이다. 그러므로 우행이라고 한다. 여기서 좌행으로 불리는 것은 일종의 추세를 가리키는 것이다. 동짓날 태양이 손巽의 위치로부터 점점 북으로 이동해 갈 때에 하지점에 이르러 간艮의 위치에 다다른다. 이 한 단은 전체적으로 서로부터 동으로 운행(역시침방향) 노선의 한 단락(12진방위로부터 말하면 진辰에서 인寅의 위치에 이르는 것)이다. 그러므로 "동지 후 해는 우행한다."고 하는 것이다. 그리고 하짓날 후는 태양이 간艮의 위치에서 점차 남쪽으로 이동하여 동지점에 이르러 손巽의 위치에 달한다. 이것은 "하지 후 해는 좌행한다."고 말할 수 있다. 이렇게 굴신·내왕·좌우 모두와 음양관념을 근본적으로 연계했다.

따라서 「계사전」은 "변동은 사시에 배합하고, 음양의 뜻은 일월에 배합한다."[38]라고 하고, 또 "한 번 음하고 한번 양하게 하는 것을 일러 도라고 한다."[39]라고 한다. 이것은 바로 이런 심층적 의의를 나타내는 것이다. 일과 월이 부단히 남북을 운행하기 때문에 좌우 왕래하여 세歲를 이루는 공을 세운다. 그러므로 『주비산경』은 "월과 일이 합하여 1월이 된다. 해가 다시 해의 자리로 돌아오면 1일이 되고, 해가 본래의 별자리로 돌아오면 한 해가 된다."[40]고 한다. 태양과 달이 연속하여 두 차례 한 곳에서 만나는 것이다. 예를 들어 하나의 성수星宿(본질상 동일

---

38) 「계사전」 상6장, "變動配四時 陰陽之義配日月"
39) 「계사전」 상5장, "一陰一陽之謂道"
40) 『주비산경』, "月與日合 爲一月 日復日爲一日 日復星爲一歲"

경도)에 함께 있으면 곧 1개월로, 당연히 이것은 삭망월이다. 그리고 해가 다시 성수로 회복하면 이것은 연속 두 차례 동일 배경의 성수에 이르는 것으로 1년이다.

태양이 두 차례 연속하여 두 차례 하나의 항성을 통과하는 시간 간격은 1개 항성년이다. 앞에서 말한 바의 회귀년이 아니다. 만약 이 하나의 배경이 춘분점 혹은 동지점이라면 곧 회귀년이 된다. 왜냐하면 춘분점 등은 태양의 위치와 관련이 있다. 항성년과 회귀년은 길이가 같지 않다. 현재 측정한 1항성년은 365.254일이고, 회귀년은 365.2422일이다. 이 일단의 『주비산경』 최후의 말은 "외형은 동지, 내형은 하지, 육기가 다시 돌아옴은 모두 중기가 된다."[41]고 한다. 앞의 1절에서 이미 하나의 그림으로 칠형육간을 설명했다. 내형은 하지를 표시하고, 외형은 동지를 표시하는 것 외에 기타 매일형은 각개 중기 때의 태양운행궤도를 표시한다.

이것은 바로 『역경』이 '복'괘 괘사 중에서 말하는 "반복기도 칠일래복 (反復其道 七日來復)"이 동지 때에 태양이 외형궤도 상에 있고, 연후 매월 일 형亨씩 옮겨가서 제7개 중기에 이르면 하지가 되고 태양은 내형에 있는 것이다. 또 7차례 변이를 거쳐 태양이 동지궤도의 외형에 돌아온다. 사계로 말하면 춘하는 양기가 통치지위에 처한 시기로, 모두 6개월이다. 동추冬秋는 음기가 통치지위에 처한 시기로 모두 6개월이다.

음기는 정월부터 통치지위에서 물러나 칠월(정월 후 제7개월)에 이르면 다시 통치지위에 진입한다. 이것이 음기가 7에 이르러 돌아오는 것이다. 양기는 7월부터 통치지위에서 물러나 정월(7월 후 제7개월)에 이르러 다시 통치지위에 진입한다. 이것은 양기가 7에 이르러 회복하는 것이

---

41) 『주비산경』, "外衡冬至 內衡夏至 六氣復返 皆爲中氣"

다. 음양 2기가 모두 7개월에 이르러 회복한다. 마치면 즉 다시 시작하여 순환하여 그치지 않는다. 즉 「단전」에서 말하는 "마치면 즉 시작이 있는 것이 천행이다.(終則有時 天行也)"이다. 이것은 복괘 괘사 "그 도를 반복하여 7일만에 다시 돌아온다.(反復其道 七日來復)"의 해석이다. 또 이것은 '칠형육간'의 음양개념과 관련한 것에 대한 서술이다.

『주비산경』이 말하는 '육기복반', 『주역』에서 말하는 '반복기도 칠일래복'은 음양에 대한 『역전』의 심층적 이해를 표명한 것이다.[42]

이를 종합하여 말하면, 『주비산경』의 개천설우주관은 전국시기에 상당한 역할을 했다. 그것은 『주역』의 경전에서 적지 않은 계발을 취득한 것이다. 또 『주역』 사상을 위해 견실한 관측근거를 제공하여 『주역』의 음양관점으로 하여금 당시의 최고 단계에 도달하게 했다. 그것은 음양사상에 의뢰한 것이 아니고, 또 음양사상의 주해도 아니다. 그리고 그것은 음양사상에 대한 한층 더 깊은 단계의 발휘, 혹은 논증을 진행한 것이다. 이것은 중국고대과학기술에 대해 『주역』이 일찍이 기초한 효과를 반영한 것이다.

2. 혼천설과 일음일양지도

1) 혼천설 개요

혼천설이 언제부터 출현했는지는 정확하게 알 수 없다. 그러나 『수서』 「천문지」에 "전욱이 혼의를 제작하고 황제가 개천을 만들었다."[43]는 기록이 있다. 즉 황제와 전욱은 『사기』의 「오제본기」에 나오는 인물임을

---

42) 노양, 앞의 책, 214-225쪽 참고.
43) 『수서』 「천문지」, "顓頊造渾儀 黃帝爲蓋天"

고려할 때, 혼의가 아주 오래 전부터 제작됐고, 혼의를 통해 천체를 관측했다는 것이다.

또 『진서』 「천문지」에는 "『춘추』 「문요구」 편에서 말하기를 '당의 요제가 즉위하여 희씨와 화씨에게 혼의를 만들게 했다.'"[44]고 기록하고 있어, 황제나 전욱보다는 시기가 좀 뒤지기는 하지만 여전히 오제 시대부터 혼천설이 있었다는 것이다.

특히 『상서』 「요전」에도 "(요제가) 이에 희씨와 화씨에게 명하여 넓은 하늘을 삼가 따르게 하고, 해와 달과 별들의 운행을 관찰하여 사람들에게 때를 알리도록 했다."[45]고 한 것으로 보아 혼천설의 시원이 개천설과 함께 고대부터 시작됐음을 추정할 수 있다.

초기의 혼천 사상은 전국시대의 신도愼到[46], 혜시惠施[47], 장자莊子[48] 등이 단편적으로 주장을 했으나 본격적 논의가 진행된 것은 한대漢代 이후라고 할 수 있다. 한대에 들어서는 양웅揚雄[49]과 환담桓譚, 후한의 가규賈逵, 장형張衡[50], 채옹蔡邕 등이 혼천설을 지지한다. 특히 낙하굉落

---

44) 『진서』 「천문지」, "春秋文曜鉤云 唐堯卽位 羲和立渾儀"

45) 『상서』 「요전」, "乃命羲和 欽若昊天 曆象日月星辰 敬授人時"

46) 신도愼到 (BC 395~BC 315)-4세기 무렵 전국시대 제齊 선왕宣王 때 직하稷下의 학사學士. 그는 41편으로 된 『신자愼子』를 지었으나 현재 5편만 전한다. 이것을 명의 신무상愼懋賞이 내편(36 가지)과 외편(50 가지)으로 나누어 편찬하였다.

47) 혜시惠施(BC 370?~BC 309?)-중국 전국시대 송宋의 사상가. 양梁 혜왕惠王·양왕襄王 때 재상. 종횡가縱橫家 장의張儀에게 쫓겨 초楚로 갔다가 귀향해서 생을 마침. 그의 주장은 『장자』에서 찾아볼 수 있다.

48) 장자莊子(BC 369~BC 289?)-본명 주周, 중국 송나라 몽읍蒙邑(河南省 商邱縣 근처) 출생. 중국 고대의 사상가로 제자백가諸子百家 중 도가道家의 대표자. 주요 저서로 『장자』가 있다.

49) 양웅揚雄(BC 53~AD 18)-자 자운子雲. 중국 사천성四川省 성도成都 출생. 전한 말의 학자 겸 문인. 주요 저서로 『태현경太玄經』 『법언法言』이 있다.

50) 장형張衡(78~139)-자 평자平子. 중국 하남성河南省 남양南陽인. 천구의天球儀인 혼천의渾天儀를 비롯해 지진계地震計라 할 수 있는 후풍지동의候風地動儀를 만

下閎, 선우망인鮮于妄人, 경수창耿壽昌 등은 혼의를 사용하여 천체를 관측한 것으로 전해지고 있다.[51]

양웅은『법언』에서 "혹 혼천에 대해 물으면 낙하굉이 그것을 만들고, 선우망인이 그것을 측정하였으며, 중승인 경수창이 그것을 그렸다. (천체의 실상과) 거의 가깝구나 가까워!"[52]라고 하여 이런 사실을 증언하고 있다. 또『진서』「천문지」는 "한 태초에 낙하굉, 선우망인, 경수창 등이 원의를 만들어서 역법을 만드는데 사용한 이후 화제 때에 이르기까지 가규가 황도를 더하여 혼의를 보완하고, 순제 때에 이르러 장형은 또 혼상을 만들어 내외규內外規, 남북극, 황적도를 갖추어 24절기와 28수 중 외성과 일월오성을 배열하여 궁전의 실내에서 그것을 물로 운전한 결과, 별들의 출몰이 실제 하늘과 똑같았다."[53]라고 당시 혼천설에 입각한 이들의 활동상을 구체적으로 기록하고 있다.

(1) 양웅의 혼천사상

일반적으로 사람들은 혼천설을 말하면,『영헌』을 저술한 장형을 떠올린다. 그런데 장형은 자신보다 1세기 이상 앞선 양웅에게서 많은 영향을 받았다.『후한서』본전은 장형이 항상『현경玄經』을 탐닉하여 최원崔瑗에게 "내가『태현』을 보고 바야흐로 공자孔子가 도道의 수數를 신기하게 말했음을 알았다. 곧『오경』과 서로 비길만하다."[54]라고 말한

든 후한後漢의 과학자 겸 문인이다.

51) 이문규,『고대 중국인이 바라본 하늘의 세계』, 문학과 지성사, 2000. 314-315쪽 참고.

52)『법언』, "或問渾天 曰落下閎營之 鮮于妄人度之 耿中丞象之 幾乎 幾乎"

53)『진서』「천문지」, "漢太初 落下閎 鮮于妄人 耿壽昌等造圓儀以考曆度 後至和帝時 賈逵繫作 又加黃道 至順帝時 張衡又制渾象 具內外規 南北極 黃赤道 列二十四氣 二十八宿中外星官及日月五緯 以漏水轉之於殿上室內 星中出沒與天相應"

것으로 기록하고 있다. 여기에 나오는 『태현』은 양웅의 저작이다. 즉 장형은 양웅揚雄의 『태현』이 『오경』과 더불어 서로 비길만한 책으로까지 극찬한 것으로 보아 그가 양웅으로부터 받은 영향이 어느 정도인가를 짐작할 수 있다.

그러면 장형의 혼천설을 알아보기에 앞서 양웅의 혼천사상을 간략하게 살펴본다.[55]

양웅은 『법언』「중려重黎」에서 "혹 혼천을 물으면 (답하여) 말하길, 낙하굉落下閎이 그것을 만들고(營), 선우망인이 그것을 측정하고(度), 경중승耿中丞이 그것을 그렸다(象). (천체의 실상과) 가까워서 어그러짐이 없다고 했다. 또 개천을 물으면 말하길 덮개다. 덮개. 어렵다. 비슷하지 않다."[56]고 한다. 이것은 그가 혼천설을 개천설에 비해 더욱 진리에 가까운 것으로 인식하고 있음을 말하는 것이다.

양웅의 혼천설 사상은 그가 개천설의 문제점을 비판한 '난개천팔사難蓋天八事'를 통해 엿볼 수 있다. 『수서』「천문지」는 "양웅은 난개천팔사로써 혼천에 통했다."[57]고 기록하고 있다.

여기서 '난개천팔사'의 내용을 살펴보면,

> 1. "해는 황도를 따라 통행하여 밤낮을 규정하며, 견우는 북극로부터 남쪽으로 110도이고, 동정은 북극에서 남쪽으로 70도다. 합하면 180도다. 둘레는 3이고 직경은 1이므로 28수의 주천은 당연히 540도여야 하는데 지금은 360도다. 어찌하여 그런가?"[58]

즉 동정으로부터 견우까지 180도다. 이것은 28수의 두 개 극단의 성수, 곧 동지에 태양은 견우에 있고, 하지에 태양은 동정에 있어 이 두 성수의 거리는 28수가 1주기 돌아가는 직경이다. 그렇다면 '둘레 3, 직경 1'의 원리에 따라 당연히 환주는 540도인데, 주천은 단지 360도다. 즉 개천설은 동지 태양이 견우에 있고, 하지 태양은 정수에 있어 주천 도수가 합치하지 않는다는 것을 가리키는 것이다.

   2. "춘추분의 해는 바로 묘卯에서 나와서 유酉에서 들어간다. 그리고 물방울의 떨어짐(낮의 시각)은 50각에서 다한다. 즉 천개전야는 낮의 배에 해당한다. 지금의 밤은 또 50각인데 어찌된 것인가?"59)

이것은 개도에 근거하여 제출한 문제다. 『주비산경』의 기록에는 칠형도에 대해 조상이 주를 달아 다음과 같이 말한다. "청도화라는 것은 천지가 합하는 경계로 사람이 눈으로 보는 곳이다. 하늘은 지극히 높고, 땅은 지극히 낮아 합하지 못한다. 사람의 눈은 극관極觀하여 천지가 합한다. 해가 청도화 안으로 들어가는 것을 일러 일출이라고 한다. 청도화 밖으로 나오는 것을 일러 일입日入이라고 한다. 청도화의 안과 밖은 모두 천이다. 북신은 바로 천의 중앙에 거처한다. 사람이 말하는 동서남북은 항상하는 곳이 아니나, 각각 해가 뜨는 곳은 동이 되고, 일중은 남이 되고, 일입은 서가 되고, 일몰은 북이 된다."60)

---

58) 『수서』 「천문지」, "日之通行循黃道 晝夜中規 牽牛距北極南一百一十度 東井距北極南七十度 幷一百八十度 周三徑一 二十八宿周天當五百四十度今三百六十度何也"

59) 『수서』 「천문지」, "春秋分之日正出在卯 入在酉 而漏盡五十刻 卽天盖轉夜當倍晝 今夜亦五十刻何也"

60) 『주비산경』, "靑圖畫者 天地合際 人目所遠者也 天至高 地至卑非合 人目極觀而 天地合也 日入靑圖畫內謂之日出 出靑圖畫外謂之日入 靑圖畫之內外皆天也 北辰 正居天之中央 人所謂東西南北者 非有常處 各以日出之處爲東 日中爲南 日入謂西

이것은 곧 사람의 눈이 보는 바의 천지가 서로 합치는 곳이 하나의 하늘 곧 청도화라고 말하는 것이다. 그리하여 가령 관측자를 중심으로 하여 16만 7천리를 반경으로 하여 하나의 원을 그리면 이것이 곧 청도화의 범위다. 청도화가 만약 종이 위에 그려진 것이라면 비례로 작도하여 살필 수 있다. 예를 들어 1척尺 6촌 7분을 반경으로 하나의 그림을 그리고 얕은 청색을 바른다. 청도화의 범위 중 일출은 낮이 된다. 청도화의 범위 밖은 일입으로 밤이 된다. 이 밖에 다시 황도화가 있다.

조상의 주는 "황도화라는 것은 황도다. 28수의 배열이다. 일월성신의 궤도다. 청도로 하여금 위에서 움직이지 않게 하고, 그 극을 꿰뚫고 그것을 돌리면 즉 교차점이다. 내가 있는 곳은 북신의 남쪽이다. 천지의 중간이 아니다. 나는 묘와 유에 있다. 천지의 묘유가 아니다. 안은 제1이고, 하지의 해의 길이다. 중은 제4다. 춘추분의 해의 길이다. 외는 제7이다. 동지의 해의 길이다."[61]고 한다.

황도화는 천극을 중심으로 삼는다. 칠형육간을 그리고 내형과 외형의 사이에 황색을 칠한다. 황도(이것은 천구 상에서 지구공전궤도의 투영의 황도가 아님)라 부르는 것은 윗면에 항성은 철명綴明하고, 28수 등을 회출繪出한다. 즉 천극으로 중심을 삼은 성도다. 이 청도화와 황도화는 합하여 대개 '개도盖圖'라고 해왔다. 청도는 천정을 중심으로 하고, 황도는 천극을 중심으로 한다. 이 두 개 중심점을 연결하여 이 두 개 중심점의 거리는, 『주비산경』은 예를 들어 주지周地(낙양洛陽을 가리킴)가 극 아래 남쪽으로 10만 3천리에 있다. 그리하여 두 그림을 한 곳에 합칠 때

日沒爲北"

61) "黃圖畵者 黃道也 二十八宿列焉 日月星辰躔焉 使靑圖在上不動 貫其極而轉之 卽交矣 我之所在 北辰之南 非天地之中也 我之卯酉 非天地之卯酉 內第一 夏至日道也 中第四 春秋分日道也 外第七 冬至日道也"

이 거리를 얻는다. 상면의 청도 상에서 하면의 황도를 투시할 수 있다. 즉 상면의 청도를 투과하여 황도 상의 칠형육간과 28수 성상 등을 볼 수 있다. 예를 들어 하면의 성도를 우쪽(역시침방향)으로 돌리면 청도화로부터 투시되는 천상에 변천이 있다. 그리고 또 청도와 황도는 부분적으로 서로 교차한다. 그리하여 이 개도를 이용하여 어떤 계절의 일출과 일입의 방향과 저녁에 보이는 성상을 볼 수 있다. 춘분과 추분의 일도(中衡)는 청도의 안쪽 부분에서 청도의 바깥 부분에서와 비교해 적을 수 있다. 대략 청도의 바깥 중형 범위는 청도의 안쪽 부분에 2배보다 많은 차이가 아니다. 청도 안쪽 부분은 태양을 볼 수 있는 것, 즉 낮이고, 청도 바깥은 밤이다. 그러므로 개도를 돌리면 밤이 낮의 1배가 됨을 알 수 있다. 그러나 시간으로 계산하면 밤과 낮은 같은 15각이다.

  3. "해가 들어가면 별이 보이고, 해가 나오면 보이지 않는다. 즉 두斗 아래서 해는 6개월간 보이고, 6개월은 보이지 않는다. 북두北斗 또한 마땅히 6개월은 보이고, 6개월은 보이지 않는다. 그런데 지금 밤에 항상 보이는 것은 어찌된 것인가?"[62]

이것은 두斗 아래서 6개월간 태양을 보고 6개월은 태양을 보지 못한나고 말하는 것이다. 그렇다면 북두 또한 6개월은 볼 수 있고 6개월은 볼 수 없어야 한다. 그런데 현재 북두는 밤마다 볼 수 있는 것은 무엇 때문인가? 이 문제는 물을 수 있는 것이 아닌 것 같다. 왜냐하면 두 아래서 태양이 6개월은 보이고 6개월은 보이지 않는 것에서 두는 극을 가리키는 것이고, 북두성을 말하는 것이 아니기 때문이다.

---

62) 『수서』 「천문지」, "日入而星見 日出而不見 卽斗下見日六月 不見日六月 北斗亦 当見六月 不見六月 今夜常見 何也"

4. "개도로 천하天河를 보면 두斗에서 시작해 낭狼과 호弧 사이로 들어가는 것이 굽기가 바퀴 같다. 그런데 지금 천하를 보면 곧기가 먹줄 같다. 어찌된 것인가?"[63]

5. "주천周天 28수는 개도로 하늘을 볼 때 별이 보이는 것은 마땅히 적고, 보이지 않는 것은 많다. 해의 길고 짧은 연유로 보이는 것의 많고 적음이 있는 것이 아니다. 어찌된 것인가?"[64]

제4와 제5의 양 난難은 또한 개도에 의거하여 말하면 제2난과 같다. 제5난은 청도와 황도에서 번갈아 교차할 때 청도를 투과하여 볼 수 있는 황도는 단지 작은 부분이고, 황도 내에 균등히 분포된 28수의 별은 보이는 것은 많고 보이지 않는 것은 적다. 그러나 항상 보이는 것은 거의 절반의 별이다. 이것은 어떤 관계일까? 제4난은 하나의 도형화법의 문제다.

6. "하늘은 지극히 높고, 땅은 지극히 낮다. 해는 천에 의탁해 돌아서 지극히 높다고 말할 수 있다. 눈에 보이는 것은 빼앗을 수 있고, 물과 풍경은 빼앗을 수 없다. 지금 높은 산 위에서 물로 해를 바라보면 해가 물 아래서 나오고, 그림자는 위로 올라간다, 어찌된 것인가?"[65]

개천설은 이미 태양은 하늘에서 운행하여 돌고 반드시 지면 위로 높이 나온다. 그러나 높은 산 위에서 해가 나오는 것을 보면 태양은 지평

---

63) 『수서』「천문지」, "以盖圖視天河 起斗而入狼弧間 曲如輪 今視天河直如繩 何也"
64) 『수서』「천문지」, "周天二十八宿 以盖圖視天 星見者當少 不見者當多 今見與不見等 何出入无冬夏 而兩宿十四星當見 不以日長短故見有多少 何也"
65) 『수서』「천문지」, "天至高也 地至卑也 日托天而旋 可謂至高矣 縱目可奪 水與景不可奪也 今從高山上以水望日 日出水下 影上行 何也"

선 아래서 솟아오른다. 이것은 또 어떻게 말하겠는가? 이 제2, 제5, 제6의 3개 난은 모두 개천설이 힘을 다하는 곳에 착 달라붙는다.

　　7. "물체를 가까이서 보면 즉 크다. 멀리서 보면 즉 작다. 지금 해와 북두를 가까이서 보는데 작다. 나와 멀리서 보면 크다. 어찌된 것인가?"[66]

　　8. "덮개 서까래와 차 바퀴살 사이를 보면 바퀴통 가까이는 **빽빽**하고, 덮개가 멀면 덮은 것이 소원하다. 지금 북극은 하늘의 강곡이 되고, 28수는 하늘의 바퀴살이 되어 별간의 도수로써 하늘을 측정하는데, 남방을 담당하는 별간의 밀도는 수가 배에 달한다. 지금 교차하는 것이 **빽빽**한 것은 어찌된 것인가?"[67]

여기 제7난은 개도로부터 볼 때 태양은 북두에 비해 멀리 있을 때 무엇 때문에 꼭 북두가 적게 보이고, 태양은 크게 보이는가를 말하는 것이다. 이것은 실질상의 문제가 아니다.

제8난은 차 바퀴로 비유하여 말한 것이다. 개도 상에서 천극에 가깝게 기댄 별은 응당 아주 가깝다. 그리고 천극에서 멀리 떨어진 별은 약간 성기게 흩어져있다.

위에 말한 8난으로부터 다음과 같은 것을 알 수 있다. 개천설은 대부분 천상의 일월성신을 한 폭幅에 압축하여 천극을 중심으로 한 평편도 안에 놓는 것은 곤란하다. 원본은 매우 억지스럽지만 대의를 나타낼 수 있다. 그러나 숫자가 확실하고 위치가 엄격하기 때문에 모순이 있는 곳을 면할 수 없다.

---

66)『수서』「천문지」, "視物近則大 遠則小 今日與北斗近我而小 遠我而大 何也"
67)『수서』「천문지」, "視盖橑與車輻間 近杠轂卽密 益遠益疏 今北極爲天杠轂 二十八宿爲天橑輻 以星度度天 南方次地星間數倍 今交密何也"

　제1난은 실제상 개도의 투영법이 불합리한 난이다. 제6난은 개천설에서 하늘과 땅을 평면의 평행한 구조로 보는 것에 대한 비판으로 혼천설의 천제 구조에서는 쉽게 해결될 수 있다. 『당개원점경』에는 "양웅이 혼천설을 받아들이고 개천설을 비난하여 말하기를 이제 높은 산의 아래에서 수평을 잡는 기구를 설치하고 해를 보면 해는 수평면 아래에서 뜬다. 만약 하늘은 항상 높고 땅은 항상 아래에 있다면 해가 수평면 아래에서 뜰 까닭이 없다. 이로써 개천설은 들어맞음이 없는 것이다."[68] 고 지적하고 있다.

(2) 장형의 혼천사상

　장형의 혼천사상은 그의 저서 『영헌靈憲』과 『혼천의주渾天儀注』를 통해서 파악할 수 있다.

　그는 『영헌』에서 "원기가 쪼개짐에 강유剛柔가 비로소 나뉘고 청탁淸濁의 위치가 달라진다. 하늘은 밖에서 이루어지고 땅은 안에서 정해진다. 천체는 양에 있으므로 둥글어서 동하고, 땅은 음에 있으므로 평평하여 고요하다."[69]고 말한다.

　곧 원기는 강유의 기로 나뉘고, 강유가 이미 나누어지면 기는 곧 청과 탁이 있게 된다. 청기는 밖으로 퍼져나가고, 탁기는 안에 모여 쌓여 둘은 안과 밖의 다른 위치에 처한다. 밖으로 확산하는 청기는 하늘을 이루고, 안으로 모여 합쳐진 탁기는 땅을 만든다. 이 때문에 천의 체는 양에 속하고, 원형으로 들어나고 또 머물지 않고 움직인다. 땅의 체는

---

68) 『당개원점경』, "揚雄以爲渾天得之難蓋天曰 今於高山之上設水平 以望日 則日出水平下 若天體常高 地體常卑 日無出下之理 於是蓋天無以對也"
69) 『영헌』, "于是元氣剖判 剛柔始分 淸濁異位 天成于外 地定于內 天體于陽 故圓以動 肢體于陰 故平以靜"

음에 속하여 평평하게 펼쳐지는 형상과 또 안정함을 드러낸다.

장형은 이와 같이 우주의 구성을 생성과 변화의 각도에서 보고 여기에 구조적 측면을 더해 혼천의 특징을 말한다. 그는 "(천체의) 8극을 묶은 끈의 직경은 2억 3만 2천 300리로, 남북은 짧아서 1,000리를 덜고, 동서는 넓어서 1,000리를 더한다. 땅으로부터 하늘까지의 거리는 8극의 반이고, 땅의 깊이 또한 이와 같다."[70]고 한다.[71] 그는 이어 "하늘은 양의兩儀가 있어 무도舞道하므로써 그것을 볼 수 있고, 별의 지도리가 되는 것이 이것이다. 그것을 일러 북극이라고 한다. 남쪽에 있는 것은 드러나지 않아서 성인은 이름을 말하지 않았다. 그 세卋가 이루어짐은 9분하여 2를 감한다."[72]

즉 일월은 하늘의 2의儀가 된다. 이것은 천상의 두 개의 가장 중요한 천체로서 황도 상에서 북극을 싸고돌며 운행한다. 하늘의 북극에서 명확히 볼 수 있는 것이 추성樞星이다. 남극은 볼 수 없기 때문에 성인(관측자)은 그것의 명칭을 정하지 않았다. 하늘의 양 단은 남북 2극이다. 『혼천의주』에 의하면 북극으로 중심을 삼고, 직경은 72도의 소원 내로 하면 소유한 성체는 항상 볼 수 있고 숨지 않는다. 이것은 낙양에 거주하는 관측자가 관측한 정황이다. 여기서 북극은 36도에서 나타난다. 그리하여 남극을 둘러싼 같은 모양의 크고 작은 원 안의 성체는 당연히 항상 숨어서 보이지 않는 것으로 추론한다. 그러므로 북극에서 남극에 이르는 180도 안에서 40도 좌우의 넓은 범위 안에 있는 별은 볼 수 없다. 즉 아홉으로 나누어 2를 감하는 것이다.

---

70) 『靈憲』, "八極之維 徑二億三萬二千三百里 南北則短減千里 東西則廣增千里 自地至天 半於八極 則地之深亦如之"

71) 이문규, 앞의 책, 311-327쪽 참고.

72) 『靈憲』, "天有兩儀以舞道中 其可睹 樞星是也 謂之北極 在南者不著 故聖人弗之名焉 其世之遂 九分而減二"

또 이어서 그는 "양은 오른쪽으로 돈다. 그러므로 하늘의 운동은 좌행한다."[73]고 한다. 장형은 양기의 운행방향은 왼쪽으로 돌고, 하늘 또한 양을 쌓아 이룬 것이므로 하늘의 운동은 좌선한다고 생각한 것이다. 이런 천상의 성체는 항상 동에서 올라오고 서로 떨어진다. 이것은 혼륜운행의 주요 특징이다.

장형은 또 "문요文曜는 하늘에 붙어 있고 그것의 동하는 것은 7이다. 일월오성이 이것이다. 주선周旋은 우측에 모인다. 천도는 순행을 귀히 여긴다. 하늘에 가까운 것은 더디고 하늘에서 먼 것은 빠르다. 가는 것은 굽힘이요, 굽힘은 즉 지체하여 돌아옴이고(유회), 유회는 역逆과 같다. 역은 즉 지체함이고, 하늘에 다가감이다."[74]고 한다.

성상星象은 천상의 세계를 조성한다. 즉 성체가 비록 반드시 천체(천구)에 동일층면 상에 부착돼 있지 않을지라도 기본상 천의 운행을 따른다. 다만 7요(일월오성)는 아마도 일정한 심도의 천구층 내를 운행하고 하늘에 부착된 것을 제외하고 약간은 천각에서 빗나간 운행을 할 수도 있다.

이상으로 미루어 볼 때 장형이 편찬한 『영헌』은 혼천설의 기본원칙을 확립하기 위한 것이다. 바로 『영헌』의 첫머리에서 "옛날에 선왕이 있어 보천로를 영궤로 삼아 실마리를 찾고 으뜸에 근거하여 먼저 혼체에 기준하였다. 이것을 의儀를 바로 하여 도를 세웠다고 말하는 것이다."[75]고 하는 것과 같다.

고대 제왕은 장차 천의 운행을 측량하여 성체운행궤도를 확정하려면

---

73) 『혼천의주』, "陽道左迥 故天運左行"
74) 『혼천의주』, "文曜麗乎天 其動者七 日月五星是也 周旋右會 天道者 貴順也 近天則遲 遠天則速 行則屈 屈則留回 留回同逆 逆則遲 迫于天也"
75) 『영헌』, "昔在先王 將步天路 用之靈軌 尋緒本元 先準之于渾體 是謂正儀立度"

광활한 우주간의 일체 천상의 단서를 찾아 그 근본적 규율과 법칙을 찾아내는 것이 필요했다. 곧 우주천지 계통을 하나의 혼체로 보는 것이 필요했다. 즉 '혼륜천지渾淪天地'다. 이것을 '정의입도正儀立度'라고 부른다. 즉 이것은 천체와 천상을 정확히 탐색하는 정확한 방법인 것이다.[76]

장형은 또 『혼천의주渾天儀注』에서 "혼천은 계란 같고, 천체의 둥글음은 탄환 같고, 지구는 계란 속의 노른자 같고, 안에서 외롭게 머물며, 천天은 크고 지地는 작다. 천의 겉에 물이 있고, 천은 땅을 포용하여, 각질 속의 노른자 같다. 천지는 각기 기를 타고 서고, 물을 싣고 뜬다. 주천은 365와 4분 1도이고, 또 그것을 중으로 나눈다. 즉 182와 8분의 5도는 땅을 위로 뒤엎고, 182와 8분의 5도는 땅 아래로 휘두른다.(어람御覽은 일월성신은 땅을 아래로 두른다고 함) 그러므로 28수宿는 반은 보이고 반은 숨었다."[77]고 말한다.

장형은 이처럼 『혼천의주』에서 천체구조에 관해 정확하고 구체적으로 서술하고 있다. 이는 혼천적인 관측에 의한 것이다.

그런데 여기서 눈여겨 볼 것은 『영헌』에서는 "땅은 음에 속하는 것으로서 고요하여 평평하다."고 하였으나, 『혼천의주』는 "땅은 마치 계란의 노른자와 같다."고 하여 땅에 대한 견해가 서로 다르다는 점이다. 즉 땅에 대해 『영헌』에서는 '천원지방'의 개천설적 입장인 반면, 『혼천의주』는 땅은 둥글다고 혼천설의 본 입장에서 말하는 것이다. 이 때문에 학계 일부에서는 『혼천의주』는 『영헌』보다 1백여 년 후에 지어진 것이라는 주장도 있다.

---

76) 노앙, 앞의 책, 234-238쪽 참고.

77) 『혼천의주渾天儀注』, "渾天如鷄子 天體圓如彈丸 地如鷄子中黃 故居于內 天大而地小也 天表里有水 天之包地 猶殼之裹黃 天地各乘氣而立 載水而浮 周天三百六十五餘四分之一度 又中分之 則一百八十二餘八分之五度覆地上 一百八十二餘八分之五度繞地下 故二十八宿半見半隱"

아무튼 혼천설에 의한 관측으로는 천체가 지구를 휘감고 운행하기 때문에 하늘을 한 바퀴 도는데 황도를 따라 분포된 28수는 필연적으로 반은 보이고 반은 숨는다.

또 천체(일월성신 등 천상에 있는 물체를 가리키는 것이 아님)의 회전운행을 강조하므로 천체운전의 회전축이 돌출된다. 그것으로 말미암아 천극의 개념이 돌출한다. 천극에서 더 나아가 천체(천구天球) 상의 각종 점点과 권圈을 정할 수 있다.

<혼철설이 보여주는 우주형상)[78]

즉 천구의 회전운행으로 말미암아 반드시 회전운행의 축이 있고, 이 천구운전축과 천구의 교차점은 남북 양 천극이 된다. 통상 사람들은 단지 관측되는 천북극을 말한다. 천남극은 크게 제시하지 않는다. 왜냐하면 천남극은 항상 지평선 아래에 있어서 사람들이 보지 못하기 때문이다. 그리하여 천극은 모두 천북극을 가리키는 것으로 말한다. 천극은 천구의 회전운행의 표지점이다. 그리고 천구의 회전운행은 지구 자전의 반영이다. 그리하여 천구의 극은 바로 지구의 극이 천구 상에 투영된 것이다.

극極으로 말미암아 천구적도의 개념에 이를 수 있다. 천구적도는 천구 상의 하나의 큰 원으로, 그것은 천구 극축과 수직이다. 이른바 대원大圓이다. 곧 이것은 천구중심을 천구 상에서 원심이 만드는 원으로 생각한 것이다. 이 때문에 천적도의 원심과 천구의 구심은 동일하다. 천구의 구심으로 원심을 삼으면 무수히 많은 대원을 만들어낼 수 있다.

---

78) 노앙, 앞의 책, 206쪽.

그러나 천적도는 극축의 대원에 수직이다. 천극과 적도는 하나의 좌표
계통을 조성한다. 이것을 적도좌표라고 한다.

그러나 혼천설은 적도좌표계를 직접 채용하지 않는다. 즉 적도좌표
계의 두 개 좌표량을 직접 쓰지 않는다.

천구 상 천극을 제외하고 다시 하나의 중요한 점은 천정天頂이다. 천
정은 실제상 관측자의 머리 위로 무한히 뻗어나가 천구와 교점하는 것
이다. 마찬가지로 아래로 무한히 뻗어서 천구와 교점한다. 곧 천저天底
를 말한다. 그리하여 천정은 1개 관측자와 서로 관계되는 점으로 적도
를 세우는 것과 같다.

이처럼 『혼천의주』는 천체구조 외에 적도와 황도, 근지점과 원지점,
황도와 적도의 교차점 등의 개념을 써서 하늘과 태양의 운행을 자세히
설명하는 등 구체적인 우주의 문제를 다루고 있다.[79]

혼천설이 우주의 구성에 대해 구체적인 내용을 제시할 수 있었던 것
은 측량도구의 발전에서 찾을 수 있다. 개천설을 이끌어낸 관측기구는
주비周髀다. 즉 땅에 규표를 세우고 해의 그림자를 측정하여 천상의 변
화를 파악했다. 이에 비해 혼천설의 기반은 천체가 구형이라는 인식아
래 천체와 같은 모양의 혼의를 만들고 이를 근거로 천상의 변화를 측량
하여 실제와 같은 천상을 그려냈다. 이 때문에 당시의 우주론 중에서는
혼천설이 주도적일 수 있었다.

정리하면, 혼천설은 하늘의 형태를 둥근 천구로 인식한다. 그리고 하
늘과 땅의 관계에서는 계란과 같이 하늘이 땅을 둘러싸고 있다고 본다.
혼천설의 이 같은 우주관념은 하늘을 평평하거나 궁륭형으로 보고, 천
지의 관계를 상하구조로 보는 개천설과는 분명한 차이를 가지고 있다.

---

79) 이문규, 앞의 책, 326쪽.

그러나 혼천설과 개천설은 인식을 같이 하는 부분도 있다. 양 자는 하늘을 고체로 보고 천체들이 하늘에 붙어서 운행한다는 공통된 전제를 가지고 있다. 또 하늘은 왼쪽으로 돌고 일월은 오른쪽으로 돈다는 원칙도 같다. 그리고 천체를 관측하여 계산하는데 있어서 구고법勾股法과 일촌천리의 원리를 적용한 것도 공통점이다.

이렇게 보면 개천설과 혼천설은 서로 완전히 다른 것이 아니라 상호 보완적인 관계라고 볼 수 있다. 이는 『주비산경』에 주를 단 조군경趙君卿의 "결국 혼천과 개천을 겸하여야만 천지의 도를 두루 다스려서 천지의 오묘한 이치를 알 수 있다."[80]고 한데서도 잘 드러난다.

2) 『주역』과 혼천설

『주역』에서는 혼천적 우주관념과 관련된 내용도 드러난다. 대표적으로 일음일양의 도를 생각할 수 있다. 앞서 살핀 바와 같이 장형이 제시하는 천체의 구성 특징 가운데는 "하늘은 양의兩儀가 있어 자유롭게 오고 가는 중에 추성樞星을 볼 수 있다. 그것을 북극이라고 한다. 남쪽에 있는 것은 드러나지 않아서 성인은 이름을 말하지 않았다."[81]는 내용이 있다. 해와 달은 황도 상에서 북극을 싸고돌며 운행한다. 그래서 하늘의 북극에서 명확히 볼 수 있는 것이 추성이다. 남극은 볼 수 없기 때문에 관측자는 그것의 명칭을 정하지 못한 것이다.

그런데 해와 달은 하늘의 2의儀가 된다. 이것은 천상의 가장 중요한 요소로서, 『주역』「계사전」이 반복하여 강조하는 '일음일양의 도'를 가

---

80) 『周髀算經序』, "逡有渾天蓋天 兼而並之 故能彌綸天地之道 有以見天地之賾"
81) 『주역』, "天有兩儀以舞道中 其可睹 樞星是也 謂之北極 在南者不著 故聖人弗之名焉"

장 구체적으로 표현하는 전형이다.

장형은 "하늘에 붙어서 움직이는 것이 7이니, 이것이 곧 일월오성日月五星이다."[82], "별의 체는 땅에서 생기고, 정은 하늘에서 이루어져 벌려 거하고 뒤섞여 대치하며 각각 속한 곳이 있다."[83]고 한다. 이것은 뭇 항성을 천구에 붙어 있는 것으로 보는 것이다. 그런데 「계사전」은 "천지가 변화하니 성인이 이를 본받고, 하늘이 상을 드리워 길흉을 드러내니 성인이 이를 형상했다."[84]고 말한다. 곧 별은 하늘에 속하여 거기에 붙어서 상을 드러낸다. 그리고 관측자는 이것을 관찰하여 천도를 파악한 것이다.

장형은 "상을 걸어 밝음을 드러냄은 일월보다 큰 것이 없다.(懸象著明 莫大乎日月)"고 한다. 이것은 「계사전」의 "법과 상은 천지보다 더 큼이 없고, 변과 통은 사시보다 더 큰 것이 없고, 상을 걸어 밝음을 드러냄은 일월보다 큰 것이 없다."[85]는 대목에서 나오는 말과 똑같은 표현이다. 그는 또 "해는 양정의 종이고 … 양의 무리는 기(홀)로 센다. 달은 음정의 종이고, … 음의 무리는 우(짝)로 센다."[86]고 말한다. 이것 또한 「계사전」의 "양괘는 음이 많고, 음괘는 양이 많으니 그 이유는 양괘는 기이고 음괘는 우이기 때문이다."[87]와 맥이 같음을 알 수 있다. 이는 모두 『주역』의 심각한 영향을 받았음을 반영하는 것이다.

다음은 양웅의 혼천사상과 『주역』의 관계를 본다. 양웅은 개천설의

---

82) 『영헌』, "文曜麗乎天 其動者七 日月五星是也 周旋右會 天道者 貴順也 近天則遲 遠天則速 行則屈 屈則留回 留回同逆 逆則遲 迫于天也"

83) 『영헌』, "星也者 體生于地 精成于天 列居錯峙 各有攸屬"

84) 「계사전」 상11장, "天地變化 聖人效之 天垂象 見吉凶 聖人象之"

85) 「계사전」 상11장, "法象莫大乎天地 變通莫大乎四時 縣象著明 莫大乎日月"

86) 『영헌』, "日者陽精之宗 陽之類 其數奇 月者 陰精之宗 陰之類 其數偶"

87) 「계사전」 하3장, "陽卦多陰 陰卦 多陽 其故何也 陽卦奇 陰卦耦"

난제를 비판하면서, 여섯 번째로 "하늘은 지극히 높고, 땅은 지극히 낮다. 해는 하늘에 의탁해 돌아서 지극히 높다고 말할 수 있다. 눈에 보이는 것은 틀릴 수 있고, 물에 비친 그림자는 틀지지 않는다. 지금 높은 산 위에서 수평으로 해를 바라보니 해가 물 아래서 나와 위로 올라간다. 어찌된 것인가?"[88]라고 개천설의 관점에 의문을 제기한다.

양웅의 이 말은 개천설에서는 하늘이 단지 위에 있고 땅은 아래에 있어서 하늘에 붙은 태양은 지극히 높아서 땅 아래서 올라오고 땅으로 들어갈 수는 없다. 그러나 높은 산에서 내려다보면 해는 지평선 아래서 올라오고 땅으로 들어간다는 혼천설의 관점을 나타낸 것이다.

그런데 『역경』의 35번째 晉괘에 대하여 「단전」은 "진은 나아감이니, 밝음이 지상에 나와서 순종하여 대명에 붙고, 유가 나아가 위로 행한다."[89]이라고 한다. 『주역집해』는 우번의 '晉괘' 괘사 해석을 인용하여 "觀괘 4효가 5로 간 것이다. 晉은 나아감이다."[90]고 한다. 진괘 괘상은 관괘로부터 왔다. 관괘 상체는 손巽이고 하체는 곤坤이다. 그것의 4효와 5효가 자리를 바꿔 상체가 이離괘로 변해 진괘를 얻었다. 또 최경崔憬의 말을 인용하여 "혼천渾天의 뜻은 태양이 땅으로부터 나와 하늘로 올라가는 것이다. 그러므로 밝음이 지상에 나왔다고 한 것이다. 곤坤은 신도이고, 태양은 임금의 덕이다. 신하는 공功으로써 나아가고, 임금은 은의恩義로써 접한다. 이것이 순종하여 대명에 붙는 것이다. 비록 괘명이 진이지만 5효가 주가 된다. 그러므로 유가 나아가 위로 행한다."[91]

---

88) 『법언』, "天至高也 地至卑也 日托天而旋 可謂至高矣 縱目可奪 水與景不可奪也 今從高山上以水望日 日出水下 影上行 何也"
89) 「단전」, "晉 進也 明出地上 順而麗乎大明 柔進而上行"
90) 『주역집해』, "觀四之五 晉 進也"
91) 『주역집해』, "渾天之義 日從地出而升于天 故曰明出地上 坤 臣道也 日君德也 臣以功進 君以恩接 是以順而麗乎大明 雖一卦名晉 而五爻爲主 故言柔進而上行也"

고 설명한다. 또 「상전」도 진괘에 대해 "밝음이 지상에 나옴이 진이다. (明出地上 晉)"라고 한다. 즉 진의 괘상이 해가 지상에 나오는 것임을 강조한다. 태양이 지평선에서 나온 뒤에 하늘에서 천천히 위로 올라가 하늘의 정점에 이른다. 그러므로 우번은 진괘는 위로 나가는 의미라고 설명한다. 뒤이어 36번째 명이明夷괘에 대하여 「단전」은 "밝음이 땅 속으로 들어감이 명이다. 안은 문명하고 밖은 유순하여 큰 환란을 무릅썼으니 문왕이 이것을 사용했다."[92]라고 한다.

『주역집해』는 괘사에 대한 우번의 해석을 인용하여 "이夷는 상함이다. 임臨괘의 2효가 3의 자리로 가서 된 진괘를 뒤집은 것이다. 밝음이 땅 속으로 들어갔기 때문에 상함이 된 것이다."[93]고 풀이한다. 또 정현鄭玄은 "이는 상함이다. 태양이 지상으로 올라옴이다. 그 밝음이 이에 빛난다. 그것이 땅으로 들어감은 곧 상하는 것이다. 그러므로 명이라고 하는 것이다."[94]고 한다. 즉 이 괘는 임臨괘에서 근원함을 말하고 있다. 그런데 임괘 상체는 곤坤이고 하체는 태兌다. 만약에 임괘 하체 태괘의 상효와 중효를 교환하면, 곧 하체는 이離가 되어 명이明夷괘를 얻는다. 또 순상을 인용하여 "밝음이 땅 속에 있음은 곤坤에 의하여 가려진 것으로 큰 어려움의 상이다. 대난大難은 문왕과 군신 서로의 일이다."[95]고 한다. 즉 괘상으로 볼 때 임臨괘 구이와 육삼이 서로 섞여서 명이明夷괘를 이룬다. 또 진晉을 뒤집은 괘가 된다. 곤坤은 위에 있고 이離는 아래에 있어 땅이 태양 위에 있는 것이어서 "밝음이 땅에 들어간다."고 이른다. 태양이 지평선 아래로 떨어지면 즉 어두운 밤의 상이다.

---

92) 「단전」, "明入地中 明夷 內文明而外柔順 以蒙大難 文王以之"

93) 『주역집해』, "夷傷也 臨二之三而反晉也 明入地中故傷矣"

94) 『주역집해』, "夷傷也 日出地上 其明乃光 至其入地 明則傷矣 故謂之明矣"

95) 『주역집해』, "明在地下爲坤所蔽 大難之象 大難 文王君臣相事"

그러므로 명이明夷의 본질적 의미는 태양이 지거나 혹은 태양이 지평선 아래로 떨어지는 것이다. 곤坤은 또 유순을 대표하고, 이離는 문명을 대표하는 것에 연유하여 '일입지중日入地中'은 '안은 문명하고 밖은 유순함'을 표시한다. 이를 인사방면에 끌어들여 말하면 현인과 충신은 대난大難을 받는다. 이는 주 문왕 자신의 경험에 근거하여 말한 것이다. 주 문왕은 안으로는 문명의 덕이 있고, 밖으로는 유순한 덕을 사용하여 은나라에 신하로서 복종하였다. 그러나 은나라 주왕은 오히려 그를 유리羑里에 감금하여 곤둔困屯의 어려움을 만나게 했다.

진震괘와 명이明夷괘는 서로 연이어 있다. 두 괘는 나뉘어서 대낮과 밤을 표시한다. 실제로는 하늘에 있는 태양의 '주일시운동周日視運動'을 묘술하고 있다. 즉 태양이 지평선 아래로부터 점점 하늘의 정점으로 올라온 뒤 서쪽으로 가서 점점 지평선 아래로 들어가는 것이다. 또 땅속으로 들어가서 땅의 동방 지평선에서 나오는 것이다. 이 현상은 본질상 지구 자전의 반영이다.

그러나 고인들은 오히려 태양이 대지를 돌아서 운행하는 것으로 생각했다. 예를 들어 진震괘는 관觀괘 4효와 5효가 서로 자리를 바꿔서 온 것으로 설명한다. 또 명이明夷괘도 임臨괘 2효와 3효가 서로 자리를 바꾸어서 이루어진 것으로 말한다. 모두 이離괘상에서 문장文章을 만들고, 곤坤괘는 시종 움직임이 없다. 이것이 역을 지은 사람의 본래 뜻인지 아닌지는 알 수가 없다. 그러나 후세 역학자들은 오히려 이런 해석을 하고 있다.

주일운동周日運動을 제외하고, 최경은 진震괘의 혼천渾天의 의미를 다시 제출한다.

삼국시대 오吳나라 손권孫權 시대의 육적陸績은 『혼천의설渾天儀說』을 지었다. 그는 먼저 혼천론의 유래에 대해 설명했다. 그는 "선왕의 도는 역을 만들고 때를 밝히는 것에 존재한다. 그 근본 효과의 드러남은 하늘의 모습에 있다. 대저 상象을 본받음은 혼천만한 것이 없다. 혼천이 세워진 것은 오래다."96)라고 한다. 즉 육적은 혼천의 의미가 후세에 와서 겨우 생긴 것이 아니고, 고대에 혼천설이 이미 있었다고 인식한다. 그는 또 진晉괘와 명이明夷괘 두 괘의 혼천론 의미를 설명한다. 그는 "진괘 「단전」은 '낮에 세 번 접견한다'고 한다. 명이괘 「상전」은 '처음엔 하늘에 오르고, 나중엔 땅에 들어간다'고 한다. 중니仲尼는 '밝음이 땅 위로 나옴이 진이다. 나아가서 대명에 붙음은 낮에 세 번 접견함이다. 밝음이 땅 속에 들어감이 명이다'고 한다. 명이는 밤이다. 먼저 낮이고 후에 밤이다. 먼저 진晉이고 후에 명이다. 그러므로 먼저 하늘에 올라 4국을 밝힌다. 후에 땅에 잃는다. 실失은 즉則이다. 일월이 하늘에 붙어 하늘의 돌아감을 따라 땅으로 들어가고 나와 낮과 밤을 이루는 것이다. 혼천의 뜻은 다 이와 같다."97)고 한다. 즉 진晉과 명이明夷 두 괘의 「단전」과 「상전」 해석으로 '혼천이 선 것이 오래임'을 증명한 것이다.98)

---

96) 『혼천의설渾天儀說』, "先王之道存乎治曆明時 本之驗著 在于天儀 夫法象莫如渾天 渾天之設久矣"

97) 「상전」, "晉卦 象 曰 晝日三接. 明夷 象 曰 初鄧于天 後入于地. 仲尼說之曰 明出地上 晉. 進而麗乎大明是以晝日三接. 明入地中 明夷. 明夷夜也 先晝後夜 先晉後明夷 故曰 先鄧于天照四國也 後失于地 失則也. 日月麗乎天 隨天轉運出入乎地 以成晝夜也 渾天之義 皆如此同."

98) 노앙, 앞의 책, 55–58쪽 참고.

3. 선야설과 주류육허

1) 선야설의 개요

선야설에 관해 남아 있는 기록의 내용은 소략하다.『진서』「천문지」
는 선야설에 대하여 다음과 같이 기록하고 있다.

"선야에 관한 책은 사라지고 오직 한나라 때 비서랑秘書郎 치맹郗萌이
선사先師가 전하는 것을 기록하기를, '하늘은 형질이 없다. 우러러 이를
보면 높고 멀어서 다함이 없다. (사람의) 눈은 흐릿하고 정확하지 않아 하
늘이 푸르고 넓게 보일 뿐이다. 비유하건대, 멀리 황산을 바라보면 모두
가 푸르고, 굽혀서 천 길의 계곡을 살피면 어두컴컴하다. 대저 청색은 실
제의 색이 아니고, 흑색도 실은 본체가 있지 않은 것과 같다. 해와 달과
뭇별은 자연히 허공 가운데 떠 있는 것이니, 그 가고 멈춤은 모두 모름지
기 기氣에 따른다. 이 때문에 일곱 별(七曜)이 가고 머물고, 순행하고 역
행하며, 숨고 드러남이 무상하여 진퇴가 같지 않다. 뿌리가 매인 바가 없
기 때문에 각각 다른 것이다. 그러므로 신극辰極은 항상 그 자리에 있고,
북두는 뭇별과 함께 서쪽으로 지지 않는다. 섭제攝提 진성塡星은 모두 동
행하고, 해는 1도度를 가고, 달은 13도를 가며, 더디고 빠름이 실정에 맡
겨진 것이다. 그것이 매이고 드러나는 바가 없음을 알 수 있다. 만약에
천체를 매어 붙인다면 그렇지 않을 것이다."[99]

위에서 말하는 선야설의 주요 의미는 하늘은 계란형도 아니고, 푸른

---

99)『진서』「천문지」, "宣夜之書亡 維漢秘書郎郗萌記先師相傳云 天了无質 仰而瞻
之 高遠无極 眼眚精絶 故蒼蒼然也 譬之旁望遠道之黃山而皆靑 俯察千仞之深谷而
窈黑 夫靑非眞色 而黑非有體也 日月衆星 自然浮生虛空之中 其行其止皆須氣焉 是
以七曜或逝或往 或順或逆 伏見无常 進退不同 由乎无所根系 故各異也 故辰極常居
其所 而北斗不與衆星西沒也 攝提塡星皆東行 日行一度 月行十三度 遲疾任情 其无
所系著可知矣 若綴附天體 不得爾也"

활꼴모양 혹은 원면도 아니라는 것이다. 또한 이것은 원질이 없는 공간이다. 즉 하늘은 특별한 형체가 없다.

그러나 이 공간에는 기氣가 가득 차 있다. "해와 달과 뭇별은 자연적으로 허공에 떠있어 그 가고 멈춤은 모두 기에 따른다."고 했기 때문이다. 즉 천상의 해와 달과 뭇별은 자연적으로 허공 가운데서 생성되고, 아울러 허공에 떠다닌다. 그리하여 성체의 가고 멈춤은 허공의 대기작용에 의지한다.

그러나 기의 작용 혹은 기의 운동은 임의적인 것이 아니라 일정한 규칙이 있다. 이런 규칙은 다음과 같이 정리할 수 있다.

1. 신극辰極은 항상 그 자리에 있다. 즉 천극부분은 항상 고정돼 움직이지 않고, 천극에 가까운 북두성은 뭇별이 동쪽에서 떠서 서쪽으로 지는 것에 참여하지 않는다.

2. 섭제(목성)와 진성(토성)은 모두 동쪽으로 간다. 즉 주천의 항성과 더불어 동에서 올라와 서쪽으로 지는 운행방면과 서로 반대된다.

3. 태양은 매일 1도를 가고, 달은 매일 13도를 간다.

4. 행성은 순행과 역행의 운행, 그리고 숨어서 나타나지 않은 것과 진퇴가 같지 않은 운행방식이 있다. 이것은 모두 천하 간에 보편적으로 존재하는 기와 관련이 있다. 그리하여 천체운행의 느리고 빠름은 성체가 마음대로 하는 것이 아니다. 또한 그 운행은 기가 마음대로 하도록 맡기는 것이다.[100]

선야설은 한마디로 하늘은 형체가 없이 단지 기로 이루어진 것이며, 천체의 운행은 대기의 작용에 의한 것으로 정리할 수 있다.

---

100) 노앙, 앞의 책, 209-211쪽 참고.

2)『주역』과 선야설宣夜說

하늘은 기로 이루어졌으며 천체의 운행은 대기의 작용에 의지한다는 선야설의 관점은『주역』에서도 확인되고 있다.『주역』「계사전」에는 "도라는 것은 자주 옮겨 다니며, 변동하여 한 곳에 머물지 않고 육허六虛를 두루 유행한다. 그리하여 오르고 내림이 일정함이 없으며 강유剛柔가 서로 바뀌어 일정한 규칙을 삼을 수 없고 오직 변화하여 나간다."[101]고 한다. 여기서 '주류육허周流六虛'라는 말의 의미는 음양의 기가 우주를 유행하는 것이다. 이는 주자의 주석에서 확인할 수 있다.『주역본의』는 "주류육허는 음양이 괘의 여섯 자리에 유행함을 말한다."[102]고 풀이하고 있다.

또 선야설은 해와 달과 오성 즉 일곱 별(七曜)이 가고 머물고, 순행하고 역행하며, 숨고 드러남이 무상하여 진퇴가 같지 않다고 인식한다. 그런데 「계사전」에는 "오르고 내림이 무상하고, 강유가 서로 바뀌어 규칙으로 삼을 수 없다."고 하여 선야설과『주역』의 관점이 일치하고 있는 것이다.

무엇보다도 선야설의 관점은『주역』의 원리를 토대로 삼고 있는『황제내경』(이하에서는『내경』으로 약칭함)에서 잘 드러나고 있다.『내경』은 「소문素問」과 「영추靈樞」 두 편이 있는데 「영추」의 〈구궁팔풍〉은 팔괘역법과 깊은 연계가 있다.[103] 그리고 「소문」의 〈천원기대론天元紀大論〉·〈오운행대론五運行大論〉·〈육미지대론六微旨大論〉·〈기교변대론氣交變大論〉·〈오상정대론五常政大論〉·〈육원정기대론六元正紀大論〉과 〈육절장상

---

101)「계사전」 하8장, "爲道也屢遷 變動不居 周流六虛 上下無常 剛柔相易 不可爲典要 唯變所適"

102)『주역본의』, "周流六虛 謂陰陽流行於卦之六位"

103)「영추」의 〈구궁팔풍〉과 팔괘역법의 관계는 뒤에서 자세히 언급하였다.

론六節臟象論〉의 칠편대론七篇大論에서는 대기의 주류육허의 관점에서 주로 논술한다.[104]

「소문」〈보명전형론寶命全形論〉에서 다음과 같이 말한다. "(황제께서 이르길) 하늘은 덮고 땅은 실어서 만물을 다 갖추고 있으나 사람보다 귀한 것은 없다. 사람은 천지의 기로써 생하고, 사시의 법으로 이룬다."[105]라고 한다. 이것은 사람으로서 혹은 관측자로서 중심을 삼는 천지우주 구성관념이다. 즉 사람이 천지의 가운데 있음을 강조한다. 하늘이 덮고 있고 땅이 싣고 있기 때문이다.

하늘이 위에 있고 땅이 아래에 있는 것은 본래 개천설 유형의 관념이다. 그러나 여기서 말하는 천복지재가 강조하는 것은 사람은 공간에 위치한다는 것이다. 아울러 천지가 두 개의 평평하게 펼쳐지는 평면으로 하늘은 위에 머물고, 땅은 아래에 머무는 것을 강조하는 것이 아니다. 그리하여 그것이 개천의 유형에 속한다고 말할 수 없다.

『내경』의 하늘의 기운을 논하는 〈천원기대론편〉은 또 "그러나 천지라는 것은 만물의 위와 아래다."[106]고 말한다. 그런데 〈오운행대론편〉에서 "(황제가) 논論에서 말하길 천지는 만물의 상하이고, 좌우는 음양의 도로道路라고 한다."[107]라고 하는 것은, 여전히 사람과 만물의 각도에서 천지 상하를 강조하는 것이다. 그러나 "좌우는 음양의 도로이다."를 더하는 것은 마치 천지간에 음양의 기의 연통이 있다는 것을 말하는 것과 같다.

---

104) 『내경』과 선야설의 관계에 대한 이하의 견해는 노앙의 앞의 책, 241-249쪽에서 참고하여 정리하였다.
105) 「소문」〈寶命全形論〉 제1장, "天覆地載 萬物悉備 莫貴於人 人以天地之氣生 四時之法成"
106) 〈천원기대론편〉 제1장, "然天地者 萬物之上下也"
107) 〈오운행대론편〉 제3장, "論言天地者 萬物之上下也 左右者 陰陽之道路"

그러나 가장 명백하게 말하는 것은 〈오운행대론편〉의 "황제가 말하길 '땅은 아래가 되지 않는가?'라고 하자, 기백은 '땅은 사람의 아래가 되고 태허의 중간이 됩니다'라고 한다. 황제가 '의지하고 있는가?'고 묻자, 기백은 '대기가 그것을 쳐들고 있습니다.'라고 대답한다."[108]는 대목이다. 이것은 땅이 아래가 됨을 강조하는 것이 아니다. 단지 땅이 사람의 아래에 있으면서 그러나 태허의 가운데 있음을 말하는 것이다.

『내경』에서 태허는, 즉 우주의 의미다. 그리하여 사람들은 또한 이것을 일종의 혼천설 사상으로 인식한다. 〈오운행대론편〉은 이 우주형상을 다음과 같이 말한다. "무릇 변화의 작용은 하늘은 상(일월 28수 등의 성상)을 드리우고 땅은 형상을 이룬다. 칠요(일월오성)는 태허를 다스리고 오행은 땅에 부착한다. 땅은 낮아서 이루는 유형을 싣고, 태허는 응천의 정기가 배열된다. 땅의 형과 하늘의 정의 동함은 근본의 지엽과 같아서 우러러 그 상을 관찰하면 비록 멀지만 알 수가 있는 것이다."[109] 이 한 단락은 장형이 『영헌』에서 말하는 "별은 체가 땅에서 생기고 정은 하늘에서 생긴다."는 것과 더불어 모두 하늘과 땅을 근본과 지엽의 관계 형상으로 말하는 것이다. 그리고 이 둘은 모두 '역'에서 말하는 '하늘에서는 상을 이루고(在天成象), 땅에서는 형상을 이룬다(在地成形)'는 사상과 근본적으로 밀착된 것이다. 「계사전」은 "상을 이루는 것을 건乾이라 하고, 법을 드러내는 것을 곤坤이라고 한다."[110]라고 말한다. 그리하여 『내경』이 혼천설의 우주관념을 견지하는 것, 혹은 혼천설과 동일한 유

---

108) 〈오운행대론편〉 제4장, "帝曰 地之爲下否乎 岐伯曰 地爲人之下 太虛之中者也 帝曰 憑乎 岐伯曰 大氣擧之也."

109) 〈오운행대론〉 제3장, "夫變化之用 天垂象 地成形 七曜緯虛 五行麗地 地者 所以載生成之形類也 虛者 所以列應天之精氣也 形精之動 猶根本之與枝葉也 仰觀其象 雖遠可知也"

110) 「계사전」 상5장, "成象之謂乾 效法之謂坤"

형의 우주 구성 관념이라고 사람들은 인식한다.

다시 말하면, 『내경』은 '오운육기력五運六氣曆'에서부터 그것의 우주
구성관념을 반영한다. 오운육기력을 세울 때 하나의 전제가 있기 때문
이다. 곧 1년의 대기변화를 근거로 하는 것이다. 1년을 6보步로 나누고
직접 6기라고 부른다. 매 1보는 4개 절기, 즉 60일을 점한다. 표면상
보기에는 60 화갑기일을 이용하기 위한 방편이다. 실제로는 천구 상에
있는 태양이 보여주는 운행의 변화를 기의 운행으로 삼는다. 그리고
「계사전」에서 말하는 "변동하여 머물지 않고 육허를 두루 흐른다."111)
에 근거하여 기의 운행을 6보로 나눈다. 『한서』「율력지」는 '변동불거
주류육허變動不居 周流六虛'로써 인력人曆과 천도와 기수氣數가 규제되는
관계를 해석했다. 『내경』은 전체 하늘의 기를 육보로 안배하였다. 원칙
적으로 이것은 선야설의 우주관념에 근거한 것이다.

선야설의 특징은 우주 본체 중에는 대기 혹은 원기가 충만하다는 것
이다. 그리고 일월과 뭇별은 허공에 떠서 생장한다. 그 가고 멈춤은 모
두 대기에 의뢰한다. 그리하여 천체가 모두 뿌리를 두지 않는 바가 없
다. 그러나 일정한 규율성을 표현한다. 예를 들어, 해가 1도 가면 달은
13도 가고, 북두는 오히려 불참하고 뭇별과 하락한다. 또 뭇별과 더불
어 그렇게 떠오를 수 없다. 이 규율성은 성체가 본래 구비한 바가 아니
다. 대기운행의 규율성이 그것으로 하여금 이와 같이 하도록 한 것이
다. 『내경』은 바로 선야설의 이런 관점을 우주 구성개념 중에 관통시키
고 있다.

우주의 대기가 대지를 떠받드는 것은 우주 위의 대기가 천지를 형성
한데서 연유한다. 『내경』은 『역전』의 "한 번 음하고 한 번은 양하게 하

---

111) 「계사전」 하8장, "變動不居 周流六虛"

는 것이 도이다."를 중시한다. 그것은 이에 의거해 태허의 대기를 음기와 양기로 나눈다. 양기는 운동·발산·상승·청경淸輕·온열溫熱의 특성이 있다. 음기는 정지·응결·하강·한랭·침탁 등의 특성이 있다. 바로 태허 대기의 이런 음양특성으로 말미암아 천지를 형성했다. 이른바 『내경』의 〈음양응상대론〉에서 고루 보이는 "양기는 쌓여 하늘이 되고, 음기는 쌓여 땅이 된다." "양은 화해서 기가 되고, 음은 형상을 이룬다." "맑은 양기는 하늘로 올라가고 탁한 음기는 땅으로 돌아간다."는 것은 하늘이 양기가 모여 쌓인 것임을 설명한다. 양기는 확산·경청하고, 쉬지 않고 운동하기 때문에 형체가 없는 것이다. 땅은 탁한 음기가 퇴적·응결·침중·혼탁하기 때문에 누적된 음기가 형체를 갖춘 대지를 만들었다.

　『내경』은 이렇게 선야설의 대기이론으로 "한 번 음하고 한 번 양하게 하는 것을 도라고 한다.(一陰一陽之謂道)"를 구체화했다. 그리고 역학易學의 천동지정天動地靜을 기의 음양으로써 해석했다.

　『내경』은 한 발 더 나가서 태허의 대기가 천지를 형성하고, 대지를 떠받들고 있으며, 다시 부단하게 대지에 작용한다고 인식한다. 대지에 대한 이런 작용이 6종의 서로 다른 음양의 기이다. 〈천원기대론〉은 "한서조습풍화寒暑燥濕風火는 하늘의 음양이다. 삼음삼양三陰三陽은 위로 이것을 받들고, 목화토금수木火土金水 땅의 음양이다. 생장화수장生長化收藏은 아래로 이것에 응한다. 하늘은 양으로 낳고 음으로 기른다. 땅은 양으로 숙살하고 음으로 잠장한다."[112]라고 한다. 이 육기는 즉 한서조습풍화와 오운육기五運六氣의 육기와 서로 대응하는 것이다. 그 대응관계를 표로 배열하면 아래와 같다.

---

112) 〈천원기대론〉, "寒暑燥濕風火 天之陰陽也 三陰三陽上奉之 木火土金水 地之陰陽也 生長化收藏下應之 天以陽生陰長 地以陽殺陰藏"

표 2-2 육기음양과 절기대응표[113]

五運六氣 차례	六氣	曆經節氣	陰陽名稱
제 一步氣	風	대한-입동-우수-경칩	厥陰
제 二步氣	火	춘분-청명-곡우-입하	少陰
제 三步氣	暑	소한-망종-하지-소서	少陽
제 四步氣	濕	대서-입추-처서-백로	太陰
제 五步氣	燥	추분-한로-상강-입동	陽明
제 六步氣	寒	소설-대설-동지-소한	太陽

이 〈표 2-2〉로부터 다음과 같은 것을 알 수 있다. 『내경』은 절기·삼음삼양·한서풍화조습과 오운육기력을 엄밀히 대응시킨다. 그것을 표명하는 것은 비록 기의 운동으로써 말하지만 기를 음양으로써 분류한 후에 기의 운동규율과 태양의 시운행규율을 같은 보步로 한다. 이것은 선야설의 대기우주이론이 대기를 정성定性으로 해석하는 것은 물론 대기운행정황을 정량定量으로 서술하는 결과를 가져왔다. 역학에서 음양과 기, 그리고 일월을 전형적인 음양의 도로 여기는 것은 모두 여기에서 하나의 구체적 표현을 얻은 것이다.

『내경』에서 제출하는 성체星體는 두 종류다. 하나는 일월오성의 칠요다. 다른 하나는 밝음을 드러내는 북두 9성과 28수다. 즉 항성계통이다. 그것을 '칠요위허七曜緯虛'라고 말한다. 즉 천상에 있는 일월오성은 뭇별 사이를 횡으로 오고간다. 그리고 허虛(즉 천공天空)는 하늘의 정기에 나열되어 응한다. 이것은 천상에 배열된 뭇 항성이 칠요의 배경이 됨을 말하는 것이다. 그리하여 『내경』은 천상의 성체가 더디고 빠름이 제멋대로이고, 가고 멈춤이 일정하지 않은 것은 단지 칠요뿐인 것으로 인식한다. 9성이 밝음을 드러내는 것은 북두의 이동 혹은 변화가 아니라

113) 노앙, 앞의 책, 245쪽.

바로 선야설의 관점으로서 신극辰極은 항상 제자리에 있고, 북두는 뭇 별과 함께 서쪽으로 지는 것이 아니라는 것을 말한다.

28성수星宿에 대해『내경』은 단지 천상의 좌표점으로 보고, 오운육기 (금목수화토 오행의 기, 오행은 본래 땅에 붙어있기 때문에 천상에 이른 것은 오운의 기라고 칭함)를 끌어들여 말한다. 그리하여 28수와 연결된 것은 전체를 말하지 않는다. 그리고 이것은 바로 선야설사상의 진일보한 서술이다.

그러나 칠요에 대응한다. 일월은 양의兩儀다.『내경』은 태양은 양기 로 말미암아 조성되고, 달은 음기로부터 조성된다고 인식한다.〈육절 장상론편〉은 "해는 양이 되고, 달은 음이 되며, 행함에 분기分紀가 있 고, 돌아감에 도리가 있으니 해는 1도를 가면 달은 13도와 나머지를 간 다. 그러므로 크고 작은 달은 365일로 세를 이루고, 기의 나머지가 쌓 여 윤달을 이룬다."[114]고 한다. 이것은 개천설에 의거해 성립된 4분력 법이다. 이는 "해는 1도를 가고 달은 13도를 간다."는 선야설을 인정한 다. 그러나 그것은 개천설이 "행함에 분기가 있고, 돌아감에 도리가 있 다."를 그렇게 인식하고, "빠르고 더딤이 제멋대로여서 매이고 드러나 는 바가 없다."는 것을 상징하는 것이 아니다.

그러나 이것은 개천설과 똑같이 사실의 관측을 중요시한다. 단지『내 경』은 완전히 태허 대기의 음양특성으로부터 일월운행도수에 대한 해 석을 찾는다.『내경』이 태양운행을 논술함에 이르러서는 오히려 완전 히 인체와 연계한다. 그것은 태양의 하루 밤낮은 28수를 1바퀴 돌아오 는 것으로 인식한다. 그리고 인체의 혈기도 인체를 50바퀴 도는데, 낮 에 25바퀴, 밤에 25바퀴를 돈다. 태양이 1수宿 갈 때마다 혈기는 몸을 1.8바퀴 간다. 사람의 한 번 내뿜고 들이 마심이 한 호흡(一息)이 되고,

---

114) 〈육절장상론편〉, "日爲陽 月爲陰 行有分紀 周有道理 日行一度 月行十三度而奇 焉 故大小月 三百六十五日而成歲 積餘氣而盈閏矣"

270息은 기가 16장丈 2척尺을 가는 것이다. 즉 사람 몸을 1周한다.

여기서 다시 더 나아가 1수를 지날 때마다 (주의—여기의 1주천 28수는 고르게 분포된 1수이다. 실제상 28수는 똑같은 길이가 아님) 사람은 486차례 (486식) 호흡한다. 이에 의거하여 추산하면 사람은 하루 밤낮 동안 1만 3천 500번 호흡한다. 〈제18 평인기상편平人氣象篇〉은 "사람이 한 번 내 쉼에 맥이 두 번 뛰고, 또한 한 번 들이쉼에 맥이 두 번 뛴다. 내쉬고 들이쉼으로 한 호흡을 정함에 맥이 5번 뛰면 윤으로 태식太息이 되는데, 이를 평인이라고 한다. 평인은 병이 없다."[115]라고 한다.

즉 평상인은 한 번 호흡에 맥이 다섯 번 뛴다. 이에 태양의 주일운행과 인체호흡에 의거해 맥박이 뛰는 것을 연계한 뒤에 기가 인체를 한 바퀴 도는 동안 270차례 호흡한다는 것을 얻었다. 기가 인체를 한 바퀴 도는 것은 16장 2척이고 호흡은 270차례이며, 한 차례 호흡은 즉 기가 6촌 운행하고, 한 차례 맥박이 뛰면 기는 1촌 2분을 간다. 이에 기의 운행 길이로써 맥박의 빈도를 표시한다. 그리하여 일종의 시간주기를 표시한다.

『내경』은 대기가 우주의 여러 곳을 관천하는 것에 연유하여 인체 내의 각 곳을 포괄한다. 그리하여 기의 주일운행을 추보함에 있어, 실제상으로는 태양의 주일운행을 추보할 때에 자연히 인체와 우주 구성을 연계해왔다. 이 때문에 그것은 인체의 혈기운행과 해의 운행을 28수와 직접 연결한다. 한 가지 문제는 어떤 타당하지 않은 점이 있는지를 깨닫지 못하는 것이다. 또 그것은 마치 양 지의 시간의 공통점 상에서 이런 연계가 건립된 것으로 인식되지 않고 반대로 인체와 우주 양 자 상호간 비슷한 것으로 인식되고 있다. 진일보하여 태양의 주년시운동

---

115) 〈평인기상편〉 제1장, "人一呼脈再動 一吸脈亦再動 呼吸定息脈五動 閏以太息 命曰平人 平人者不病也"

을 논술할 때 그것은 또한 이런 대기관통의 일체적 관점을 견지한다.

『내경』은 대지의 한서조습풍화의 육기가 작용하는 것은 완전히 '더디고 빠름이 임의대로 되는 것'이 아니라, 일정한 규칙이 있어서, 이 규칙이 육보라고 인식한다. 제1보기는 대략 대한 개시 시각부터 대지에 작용한다. 이 1보기는 풍기風氣다. 음양의 층차 상으로는 궐음厥陰으로 부른다. 이 1보기가 대지에 작용하는 것은 대략 60일 좌우(4개 절기)다.

그 다음은 제2보기로 화기火氣다. 춘분은 제2보기를 개시한다. 춘분은 태양이 황도로부터 남에서 북쪽으로 향하는 것으로 적도권을 횡으로 지나는 소재점이다. 그것은 대기의 음양에서 소음으로 불린다. 역시 60여일을 작용한다.

이후 제3보기 소양 서暑에 위치한다. 시작점은 소만 중기다. 태양이 이미 적도 북쪽에 있다. 서暑와 화火는 모두 열熱이다. 그러나 소음의 화는 온난溫暖에 치우친다. 소양의 서는 서열暑熱에 치우친다. 그리하여 『내경』은 소음의 화를 소음 군화君火라고 부른다. 소양의 서라고 부르는 것은 소양 상화다. 마치 군화는 왕도의 유형에 속하고, 상화는 즉 패도의 유형에 속하는 것과 같다.

제4보기는 대서에서 개시한다. 태양의 습기가 당령한다. 이것은 서천극열에 당할 때로 항상 폭우 혹은 큰 비의 계절을 나타낸다. 왕왕 가을이 오기 전에 이런 때가 출현한다. 태음의 습기 계절은 『내경』에 특별히 있는 것으로 장하라고 부른다.

제5보기는 양명 조기가 계절의 주된 기운을 장악(당령)한다. 이때는 추고기상秋高氣爽으로 표현된다. 추분에서 개시한다. 천상에서 추분은 태양이 적도 이북으로부터 적도 이남에 이르는 전절점이다. 또 황도 상에 있는 태양이 여기서부터 남쪽을 향해 적도를 넘는 그 한 점이다.

제6보기는 태양 한寒이 당령하는 계절로 소설小雪에서 개시하여 대한

大寒에 이르러 끝난다. 또 거듭 제1보기 궐음 풍이 당령하는 계절을 시작한다. 여기서 특별히 가리킬 수 있는 것은 『내경』은 육기와 오운을 서로 응하게 배치한다. 그 배응의 방법은 다음과 같다.

궐음 풍은 목木에 배당하고, 소음은 화火에 배치하고, 또 소양은 화에 배치하고, 소위 소양상화라고 칭한다. 태음은 토에 배치하고 태음습토라고 칭한다. 양명은 금金에 배치하여 양명조금이라고 칭한다. 태양은 수에 배치하고 태양한수라고 칭한다. 이런 육보의 5행 배치는 곧 하나의 오행상생의 절령추이규칙을 형성했다.

제1보 궐음풍목은 목생화하므로 제2보는 소음군화가 된다. 제3보는 다시 화가 된다. 그리하여 제2보기가 제3보기에 이르는 것은 화의 상승과 발전이므로 제3보는 소양상화가 된다. 제4보 태양습토는 앞의 두 보 화생토火生土로부터 얻는다. 토생금土生金하므로 제5보는 양명조금이 당령한다. 금생수金生水하므로 제6보는 태양한수가 당령한다. 또 수생목水生木하므로 제6보는 제1보기 궐음풍목으로 돌아간다. 이것은 곧 대지에 대한 1년 태허의 대기의 작용의 운전을 완전히 이루는 것이다. 또 태양주년시운동의 과정을 완성하는 것이다.

『내경』은 다시 오행상생을 끌어들여 계절변화의 내재적 기제를 만든다. 결론적으로 말해 『내경』은 태허대기의 운행규칙을 건립하고, 아울러 주야의 진정과 사계의 진정을 묘술한다. 그리고 전인 일지의 내재석 본질을 강조한다. 선야설은 천체의 일체를 강조하고 존재와 운행을 포괄한다. 모두 대기의 제약을 받는다. 『내경』은 바로 이것으로 추보를 진행하는 기초로 삼는다. 추보의 과정 중에 대기의 음양과 오행특성에 대해 모두 그 특유의 처리를 한다. 그리하여 '절무사법絕無師法'적 선야설은 아마도 그 주요 내용이 『황제내경』의 거대하고 저명한 책 중에 보유되는 것일 것이다.

4. 기타 우주론과 우주발전론

1) 안천·궁천·흔천론

중국 고대 우주관념 중에는 앞서 살핀 개천설·혼천설·선야설 외에
도 세 개의 우주의 구성에 관한 학설이 더 있다. 『진서』「천문지」에는
우희虞喜의 안천론安天論, 우용虞聳의 궁천론穹天論과 요신姚信의 흔천론昕
天論에 관한 내용이 기록되어 있다. 이들 우주론의 작자를 활동시기별
로 보면 흔천론을 주장한 요신은 오나라[116] 사람이고, 안천론의 우희
와 궁천론의 우용은 이보다 늦은 동진東晉[117] 때 사람으로 요신이 우희
와 우용보다 앞선 시기의 사람이다. 특히 우용은 우희의 집안 조부벌로
전해지고 있다. 따라서 시기별로는 흔천론이 빠르고 이어서 궁천론과
안천론 순으로 뒤를 이었다고 볼 수 있다.[118]

먼저 흔천론을 보면, 『진서』「천문지」는 흔천론에 대해 다음과 같이
기록하고 있다.

"사람은 신령스러운 동물로 형상은 하늘과 가장 흡사하다. 지금 사람은
턱을 앞으로 당겨 가슴에 닿게 할 수 있다. 그러나 목을 등으로 뒤집는
것은 어렵다. 가깝게 몸에서 취하기 때문에 천체가 남쪽에서는 땅으로 들

116) 吳─중국 삼국시대 손권(229~280)이 황제로 즉위하면서 성립된 왕조로 4대 52
년간 지속되었다가 진나라에 멸망하였다.
117) 동진東晉─중국 후한 말 위魏의 황제 조환曹奐으로부터 권신 사마 염司馬炎이
선양禪讓이라는 명목으로 황제위를 빼앗아 제위에 올라 武帝라고 칭하고 낙양洛陽
을 도읍으로 삼아 진나라西晉를 세움. 그 뒤 진왕조는 북쪽의 호족胡族이 침입하여
316년에 일단 멸망하였다. 그 후 일족 중의 사마 예司馬睿(동진의 元帝, 재위 318~
322)가 양자강揚子江 이남의 땅을 영토로 하여 317년 건업建業(南京)을 국도로 진
왕조를 재건하였으며, 이를 동진이라고 한다.
118) 노앙, 앞의 책, 211-214쪽. 이문규, 앞의 책, 345-351쪽 참고.

어가고, 북쪽은 편고함을 알 수 있다. 또 동지는 극이 낮고 하늘은 남쪽 가까이 운행한다. 그러므로 태양은 사람에게서 멀리가고, 북두성은 사람에 가깝게 가서, 북천의 기가 이른다. 그러므로 얼음이 얼고 차가운 것이다. 하지가 시작되면 하늘은 북쪽 가까이 운행하고 북두성은 사람에게서 멀리 가며, 해는 사람에게 가까워 남천의 기가 이른다. 그러므로 뜨거운 열기가 오른다. 극이 높은 때는 해가 땅에 낮게 운행한다. 그러므로 밤이 짧다. 하늘이 땅의 높은 곳에 가면 낮은 길다. 극이 낮아질 때 해는 땅에 깊이 운행한다. 그러므로 밤은 길고 하늘은 지하로 들어간다. 그러므로 낮은 짧다."[119]

요신은 사람이 머리를 굽혀 뺨으로 하여금 앞가슴에 이르게 할 수 있다고 여긴다. 단지 머리를 앞으로 기댈 수 있지만 오히려 등부분으로 이르게 하는 것은 어렵다. 이 때문에 사람이 하늘을 형상하는 것을 반영한다. 천의 체(성신 등 천상의 물체가 아님)가 남쪽에서는 지하로 들어가기 때문에 북방에서는 하늘이 치우치게 높다. 동지 때 천극은 낮게 바뀐다. 하늘의 운행이 남방에 이르기 때문에 해와 사람은 멀고 극과 사람은 가깝다. 북천의 기가 이르면 한랭하다. 그리고 여름에는 천극의 기가 높아지기 시작하고 하늘은 북쪽에 가깝게 다가간다. 그리하여 극과 사람은 서로 비교적 멀리 간다. 해와 사람이 가깝고 남천의 기가 이르면 여름이 된다. 마찬가지로 여름에 극과 사람은 서로 비교적 멀고 하늘은 높다. 그리고 태양은 땅으로 들어가는 것이 비교적 낮기 때문에 밤은 짧고 낮은 길다. 또한 겨울의 극과 사람은 가깝게 기댄다. 태양은

---

119) 『진서』 「천문지」, "人爲靈蟲 形最似天 今人頤前移臨胸 而項不能覆背 近取諸身 故知天之體南低入地 北則偏高 又冬至極低 而天運近南 故日去人遠 而斗去人近 北 天氣至 故氷寒也 夏至起 而天運近北 故斗去人遠 日去人近 南天氣至 故蒸熱也 極 之高時 日行地中淺 故夜短 天去地高 故晝長也 極之低時 日行地中深 故夜長 天去 地下 故晝短也"

땅으로 들어가는 것이 비교적 깊기 때문에 밤은 길고 낮은 짧다. 이 설법은 대개 『황제내경』 등에 영향을 주었다. 그리하여 사람과 하늘이 서로 응한다고 여겼다.

다음은 우용의 궁천론을 본다. 『진서』 「천문지」는 궁천론에 대해 "하늘의 형태가 궁륭함은 계란과 같다. 가장자리에 막을 둘러쳐서 사해의 겉을 두루 접하여 원기 위에 떠다닌다. 비유하면, 경대를 엎어서 물을 억제하여 안으로 스며들지 못하게 하는 것과 같다. 기가 구 가운데 충만하기 때문이다. 태양은 신극辰極을 휘돌아 서쪽으로 져서 다시 동쪽으로 나오고 땅 속으로 출입하지 않는다. 천은 극이 있어 개천설에 북두성이 있는 것과 같다."[120]고 한다.

우용은 혼천설의 하늘을 '둥근 계란 같다'고 강조하고 특별히 '궁륭'같다고 비유한다. 즉 개천설의 하늘의 형상과 혼천설을 같은 것으로 보는 것이다. 그러나 하늘은 이런 궁륭형의 계란 껍질로 네 주변과 대해大海가 서로 접한다. 안쪽 중간에 충만한 원기가 있어서 그것을 띄운다. 비유하면 작은 상자를 물 위에 엎으면 가라앉지 않는 것과 같다. 이것은 곧 상자 내에 기가 충만하기 때문이다. 태양은 천극을 감싸고 운전한다. 서방에서 몰락한 후에 다시 동방으로 돌아온다. 그러나 지중을 출입하는 것은 아니다. 천은 극이 있어 마치 덮개 위에 작은 꼭지와 같다. 그것의 중요한 점은 천지 가운데 원기가 충만함을 강조하는 것이다.

다시 말해, 우용의 궁천론은 기본적인 골격은 개천설을 따르면서 혼천설을 절충한 선야설을 이루는 것으로 볼 수 있다.

우희의 안천론 역시 『진서』 「천문지」에서 그 내용을 볼 수 있다.

---

120) 『진서』 「천문지」, "天形穹隆如鷄子 幕其際 周接四海之表 浮于元氣之上 譬如覆盆以抑水而不沒者 氣充其中故也 日繞辰極 沒西而還東 不出入地中 天地有極 猶盖之有斗也"

　　"하늘은 높아서 끝이 없는 곳에서 다하고, 땅은 깊어서 측량할 수 없는
곳에서 헤아려진다. 하늘은 위에서 견고하여 항상 편안한 형상이 있고,
땅은 아래에서 덩어리져서 고요함에 머무는 체가 있다. 마땅히 (하늘은)
덮고 (땅은) 씌워지는데, 반듯한 것은 반듯함을 갖추고, 둥근 것은 둥글음
을 갖추어야 한다. 반듯하고 둥글어서 서로 같지 않을 뜻은 없다. 삼광과
칠요의 빛은 펼쳐져 늘어서 있으며 각자 운행한다. 마치 강과 바다가 조
석이 있고, 만물이 행하고 물러나 몸을 숨김이 있음과 같다."121)

　여기서 보면 안천설은 "마땅히 하늘은 덮고 땅은 씌워지는데, 반듯한
것은 반듯함을 갖추고, 둥근 것은 둥글음을 갖추어야 한다. 반듯하고
둥글어서 서로 같지 않을 뜻은 없다."고 하면서 하늘은 둥글고 땅은 네
모지다는 천원지방설을 비판한다.

　　그러나 "하늘은 위에서 견고하여 항상 편안한 형상이 있고, 땅은 아
래에서 덩어리져서 고요함에 머무는 체가 있다."고 하여 개천설과 혼천
설의 관념과 유사한 주장을 하고 있다. 이것은 선야설에서 천지의 형상
과 위치를 확실히 말하지 않아서 완전하지 못하다는 결함을 보완하려
는 것으로 볼 수 있다.

　　그러면서 안천설은 "하늘은 높아서 끝이 없는 곳에서 다하고, 땅은
깊어서 측량할 수 없는 곳에서 헤아려진다."라고 하여 우주를 구성하는
천지의 성격을 무궁하고 측량할 수 없는 것으로 서술한다. 또 "삼광과
칠요의 빛은 펼쳐져 늘어서 있으며 각자 운행한다. 마치 강과 바다가
소석이 있고, 만물이 행하고 물러나 몸을 숨김이 있음과 같다."고 하여
천체들이 스스로 운행한다고 말한다. 즉 안천설은 선야설의 기본적인

---

121)『진서』「천문지」, "天高窮于无窮 地深測于不測 天確乎在上 有常安之形 地塊焉
　　在下 有居靜之體 当相覆冒 方則俱方 圓則俱圓 无方圓不同之義也 其光耀布列 各
　　自運行 猶江海之有潮汐 萬品之有行藏也"

관념을 유지하면서 그 자체의 결함을 보완하기 위해 하늘의 안정성을 강조하고 있다. 그런데 이 안천설에 대해 혼천설을 지지하는 갈홍葛洪은 "진실로 별들이 하늘에 붙어있지 않다면 하늘은 쓸모가 없다. 차라리 없다고 말할 수 있다. 어찌 반드시 하늘이 있다고 하면서 움직임이 없다 말할 수 있겠는가?"[122)라고 비판한다. 이것은 안천설이 선야설의 기조를 유지하면서 선야설이 안고 있는 결함을 보완했다고는 하나 여전히 완벽하지 못함이 있다는 것을 말하는 것이다.

2) 태극 이전의 우주발전론

『주역』「계사전」은 "역에는 태극이 있고 이것이 양의를 낳으며, 양의가 사상을 낳으며, 사상이 팔괘를 낳고, 팔괘가 길흉을 낳고, 길흉이 대업을 낳는다."[123)라고 하여 역을 태극에서부터 시작한다. 그러나 이것은 태극 이전에 어떤 것도 있지 않다는 것을 말하는 것은 아니다.

동진東晉의 간보干寶는 서괘序卦에 주注를 달아 "천지가 있은 뒤에 만물이 생겨난다."[124)라는 구에 대해, "물은 천지에 앞서 생긴 것이다. 지금 바로 천지에서 취하여 시작한다. 천지의 앞은 성인이 논하지 않았다. 그러므로 그것이 상을 본받는 바는 반드시 천지부터 시작하여 돌아온다. 노자가 '혼성한 물건이 있어서 천지보다 앞서 생겨났다. 나는 그 이름을 알지 못한다. 굳이 이름을 달자면 도라고 한다'고 말했다."[125)

---

122) "苟辰宿不麗于天 天爲不用 便可言无 何必復云有之而動乎"

123) 「계사전」 상10장, "易有太極 是生兩儀 兩儀生四象 四象生八卦 八卦生吉凶 吉凶生大業"

124) "有天地然後萬物生焉"

125) "物有先天地而生者矣 今正取始于天地 天地之先 聖人弗之論也 故其所法象 必自天地而還 老子曰 有物渾(混)成 先天地生 吾不知其名 强字之曰道"

라고 하여 역 이전에 어떤 것이 있음을 말한다.

또 「계사전」은 "법과 상은 천지보다 큰 것이 없다."[126]라고 하고, 장자는 "우주 이외의 것을 성인은 보류하고 논하지 않는다."[127]라고 하였으며, 『춘추곡량전』은 "알 수 없는 곳을 알려고 하지 않는 것이 '지智'다."[128]라고 말한다.

이것은 모두 태극으로부터 시작하는 역이 우주의 진화를 말하는 것이며, 태극 이전에도 무엇인가가 있을 수 있다는 것을 제기하는 것이다.

이 때문에 『역위』 「건착도」는 "태역이 있고, 태초가 있으며, 태시가 있고, 태소가 있다. 태역은 아직 기를 볼 수 없고, 태초는 기의 시작이며, 태시는 형의 시작이고, 태소는 질의 시작이다. 기와 형과 질이 갖춰지고 아직 서로 분리되지 않은 것은 혼륜이라고 하는데, 만물이 서로 혼륜상태에서 분리되지 않은 것을 말한다. 보아도 볼 수 없고, 들어도 들리지 않으며, 좇아도 얻을 수 없기 때문에 역이라고 한다. 역은 형이 없는 것과 같다."[129]고 한다.

즉 『역위』는 우주의 진화가 태역, 태초, 태시, 태소 4단계를 거쳐서 비로소 「계사전」에서 말하는 태극의 상태에 이르는 것으로 보고 있는 것이다.

특히 혼천설을 주장한 한대의 천문가 장형은 『영헌』에서 우주의 발생과 발전을 체계적으로 정리하고 있다.

---

126) 「계사전」 상10장, "法象 莫大乎天地"

127) "六合之外 聖人存而不論"

128) "不求知所不可知者 智也"

129) 『역위』 「건착도」 하권, "有太易 有太初 有太始 有太素 太易者 未見氣 太初者 氣之始 太始者 形之始 太素者 質之始 氣形質具而未相離 故曰渾淪 言萬物相渾淪 而未相離 視之不見 聽之不聞 循之不得 故曰易也 易無形埒也"

"태소의 이전은 그윽하여 맑고 어두워 고요하며, 적막하고 캄캄하여 상을 이룰 수 없다. 그 가운데는 비어 있고, 그 밖은 아무 것도 없다. 이와 같은 것은 영구하다. 이것을 명행溟涬, 또는 명망溟涬(바다처럼 평평하고 넓음)이라고 한다. 곧 도의 뿌리다. 도의 뿌리가 이미 세워지면 무에서 유가 생긴다. 태소가 비로소 싹을 틔운다. 싹(맹萌)은 조짐이 없다. 또 기와 동색이다. 혼돈하여 분별이 없다. 그러므로 도의 뜻으로 말하면 '혼성한 물건이 하나 있어 천지가 생겨나기보다 앞선다'고 한다. 그 기의 체는 그러므로 형체를 이룰 수 없다. 그것의 느리고 빠름은 질서를 이룰 수 없다. 이 같은 것은 또한 영구하다. 이것은 방홍厖鴻이 된다. 곧 도의 줄기다. 도의 줄기가 이미 자라면 물은 체를 이룬다. 이에 원기가 갈라지고 강유가 비로소 나뉘어 청과 탁이 다르게 위치한다. 천은 밖에서 이루고 땅은 안에서 정해진다. 천체는 양에 속하므로 동하여 원을 이루고, 땅은 음에 속하므로 고요하여 평평하다. 움직임으로써 시행하고, 고요함으로써 화합한다. 답답하여 막힘이 정밀함을 맺고 때에 맞게 만물을 기른다. 이것이 태원이다. 곧 도의 열매이다."[130]

이 말을 요약하면 우주의 생성 발전단계는 명망 혹은 명행, 방홍, 태원의 3단계를 거친다는 것이다.

여기서 명망의 단계는 도의 뿌리로서 태소의 이전인 태역, 태초, 태시의 세 단계를 가리킨다. 이것은 일종의 몽롱한 자연상태를 가리킨다. 우주가 순수하게 어둡고 고요한 음암적정陰暗寂靜의 상태에 있는 것이다. 곧 우주의 가운데는 허적虛寂하고 밖은 어떤 것도 없으며, 매우 긴

---

130) 『영헌』, "太素之前 幽淸玄靜 寂寞冥默 不可爲象 厥中爲虛 厥外維无 如是者永久焉 斯爲溟涬 盖乃道之根也 道根旣建 自无生有 太素始萌 萌而未兆 幷氣同色 渾沌不分 故道志之言云 有物渾成 先天地生 其氣體故未可得而形 其遲速故未可得而紀也 如是者又永久焉 斯爲厖鴻 盖乃道之幹也 道幹旣育 有物成體 于是元氣剖判 剛柔始分 淸濁異位 天成于外 地定于內 天體于陽故圓以動 地體于陰故平以靜 動以行施 靜以合化 埏鬱構精 時育庶類 斯爲太元 盖乃道之實也"

시간을 지나는 것으로 도의 근본이 되는 것을 말한다.

방홍은 명망의 바로 뒤인 제2단계로 도의 줄기에 해당한다. 즉 도의 뿌리가 선 뒤에는 곧 무에서 유가 생겨난다. 그리고 태소 단계로 들어간다. 태소가 비록 '유'를 싹틔우지만 형과 질은 나누어지지 않고 기와 동색을 유지한다. 다시 말해 일종의 혼돈상태에 처한 것을 말한다. 이것은 노자의 『도덕경』에서 말하는 "혼성한 물건이 하나 있어 천지가 생겨나기보다 앞선다.(有物渾成 先天地生)"는 것이다. 이런 혼돈하고 단서가 없는 원기상태는 대기가 충만한 체로부터 연유한다. 그것의 형상은 보지 못한다. 이것의 체는 운동의 정황 아래 있으나 구체적 운동정황은 관측하거나 기술할 수 없다. 이런 방홍 상태는 또 긴 시간을 거친다.

마지막으로 태원의 단계는 도의 열매에 해당한다. 도의 줄기가 이미 나서 자라면 모든 물류는 체가 있게 되고, 이에 혼원의 기가 나누어지기 시작해 강기와 유기로 구분된다. 강유가 이미 나누어지면, 기는 곧 청탁이 있고, 청기는 밖으로 확전하며, 탁기는 안으로 취적한다. 둘은 안과 밖에서 다른 위치에 처한다. 밖으로 확산하는 청기는 하늘을 형성하고, 안으로 모여 합치는 탁기는 대지를 형성한다. 그리하여 천의 체는 양에 속하고, 원형을 드러내고 쉬지 않고 운전한다. 땅의 체는 음에 속하여 평평하게 펼쳐진 형상을 드러내고 안정함을 보인다.

동중서는 『춘추번로春秋繁露』「인부천수人副天數」에서 "하늘의 덕은 도는 것이고, 땅의 덕은 변화하는 것이며, 사람의 덕은 의로운 것이다."[131]라고 말한다. 장형은 이것을 끌어다 확장하여 "움직임으로 시행하고, 고요함으로 합화한다."[132]고 말한다. 즉 운동하는 하늘은 쉬지 않고 끊임없이 은덕을 베풀고, 안정된 대지는 융합·화생·양육한다. 농울한 기

---

131) 『춘추번로』「인부천수」, "天德旋 地德化 人德義"
132) 『영헌』, "動以行施 靜以合化"

가 쌓이고 정기의 교합에 이르면 때에 맞게 인류와 만물을 기른다. 이것을 도의 열매인 태원이라고 하는 것이다.

후에 송의 주희朱熹는 이 태원의 단계와『주역』이 태극의 혼돈상태를 말하는 것으로부터 착안하여 우주의 진화 가설을 세우게 된다.

"천지의 처음은 단지 음양의 기일 뿐이다. 이 하나의 기가 운행하여 번 갈아 오가며 허다한 앙금을 토해낸다. 속에는 나오는 곳이 없다. 곧 중앙에서 땅을 형성한다. 기의 맑은 것은 곧 하늘이 되고, 밝음이 되고, 성신이 된다. 단지 밖에서는 항상 두루 돌아 운전한다. 땅은 곧 중앙에서 움직이지 않고, 아래에 있는 것도 아니다."고 말한다. 또 "하늘의 운행은 쉬지 않는다. 밤과 낮은 바르게 돌아간다. 그러므로 땅은 중간에 독차지한다. 하늘로 하여금 일식의 멈춤이 있게 하여 땅은 잠시 아래로 빠진다. 오직 하늘의 운전은 급하다. 그러므로 응결하여 중간에 허다한 앙금을 얻는다. 땅이라는 것은 기의 앙금이다. 그리하여 도는 가볍고 맑은 것을 하늘로 삼고, 무겁고 탁한 것을 땅으로 한다."[133]고 한다.

주희는 바로『주역』의 말로부터 태극은 음양 두 기가 분리되지 않은 때에 있는 것이고, 음양의 기가 분리되지 않음은 바로 혼돈의 상태라고 정의했다. 이는 아마도 중국 고대 우주진화학설이 최고 단계의 이론에 도달한 것일 것이다. 주희 이후 600여 년이 지난 후에 독일인 강덕康德은 저명한 성운星雲설을 주장한다. 그리고 프랑스의 라이프니쯔(拉普拉斯)가 미분방정식을 써서 이 이론을 유도해냈다.[134]

---

133)『주자성리어록』, "天地初間只是陰陽之氣 這一个氣運行 磨來磨去 磨得急了便 拶出許多渣滓 里面无處出 便結成个地在中央 氣之淸者便爲天 爲明 爲星辰 地在外 常周環運轉 地便只在中央不動 不是在下. --天運不息 晝夜輥轉 故地榷在中間 使 天有一息之停 則地須陷下 維天運轉之急 故凝結得許多渣滓在中間 地者氣之渣滓 也 所以道輕淸者爲天 重濁者爲地."

134) 노앙, 앞의 책, 249-255쪽 참고.

제3장 『주역』에 나타난 천문역법

앞서 『주역』은 점서이면서 의리철학서이고, 천문역법서의 성격을 가지고 있음을 알아보았다. 그리고 『주역』의 이 세 가지 주요한 성격 가운데 천문역법 부분이 가장 기본이 되는 것으로 파악했다. 여기서는 『주역』의 『역경』과 『역전』에 나타난 천문과 역법의 내용을 알아본다.[1]

1. 『역경』의 천문역법

1) 괘효사에 나타난 천문

고대인들은 천문현상과 지구대기현상을 제대로 구분하지 못했기 때문에 천문현상에 해·달·별 등의 천상天象 외에도 운기雲氣·우레·무지개 등, 여러 가지의 지구대기현상을 함께 포함시킨다. 이 때문에 『역경』에는 태양·달·북두성과 기타 약간의 별과 대기현상도 언급된다.

---

1) 이 장의 내용은 盧央의 앞의 책, 1-96쪽에서 옮겨 보완 정리하였다.

(1) 태양에 관한 내용

『역경』제30괘卦 이괘離卦 구삼효사는 "기운 해가 걸려 있음이니 장구를 두드려 노래하지 않으면, 곧 크게 기울음을 탄식한다. 흉하리라."[2]이다. 여기서 '기운 해(일측日仄)'는 태양이 서쪽에 기울어 있음을 가리킨다. 그리고 '기운 해가 걸려있음(일측지리日仄之離)'은 해가 서쪽 하늘에 걸려 있어 오래지 않아 곧 지게 되는 것을 가리킨다. 사람에게 있어서는 인생이 저물어 이 세상에서 얼마 남지 않음과 같은 것이다. 이 때문에 장구를 치고 노래함이 필요한 것이니, 이른바 천명을 깨달아 즐긴다는 것이다. 그러므로 '이離'자를 걸려있음(부리附麗)으로 해석하는 것이다.

다만 고형高亨[3]은 그의 『주역대전금주周易大傳今注』 중에서 "'이離'는 '이螭'로 읽는다."[4]고 한다. '리螭'는 '용'의 일종이다. 고형은 여기의 '리용螭龍'이 "물속의 용이 아니라, 하늘의 운기雲氣가 만든 용의 형상이다. 운기가 만든 용의 형상은 옛날에는 이른바 무지개(예霓)라고 했다."라고 말한다. 그는 또 "햇빛이 비치면 운기는 용의 형상을 만든다. 주나라 초기의 사람들은 이것을 '리螭'라고 불렀다. 전국 이후 사람들은 '예霓'라고 했다. 리螭와 예霓는 당연히 같은 소리가 변한 것이다."고 주장한다.

그러므로 이 효사의 의미는 태양이 서쪽으로 기울었을 때 무지개가 하늘에 출현하고, 이것은 흉조가 되며, 노인에게는 비탄의 재앙이 있다는 것이다. 이 때문에 장구를 치고 노래를 하여 재앙을 없애달라고 비는 것이 필요한 것이다.

---

2) "日仄之離 不鼓缶而歌 則大耋之嗟 凶"

3) 高亨-중국의 현대『주역』연구가로 훈고 고증의 박학朴學적 방법으로 '역'을 연구하였다.

4) 고형, 『주역대전금주』, 중국, 齊魯書社, 2006, 214쪽.

리離괘 제3효가 기운 해와 같이 하늘에 있는 태양의 위치 정보를 서술하여 하늘에 있는 태양의 운행 정황을 드러내고 있음을 알 수 있다. 동시에 태양과 유관한 대기물리현상도 기술할 수 있는 것이다. 즉 무지개의 관측 기록이 그것이다.

  (2) 달에 관한 내용

『역경』에서 달을 직접 말하는 것은 3개의 괘가 있다. 즉 제9괘 소축小畜, 제54괘 귀매歸妹, 제61괘 중부中孚로서, 모두 '월기망月幾望'을 말하고 있다. 이 3개 효사의 월기망月幾望은 모두 '월기망月既望'으로 해석할 수 있다. '망望'은 만월에 대한 천문학적 명칭이다. '기망既望'은 만월이 지난 후의 월상月象이다. 일반적으로 '망望' 후에 하현에 이르기 전 며칠을 가리켜 기망既望이라고 한다.

소축괘 상구효사는 "이미 비가 오고 그침은 덕을 숭상하여 쌓여 가득한 것이니, 부인이 견고하게 이것을 지키면 위태로우리라. 달이 기망이니 군자가 동하면 흉하리라."[5]이다. 즉 비가 그치면 때에 맞게 작물을 심을 수 있다. 단지 이때에 부녀가 점을 쳐서 이 효를 얻으면 도리어 흉험한 징조가 있다. 달이 이미 만월을 넘긴 때에 남자가 점을 쳐서 이 효를 얻어 출징하면, 또한 흉조이다. 단만 기리키는 것이 '덕을 숭상하여 쌓여 가득한 것(尙德載)'이라면 다른 해석이 있다. 고형은 이것을 비가 그쳐 길이 진창이라서 다만 남의 수레를 얻어 타고 갈 수 있는 것으로 본다.[6] 이것은 출행 시에 어려움을 만나 도움을 얻는 상이다. 다만 부녀가 길을 가다가 어려움을 만나면 재난이나 약탈의 화를 당할

---

5) 『역경』, "旣雨旣處 尙德載 婦貞 厲 月幾望 君子征 凶"
6) 고형, 앞의 책, 105-106쪽.

위험이 있다. 그러므로 흉한 것이다.

귀매괘 육오효사는 "제을이 여동생을 시집보낸 것이니, 본처의 옷소매가 손아래 동서 혹은 첩(娣)의 옷소매의 아름다움만 못하니, 달이 거의 보름이 된 듯이 하면 길하리라."[7]라고 말한다.

효사 중에 '月幾望'은 위의 소축괘 상구효사에서 말하는 것과 같다. 이 효사의 의미는 은나라 황제 제을이 여동생을 주나라 문왕에게 시집보내면서 손아래 동서를 딸려 보낸 것을 말한다. 그런데 왕후가 된 자의 용모가 손아래 동서의 용모의 아름다움만 같지 못한 것이다. 출가하는 날은 달이 이미 만월을 넘긴 때여서 그 결과가 길한 것이다.

중부괘 육사효사는 "달이 거의 보름에 가까우니 말이 없어지면 허물이 없으리라."[8]고 설명한다. 효사 중에서 말하는 것은 달이 보름에 거의 가까운 때에 마필을 잃었다면 단지 허물이 없을 수 있다는 것이다.

『역경』 시대에는 음양학설이 아직 스며들지 않았다. 이 때문에 '月幾望'과 같은 이런 하나의 천상에 의한 길흉점은 뒤에 나온 음양 관측에 의한 그런 점단占斷은 아니다. 천상에 의한 점은 만월의 월상月相을 고려해야 한다. 즉 태양과 달과의 각도 차이가 180도일 때의 달의 모습을 고려해야 한다. 만월은 일반적으로 매달 15일에 있다. 단지 원고시대 역법은 정확하지 못하여 만월이 15일 전에 발생할 수 있고, 또 15일 이후에 발생할 수도 있다. 고인들은 이미 월식이 만월에 발생함을 알았다. 단지 보름날이 불확정하기 때문에 15일 전후에 월식이 생길 수 있다. 월식은 자연히 길상이 아니어서 월식을 우연히 만나는 것을 피하기 위서는 저런 만월 뒤가 비교적 안전한 것이다.

『당개원점경』[9]은 감덕甘德[10]을 인용하여 "달은 10일에서 14일에 식

---

7) 『역경』, "帝乙歸妹 其君之袂 不如其娣之袂良 月幾望 吉"
8) 『역경』, "月幾望 匹馬 亡 无咎"

食이 발생하는데, 이때는 천하의 병란이 일어난다.”[11]고 말한다. 또 석신石申을 인용하여 “15일에 월식이 발생하는데, 이때는 나라가 파하여 멸망한다.”[12]고 설명한다. 즉 고인들은 15일 전 며칠과 뒤 1~2일(달은 일반적으로 월초의 초2일 혹은 초3일에 생겨나므로 월이 생겨난 이후 10일에서 14일 즉 12일에서 17일에 월식이 발생 가능하다.)에 월식이 발생할 수 있다고 여겼다. 보름이 지난 후, 즉 기망旣望 때는 월식을 만날 수 없다.

앞서 말한 3개 조의 점사占辭로 달이 거의 보름에 가까운 것은 부녀와 농사, 마필 등 모두에게 길하고, 오직 남자가 출정함에는 불길함을 알 수 있다. ‘月幾望’에 있는 때에는 여성과 정상생활에 이로움이 편향될 수 있다. 그리고 남자가 출정함에 불리하고, 또 전쟁과 같은 비정상 생활을 고려할 때는 불리하다.

소축괘 상구효사는 부녀점은 흉험이 있다고 말한다. 혹은 비가 내린 후 작물을 심음에 번거로움을 우연히 만날 수 있음을 말한다. 길에서 어려움을 만났을 때에 남의 수레를 타는 도움을 얻을 수 있다. 이것은 또 악인을 우연히 만날 가능성도 있다. 단 두 가지 뜻 모두 도움을 얻는 상을 포함하고 있다. 그러나 동시에 흉험을 방지하는 주의가 필요하다.

(3) 북두성에 관한 내용

북두성은 북반구 하늘에서 가장 밝은 성좌의 하나로, 이 성좌를 조성하는 하나하나의 별에 기초하여 항성 모두가 매우 밝다. 가장 어두운

---

9) 당나라 때 편찬된 일종의 天文曆書이다.

10) 甘德과 이하에서 언급되는 石申은 전국시대의 천문학자로 각자 천문에 관한 저서를 남겼으며, 후세에 이들의 책을 합하여 『甘石星經』으로 편찬하였다. 이 책은 세계 최초의 천문학저서로 알려져 있다.

11) 『唐開元占經』17권, “月生十日至十四日而食 天下兵起”

12) 『唐開元占經』17권, “十五日而食 國破滅亡”

것이 북두 제4성인 천권天權으로 3.44등이고, 이외의 여섯별은 모두 2
등성 이상이다. 또 이 성좌를 조성하는 7개의 밝은 별의 배열 형상은
술을 푸는 국자모양을 하고 있어, 고인은 이것을 두斗라고 불렀다. 고
대 희랍인도 이것을 대웅성좌大熊星座라고 불렀다.

『역경』제55괘 풍豊괘는 '일중日中'과 '두성斗星', 두 종류의 천상을 동
시에 말한다. 풍괘의 괘사는 "형통하니 왕이어야 이를 수 있다. 근심하
지 않으려 하면 해가 중천에 있어 비추듯이 하여야 한다."[13]고 말한다.
육이효사는 "떼를 많이 덮었다. 대낮에도 북두성을 보니, 가게 되면 의
심과 미움을 얻으리니, 정성을 두어 감발感發하면 길하리라."[14]이다.
구사효사는 또 "떼를 많이 덮어 대낮에도 북두성을 보니 대등한 상대를
만나면 길하리라."[15]이다.

괘효사의 '일중'은 정오를 가리킨다. 즉 태양이 중천에 있을 때이다.
괘사의 뜻은 서점筮占을 하여 풍괘를 만나면 제사를 봉행할 수 있고,
왕은 친히 출석하여 제향을 주관할 수 있음을 말하는 것이다. 제사의식
은 한낮에 하는 것이 마땅하며, 이는 왕이 중천에 있는 태양과 같이
천하를 비추어 어떤 큰일도 걱정할 필요가 없음을 상징하는 것이다.

또 '일중'은 태양이 하늘에 있는 것을 말하는 것으로, 시간을 표시하
는 것으로 쓰인다. 그리하여 태양이 주기적으로 돌아가는 정황을 표시
한다. 일중은 비록 태양이 아주 높은 빛을 발하는 위치에 있더라도 특
수한 정황을 우연히 만날 수 있다.

---

13) 『역경』, "亨 王假之 勿憂 宜日中"
14) 『역경』, "豊其蔀 日中見斗 往得疑疾 有孚 發若吉"
15) 『역경』, "豊其蔀 日中見斗 遇其夷主 吉"

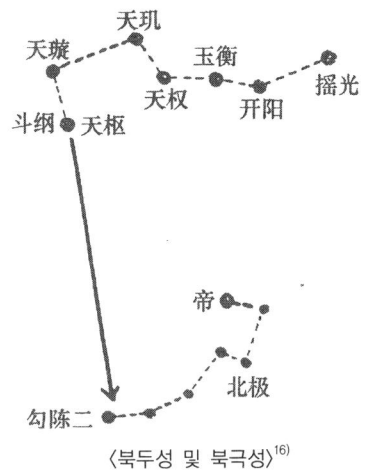

〈북두성 및 북극성〉[16]

즉 뗏장을 아주 많이 덮은 상황(豊其蔀)이 그것이다. 이정조李鼎祚[17]는 『주역집해周易集解』에서 우번虞飜[18]의 주석을 인용하여 "태양이 구름에 가려지는 것을 '부蔀'라고 한다."[19]고 말한다. 또 그는 "'부'는 가리는 것(폐蔽)이다.", "'두斗'는 북두칠성이다."고 말한다. 그러므로 그것은 태양이 가려져서 어두워 별이 보이는 것이고, 보이는 별은 밝은 북두칠성임을 말하는 것이다. '의질疑疾-의심과 미움'은 귀신을 의심하는 병으로, 일종의 정신병 증상이어서, 해가 하늘의 정중앙에 있을 때 돌연히 햇빛을 볼 수 없나. 이때 북두성은 도리어 희미하게 보일 수 있어서 이런 자연계의 변이의 영향을 받아서 의심병을 얻은 것이다.

만약 이런 종류의 임시적 자연이변은 구름이 떠나간 후에 태양이 다시 나타나면 의심병은 곧 제거되어 무슨 일이 생길 수 없는 것이다.

---

16) 노앙, 앞의 책, 6쪽.
17) 李鼎祚-唐나라 사람으로 漢易 象數學派의 주석을 모은 『周易集解』를 저술하였다.
18) 虞飜-漢 말 삼국시대 학자로 괘변설 방통설 호체설 납갑설 등의 상수이론을 세웠다.
19) 『주역집해周易集解』, "日蔽雲中稱蔀"

구사효사가 말하는 것과 같은 의미다. 다만 이때 만약 상세히 아는 상점 주인을 만나 적당한 안배를 하여 마음을 편안히 하게 한다면 길하게 변화할 수 있다.

고형은 '蔀'를 '막을 치는 것'으로 해석한다.[20] 또 '일식'으로 해석하여 구이효사의 '蔀'가 '붕棚(막, 시렁)'과 같은 것으로, 일중 때에 하나의 커다란 '붕'을 쳐서 방안이 어두워지면 촛불을 밝혀 밝음을 취하는 것으로 여긴 것이다.('日中見斗'를 해석하여 '日中見主'라고 하는데, '主'는 곧 옛날 '촉燭'자이다.) 어떤 사람이 이 막(棚)으로 들어가 의심병을 얻으면, 곧 귀신이 벌을 가하는데, 막을 걷어치우면 즉 길한 것이다.

구사효사는 '부'를 여전히 '붕'으로 여긴다. 단지 "일중의 때에 홀연히 일식을 만나면 두성을 본다."[21]고 말한다. 즉 그 해석은 앞뒤가 서로 일치하지 않는다. 생각하건데 태양이 돌연히 구름에 의해 가려지면 곧 마땅히 음천陰天이 되어서 태양을 볼 수 없고, 또 두성도 볼 수 없다. 어두움이 사람으로 하여금 의질이 생기게 하지도 않을 것이다. 따라서 어쩌면 이것은 태양이 모두 먹힌 것을 가리키는 것이다. 단지 막에 가리어 볼 수 없는 것은 일식이 된다.

이 때문에 '부'는 아마 '몽기蒙氣'를 가리키는 것일 것이다. '몽기'에 대하여는 『한서漢書』「오행지五行志」[22]가 『경방역전京房易傳』[23]을 인용하여 "예霓·몽蒙·무霧가 있다. 무는 상하가 합하는 것이다. 몽은 먼지 구름과 같다. 예는 태양의 다른 기운이다."[24]고 설명한다. 또 『당개원

---

20) 고형, 앞의 책, 338쪽.
21) "日中之時 忽逢日食 見斗星"
22) 중국 後漢시대의 역사가 반고班固가 저술한 기전체紀傳體의 역사서. 12제기帝紀·8표表·10지志, 70열전列傳으로 모두 100권으로 이루어졌다.
23) 前漢의 상수역학자 경방(BC 77-BC 37)이 역을 상수학적 측면에서 주석한 책이다.
24) 『경방역전京房易傳』, "有霓蒙霧 霧上下合也 蒙如塵云 霓日旁氣也"

점경』은 『황제점皇帝占』을 인용하여 "무릇 음이 10일 이어지면 낮에도 태양을 볼 수가 없고, 밤에는 달을 볼 수 없으며, 어지러운 바람이 사방에 일어나고, 비가 내리고자 해도 비가 없다. 이를 이름하여 '몽'이라 한다."[25]고 한다.

이런 종류의 천상은 풍괘 구삼효사 또한 서술하고 있다. 즉 구삼효사는 "위장을 많이 하였다. 대낮에도 작은 별을 보고 오른 팔이 부러졌으니 허물할 데가 없다."[26]이다. 『주역집해』는 우번의 말을 인용하여 "태양이 구름 아래 있는 것을 패沛라고 한다. 패는 밝지 못한 것이다."[27]고 한다. 또 『구가역』을 인용하여 "크게 어두움(大暗)을 패매沛沫라고 한다. 북두성의 자루(두표斗杓) 뒤에 있는 작은 별이다."[28]고 설명한다.

이 효사는 비록 낮이라도 어두워 빛이 없어서 바야흐로 큰 비가 펑펑 쏟아지려고 하면 어떤 사람은 두려워서 자기 오른 팔을 자르려고 하는 것과 같다. 단지 하루아침에 날씨가 호전되면 곧 치유될 수 있기 때문에 허물이 없게 되는 것이다.

그래서 구이효사가 기술하는 일중은 몽기가 이미 상당히 농후하게 일어나 북두성의 밝은 모든 별들이 희미하게 보이는 것이다. 또 구삼효사가 말하는 몽기는 더욱 심하게 두터워져서 어두움으로 빛이 없을 뿐 아니라, 또 음풍이 침침하여 비가 내리고자 하나 비가 없는 것이다. 구사효사가 말하는 몽기는 지속적으로 존재하여 흩어짐을 볼 수 없다. 이런 때는 외진 공간을 찾아 잠시 물러나서 몽기를 피하는 것이 필요하다.

이밖에 고대인은 태양이 전일식 때는 빛이 없어서 대낮에도 성신星辰

---

25) 『황제점皇帝占』, "凡連陰十日 晝不見日 夜不見月 亂風四起 欲雨而无雨 名曰蒙"

26) "豊其沛 日中見沫 折其右肱 无咎"

27) 『주역집해』, "日在雲下稱沛 沛不明也"

28) 『구가역』, "大暗謂之沛沫 斗杓後小星也"

을 볼 수 없음을 알았다. 그러나 일종의 '박薄'이라고 불리는 현상이 있어서 반드시 삭일(해가 전식이 되는 것은 반드시 시간이 정해져 있음)에 발생하지 않는다. 그 현상은 또 양광이 보이지 않는다. 그 바른 의미는 "해와 달이 빛이 없는 것을 박薄이라고 한다."[29]는 것이다. 또 『경방역전』을 인용하여 "일식은 모두 회삭晦朔에 있으며, 회삭이 아닌 때에 있는 것을 박이라고 한다. 비록 일월이 같은 별이 아니지만 때가 음기가 성하면 일광을 가리는 것과 같다."[30]고도 한다. 일식과 일박 때에 태양광이 어두운 것을 제외하고, 고대에는 일종의 '대낮에 어두운' 정황을 묘술하고 있다.

『당개원점경』이 석신의 말을 인용하여, "백주에 어두워 행인이 그림자가 없다. 저녁에 이르도록 그치지 않았다."[31]고 하고, 또 감덕甘德의 말을 인용하여, "대낮에 어두워 새가 무리지어 울었다."[32]고 하며, 또 『춘추春秋』「감정부感精符」를 인용하여, "태양은 양의 정이고, 빛의 넋은 광명하다. 때문에 아래를 빛춘다. 대저 비춤이 멸하고 대낮이 어두우면 심히 두렵다."[33]고 한다. 또 풍괘에서 말하는 것과 매우 비슷한 정황을 묘술하고 있다.

또 『경방역전』「별대재이別對災異」를 인용하여 "나라에는 아첨꾼(참녕讒佞)이 있고 조정에는 흉신(잔신殘臣)이 있다. 즉 태양이 빛이 없고 어두워 밝지 못한 것이다. 역에 말하기를 낮에 북두성을 보고, 낮에 별이

---

29) 『당개원점경』 권9, "日月无光曰薄"

30) 『경방역전』, "日蝕皆于晦朔 有不于晦朔者名曰薄 雖非日月同宿 時陰氣盛 猶掩薄日光也"

31) 『당개원점경』, "日晝昏 行人無影 到暮不止"

32) "日晝昏 鳥群鳴"

33) 『춘추春秋』「감정부感精符」, "日者陽之精 曜魄光明 所以察下 夫以照滅 晝晦 甚所懼也"

나타나 어둠을 밝힌다. 그러므로 그것을 폄하하여 '모(暮)'라고 한 것이다."[34]라고 한다. 즉 경방은 풍괘를 인용하여 대낮에 어두운 현상을 설명하고 있다. 대저 '일주혼(日晝昏)', '일무광(日无光)' 등 현상은 모두 지구 대기현상이고, 모두 몽기와 관련이 있다.

2) 괘효사에 내포된 천문

앞의 서술에서 보듯이, 『역경』 괘효사가 직접 말하는 천상은 많지 않다. 그러나 『역경』 괘효사가 직접 천상을 언급하지 않지만 곳곳에서 은밀하게 천상과 관련된 내용을 표출하고 있다.

중국의 현대 문인 겸 학자인 문일다(聞一多)[35]의 연구에 의하면 건(乾)괘의 효사는 모두 천상을 명확하게 언급하지 않는다. 그런데 『역경』에서 건괘는 64괘의 머리에 놓는다. 이것은 하늘의 대표이기 때문에 마땅히 하늘과 비교적 밀접한 관계가 있다.

문일다는 건괘의 총체(정체整體)를 북두성의 드러난 특징으로 본다. 즉 건괘의 각 효는 즉 동궁(東宮) 창룡(蒼龍)[36]이 대표하는 용마를 그려 내고 있다. 용마는 하늘에서 천제의 마차를 끌어 운행한다. 그는 『주역의증유찬(周易義證類纂)』[37] 중에서 건괘에 대해 네 가지 이유를 들어, 이것이 북두의 표징임을 논술한다.

---

34) 『경방역전』「별대재이別對災異」, "國有讒佞 朝有殘臣 則日无光暗冥不明 易曰 日中見斗 日中見星 明其冥也 故貶之謂暮也"

35) 聞一多(1899-1946)-본명은 家驊, 일다는 필명, 중국 湖北省 출신으로 시인 겸 학자. 저서로 『紅燭』, 『易林瓊枝』 등이 있다.

36) 동양천문에서는 하늘을 중앙과 동서남북의 5방위로 나누고 동방은 蒼龍, 서방은 白虎, 남방은 朱雀, 북방은 玄武, 중앙은 中宮으로 하여 각 방위의 주재자로 정한다. 그리고 동서남북 네 방위별로 7개의 별이 자리해 모두 28수가 달린 것으로 파악한다.

37) 蔡尙思 主編, 『十家論易』, (岳麓書社, 1993)에 실려 있다.

1. '건乾'자는 본래 '알斡'자이다. '알'은 '돈다'는 의미이다. 북두성은 처음부터 끝까지 북극성을 감아 돈다. 또 4계절을 드러낼 수 있다. 고인은 하늘이 북두를 따라 돌기 때문에 북두가 천의 지도리라고 상상했다.

2. '건乾'자, '상商'자, '정晶'자는 주문籒文(즉 대전大篆)을 쓰는 법에 모두 '일日'자를 따르고 있다. 그리고 상商은 고대의 별 이름이고, 정晶은 고대 '성星'자이다. 그리하여 건을 하나의 별 이름이라고 추론하는 것이 가능한 일이며, 만약 이것이 별 이름이라면 그것은 곧 북두성의 이름이다.

3. 그는 『역위易緯』「일상逸象」38)을 인용하여 건은 '선旋'이며, '선'과 '알斡'은 같은 뜻이어서, 북두칠성은 하늘을 따라 돈다고 말한다. 『사기』「천관서」에는 "북두칠성은 이른바 선기옥형璇璣玉衡으로 칠정을 다스린다."39)고 말한다. 그러므로 북두성은 또한 회전하는 것으로 그 특징을 삼는다.

東方苍龙之象（春）。
東方成龙形南首北尾合角亢氐房，
心尾箕七宿共七十五度，

角
亢
氐
房
心
尾
箕

《史记·天官书》亢
角二星像龙角，
氐房星像龙身，
尾宿即龙之尾也

〈동방창룡〉40)

---

38) 『易緯』는 西漢 때 지어진 『周易』經文 해석의 緯書로,「乾坤鑿度」「乾鑿度」「辨終備」「通卦驗」「乾元序制記」「是類謀」「坤靈圖」 등 8종을 포함하고 있다.

39) 「천관서」, "北斗七星所謂璇璣玉衡 以齊七政"

4. 그는 「설괘전」을 인용하여, "건은 서북의 괘다.(乾 西北之卦)"고 말한다. 전국시대 이래로 천관가天官家는 하늘의 정원은 곤륜산 위에 있다고 한다. 즉 북두성은 마땅히 중국의 서북 모퉁이에 해당한다. 이 논증은 아마 중국 고대 하늘이 서북으로 기울었다는 전통설법과 관련이 있을 것이다.

문일다는 건괘가 북두성을 나타내는 것을 설명하기 위해 건괘의 모든 효사가 대부분 용龍을 쓰는 것을 근거로 제시한다. 즉 초구는 잠룡이고, 구이는 나타난 용이 밭에 있고, 구사는 혹 뛰거나 연못에 있으며(이것은 직접 용을 말하지 않지만 용과 유관하다), 구오는 나는 용이 하늘에 있고, 상구는 끝까지 올라간 용이며, 용구는 여러 용이 머리가 없음을 본다고 돼 있다. 구삼효만 용을 말하지 않았다. 이에 따라 건의 육효가 동궁의 창룡성의 행적이라고 제시한다. 그 증거로 역시 4가지를 들고 있다.

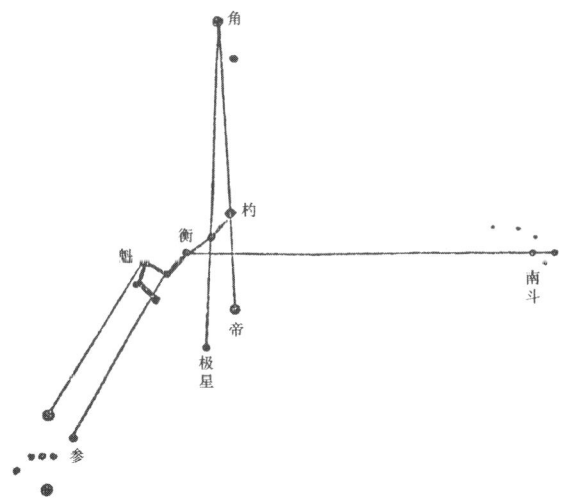

〈북두성과 용각龍角의 상대 위치〉[41]

---

40) 노앙, 앞의 책, 10쪽.

1. 고대 감덕과 석신이 저술한『감석성경』, 명대 정영程榮이 편집한 『한위총서漢魏叢書』[42])에는『통점대상력성경通占大象曆星經』이 실려 있는 바, 즉 한의 감덕, 석신의 저서로 서명된 것에 "각수는 창용의 뿔이다. 남쪽은 왼쪽 뿔이며, 이름은 천진天津이고, 푸른색이다. 북은 오른쪽 뿔이고, 천문天門이고, 황색이다. 중간은 이름이 천관이고, 왼쪽은 천전天田을 주관하며, 오른쪽은 하늘의 경건함을 주관한다. 대저 일·월·오성은 모두 천관을 따라 행한다."고 말한다.

『사기』「천관서」색인은 석신의 말을 인용하여, "용성의 왼쪽 뿔은 하늘의 행함이 된다."고 한다.『사기』「봉선서封禪書」〈정의正義〉는『한구의漢舊儀』를 인용하여, "용성의 좌각은 天田이다."고 한다.『당개원점경』60권에는 "각角은 2성星이고, 천관天關이다. 그 사이는 천문天門이다. 좌각은 천전天田이고, 옥獄이고, 리理이며, 형형刑을 주관한다. 우각은 위尉이고, 장將이며, 병사兵事를 주관한다."고 설명한다. 또『당개원점경』「감씨중관점甘氏中官占」에는 천전성점天田星占 42개가 있다. 감씨에는 "天田은 2田 2星이 우각 북쪽에 있다."고 한다. 또『감석성경』에는 "天田은 2성이고, 각 북쪽에 있으며, 천자의 기내지畿內地를 주관한다."고 한다. 이를 건괘 구이효사 "나타난 용이 밭에 있다."와 연계하면, 이는 즉 천전성天田星을 가리키는 것이다.

좌각, 즉 각수 1은 곧 천전을 말하는 것으로 황도黃道 남쪽에 있고, 곧 실녀좌室女座 알파성이다. 우각, 즉 각수 2는 실여좌室女座 베타성이고, 황도 북쪽에 있다. 그리고 감씨중관의 천전 2성은 우각 북쪽에 있

---

41) 노앙, 앞의 책, 12쪽.―윗쪽 두 개의 별이 동방 창룡의 머리 별인 각수로서, 큰 것은 각 1이다. 그 아래 작은 1점이 각수 2다.

42) 중국 明代 程榮이 1590년께 간행하였다. 漢·魏 六朝시대의 서적 38종을 經 史 子 3부로 나누어 수록한 叢書이다.

다. 즉 황도 이북에 있는 것이다. 이는 천전 2성이 각수 2성의 경도와
서로 차이가 크지 않은 것이다. 그러므로 각수 혹은 각수 부근의 천전
성은 모두 '현룡재전見龍在田'의 전이라고 할 수 있다. '현룡재전'은 각수
가 춘분 때 이미 지평선 위로 올라와서 사람들이 관측할 수 있음을 가
리킨다. 문일다는 『설문해자』를 인용하여 "용이 … 춘분에 등천하고,
추분에 연못에 잠기는 것"을 증명한다.

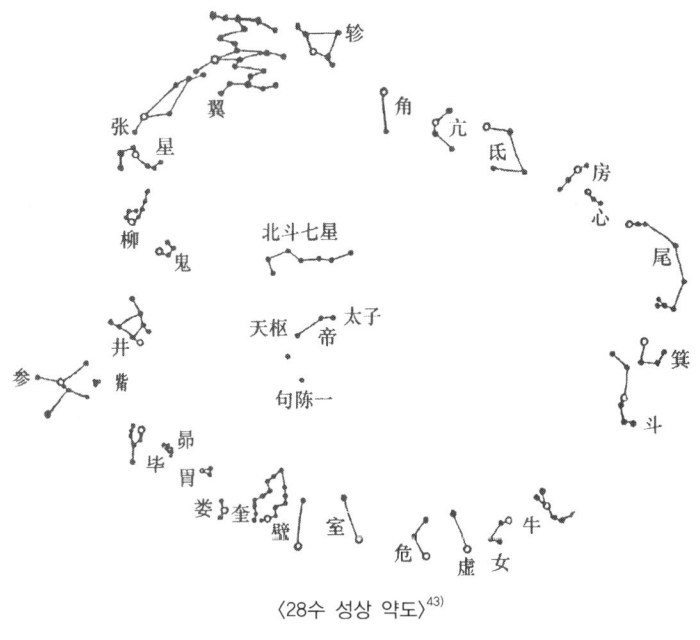

〈28수 성상 약도〉[43]

  2. 용성의 뿔은 실녀좌에 있으며, 용의 몸체는 천갈좌에 있다. 둘은
경도 상에서 서로 차이가 약 3시간 정도 된다. 용의 뿔이 먼저 보이고,

---

43) 노앙, 앞의 책, 13쪽.－이 그림으로 28수중에 있는 창룡의 위치와 창룡과 북두의
    상대 위치를 알 수 있다. 뒤에서 논술하는 성수도 이 그림을 참고하여 그 별의 상대
    위치를 이해할 수 있다.

약 15일이 떨어져서 겨우 용의 몸통이 보인다. 때문에 봄과 여름이 교
차하는 때에 천갈좌는 황혼 후에 겨우 동남의 지평선 상에서 출현한다.

　문일다는 "창룡성은 곧 심수心宿 세 별(천갈좌에 속함)로 춘하 교체를
담당하는데, 황혼 후에 동남에서 올라온다. 추동이 교차할 때는 황혼
후에 서남에서 하강한다."고 말한다. 그는 『후한서後漢書』「장형전張衡傳」
을 인용하여 "대저 현룡은 여름을 맞으면 구름 위로 솟아 비늘을 치켜들
고 때를 즐긴다. 겨울에 접어들면 진흙을 뒤섞어 몸을 도사리고 해를
피한다."고 하여 추분 후를 증명한다.

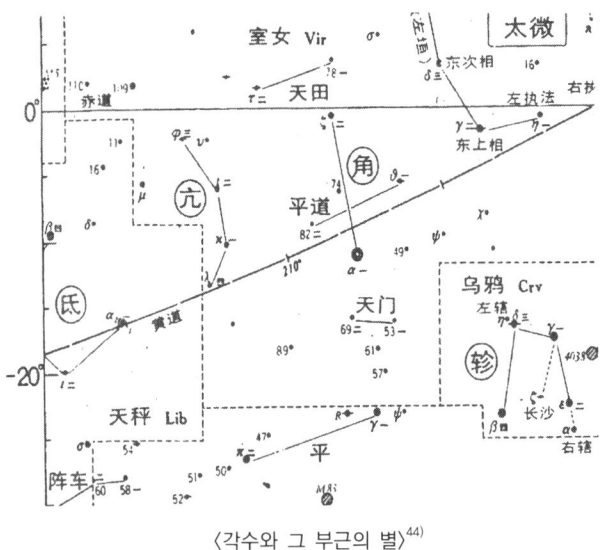

〈각수와 그 부근의 별〉[44]

　각수는 이미 지평선으로 몰입하고, 용의 몸통은 이미 서방 지평선에
접근한다. 바로 이것은 구사효사가 서술하는 '혹약재연或躍在淵'인 것이다.

---

44) 노앙, 앞의 책, 14쪽.

　가을과 겨울의 교체시기에는 용의 몸통을 대표하는 천갈좌(方, 心 2수), 또한 지평선에 몰입한다. 이것은 바로 '초구 잠룡'의 모습이다. 그리고 구오의 '비룡재천'이다. 바로 이것이 춘분 후에 천갈좌가 지평선으로부터 서서히 상승하여 중천에 이르는 모습이다. 아마도 상구 항룡은 곧 천갈좌가 이미 중천을 넘은 모습일 것이다.

　3. 용구 '견군용무수見群龍无首'에 대한 그의 해석은 조금 복잡하다. 그는 '군群'을 '권卷'으로 읽는다. '권'은 권곡, 즉 '굽다'는 뜻이다. 그러므로 '군용群龍'은 '권용卷龍'을 말한다. 그러므로 용의 몸통은 마땅히 굽은 것이 정상이다. 예컨대 용의 몸통이 지나치게 곧으면, 곧 비정상인 것이다. 그러므로 항룡은 후회가 있는 것이고, 권용은 길한 것이다.

　「천관서」에는 "동궁 창룡은 방수方宿와 심수心宿이다. 심은 명당이고 대성천왕이다. 전후의 성좌가 여기에 속한다. 곧고자 하지 않으나, 곧으면 천왕은 실계失計가 된다."[45]고 말한다. 즉 용은 굽고자 하고 곧기를 바라지 않는다는 것을 말한다.

　문일다는 『사기』 「채택전」을 인용하여, 택설응후澤說應侯가 말한 '역'은 '항룡유회'라고 말하는데, 이 말은 '올라간 것은 내려올 수 없고, 편 것은 굽힐 수 없으며, 간 것은 스스로 돌아올 수 없음을 말하는 것'이라고 말한다. 또 가의賈誼의 『신서新書』 「용경容經」을 인용하여, "'항룡'은 가서 돌아오지 않는 것이다. 그러므로 '후회가 있다'고 말하는 것이며, 후회는 흉한 것이다."고 말한다. 항을 볼 수 있는 것은 가서 돌아오지 않는 것으로, 즉 용성은 이미 중천에 치우쳐서 서쪽을 향하여 곧바로 떨어지고 있는 것으로, 가면 돌아오지 못한다. 동시에 항은 또한 단지 펼 수 있는 것은 굽힐 수 없으며, 올라갈 수 있는 것은 내려올 수 없다.

---

45) 「천관서」, "東宮蒼龍 房心 心爲明堂 大星天王 前後星子屬 不欲直 直則天王失計"

이것은 비록 주로 인사에 비유되지만, 천상의 의미도 포함하고 있다.

가을에 천갈좌가 하늘에서 특별히 두드러지는 것은 분명한 것이 되지만 이때 용성은 이미 점점 서쪽으로 떨어지고 있는 것이다. 그러므로 항룡은 후회가 있다. 여기에 이르면 마땅히 진일보하여 괘와 효가 교대하여 각각 동일하지 않은 천상天象을 나타내는 이유가 된다.

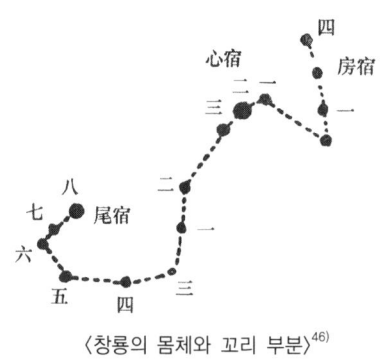

〈창룡의 몸체와 꼬리 부분〉[46]

문일다는 그 이유 또한 4가지가 있다고 한다.

1. 괘사와 효사는 본래 한 사람의 손에서 나온 것이 아니며, 같은 시기에 이루어진 것도 아니다. 그렇기 때문에 괘가 북두를 나타내고, 효가 권용을 나타내는 것이 불가능한 것이 아니다.

2. 권용의 몸체인 방성房星은 천사天駟, 혹은 천마天馬라고 부른다. 그리고 「천관서」에는 또 "두斗는 천제의 수레이다."고 말한다. 그러므로 말과 수레를 하나로 연계하는 것은 매우 자연적이다.

3. 또 「천관서」는 "표杓는 용의 뿔을 연결한다."고 설명한다. 『주역집해』에는 맹강孟康의 말을 인용하여 "표는 북두의 표이다. 용의 뿔은 동방의 별이다. '휴'는 '이을 연連'이다."고 말한다. 즉 북두성의 두병과 각수는 서로 연결된다는 것을 말한다. 실제로 북두와 두병의 두 별은 개양開陽(북두 제6성)과 요광搖光(북두 제7성)과 각수 1(즉 실녀좌 알파성)와 서로 연결되는 직선이다.

각수 1은 개양까지 직선으로 뻗어 북극성(소웅좌小熊座 알파)까지 이른

---

46) 노앙, 앞의 책, 15쪽.

다. 각수 1은 요광까지 직선으로 뻗어 제성帝星(소응좌 베타)까지 이른다. 두병은 수레의 막대로 용마 위에 덧씌우는 수레 막대는 천제의 수레를 형상하여 묘사한다.

4. 『한서』「교사지郊祀志」는 "모형牡荊으로 깃발을 그리고, 일월북두의 등룡으로 천일天一을 상징한다."고 한다. 왕선겸王先謙[47]은 『한서보주漢書補注』에서 "북두 등룡은 이른바 북두 칠성을 말하고, 표는 용의 뿔을 연결한다."고 말한다. 한조漢朝는 깃발을 그릴 때 북두와 등룡을 한 곳에 그린다. 고대 이래 보존되어 온 성점학星占學의 내용은 건괘 성상星象의 표시가 매우 오랜 연원이 있음을 실증한다. 문일다는 乾괘 괘효사와 성상을 관련시켜 광범하고 깊은 인증을 했는데, 건괘의 본질에 대해 밝힌 것이 있어서 많이 인용되고 있다.

문일다는 건괘와 천상에 대한 연구 외에, 『역경』 제38괘 규睽괘에 대한 연구도 했다. 그러나 규괘 괘효사에는 천문이라는 말의 언급은 없다. 그는 규괘 상구효사 "어그러짐에 외로워하여 돼지가 진흙을 진 것과 귀신이 한 수레에 가득한 것을 봄이다. 먼저 활줄을 당기다가 뒤에 풀어놓아, 도적이 아니라 혼구이니 가서 비를 만나면 길하리라."[48]에 대하여 이곳에는 3개의 성조 즉 규奎수, 귀鬼수와 호성弧星의 성상星象이 은연중 포함돼 있다고 생각한다.

규수를 서술하는 말은 "어그러짐에 외로워하여 돼지가 진흙을 진 것이고, 가서 비를 만나면 길하리라."이다. 그리고 귀수와 호성弧星을 서술하는 말은 "귀신이 한 수레에 가득하여 먼저 활줄을 당기다가 뒤에 풀어놓아 도적이 아니라 혼구다."이다. 이런 이유로 문일다는 먼저 이

---

47) 王先謙(1842-1917)은 중국 청나라 말의 학자. 『漢書補註』 『後漢書集解』 『荀子集解』 등을 지었다.

48) 『역경』, "睽孤 見豕負塗 載鬼一車 先張之弧 後說(脫)之弧 匪寇婚媾 往遇雨則吉"

한 조의 효사를 새로이 재배열해보는 것이 필요하다고 생각한다. 즉
"'가서 비를 만나면 길하리라'를 '돼지가 진흙을 진 것'의 뒤에 배열하는
것이다."고 주장한다.

그는 『시경』「소아小雅」〈참참지석漸漸之石〉으로부터 깨달음을 얻었다.
〈참참지석(우뚝한 바윗돌)〉에서는 출정하는 전사가 산천이 험난한데다
여기에 또 큰 비를 만나 간난신고를 이미 맛보았음을 묘사하고 있다.
그 중에서 큰 비를 만난 사설은 "발톱이 흰 돼지가 물을 건너고, 달이
필성을 만났으니 큰 비가 오겠네."49)이다. 이 뜻은 한 무리의 흰 발톱
의 돼지들이 방금 물을 뛰어들어 내를 건너는 것을 보고, 또 달이 필수
畢宿 부근에 붙어 있음을 보니 곧 큰 비가 내리겠음을 말하는 것이다.
달이 필수에 있고 돼지가 물을 뛰어 넘는 것을 보면, 곧 비가 온다는
것은 고인들의 경험이다. 이 둘은 모두 천상이 된다.

『한서』「천문지」에는 "달이 중간을 가다가 옮겨서 서쪽으로 필성에
들어가면 즉 많은 비가 온다. 그러므로 『시경』에서 말하기를 달이 필성
에 붙어있으니 큰 비가 오겠네라는 말은 많은 비가 올 것임을 말하는
것이다."50)고 말한다. "돼지가 물을 건너고(豕涉波)"로 말하면, 즉 규奎
수를 가리킬 수 있다. 『사기』「천관서」는 "奎는 큰 돼지(封豕)를 말하고,
구독溝瀆(도랑)이 된다."51)고 설명한다. 『한서』「천문지」는 "규는 큰 돼
지(봉희封豨)를 말하고, 구독이 된다."52)고 설명한다. 『진서晉書』「천문
지」는 "규는 첫째 천시天豕를 말하고, 또 봉시封豕를 말하며, 또 구독을
주관한다. 서남대성西南大星은 이른바 천시의 눈이다."53)고 말한다. 즉

성상星象에서 규수는 돼지가 되고, 또 구독이 된다.

이 때문에 문일다는 『술이기述異記』[54])를 인용하여, "밤중 은하수에 흑색의 기운이 서로 연결되면 속칭 흑돼지가 강을 건넘으로 비가 올 징후이다."[55])고 말한다. 又 『태평어람太平御覽』[56]) 10권에서 황자발黃子發의 『상우서相雨書』를 인용하여, "북두의 사방에 구름이 없고, 오직 은하에만 구름이 있고 3개가 서로 연결되면 마치 돼지가 목욕하는 것과 같아서 3일 동안 큰 비가 온다."[57])고 한다. 이는 모두 〈참참지석〉이 말하는 바와 꼭 맞는다.

규수가 선녀와 쌍어雙魚, 두 성좌에 걸치는 것을 고려하면 규수는 모두 16개 별이다. 그 하나는 선녀좌에 있는 구성까지 이른다. 또한 규奎 구성九星은 규 대성奎 大星으로 칭하는데, 선녀좌 베타성이 된다. 즉 천시天豕인 규수의 눈에 해당하는 서남대성은 밝기가 2등성이다. 그것은 쌍어좌에 있는 10에서 16에 이르는 별이다. 규수 최북단의 규수 칠성은 선녀좌 대성운(M31)과 긴밀하게 의지한다. 또 규수는 바로 은하의 가장자리에 있으면서 선후좌仙後座에 가깝게 기댄다.

그러므로 은하 중에 구름이 있으면 흑기가 은하의 가장자리에 있는 것을 가리키는데, 이것이 바로 "흑돼지가 강을 건너는 것(黑猪渡河)", 혹은 "돼지가 목욕하는 것(如浴猪豨)"의 상象이다. 문일다는 더 나아가 "돼지가 물을 건넘은 비가 내리는 상이고, 비를 맡은 신은 병예屛翳로 부르며, 또 빙예馮翳라고도 한다. 즉 하백빙이河伯馮夷다. 그리고 풍이는 실

---

53) 『진서晉書』, 「천문지」, "一曰天豕 亦曰封豕 又主溝瀆 西南大星 所謂天豕目"
54) 6세기경 중국의 任昉이 지은 책이다.
55) 『술이기述異記』, "夜半天漢中有黑氣相連 俗謂之黑猪渡河 雨候也"
56) 중국 송나라 때 李昉이 편찬한 百科辭書, 약해서 『御覽』이라고도 한다.
57) 『상우서相雨書』, "四方北斗中无雲 維河中有雲 三枚相連 如浴猪豨 三日大雨"

제로 봉희封豨가 전화된 것이다. 이것은 병예, 즉 봉희다. 그리고 우사
는 돼지이다. 그러므로 돼지가 물을 건넌다는 전설은 장차 비가 온다는
것이다."고 생각한다.

효사 가운데 뒤의 "귀신이 한 수레 가득하다."는 것은 여귀성輿鬼星으
로 생각한다. 『사기』「천관서」는 "여귀는 귀신을 제사하는 일이다. 중
간의 백색 별은 질성質星이다."[58]라고 한다. 『진서』「천문지」는 "여귀
는 5성이고, 하늘의 눈이다. 보는 것을 주관하고, 간모를 밝게 살핀다.
중앙성은 적시積屍가 되고, 죽음과 제사를 주관한다. 첫 번째는 부질鈇
鑕이라고 하며, 죄인을 참하는 것을 주관한다."[59]고 한다. 여귀輿鬼는
귀鬼수로 주변에 4성이 있고, 중간에 1성이 백색으로 질성質星이다.

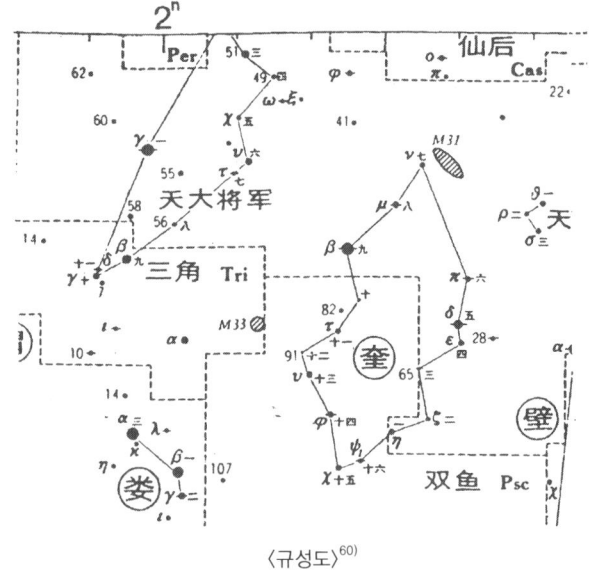

〈규성도〉[60]

---

58) 『사기』「천관서」, "輿鬼 鬼祠事 中白者爲質"

59) 『진서』「천문지」, "輿鬼五星 天目也 主視 明察奸謀 中央星爲積屍 主死喪祠祀
一曰鈇鑕 主誅斬"

『당개원점경』은 석石씨가 말하는 귀수鬼宿를 인용한다. "중앙에 가루와 솜 같이 흰 것이 이른바 적시기積屍氣다. 다른 말로 천시天屍라고 한다. 때문에 죽음과 상을 주관한다."[61]고 한다.

이 때문에 귀수鬼宿주변의 4개 성은 수레의 상象과 같다. '여輿'는 실음이다. 중간의 적시기積屍氣를 귀鬼라 이른다. 이 때문에 "귀신을 수레에 가득 싣고"라고 한 것이다.

여귀 5성을 살펴보면, 거해성좌 중에 황도 북쪽에 위치한다. 그 주변의 4성은 거해좌 θ, η, γ, σ가 되고, 중앙 적시기는 거해성단의 M44가 된다. 그것의 가장 밝은 것은 귀수 4성이다. 즉 σ성은 4.17등이 되고, 그 나머지는 5등 이하의 어두운 별이다.

이 효사 중 다시 호성弧星을 말하는데, 호성은 옛날에 호시弧矢로 불렸다. 현재는 정수井宿에 배열된다. 『당개원점경』 68권에서 호성은 석씨에 의해 외관外官 제28에 배열된다. 석씨는 "호구성弧九星은 낭성狼星의 동남東南에 있다. 호성弧星은 천궁天弓으로 도적을 방비한다."[62]고 말한다. 호성은 천랑성天狼星 동남에 있고, 호성의 화살은 바로 천랑을 마주하고 있다. 호구성이 대견좌大犬座와 선미좌船尾座에 분포함을 고려하면, 대견좌에 있는 것은 호시弧矢 1·2·7·8 모든 별이고, 선미좌에 있는 것은 3·4·5·6·9 모든 별이다. 천랑성은 또 대견좌에 있다.

대견좌 알파성은 항성 중에 육안으로 볼 수 있는 가장 밝은 것으로 성의 등급은 1.98이다. 호시 1성은 대견좌 σ로 이것은 1.98등급의 밝은 별이다. 호시 2성은 대견좌 η으로 2.43등급의 별이고, 호시 7은 대견좌로 1.63등급의 별이다.

---

60) 노앙, 앞의 책, 18쪽. 선후좌가 위치한 것이 은하인데 이 그림에서는 보이지 않는다.
61) 『당개원점경』, "中央色白如粉絮者 所謂積屍氣也 一曰天屍 故主死喪"
62) 『당개원점경』 68권, "弧九星在狼東南 弧星者 天弓也 以備盜賊"

호성弧星과 천랑성天狼星은 삼수參宿 α(삼좌견參左肩)까지 뻗쳐 일직선이 된다. 『당개원점경』 63권에는 치맹郗萌의 말을 인용하여, "활로 이리를 쏘아 삼수參宿의 왼쪽 어깨를 잘못 맞춰 시체를 싣고 돌아온다. 귀鬼는 돌아옴을 말한다."[63]고 설명한다. 삼성參星은 칠장七將에 대응하고, 좌견左肩은 좌장左將이다. 또 병사兵事를 주관하고, 호성弧星이 잘못 적중하면 죽거나 부상에 이르러 장차 시체를 귀수鬼宿 수레에 싣고 온다. 그러므로 '귀신을 수레에 가득 싣고(재귀일거載鬼一車)'가 되는 것이다.

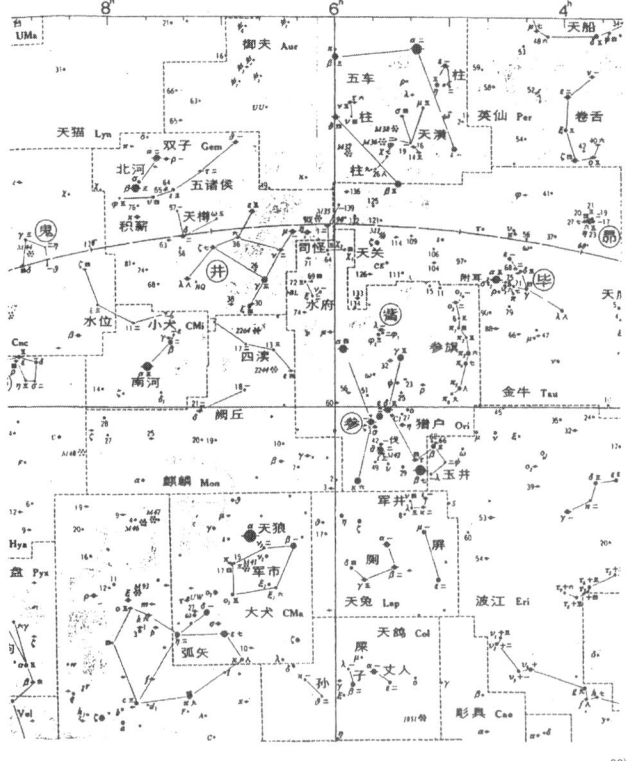

〈弧矢(좌하) 天狼參左肩(參宿五) 鬼宿(좌상)과 畢宿(우중상)의 위치도〉[66]

---

63) 『당개원점경』 63권, "弧射狼 誤中參左肩 輿屍于鬼 鬼之言歸也"

이 이야기는 점성학상의 전설을 근거로 한 것이다. 효사에는 "먼저 활시위를 당기어 뒤에 시위를 풀어놓으니 도둑이 아니라 혼구다."[64]고 한다. 고형에 의하면 그 뜻은 먼저 활을 당겨 쏠 준비를 하는 것은 도둑을 위한 것이다. 후에 혼구임을 알고 활을 내려놓은 것이다.[65]

이 외에도 문일다는 다시 『역경』제55괘 豊괘 구삼효사 "휘장을 많이 하여 낮에도 별을 본다."[67]에 대해 해설을 붙였다. 그는 패沛와 패旆는 서로 바꿔 쓸 수 있고, 회沫는 당연히 혜彗로 읽음이 마땅하며, 패旆는 일종의 긴 깃발(長旗)이다. 장長은 1장丈 6척尺에 달한다고 본다. 패旆는 기旗가 긴 것으로 끝이 늘어진다. 혜성彗星의 상狀이 이와 같다. 그러므로 그는 이 한 효사가 혜성의 성상을 묘사한 것으로 인식한다.

3) 괘효사의 날짜 기록 방법

『역경』제18괘 고蠱괘 괘사는 "크게 선하니 대천을 건넘이 이롭다. 갑으로 앞서 3일을 하고, 갑으로 뒤에 3일을 한다."[68]이다. 그 의미는 점을 쳐서 이 괘를 얻으면 큰 제사를 봉행할 수 있고, 큰 강을 건널 수 있다는 것이다. 그러나 갑일 전 3일인 신辛일과 갑일 후 3일인 정丁일에 해야 할 것이다.

그러나 이징조는 『주역집해』에서 『자하전子夏傳』[69]을 인용하여 "신

---

64) 『역경』, "先張之弧 後說(脫)之弧 匪寇婚媾"

65) 고형, 앞의 책, 256쪽.

66) 노앙, 앞의 책, 20쪽.

67) "豊其沛 日中見沫"

68) 『역경』, "元亨 利涉大川 先甲三日 後甲三日"

69) 공자의 제자로 '孔門十哲'에 들어가는 子夏(본명 卜商, 기원 전 507-기원 전 420?)가 지은 『易傳』이다.

갑 3일은 신辛·임壬·계癸이다. 후갑 3일은 을乙·병丙·정丁이다."70)
라고 말한다. 또 마융馬融71)의 설을 인용하여 "甲은 동방東方에 있고 간
艮은 동북東北에 있다. 그러므로 선갑先甲으로 말한 것이다. 손巽은 동남
에 있다. 그러므로 후갑으로 말한 것이다. 10일 중에 오직 갑甲을 칭한
것은 갑이 10일의 처음이기 때문이다. 고蠱는 일의 단서가 된다. 그러
므로 처음을 들어서 일의 시작을 밝힌 것이다. 3일을 말한 것은 명령을
내리지 않고 베는 것은 포악함이 되기 때문이다. 그러므로 명령을 내려
앞뒤 3일을 백성들로 하여금 두루 익혀서 행하여 명령을 어기지 않도
록 하기를 바라는 것이다."72)고 말한다.

『자하전』의 말은 갑 전 3일과 갑 후 3일은 모두 제사를 지내고 큰
강을 건널 수 있는 것이다. 그러나 마융이 말한 선갑은 본래의 순에서
처음 한 순의 3일과 끝으로 한 순의 3일을 가리키는 것이다. 왜냐하면
선갑 후갑을 말하는 것은 전의 1갑과 뒤의 1갑이기 때문이다. 갑은 10
일의 첫날이기 때문에 그 순旬의 첫날로서 고蠱괘가 일의 시작을 대표
하는 것과 대응한다.

물론 괘사를 어떻게 해석하든 간에 "선갑삼일 후갑삼일"은 모두 고대
에 날의 차례를 기록하는 하나의 방법을 보여주는 것이다.

『상서』「요전」에 따르면, "일년은 366일이니, 윤달로써 사시사철을
정하고 해를 이룬다."73)고 한다. 즉 1년에는 366일(정확히는 365.25일)이

---

70) "先甲三日者 辛壬癸也 後甲三日者 乙丙丁也"
71) 馬融(79-166)은 후한의 유학자로 안제安帝 환제桓帝 때 벼슬하여 태수가 되었다.
수경數經에 통달하였으며, 『주역』을 주석하였다.
72) 『자하전子夏傳』, "甲在東方 艮在東北 故云先甲 巽在東南 故云後甲 所以十日之
中維稱甲者 甲爲十日之首 蠱爲造事之端 故擧初而明事始也 言所以三日者 不令而
誅謂之暴 故令先後各三日 欲使百姓遍習 行而不犯也"
73) 『상서』「요전」, "期三百六旬又六日 以閏月定四時成歲"

있고, 윤달을 두는 방법을 더하여 월과 계절을 짝을 지어 1년의 역법을 이룬다는 것이다. 이 역법의 구조 하에서는 간지법干支法을 채용하여 날짜를 기록한다.

갑골甲骨 각사刻辭에 근거하면, 상나라 때 이미 간지 기일법干支 紀日法을 썼음을 알 수 있다. 이 기일법의 시작단계는 갑·을·병·정·무·기·경·신·임·계의 10간 한 가지만을 썼을 수 있다. 혹은 자·축·인·묘·진·사·오·미·신·유·술·해의 12지 만을 썼을 수 있다. 그러나 매우 빠르게 발전하여 간과 지로 조성된 간지로써 기일하게 되었다. 속칭 화갑자花甲子 기일이다.

간과 지는 함께 60개 간지쌍을 이룬다. 그러므로 하나의 간지 주기는 60일이다. 1년에 모두 60개 간지주기에서 360일을 얻고, 다시 나머지 6일이 있다.(실제로는 5일과 1/4일) 매 1개 간지주기는 6순旬이 되고, 매순은 10일이다. 매순은 갑으로부터 시작한다. 그러므로 갑자순·갑술순·갑신순·갑오순·갑진순·갑인순이 있어 옛날에는 육갑이라고 불렀다.

날짜를 부르는 것을 예를 들면, 갑자, 갑술 등의 날은 갑일이라고 하고, 을축, 을해 등의 날은 을일이라고 하며, 병인, 병자 등의 날은 병일이라고 부른다. 이 때문에 선갑 3일은 갑일 전 셋째 날로 이해될 수 있고, 또 갑일 전 3일로도 이해될 수도 있다. 다시 갑순에서 처음 1개 갑순의 3일이 될 수도 있다. 후갑 3일 또한 갑일 후의 셋째 날 혹은 갑일 후의 3일, 다시 갑자순의 끝에 1개 갑순의 3일로 이해될 수도 있다.

고대 역법은 음양 합력의 특색을 갖추고 있다. 즉 태양운행에 근거하여 제정한 양력이 있고, 또 달의 운행에 근거해 제정한 음력이 있으며, 둘을 한 곳에 결합하여 역법의 기능을 크게 높여 지금까지 그 빛을 잃지 않고 있다.

『역경』의 제24괘 복復괘는 한 발 더나가 이 점을 말하고 있다. 복괘 괘사는 "형통하니 나가고 들어옴에 병이 없으며, 벗이 옴에 허물이 없다. 그 도를 반복하여 7일 만에 와서 회복하니 가는 바를 둠이 이롭다."[74]이다.

이 괘사의 의미는 만약 점을 쳐서 이 괘를 얻으면 향제를 거행할 수 있고, 통달하며 문 밖으로 나가거나 집에 머무는데 있어 모두 질병이 없으며, 친구가 옴에 어떤 고민도 나타날 수 없고, 출행하여 가면 중도에서 돌아오며, 7일이면 돌아올 수 있기 때문에 가는 바를 두면 곧 이로움이 있다는 것이다.

복괘 「단사象辭」는 '반복기도 칠일래복'에 대해 "하늘의 운행이다.(天行也)"고 해석하여 칠일을 천도 순환왕복의 1개 주기로 인식한다.

어째서 7일인가? 아마도 7이라는 수는 『역전』이 연구한 것일 것이다.

현재 우리가 제시하는 것이 만약 7일이 1개 주기라면, 앞면에서 인용한 마융의 설법은 곧 원래의 의미와 맞지 않는다. 왜냐하면 그것은 선갑, 후갑을 방위 및 육갑 순수旬首와 연계하기 때문이다. 이것은 칠일의 주기를 가리키는 것이 아니다. 그러나 복괘 괘사는 선갑후갑을 함께 말하지 않는다. 그리고 고蠱괘 「단사」는 "선갑삼일, 후갑삼일은 마치면 곧 시작이 있는 것이 하늘의 운행이다."[75]고 한다. 중요한 것은 여기에서 주기週期의 단서를 말했다는 것이다. 그러나 이 「단사」의 주해는 고괘 괘사 자신의 설명이 아니지만 『역경』 시대를 볼 수 있다는 것이다.

사람들은 이미 시간주기를 탐색함에 있어 특별히 마침은 다시 시작이고 가면 다시 돌아오는 주기성과 역괘 육효의 변화를 연계해왔다. 그리하여 7개 숫자로써 일종의 하늘의 운행주기사상을 표시하고, 아울러 『역경』의 매괘 육효의 추단에서 나타내 보인다.

---

74) 『역경』, "亨 出入无疾 朋來无咎 反復其道 七日來復 利有攸往"

75) 「단사」, "先甲三日 後甲三日 終則有始 天行也"

다음은『역경』에서 다시 두 곳에 7일을 말하는 것을 본다. 이 두 곳의 '칠일래복'과 복괘의 칠일은 같은 복으로서 관련이 있다. 한 곳은 제51괘 진震괘의 육이효사 "진동이 옴이 맹렬하다. 화패를 잃을 것을 억측하여 높은 언덕에 오르니(진동이 옴에 위태롭게 여겨 화패를 잃고 높은 언덕에 오름이니 쫓아가지 않아도) 쫓아가지 않으면 7일에 얻으리라."[76]이다. 또 한 곳은 제63괘 기제旣濟괘의 육이효사 "부인이 가리개를 잃었으니 쫓아가지 않으면(쫓아가지 않아도) 7일에 얻으리라."[77]이다.

이 두 효사가 말하는 바는 동일사항이다. 즉 물건을 잃고 찾지 않아도 7일 안에 돌아올 수 있다는 것이다. 진괘 2효사가 말하는 것은 이렇다. 어떤 사람이 화폐를 휴대하고 높은 산에 오르다가 우레를 만나 형세가 위태롭고 급박하여 그 사람은 놀라서 그 화폐를 잃었다. 만약 점쳐서 이괘를 얻으면 찾아 나서지 않아도 7일 후에 찾을 것이다.

고형은 이것이 하나의 고사故事로, 점을 쳐서 얻은 경험에 의한 것이며,『역경』의 작자가 이것을 기록한 것으로 여긴다.[78] 우번虞翻은 7일이 진괘의 7수에서 연유한다고 여겼다. 진괘에는 '7일에 얻는다'는 말이 있기 때문이다. 기제괘 육이효사가 말하는 것은 부녀가 가리개를 잃었는데, 점을 쳐서 이 효를 얻으면 또한 찾지 않아도 7일에 얻을 수 있다는 것이다. 우번의 말에 의하면 여기의 7수는 진괘의 7에서 온 것이다.

어째서 진괘의 수는 7일 되는가?『주역상씨학周易尙氏學』[79]의 진震괘 육이효사 주注에 따르면, "진震은 복復이 된다. 쫓지 않아도 7일이면 얻는다."[80]고 한다. '복復'은 복괘다. 복괘 괘사 주에, "양은 구姤괘로부터

76)『역경』, "震來厲 億喪貝 蹄于九陵 勿逐 七日得"

77)『역경』, "婦喪其茀 勿逐 七日 得"

78) 고형, 앞의 책, 319쪽.

79) 중국의 현대 상수역학자 尙秉和(1870-1950)가 편찬한 易學書이다.

사라진다. 소멸됨이 박剝괘의 상에 이르면 6일이 된다. 복으로 다시 돌아오면 7일이 된다. 복으로부터 양이 자라기 시작해 꼭대기까지 올라가면 6일이 걸린다. 구姤괘까지 돌아오는 데는 7일이 걸린다. 순환하여 그치지 않는다. 그러므로 그 도가 반복하여 7일이면 돌아온다고 말하는 것이다."[81]고 한다. 그 의미는 구姤괘의 1음효가 아래에서 시작돼 양의 사라짐이 2에 이르면 즉 2음효를 얻어 돈遯괘가 된다. 순서에 따라 3음효를 얻으면 비否괘다. 4음효를 얻으면 관觀괘, 5음효를 얻으면 박剝괘, 6음효 전음이면 곤坤괘가 되고, 이후 제7일에 아래에서 1양효를 얻으면 이른바 복復괘라고 하는 것이다. 복괘의 하체는 진震괘이다. 그런 연후에 양이 자라기 시작해 위에 이르면 6일이다. 7일에는 또 구姤(아래에 1음효가 있음)괘로 돌아온다. 7일은 복괘를 얻기 때문에 말한 것이다. 그리고 복괘는 또 하체가 진震괘가 된다. 진괘의 수가 7이 되는 이유다.

그러나 기제旣濟괘는 상체는 감坎이고 하체는 이離로서 진괘상震卦象이 없는데 어째서 진괘의 수數가 7이라고 말하는가?

『주역상씨학』은 반진괘半震卦의 원인原因이 있다고 보고[82], "진은 축이다. 반진半震은 그러므로 물축勿逐이다. 7일에 얻는 것은 진이 복復의 7수이기 때문이다."[83]고 한다.

고蠱괘의 선갑후갑을 제외하고, 『역경』 제57괘 손巽괘에서도 유사한 설명을 한다. 손巽괘 구오효사는 "정하면 길하여(정하여 길하니) 뉘우침이

---

80) 『주역상씨학周易尙氏學』, "震爲復 勿逐七日得者"
81) "陽自姤而消 消到剝上 六日 反復則七日 自復而息 息至上 六日 反姤仍七日 循環不已 故曰反復其道 七日來復"
82) 旣濟괘는 아래부터 효의 배열이 양, 음, 양, 음, 양, 음으로 구성돼 양 음 음, 양 음 음으로 이루어진 震괘에 대비할 때 半震의 원인이 있다고 보았다.
83) 『주역상씨학』, "震爲逐 半震故勿逐 七日得者 震爲復數七"

없어져서 이롭지 않음이 없으니, 초初는 없고 종終은 있다. 경으로 3일을 먼저하고 경으로 3일을 뒤에 하면 길하리라."84)이다. 점을 쳐서 이 효를 얻으면 마땅히 점친 자는 길하고 후회함이 장차 없어지며, 어떤 불리한 일도 없다는 것이다. 일을 시작할 때는 비록 바빠서 두서가 없고 질서가 없으나 점차 마음에 절도가 있어 좋은 결과를 얻을 수 있다.

선경3일은 경庚 앞의 정丁일이고, 후경3일은 경庚 뒤의 계癸일이다. 모두 길일이다. 이는 당연히 간지 기일법적 표시이다. 다만 순旬의 머리에 의한 갑일甲日을 표준으로 한 것이 아니고, 경일庚日을 표준으로 한 것이다. 그러나 만약 마융의 선갑후갑에 관한 해설을 고려하면, 갑이 동방을 대표하면 경은 바로 서방을 대표하고, 선갑은 동북방의 간艮의 지역을 가리킨다. 그렇다면 선경先庚은 마땅히 서남방의 곤坤의 위치를 가리킨다. 그리고 서북방의 건乾의 위치에 거함은 곧 후경後庚이 된다.

고대의 시간은 방위와 서로 연접한다. 그러므로 마융의 말 또한 이치가 있다. 경은 이미 순수旬首가 아니면 순외旬外의 날을 언급하지 못한다. 이곳에서는 순 내의 날을 가리키는 것 같다.

여기에 순과 관련한 일단의 설명을 삽입할 필요가 있다. 앞서 『역경』 제55괘 풍豐괘의 육이·구삼·구사효사를 살펴보았다. 지금 다시 풍괘 초구효사에 대해 본다. 풍괘 초구효사는 "그 짝이 되는 주인을 만나되 비록 똑같은 양이나 허물이 없으니, 그대로 가면 가상한 일이 있으리라."85)이다. 점을 쳐서 이 효를 얻으면 출행에서 그 여주인을 만나며, 일 순 내에는 허물이 없고, 또 그대로 가면 상을 받는다는 것이다. 일 순은 당연히 10일이 된다.

그러나 『주역상씨학』에 따르면, "초初는 거일居日의 끝이다. 그러므로

---

84) 『역경』, "貞吉 悔亡 无不利 无初有終 先庚三日 後庚三日 吉"
85) 『역경』, "遇其配主 雖旬 无咎 往 有尙"

순旬이라고 한다. 순에 이르면 곧 계일이다. 『후한서後漢書』「등우전鄧禹傳」은 '내일은 계해다. 육갑의 끝 날까지 기다려 나타나지 않으면 이는 순의 끝에 마땅히 허물이 있는 것이다.' 옛부터 이와 같이 전해왔다."[86]고 말한다. 이것은 일 순 내내 무구한 것이 아니라, 순의 끝('至旬'이라고 함)인 계해일이 무구한 것이다. 계해일은 육갑의 끝날이다. 『후한서』「등우전」이 말하는 계해일은 곧 갑인순의 끝날이다.

전체적으로 말하면 『역경』에서는 순으로 단위를 삼는 기일 방법이 있다. 『역경』에서 직접 언급하는 기일법은 다시 앞서 서술한 세 가지 '월기망月幾望'적 효사를 포괄한다. 월기망은 만월이 지난 뒤의 월상月象을 표시한다. 또 만월 후의 날짜 기록(記日)을 나타낸다. 월상의 변화로써 기일함은 실제로 태음력의 기일방법이다. 월상을 쓰는 기일은 월의 초생·상현·월망·기망(망 후의 달)·하현 등 여럿이 쓰인다. 그러나 『역경』에는 상하현 등 월상月相이 언급되지 않고 몇 마디 월기망만을 말한다. 고인들은 밤에 수렵, 원정 등과 같은 활동이 있었는데, 달이 밝은 보름 부근에 있었다. 그리고 길함과 이로움을 위하여 월식을 피하여 보름 후의 날을 골랐다.

『역경』 괘효사에는 다시 '일日'과 관련한 약간의 내용이 있다. 이 내용에 대한 여러 전문가의 견해는 서로 다르다. 그러므로 약간의 설명만 더하고 있다. 첫 번째 '일日'은 곧 '이일己日'이다. 『역경』 제49괘 혁革괘 괘사는 "하루가 지나야 믿으리니 크게 형통하고 정함이 이로워 뉘우침이 없다."[87]이다. 革괘 육이효사는 또 "하루가 지나서야 개혁할 수 있으니 그대로 가면 길하여 허물이 없으리라."[88]이다. 고형은 '이일己日'

---

86) 『후한서後漢書』「등우전鄧禹傳」, "初居旬之末 故曰旬 至旬則癸日也 後漢 鄧禹傳 明日癸亥 匡等以六甲窮日 不出 是至旬当有咎 自古相傳如是也"
87) 『역경』, "己日乃孚 元亨 利貞 悔亡"

에 대한 해석을 "이르는 제사를 빌린 것이다.(已借爲祀)"고 한다. 그러므로 '이일己日'은 제사祭祀를 지내는 날이다. 『주역집해』는 간보干寶를 인용하여, "천명이 이미 이른 날이다.(天命已至之日)"라고 한다. 즉 이르는 이미(已經)의 이르이다. 『주역본의』는 "변혁의 초는 사람이 믿지 않는다. 그러므로 반드시 하루가 지난 후에 믿는다."[89]고 말하고, 또 "반드시 하루가 지난 후에 개혁한다."[90]고 주석한다.

『주역집해』는 우번을 인용하여, "4가 동하여 이離의 체가 되고, 5는 坎의 중간에 있다. 그러므로 하루가 지나야 믿고, 기제既濟를 이루는 것이다."[91]로 설명한다. 따라서 혁革괘 상체上體는 태兌가 되는데, 4효가 동변하여 상체는 감坎이 되어 기제既濟괘를 이룬다.

이에 대하여 『주역상씨학』은 "우씨 또한 이離를 '기일己日'로 여겨 '무기지기戊己之己'로 읽었다."[92]고 한다. 즉 '기己'는 '기일己日'이 되고 날짜 이름이 된다. 만약 '기일己日'이 '기일己日'이 된다면, 즉 『역경』 시대는 간으로써 기일했다는 설명은 매우 일반적인 것으로 기일과 괘가 모종의 대응을 하는 추세를 갖고 있는 것이다.

두 번째 '일日'은 '주일晝日'이다. 『역경』 제35괘 진晉괘 괘사는 "나라를 편안히 하는 제후에게 말을 하사하기를 많이 하고 낮에 세 번 접견하도다.[93]"이다. 고형은 이 괘사가 말하는 것은 서주西周 초년 무왕武王의 동생 강숙康叔이 적과 하루 세 차례 전투를 하여 모두 승리한 고사라고 본다.[94] 『주역집해』는 우번을 인용하여, "'이일離日(離괘의 태양)'은

---

88) 『역경』, "已日乃革之 征吉 无咎"
89) 『주역본의』, "變革之初 人未之信 故必已日而後信"
90) 『주역본의』, "必已日然後革之"
91) 『주역집해』, "四動體離 五在坎中 故已日乃孚 以成既濟"
92) 『주역상씨학』, "是虞氏亦以離爲己日 讀爲戊己之己"
93) 『역경』, "康侯 用錫馬蕃庶 晝日三接"

위에 있다. 그러므로 '주일'이다. 삼음(곤坤괘 3음)은 아래에 있다. 그러므로 세 번 접하는 것이다."[95]고 한다. 이것은 괘상에 의한 설명이다. 진晉괘 상체는 이離이고 하체는 곤坤이기 때문에 이離는 해로써 곤坤괘의 위에 놓인다. 그러므로 '주일晝日'이라고 말한 것이다. 하체 곤은 3유효가 된다. 그러므로 세 번 접견한다고 말한 것이다. 또 그 해석도 괘상으로부터 말한 것이다.

문일다는 『주역의증유찬』에서, "주일晝日은 1일과 같다.(晝日猶一日也)"고 하고, 또 "1일은 주일晝日이라고 한다. 1년을 '주년周年'이라고 부르는 것과 같다.(日謂之晝日 猶一年謂之周年)"고 한다. 고형은 '주일晝日'에 대해 전문적인 주석을 하지 않는다. 그리고 우변은 괘상을 따라 "이일재상離日在上"은 '주일晝日'이라고 부른다. 즉 '주일晝日'은 밝은 대낮을 말하는 것으로 '흑야黑夜'에 대응한다.

문일다는 주일晝日을 곧 하루로 여겨 진晉괘가 태양이 지상에 있는 것으로 본다. 당연히 낮의 뜻이 있다. 만약 낮을 말하는 주일晝日이 하루라면 즉 『역경』 시대에는 오히려 하루 밤과 낮이 1일이 되는 것에 대한 명확한 이해가 없다는 의미가 된다. 그러나 진晉괘가 주일晝日을 씀은 실로 그때는 이미 낮(晝日)과 밤(夜日)의 구분에 대한 명확한 이해가 있었음을 설명하는 것이다.

2. 『역전』의 천문역법

일반적으로 『역경』은 은과 주의 교체기에 지어진 것으로 보고, 『역전』

---

94) 고형, 앞의 책, 238쪽.
95) 『주역집해』, "離日在上 故晝日 三陰在下 故三接矣"

은 춘추전국시대 이후에 작품으로 보기 때문에 『역경』과는 상당한 시간적 차이가 있다. 그런데 『역전』 시대는 『역경』 시대보다 인류 생활의 전반에 진전이 있었으며, 특히 수학과 천문에 관한 지식이 크게 발전하였다. 이에 따라 『역경』을 해설하는 『역전』에는 이 같은 천문역법의 지식이 크게 반영되고 있음을 확인할 수 있다.

1) 「단전」·「상전」·「문언전」의 천문역법

(1) 건·곤괘의 천문역법내용

「건乾괘」「단전」은 "시작과 끝을 크게 밝히면 육위가 때로 이루어지니, 때로 육룡을 타고서 하늘을 날아다닌다."[96]고 말한다.

여기서 천문과 관련된 것으로는 '대명'·'육위'·'육룡'을 생각할 수 있다. 이정조는 『주역집해』에서 후과侯果를 인용하여, "대명大明은 태양이다."[97]고 풀이한다. 그러므로 태양이 뜨고 지는 것을 '대명종시'라고 말한다.

육위六位는 공간적으로 상하사방을 가리킨다. 천지사방의 사이를 고대인들은 육합이라고 불렀다. 그러므로 '육위시성六位時成'은 마땅히 천지의 사시四時를 가리키는 것이다. 곧 태양이 하늘에서 운행하여 사시사철의 변화를 구성하는 것이다.

육룡은 괘의 여섯 효를 상징한다. 『주역집해』는 순상荀爽[98]의 말을 인용하여, "육효는 때에 따라 건을 이룬다."[99]고 말한다. 그래서 후과

---

96) 「단전」, "大明終始 六位時成 時乘六龍 以御天"
97) 『주역집해』, "大明 日也"
98) 荀爽－자는 자명慈明. 한漢나라 순제順帝 영건永建 3년(128-190)에 영천潁川에서 출생하여 『주역』을 주석한 동한의 학자이다.
99) 『주역집해』, "六爻隨時而成乾"

는 '시승육룡이어천時乘六龍以御天'을 "건이 육기를 타고 변화를 만들고 사시를 운행하여 하늘을 통어한다. 그러므로 '때로 육룡을 타고서 하늘을 날아다닌다'고 한다."[100]고 해석한다. 즉 육효는 천지의 사시를 본받아서 이루어졌다는 것이다.

　이것으로 보아 「단전」은 건괘에 대해 하늘이라고 해석하고 있다. 그런데 앞서 『역경』의 건괘에 대해 문일다는 북두성을 나타낸다고 했다. 즉 「단전」과 『역경』의 건괘에 대한 해석은 차이가 있다.

　이에 대해 노앙은 만약 문일다의 건괘에 대한 연구가 『역경』 본의와 부합한다면 『역경』 건괘는 단지 하늘의 경관(圖景)을 서술하는 것이고, 「단전」은 오히려 태양의 뜨고 짐과 그것이 하늘에서 운행과 사시 변화 방면에서 건괘가 나타내는 하늘을 서술하고 있는 것으로 보고 있다. 곧 하늘의 모습(圖象)으로부터 나아가 하늘의 쓰임(功用)을 서술하고 있다는 것이다. 그렇기 때문에 '크도다(大哉) 건원乾元이여'라고 말한 것이다.

　「단전」은 건괘의 공용에 대해 "건도가 변하여 화함에 각각 성명을 바루니, 대화를 보합하여 이에 이롭고 정하다. 만물에서 으뜸으로 나오니 만국이 모두 편안하다."[101]고 하여, 다시 철학적 논설을 더하고 있다. 이 말의 뜻은 천도가 이와 같아 사람과 만물이 모두 천도변화의 지배를 받는다. 그러므로 마땅히 이런 변화를 따르고 적당한 안배를 만들어내야 한다는 것이다.

　다음은 「문언전」에서 건괘에 대해 서술하는 천문 내용을 살펴본다.

　「문언전」은 "잠용은 쓰지 말라는 것은 양의 기운이 잠기고 감추어져 있기 때문이요, 나타난 용이 밭에 있다는 것은 천하가 문명함이요, 종일토록 힘쓰고 힘쓴다는 것은 때에 따라 함께 행하는 것이요, 혹 뛰어

---

100) 『주역집해』, "乾乘六氣而陶冶變化 運四時而統御天也 故曰 時乘六龍以御天也"
101) 「단전」〈건괘〉, "乾道變化 各正性命 保合大和 乃利貞 首出庶物 萬國咸寧"

오르거나 못에 있다는 것은 건도가 이에 변혁함이요, 나르는 용이 하늘에 있다는 것은 마침내 천덕에 자리함이요, 끝까지 다다른 용은 뉘우침이 있다는 것은 때와 함께 궁극함이니, 건원의 용구는 이에 하늘의 법칙을 볼 수 있다."[102]라고 한다.

이것은 음양의 기가 올라가고 내려오는 관점에 기초하여 육효와 월별 절기 그리고 하늘의 운행에 있어 일월을 연계한 것이다. 다시 말해 「문언전」은 마치 1년 12월을 육효에 분배하고, 매 효로 2달을 점치는 것 같다. 건괘의 여섯 개 양효는 차례에 따라 위로 올라간다. 이는 곧 하늘의 양기가 때의 차례대로 올라가고, 용의 활동이 곧 양기의 상승에 의해 옮겨감을 상징하고 있다. 그러므로 각 효의 효사는 천도의 사시변화를 대표한다.[103] 곧 「문언전」은 양기, 효위, 월 등 셋을 대응하여 지은 것이다.

양기는 전술한 육룡과 같으므로 효사 별로 살펴본다.

'잠용물용潛龍勿龍'은 건乾괘 초구 효사다. 「문언전」은 이때 양기가 잠기고 감추어져 있는 때라고 말한다. 『주역집해』는 하타何妥를 인용하여 "11월을 당하여 양기가 비록 움직이나 땅 속에 있는 것과 같다. 그러므로 잠용이라고 한 것이다."[104]고 한다. 「상전」도 "잠겨 있는 용은 쓰지 말라고 한 것은 양이 아래에 있기 때문이다.(潛龍勿龍 陽在下也)"고 한다. 즉 건괘 초구효는 양효로 전체 건괘의 아래에 위치하며, 양효는 용을 상징한다. 그러므로 '잠용'이라고 한 것이다.

역법으로 보면 양효가 땅 아래에 감추어져 있는 것을 상징하는 초구

---

102) 「문언전」, "潛龍勿用 陽氣潛藏 見龍在田 天下文明 終日乾乾 與時偕行 或躍在淵 乾道乃革 飛龍在天 乃位乎天德 亢龍有悔 與時偕極 乾元 用九 乃見天則"
103) 고형, 앞의 책, 52-53쪽.
104) 「문언전」, "当十一月 陽氣雖動 猶在地中 故曰潛龍也"

의 시기는 대략 주나라 역曆으로 정월과 2월에 해당한다. 하나라 역曆
으로는 11월과 12월로 용이 물속에 잠기어 움직이지 않는다.[105] 고형
에 의하면 용의 활동은 양기의 상승으로써 옮겨간다. 그러므로 양기 소
장의 제약을 받는 동물이다.[106]

다음은 건乾괘 구이효사 "나타난 용이 밭에 있다.(見龍在田)"에 대한
「문언전」의 설명을 본다. 「문언전」은 이때를 "천하가 문명하다.(天下文
明)"라고 말한다. 『주역집해』는 "양기가 땅 위로 올라온다. 그러므로 나
타난 용이 밭에 있다고 한다. 모든 초목이 새싹을 틔워 문명하다고 한
것이다."[107]고 주석하고 있다. 또 공영달[108]은 "선유는 구이가 태주의
달을 담당하여 양기가 땅 위에 나타난다."[109]고 생각했다. 태주太簇는
음률의 이름이다.

고대인은 "천지의 기는 합하여 바람을 낳고, 천지의 바람 기운이 바
루어지면 12율이 정해진다."[110]고 여겼다. 『한서』 「율력지」에는 각종
다른 바람이 각기 다른 음률과 대응한다. 만약 풍기가 정상이면 매달의
풍은 정해진 음률과 대응한다. 각 월과 그것과 대응하는 음률은 아래와
같이 나타난다.

---

105) 周曆은 동지로 역원을 삼기 때문에 '주력건자周曆建子'라고 하고, 하력夏曆은
입춘立春으로 역원曆元을 삼기 때문에 '하력건인夏曆建寅'이라고 한다. 자월(즉 11
월)과 인월(즉 정월)은 바로 서로 두 달의 차이가 있다. 이 때문에 주력의 정월 2월은
즉 하력의 11월 12월이다. 역법에 관해서는 뒤에서 자세히 언급하였다.
106) 고형, 앞의 책, 52-53쪽.
107) 『주역집해』, "陽氣上達于地 故曰 見龍在田 百草萌芽孚甲 故曰文明"
108) 공영달孔穎達(574~648)-본명 중달仲達, 당唐나라 초기의 학자. 당 태종太宗
에게 중용되어 신임을 받고, 국자박사國子博士를 거쳐 국자감의 제주祭酒·동궁시
강東宮侍講 등을 지냄. 문장 천문 수학에 능통하였다. 오경五經 해석의 통일을 시
도하여 『오경정의五經正義』 170권과 『주역정의周易正義』 등을 편찬하였다.
109) "先儒以爲九二当太簇之月 陽氣見地"
110) 『한서』 「율력지」, "天地之氣合以生風 天地之風氣正 十二律定"

표 3-1 월과 지지 및 음률 물후 대응표[111]

11월	자	황종	양기가 샘에 있음, 만물의 싹이 자람.
12월	축	대려	만물이 싹을 틔움, 땅 속의 싹이 굽은 채 위로 올라오려함.
정월	인	태주	양기가 점점 성함, 만물의 싹이 땅 위로 나옴.
2월	묘	협종	만물의 싹이 떨기지어 나옴, 땅 위에 두루 퍼짐.
3월	진	고선	양기의 성하게 오름, 만물이 청결하고 가지런해짐.
4월	사	중려	만물이 생장함, 총체적으로 무성함.
5월	오	유빈	양기가 극에 달함, 음기가 만물을 이어받아 기름.
6월	미	임종	만물이 장대해짐, 대지를 덮어 가림.
7월	신	이칙	음기가 점점 강해짐, 만물이 딱딱해지고 상하기 시작함.
8월	유	남려	음기가 이미 성함, 만물이 성숙함.
9월	술	무역	만물을 거두고 상함이 끝남.
10월	해	응종	음기가 극성함, 만물의 잠장이 다함.

이로써 공영달孔穎達이 말하는 "구이가 태주의 달을 담당한다."는 것

---

111) 노앙, 앞의 책, 38쪽.

十一月　子月　律中黃鐘　陽氣在泉,　滋萌萬物
十二月　丑月　律中大呂　萬物發芽,　紐曲向上
正　月　寅月　律中太簇　陽氣漸盛,　萬物出地
二　月　卯月　律中夾鐘　萬物叢生,　遍布大地
三　月　辰月　律中姑洗　陽氣升發,　萬物潔齊
四　月　巳月　律中仲呂　萬物生長,　一片茂盛
五　月　五月　律中蕤賓　陽氣至極,　陽氣繼養萬物
六　月　未月　律中林鐘　萬物長大,　覆蔽大地
七　月　申月　律中夷則　陰氣漸強,　萬物堅剛. 萬物亦開始有傷
八　月　酉月　律中南呂　陰氣已盛,　萬物成熟
九　月　戌月　律中无射　萬物收割,　完畢
十　月　亥月　律中應鐘　陰氣盛極,　萬物畢藏

이 곧 구이는 정월에 대응하며, 양기가 점점 성하여져 만물의 싹이 땅 위로 나오는 때임을 알 수 있다.

이때는 대략 주나라 역법으로 3월·4월에 해당하고, 하나라 역법으로 정월과 2월에 해당하며, 초목이 처음 생기고 대지는 화려함을 이루어 광명하여, 용이 또한 밭과 들에 출현한다.[112] 앞서 말한 물속에 있는 잠용이 이곳에서는 수면으로 올라와 밭과 들에 나타난 것을 볼 수 있다.

「문언전」은 구삼효사 "종일토록 힘쓰고 힘쓴다.(終日乾乾)"에 대하여 "때에 따라 함께 행하는 것이다.(與時偕行)"로 주석한다. 『주역집해』는 "이것은 삼월에 해당한다. 양기가 점점 자라고, 만물이 장차 성하며, 천지운행이 쉬지 않는다."[113]고 한다. 또 공영달은 "구삼이 진월辰月이 된다."고 하고, 고형은 "이때는 대략 주나라 역으로 5월, 6월이며, 또 하나라 역으로는 3월, 4월이 된다. 초목이 때와 더불어 자란다. 군자는 종일 힘써 일하고 일하여 또한 때와 함께 나가 쉬지 않는다."[114]고 한다.

乾괘 구사효사는 "혹 뛰거나 연못에 있다.(或躍在淵)"이다. 「문언전」은 이를 "이에 건도가 변혁함이다.(乾道乃革)"으로 풀이한다. 『주역집해』는 하타를 인용하여 "이는 5월에 해당한다. 미약한 음이 처음 생겨나고, 양이 장차 개변한다. 그러므로 '이에 개혁'이라고 한 것이다."[115]고 한다.

음양 관점으로부터 말하면, 양이 4월에 이르러 이미 성하고, 오午에 이르러 처음 소멸하기 시작한다. 이때 음기가 작용하기 시작하고, 양기는 원래 올라가서 흥성한 상태로부터 점차 쇠락의 상태로 전향한다. 때

112) 고형, 앞의 책, 53쪽.
113) 『주역집해』, "此当三月 陽氣沈藏 萬物將盛 與天地運行不息也"
114) 고형, 앞의 책, 53쪽.
115) 『주역집해』, "此当五月 微陰初起 陽將改變 故云乃革也"

문에 '건도가 이에 변혁함'으로 말한 것이다. 이 때문에 하타는 "이는 5월에 해당한다. 미약한 음이 처음 생겨나고, 양은 장차 개변하므로 '이에 변혁함'이다."라고 말한 것이다. 고형은 "이때는 대략 주나라 역으로 7월, 8월이고, 하나라 역으로는 5월, 6월이어서 따뜻하고 열이 있기 때문에 천도가 이에 변화하고, 용은 때로 뛰거나 연못으로 들어가 열기를 피하는 것이다."116)고 한다.

건괘 구오효사는 "나는 용이 하늘에 있다.(飛龍在天)"인데, 「문언전」은 "이에 천덕에 자리한다.(乃位乎天德)"라고 풀이한다. 『주역집해』는 하타를 인용하여 "이때는 7월이다. 만물이 성장하고, 하늘의 공이 크게 이루어진다. 그러므로 '천덕'이라고 말한 것이다."117)고 한다. 이 뜻은 만물이 가을에 이르러 이미 성숙을 좇고, 하늘의 덕이 여기에 이르러 이미 그 공을 드러낸다는 것이다. 고형은 "이때는 대략 주력의 9월, 10월, 하나라 역으로는 7월, 8월로 초목이 장성하여 천덕의 공이 이미 이루어지고, 용이 하늘을 난다."118)고 주석한다.

건 상구효사는 "끝까지 오른 용은 후회가 있다.(亢龍有悔)"이다. 「문언전」은 이를 "때와 함께 궁극함이다.(與時偕極)"고 한다. 『주역집해』는 하타를 인용하여 "이때는 9월이고, 양기가 크게 쇠하여 장차 극진을 향한다. 그러므로 '해극'이라고 한 것이다."119)고 한다. 그 의미는 음력 9월은 양기가 쇠하여 다하고, 초목 또한 장차 말라 떨어진다. 즉 양기와 만물이 모두 때에 응하여 소진함을 말하는 것이다. 고형은 "이때는 대략 주력의 11월, 12월, 하력은 9월, 10월로 양기가 극성에서 쇠하게 됨

---

116) 고형, 앞의 책, 53쪽.
117) 『주역집해』, "此当七月 萬物盛長 天功大成 故云天德也"
118) 고형, 앞의 책, 53쪽.
119) 『주역집해』, "此当九月 陽氣大衰 向將極盡 故云偕極也"

으로 초목 또한 극성하여 쇠하고, 용 또한 항으로부터 후회가 있어 모두 때와 함께 궁극하게 되는 것이다."[120]고 풀이한다.

최후에 「문언전」은 "건원乾元의 용구用九는 이에 하늘의 법칙을 볼 수 있다.(乾元用九乃見天則)"이라고 한다. 『주역집해』는 하타를 인용하여 "양의 소멸은 천기의 떳떳함이고 천상의 법칙이니 자연히 볼 수 있다."[121]고 한다. 양기는 침잠으로부터 성함에 이른다. 또 성함으로부터 쇠함에 이른다. 이것은 정상적 천기의 변화다. 이런 종류의 정상적 천기변화는 자연히 볼 수 있는 것이고, 이것은 천상법칙이다.

고형은 "'용구'는 건괘 여섯 양효의 종합이며, 여섯 양효는 위치의 차례를 따라 상승하는데, 양기가 때를 따라 상승하는 것을 상징한다. 그러므로 '용구'는 하늘의 법칙을 체현할 수 있다."[122]고 말한다. 이것은 건괘 각 효의 변화를 말하는 것으로 양기가 때에 따라 변화하는 것을 반영한다. 그러므로 만물의 생生·장長·화化·수收·장藏의 변화를 반영한다. 이는 하늘의 법칙을 구체적으로 나타내는 것이다.

따라서 하늘의 상은 이미 양기 사라지고 자라나는 것을 나타내는 것이고, 또 마땅히 양기가 소장하는 동력의 원인이 된다. 다만 당시의 천문학이 아직 초급단계에 있었기 때문에 아직 이것에 대해 구체적이고 명확한 설명을 할 수 없었던 것이다. 그러므로『역전』「문언전」은 양기 소장의 동인에 대해 자세한 논급을 하지 않은 것이다.

다음은 곤坤괘를 살펴본다. 『역전』은 곤坤괘가 땅을 상징한다고 보고, 그것이 하늘을 순히 받든다고 강조한다. 예컨대 「단전」에서 "지극하도다 곤의 으뜸이여! 만물이 의뢰하여 생겨나니, 이에 하늘을 순히 받든

---

120) 고형, 앞의 책, 53-54쪽.
121) 「문언전」, "陽消 天氣之常 天象法則 自然可見"
122) 고형, 앞의 책, 54쪽.

다."[123]고 한다. 즉 이것은 땅이 천도변화를 순하게 받들어 만물을 낳아 기름을 말하는 것이다. 또 「문언전」은 "땅의 도가 순하구나! 하늘을 받들어 때로 행한다."[124]고 말한다. 이것의 의미는 땅이 하늘의 운행에 따라 사시의 변화에 순하고, 땅 위의 만물을 그에 따라 생生·장長·화化·수收·장藏의 차례에 따른 변화를 거친다는 것을 말하는 것이다.

전체적으로 말해, 땅이 만물을 낳아 기르는 것, 사시의 기후와 물후의 추이는 모두 땅이 하늘을 순히 받드는데서 오는 것이다. 이로 말미암아 「문언전」은 "땅은 지극히 유순하되 움직임이 강하며, 지극히 고요하되 덕은 방정하다."[125]고 한다. 어쩌면 곤이 순하게 따르고 받들기 때문에 곤이 유순한 성질이 있는 것일 수 있다. 『주역집해』는 순상을 인용하여 "순음은 지극히 유순하다. 그러므로 곤은 유순한 것이다."[126]고 한다. 그러나 곤은 하늘을 받들어 행하고 하늘에 순종하여 움직인다. 그 움직임은 하늘의 행함을 따르는 것으로 표현되며, 만물은 사시의 변화를 따른다. 그러므로 그 움직임은 강하다고 말하는 것이다.

고형은 "땅은 영원히 하늘을 순하게 받들고, 그 덕은 지극히 유순하다. 땅의 운동은(땅의 본체가 움직이는 운동이 아님) 만물을 낳아 기르는 것이고, 영원히 항상하는 규율이 있다. 이것이 땅의 운동의 강함이다."[127]고 한다. 땅의 유순함은 실로 천행의 강건함과 서로 대립됨에 연유하여 나온 관념이다. 그리하여 천의 운동과 순환왕복으로 말미암아 천의 움직임이 인식되고 천도의 둥글음(圓)이 인식된다. 그리고 천의 운동에 상

---

123) 「단전」, "哉坤元 萬物資生 乃順承天"
124) 「문언전」, "地道其順乎 承天而時行"
125) 「문언전」, "坤至柔而動也剛 至靜而德方"
126) 『주역집해』, "純陰至順 因而坤柔"
127) 고형, 앞의 책, 64쪽.

대하여 땅의 고요함이 인식될 뿐 아니라, 땅의 도, 혹은 땅의 덕이 방정
하다는 관념이 얻어진다. 고형은 "땅의 산과 언덕, 넓은 들, 강과 하천,
호수와 바다 등은 모두 위치를 옮길 수 없고, 돌아갈 수 없다. 이 때문에
땅의 도가 방정하고 땅의 덕이 방정하다고 이르는 것이다.(땅의 본체가
방정하다는 것이 아님)"[128]고 말한다. 즉 방정함과 고요함은 모종의 관련
이 있는 것이다.

이상으로 보면, 『역전』은 '천동지정天動地靜'을 세워 '천원지방天圓地方'
의 관념을 얻어낸 것임을 알 수 있다. '천동지정'은 실제로 땅을 중심으
로 삼는다. 또 어떤 사람은 한 발 더 나가서 사람을 중심으로 삼는다고
도 한다. 즉 관측자를 중심으로 한 우주직관의 모습이다. 이 기본 직관
은 중국의 고대 우주관의 근본성질과 그 특징을 결정했다. 그리고 이로
부터 각종 고대 우주 구성 이론을 추연해낸다.

(2) 기타 괘의 천문역법내용

앞서 「단전」·「상전」과 함께 「문언전」의 주해를 따로 더하고 있는 건
괘와 곤괘에 대한 천문역법내용을 살펴보았다. 여기서는 건괘와 곤괘
를 제외한 나머지 괘의 「단전」과 「상전」의 주해 가운데 있는 천문역법
의 내용을 알아본다.

먼저 『역경』의 여섯 번째 송訟괘를 본다. 송괘의 상체는 건乾이 되고,
하체는 감坎으로 쟁송을 주관한다. 송괘에 대해 「상전」은 "하늘과 물이
어긋나게 감이 송이니, 군자가 보고서 일을 하되 처음을 잘 도모한다."[129]
라고 한다.

---

128) 고형, 앞의 책, 64쪽.
129) 「상전」, "天與水違行 訟 君子以作事謀始"

「상전」이 송괘를 이렇게 해석한 것은 괘상으로 볼 때 위에 있는 건은 하늘이며 아래에 있는 감은 물인데, 하늘과 물이 서로 반대방향으로 가기 때문에 다툼이 생긴다고 판단하는 것이다.

하늘과 물이 어긋나게 간다고 판단하는 근거는 중국의 중원에서 천지를 관측할 때 해가 동쪽에서 올라와 서쪽으로 들어가기 때문에 하늘은 서행한다고 생각하는 것이다. 그리고 중국의 지형이 서쪽은 높고 동쪽이 낮아서 물은 서에서 동쪽으로 흘러든다. 이렇게 하늘과 땅의 물이 서로 반대로 향하는 상황을 보고 다툼의 형세를 인식한 것이다. 그래서 군자는 이런 형세를 보고 일을 함에 있어 주의를 기울이고, 특별히 일에 앞서 고려하고 도모하여 쟁송의 발생을 피한다고 한 것이다.

중국인들의 이와 같은 천문관은 고대 신화시대부터 시작된 것으로 사물을 물리적으로 관찰하여 얻은 결과로 볼 수 있다. 『회남자』「천문훈」은 신화를 원용하여 하늘과 물이 어긋나게 가는 것'의 본질을 설명한다. 즉 이 신화는 옛날 물을 다스리는 벼슬을 맡은 공공共工이 부주산不周山에 부딪쳐서 하늘을 받친 기둥이 꺾이고, 땅이 무너져 하늘은 서북으로 기울어서 일월성신이 옮겨가고, 땅은 동남이 가득하지 못해 물과 큰 비가 먼지를 한 곳으로 모은 것[130]으로 설명한다.

한편으로는 천지의 구조에 대한 이와 같은 물리적 관점과는 달리 철학적 방면에 무게를 두어 주해를 하는 것이 『역전』의 특징이기도 하다. 예를 들어, 『일주서逸周書』「무순武順」[131]에는 "천도는 왼쪽을 숭상하

---

130) 『회남자』「천문훈」, "天柱折 地維絶 天傾西北 故日月星辰移焉 地不滿東南 故 水潦塵埃歸焉"

131) 『일주서逸周書』−일명 『급총서汲冢書』라고 하며, 중국 진晉나라 때 하남성河南 省 위휘부衛輝府(당시 汲郡)의 부준不準이라는 사람이 몰래 위魏나라 양왕襄王의 무덤을 발굴하여 훔쳐 낸 죽간竹簡으로 된 책 76권. 『주역周易』『주왕유행周王遊行』 『쇄어』 등 수십 종이며, 이 책들은 후세 학문연구에 공헌하였다.

고, 일월은 서쪽으로 옮겨간다. 지도는 오른쪽을 좇고, 수도水道는 동쪽으로 흐른다."[132]고 한다. 이것과 「상전」의 "하늘과 물은 엇갈려 간다. (天與水違行)"는 설명은 서로 부합된다.

다음은 『역경』 22번째 비賁괘를 살펴보기에 앞서 몇 가지 개념을 파악해 본다. 즉 '천문'과 '인문'의 『역전』적 의미가 어떤 것인가를 이해할 필요가 있다.

천문에 관해 먼저 알아본다.

앞장에서 고대 우주관념을 살피면서 확인한 바와 같이 고대인들은 우주에는 원기가 충만하고, 우주의 일체 모두가 원기에 의해 생겨나는 것으로 생각했다. 『회남자』 「천문훈」은 "우주는 기를 낳고 기는 한계가 있어 맑은 기운의 양은 가볍고 얇아 하늘이 되고, 무겁고 흐린 것은 엉기고 정체하여 땅이 된다."[133]고 한다. 천지가 각기 원기에 의해 구성되는 것이다. 천기天氣는 양이 되고 지기地氣는 음이 된다. 또 하늘에서 가장 밝은 두 가지는 태양과 달이고, 이것은 또 하나의 양과 하나의 음이다. 장형의 『영헌』에는, "태양은 양정陽精의 종宗"이고 또 "달은 음정의 종"이라고 말한다. 기타 나머지 별들도 모두 음양으로 나뉜다. 그러므로 음양 관점에서 보면, 하늘에 드러나는 성상과 그것의 배열 및 운행은 단지 음양을 혼잡하게 섞어서 늘어놓은 것의 반영에 불과하다. 이것은 일종의 문채(아름다운 광채 또는 무늬)를 형성하는 것이다. 다시 말해 천문이 되는 것이다.

그리고 이것을 괘효라는 부호를 써서 표시하면, 곧 강효와 유효를 섞어서 배열하고 바꿔놓은 것이 된다. 또 일체의 천상강유天象剛柔의 배열은 천문을 구성하므로 '강유가 서로 뒤섞임이 천문(剛柔交錯 天文也)'이라

---

132) 『일주서逸周書』 「무순武順」, "天道尙左 日月西移 地道沿右 水道東流"
133) 『회남자』 「천문훈」, "宇宙生氣 氣有涯垠 淸陽者薄靡而爲天 重濁者凝滯而爲地"

고 말하는 것이다.

이어서 인문의 의미를 살펴본다. 『주역』은 천문을 살펴서 천도변화의 규율을 파악하여 이를 인사의 전범으로 삼고자하는 목적을 갖고 있다. 그러므로 성현은 천문을 근거로 정치·사회·교육·예법 등 각종 제도와 규칙을 만들어 천하의 백성들에게 알리고, 이를 시행한다. 또한 이런 내용은 음양의 혼잡배열과 교착운행으로 표현된다. 그리하여 이것은 하나의 인간사회의 문채를 이룬다. 즉 인문은 천문을 본받아 만든 인간 사회의 활동 규율이라고 할 수 있다.

이렇게 보면, 사람들이 인문을 이루기 위해서는 천문을 관찰하여 그것의 변화 시간에 따라 지상에서 대응하여 일어나는 기후와 물후 등 각종 변화를 파악하는 것이 필수가 된다. 그리고 천문의 변화에 대응한 지상 변화의 일정한 규칙을 파악하여 역법을 정하고, 물자의 생산과 인간의 활동에 근거로 삼는 것이다.

이와 같은 기본적 개념을 바탕으로 비괘에서의 천문역법 내용을 살펴본다.

> 비괘에 대해 「단전」은 "유가 와서 강을 꾸미므로 형통하고, 강을 나누어 올라가 유를 꾸미기 때문에 가는 바를 둠이 조금 이로운 것이다. 이것은 천문이고, 문명에 그침은 인문이다. 천문을 관찰하여 사시의 변화를 살피며, 인문을 관찰하여 천하를 교화하여 이룬다."고 한다.[134]

여기서 "유가 와서 강을 꾸미므로 형통하고, 강을 나누어 올라가 유를 꾸미기 때문에 가는 바를 둠이 조금 이로운 것이다. 이것은 천문이

---

134) "柔來而文剛 故亨 分剛 上而文柔 故小利 有攸往 (주자는 「본의」에서 선유가 이 자리에 '剛柔交錯' 네 자가 들어가야 옳다고 했는데, 그 말이 그럴듯하다고 한다.) 天文也 文明以止 人文也 觀乎天文 以察時變 觀乎人文 以化成天下"

다."는 말은 "강유가 교착함이 천문이다."라고 요약할 수 있다. 앞에서
이미 파악한 하늘의 성상이 뒤섞여 배열된 것을 음양 강유의 효로 표현
한 것이 천문이라는 말과 같은 것임을 알 수 있다.

그런데 "유가 와서 꾸미고, 강을 나누어 올라가서 유를 꾸민다."는
강유교착은 무슨 뜻인가?

이것은 산을 뜻하는 간艮을 상체로 하고, 불을 뜻하는 리離를 하체로
하여 이루어진 비괘의 괘상을 괘변의 측면에서 말하는 것이다. 즉『주
역집해』는 순상을 인용하여, "이것은 본래 태泰괘로 양陽이 위로부터 와
서 건乾의 가운데 머문다."135)고 말한다. 다시 말해 태괘(상체는 坤이고
하체는 乾)의 상육효가 하체인 乾의 가운데로 옮겨와 하체가 이離괘가 되
게 하고, 하체 구이효가 위로 옮겨가서 상체가 간艮괘가 되게 하였음을
말하는 것이다. 즉 태泰괘로부터 비賁괘로 변화한 것이다.

또 우번을 인용하여 "비괘의 5위가 변화함은 바로 비괘 상체인 艮괘
가 손巽괘의 체體와 이離괘를 이루는 것을 말한다. 그런데 간艮괘는 별
이 되고, 이離괘는 태양이 되고, 감坎괘는 달이 되며, 손巽괘는 높음이
된다. 오위五位는 하늘의 자리다. 이離괘는 문명함이 된다. 일월성신은
위에 높게 붙어 있다. 고로 하늘의 무늬라고 칭하는 것이다."136)고 한
다. 즉 비賁괘 육오효가 강효로 변하여(5효가 양의 자리에 거하였으므로) 손
巽괘의 체를 이룬다. 그리고 비괘상체의 호체는 이離괘가 된다.(위의 호
체는 한 괘의 6효 가운데 3효에서 5효를 말하는 것으로 상체 간艮괘가 손巽괘가
된 뒤에 상호체上互體는 이離괘가 된다.) 반드시 비賁괘 초구가 5위로 옮겨가
고(巽괘가 됨), 원래 賁괘 육오는 초위로 옮겨가서 하체가 艮괘가 된다.

135)『주역집해』, "此本泰卦 謂陽從上來 居乾之中
136)『주역집해』, "謂五利變之正成巽體離 艮爲星 離日坎月 巽爲高 五天位 離爲文明
　　日月星辰高麗于上 故稱天地文也"

이리하여 전체는 점漸괘가 된다. 艮은 별이고, 離는 태양(위의 호괘)이고, 坎은 달이고(하래의 호체互體는 2효에서 4효이다.), 巽(上體)은 높음이다. 5위는 천의 자리이고, 離괘는 또 문명함이 된다. 그러므로 일월성신은 높게 하늘에 붙어있다. 그러므로 천문이라고 칭한다.

우번은 또 "일월성신은 천문이다. 태괘의 상호체인 진震괘는 봄이고, 하호체인 兌괘는 가을이다. 비賁괘의 하호체인 감坎은 겨울이고 하괘인 이離괘는 여름이다. 또 상호체인 손巽괘는 진퇴가 된다. 곧 일월성신과 나가고 물러나고 가득차고 줄어듬이다. 이는 그믐달(조朓), 초하루의 달(측특側慝), 초승달(비朏)이다. 하늘에서 역상曆象은 변화를 이룬다. 그러므로 때의 변화를 살피는 것이다."[137]고 한다.

설명하면 태泰괘(비賁괘의 근본)의 상호체는 진震괘이고, 하호체는 태兌괘이다. 비賁괘(泰괘에서 옴)의 하호체는 감坎이고, 하체는 이離괘다. 그러므로 천상의 일월성신의 변화와 춘하추동 사시四時는 관련이 된다. 손巽괘는 또 진퇴가 되고, 일월성신의 운행, 혹은 때에 있어 항상함을 잃음, 혹은 가득참, 혹은 오그러듬을 표시한다.

이상은 모두 하늘의 성상이 혼잡하게 뒤섞임을 음양 강유의 괘효로 표시한 것이 천문임을 말하는 것이다. 그리고 천문이 시간에 따라 변화함을 파악하면 이것이 곧 사시와 관계된다는 것이다. 비괘가 천문역법과 관계됨이 드러나는 대목이다.

이제 비賁괘 바로 뒤의 박剝괘를 살펴본다. 박괘는 『역경』23번째 괘이다. 박괘가 주로 말하는 것은 박락剝落 내지는 쇠락衰落의 의미이다. 그러나 박괘에 대해 「단전」은 "순히 하여 멈춤은 상을 보고서 하는 것이니, 군자가 소식과 영허를 숭상함이 천행이다."[138]고 풀이한다.

---

137) 『주역집해』, "日月星辰爲天文也 泰 震春兌秋 賁 坎冬離下 巽爲進退 日月星辰 進退盈縮 謂朓 側慝 朏也 曆象在天成變 故以察時變矣"

이 내용은 "순히 하여 멈춤은 상을 보고 한다.(順而止之觀象也)"와 "군자
가 소식영허를 숭상함이 천행이다.(君子尙消息盈虛 天行也)"

먼저, '순이지 관상順而止 觀象'은 앞의 비괘에서와 같이 괘변에 의한
해석이다. 박괘의 괘상은 순함을 뜻하는 곤坤괘가 아래에 있고, 그침을
의미하는 간艮괘가 위에 있는 상이다. 박괘의 이와 같은 상을 말로 표현
하면, 즉 '순히 하여 멈춤'이 된다. 그런데 이러한 괘상이 나오게 된 연
유가 관괘의 괘변에 있다는 것이다. 즉 관괘의 5효 양이 소멸하여 음효
로 변해서 박괘가 된 것을 말한다. 그러므로 '관상'이라고 한 것이다.
『주역집해』는 우번을 인용하여, "坤괘는 순하고, 艮괘는 그침이다. 관
괘의 5효 양이 소멸하여 관괘가 박괘가 된 것을 말한다. 그러므로 관상
觀象이라고 말한 것이다."[139]고 한다.

그런데 객관적 형세에 순응하기 위해서는 모름지기 각종 현상의 관
찰이 필요하다. 그리고 관상은 하늘의 상 뿐만 아니라, 이에 대응하는
지상의 물후, 기후와 인사 현상 등의 관찰을 포함한다. 이런 각종 현상
의 관찰은 주로 사물의 소장 영허盈虛의 현상을 관찰하는 것이 필요하
다. 이것은 곧 천지간의 만사만물은 모두 각자 음양변화의 영허소식이
있다는 것으로부터 착안한다. 영허소식은 일종의 자연규칙이자 일종의
천도이다. 그러므로 "군자가 소식영허를 숭상함이 천행이다.(君子尙消息
盈虛 天行也)"고 한 것이다. 즉 군자는 하늘의 상을 관찰하여 천상의 소식
영허하는 이치에 마음을 두어 순히 하여야 천도에 부합한다는 것을 말
하는 것이다.

여기서 잠시 하늘의 소식영허에 관해 살펴본다. 이와 관련된 내용은
풍豐괘 「단전」에 "해가 중앙에 이르면 기울고, 달이 차면 줄어든다. 천

138) 「단전」, "順而止之 觀象也 君子尙消息盈虛 天行也"
139) 『주역집해』, "坤順 艮止 謂五消 觀成剝 故觀象也"

체의 영허는 때와 함께 소식한다.”140)고 나온다. 즉 천체의 영허는 하늘의 해와 달이 차고 비는 것을 말하는 것이다. 그리고 옛 사람들은 이 천상의 소식영허함을 관찰하여 역법을 만들었음은 앞서 살핀 바와 같다.

『사기』「역서」는 황제 이래로 각 시대마다 천도를 고찰하고 역법을 만든 정황을 서술하고 있다. 황제시대는 “성력을 살펴 정하고, 오행을 세워 소식을 일으키고, 나머지를 윤달로 바로 세웠다.”141)고 한다. 전국시기에는 열국이 분쟁을 벌여서 역법을 살펴서 수정할 겨를이 없었지만 “‘추연’이란 사람이 있어서 오덕이 전해짐을 밝히고 소식의 구분을 퍼뜨려 제후에게 명성을 드러냈다.”142)고 한다. 이 둘은 모두 오행과 소식을 언급하고, 당시의 역법과 오행과 소식이 크게 관계가 있음을 설명한다.

그런데 황제가 “성력을 살펴 정했다.”는 것은 일월의 운행과 그 배경에 있는 별의 이동정황을 관측한 연후에 역법을 편제했다는 것이다. 『사기』「색은索隱」에 따르면, “황제는 희씨와 화씨로 하여금 해를 점치도록 하고, 상의에게 달을 점치게 하고, 유구에게 별의 기운을 점치게 하고, 영윤에게 율려를 만들게 하고, 대요에게 갑자를 만들게 하고, 예수隸首에게 산수를 짓게 하고, 용성에게 이 여섯 가지 술을 종합하여 역曆을 저술케 했다.”143)고 한다.

고대에는 계절 기후의 추이에 대해 해와 지구의 공전원리로부터 해

---

140)「단전」, “日中則昃 月盈則食 天體盈虛與時消息”
141)『사기』「역서」, “盖黃帝考定星曆 建立五行 起消息 正閏餘”
142)『사기』「역서」, “獨有鄒衍 明于五德之傳 而散消息之分 而顯諸侯”
143)『사기』「색은索隱」, “黃帝使羲和占日 常儀占月 臾區占星氣 伶倫造律呂 大撓作甲子 隸首作算數 容成綜此六術而著調曆也”

석할 수가 없었다. 그리하여 음양소장의 원리를 채용하여 해석했다. 음양소장으로 계절의 추이를 해석함은 단지 음양의 많고 적음의 변화로부터 설명할 수 있다. 이것으로는 부족하기 때문에 음양변화의 유기적 구조를 보충하기 위해 오행을 세우게 된 것이라고 노앙은 말한다.

오행은 목·화·토·금·수이다. 봄은 목으로 화를 낳을 수 있다. 그러므로 봄으로부터 여름에 이른다. 화는 토를 낳을 수 있어 여름에서 계하에 이른다.(계하는 토가 왕성하다.) 토는 금을 낳을 수 있어 계하에서 가을에 이른다. 금은 수를 낳을 수 있어 가을에서 겨울에 이른다. 수는 또 목을 낳을 수 있어 겨울에서 봄에 이른다. 이런 모습의 계절적 자연 전환은 각 계절의 음양소장적 정황과 대응시킬 수 있다.

그러나 「단전」은 오히려 오행을 언급하지 않는다. 단지 음양소식을 말한다. 이 때문에 그것은 음양소장으로써 천문현상과 역법제정을 설명한다.

추연[144]의 '산소식지분散消息之分'은 음양소식의 관념, 즉 영허소식을 역보에 나누어 펴는 것이다. 그리하여 사시의 기후, 물후적 변화로 말미암아 음양의 분포와 소식을 보는 것이다.

이처럼 고대인들이 천상의 소식영허를 관찰하여 이를 토대로 생산과 생활에 반영하기 위해 만든 것이 천문역법이다. 따라서 『역전』은 괘효사의 주해를 함에 있어 천상의 소식영허에 의한 경우가 많으며, 소식영허의 기준은 양기를 중심으로 삼는다. 즉 1년 중 양기가 처음 생겨서 자라고 소멸하는 과정을 절령과 연계하는 것이다.

『주역』에서는 양기의 처음 나오는 것을 소멸했던 양기가 다시 회복

---

144) 추연鄒衍은 전국시대 제나라 출신의 사상가로 맹자보다 약간 늦게 등장하여 세상의 모든 사상事象은 토 목 금 화 수의 오행상승五行相勝 원리에 의하여 일어나는 것이라는 오행설을 주장하였다. 『추자鄒子』 『추자시종鄒子始終』을 저술하였다.

하는 것으로 보아서 '복復'괘로 나타낸다. 복괘 괘사는 "도를 반복하여 7일만에 와서 회복하니 가는 바를 둠이 이롭다."[145]고 한다. 그리고 「단전」은 이에 대해, "도를 반복하여 7일만에 와서 회복한다는 것은 하늘의 운행이고 가는 바를 둠이 이로움은 양이 자라나기 때문이다."[146]이라고 주석한다. 즉 양의 자라나고 소멸함이 하늘의 운행인 것이다.

특히 「단전」은 '도를 반복하여 7일만에 와서 회복함'을 양이 자라나는 것이라고 설명하고, 더 나가서 양이 아래에 와서 회복하여 만물을 낳는 것에서 "천지의 마음을 볼 수 있다."[147]고 한다. 즉 양기의 왕래소장의 규율은 천지만물을 낳아 기르려는 천지의 마음이라는 것이다.

그런데 『주역』에서는 양기를 '우레(雷)'로 나타내고, 우레가 나오고 들어가는 상태점을 절령과 관계지어 사시의 변화, 즉 때의 변화를 설명한다. 예를 들어, 복復괘는 땅을 나타내는 곤坤괘가 위에 있고, 우레를 말하는 진震괘가 아래에 있다. 이것은 우레가 땅 속에 있다. 즉 양기가 아직 땅 속에서 나오지 못하고 있는 상태다. 그리고 이 상태를 지나면 우레가 땅 위로 나오게 되는데, 이때는 예豫괘로 나타낸다. 예괘의 상체는 우레인 진괘이고, 하체는 땅인 곤괘다. 다음은 우레가 못 위에 있는 귀매歸妹괘가 있고, 우레가 못 속으로 들어가 잠장하는 수隨괘가 있다. 귀매는 양기가 소멸의 단계에 임박한 것을 상징하고, 수괘는 양기가 소멸하여 바닥에 이를 것을 나타내는 것임을 알 수 있다.

고대인들이 이와 같이 우레를 양기의 기준으로 삼는 것은 직관으로 보아 봄과 여름은 우레가 많고, 가을과 겨울은 우레가 적어서 날씨가 따뜻하면 우레가 땅 위로 올라오고, 날씨가 추울 때는 우레가 땅 속에

---

145) 『주역』, "反復其道 七日來復 利有攸往"
146) 「단전」, "反復其道 七日來復 天行也 利有攸往 剛長也"
147) 「단전」, "復 其見天地之心乎"

있다고 생각했기 때문이다. 이로 말미암아 우레를 반년은 지상에 나오고, 반년은 지하에 들어가는 '천상天象'으로 간주한 것이다. 그리고 양기가 소멸하였다 다시 시작되는 동짓날은 '연年'의 주기를 측정하는 종시점으로 삼은 것이다. 곧 1년 사시의 순환주기는 우레의 주기로 파악할 수 있다.

　그러면 우레와 관련된 괘를 좀 더 자세히 살펴본다.

　복괘에 대해 「상전」은 "땅 속 우레가 있음이 복이다. 선왕이 이를 보고 동지 날에 관문을 폐쇄한다."[148]고 한다. 앞서 살핀 바와 같이 '우레가 땅 속에 있음'은 소멸했던 양기가 막 회복하여 아직 땅 위로 나오지 못하고 지하에 머물러 있는 것을 말한다.

　그런데 선왕은 이것을 보고 동짓날에 관문을 폐쇄하는 이유는 무엇인가? 동지는 해가 남쪽 끝까지 내려가서 하루의 낮이 가장 짧고 밤이 가장 긴 것을 말한다. 즉 동지로부터 남쪽 끝에 이른 해가 다시 북쪽으로 올라오기 시작한다. 그러므로 이날부터 양의 기운이 회복되기 시작하는 것이다. 즉 양기를 상징하는 우레가 이제 활동을 위해 돌아오는 날을 동짓날이라고 한 것이다.

　선왕이 동짓날 관문을 폐쇄하는 이유를 알아본다. 우레는 음양이 서로 부딪쳐 소리를 이루는 것이나 양이 처음 회복하여 아직 미미할 때를 당하여서는 그 기운을 발하지 못한다. 즉 양은 안정하게 하여야 자랄 수 있고, 그런 뒤에야 힘을 발하는 것이다. 그러므로 선왕은 이와 같은 천도에 순응하여 양이 처음 생겨나는 동짓날을 맞아 안정하여 양을 기르기 위해 관문을 닫아 여행자와 장사꾼이 다니지 못하게 하는 것이다.

　예豫괘 또한 '우레'를 말한다. 「상전」은 "우레가 땅에서 나와 분발함

---

148) 「상전」, "雷在地中 復 先王以至日閉關"

이 예이다.(雷出地奮 豫)"라고 한다. 즉 우레가 땅 위로 나와 만물을 움직이는 것이다. 예는 안락하게 즐긴다는 의미다. 즉 우레가 땅에 나올 때는 봄철이라 만물이 모두 융성 발전하므로 환락하다. 『한서』「오행지」에서도 "우레가 2월에 나오니, 그 괘를 '豫'라고 한다. 만물이 우레를 따라 땅 위로 나옴을 말한다. 모두 멋대로 즐기며 노는 것이다."[149]라고 하여 우레가 땅 위로 나와서 만물이 자라남을 예괘로 나타냈음을 말하고 있다.

귀매歸妹괘의 상체는 진震이고 우레가 된다. 하체는 태兌로 못이 되어 우레가 못 위에 있다. 『주역집해』는 귀매괘에서 간보干寶의 말을 인용하여 "우레가 못에 박두하면 8월, 9월이다. 잠장하는 때이다."[150]고 한다. 또 태괘가 위에 있고, 진괘가 아래에 있는 수隨괘에서는 『구가역九家易』을 인용하여 "태兌는 못이고, 진震은 우레로 8월이다. 우레가 못에 잠장된다. 즉 천하가 때에 따르는 상이다."[151]고 한다

여기서 복·예·귀매·수괘는 각각 1년 사시의 한 시점에 해당함을 알 수 있다. 그렇기 때문에 이 네 괘가 갖는 때의 의미는 매우 크고 중요하다고 할 수 있다. 「단전」은 복復괘에 대하여 "그것에서 천지의 마음을 본다."[152]고 하고, "예豫의 때와 의의가 크다."[153]하며, "귀매歸妹는 천지의 대의다."[154]라고 하고, 수隨괘에 대하여는 "크게 형통하고 정하여 허물이 없어서 천하가 때를 따르니 때를 따르는 의의가 크다."[155]고 한다.

---

149) 『한서』「오행지」, "雷以二月出 其卦曰豫 言萬物隨雷出地 皆逸豫也"

150) 『주역집해』, "雷薄于澤 八月九月 將藏之時也"

151) 『구가역九家易』, "兌澤震雷 八月之時 雷藏于澤 則天下隨時之象也"

152) 「단전」, "其見天地之心乎"

153) 「단전」, "豫之時義大矣哉"

154) 「단전」, "歸妹 天地之大義也"

155) 「단전」, "大亨貞无咎 而天下隋時 隨時之義 大矣哉"

귀매歸妹는 주로 남녀의 결혼을 가리킨다. 남녀의 결혼이야말로 인류를 번성시킬 수 있다. 마치 천지가 상합하여 만물을 낳는 것과 같다. 그러므로 천지의 대의가 있는 것이다.

수隨괘는 천하가 모두 때를 따라서 행하기 때문에 "크게 형통하고 정하여 허물이 없다.(大亨貞无咎)"고 할 수 있다. 그러므로 때를 따르는 의의가 크다.

예괘에 대하여 「단전」은 다시 "천지가 순히 동하기 때문에 일월이 틀리지 않아 사시가 어그러지지 않는다."[156]고 한다. 즉 천지의 운동이 순조로워야 태양과 달의 운동이 어떤 틀림도 없게 된다. 그런고로 사시의 바뀌드는 변화가 잘못이 없게 된다.

그리고 복괘에 이르러 다시 한 발 더나가 "천지의 마음을 볼 수 있다."고 말한 것이다.

「단전」이 때의 의의가 크다고 인식하는 것은 『역경』 64괘 중 이 네 괘 외에도 많이 있다. 천지와 시절을 동시에 언급하는 이 4괘를 제외하고 다시 해解괘와 구姤괘도 천지와 때의 의의를 언급한다.

구괘 「단전」은 "천지가 서로 만나 만물이 모두 밝아지고, 강함이 중정을 만나 천하에 크게 행하여지리니, 구의 때와 의가 크다."[157]라고 한다. 여기서 "천지가 서로 만난다."는 것은 천지가 서로 사귀는 것이다. 만약에 천지가 서로 만나 음양이 교류하면 곧 만물이 다 성장한다. 이 때문에 천지가 서로 만날 때는 그 의의가 심대한 것이다.

또 해괘 「단전」은 "천지가 풀려서 우레와 비가 일어나고, 우레와 비가 일어나서 온갖 과목과 초목이 다 껍질이 터지니, 해의 때가 크다."[158]라

---

156) 「단전」, "天地以順動 故日月不過 而四時不忒"
157) 「단전」, "天地相遇 品物咸章也 剛遇中正 天下大行也 姤之時義 大矣哉"
158) 「단전」, "天地解而雷雨作 雷雨作而百果草木 皆甲拆 解之時大矣哉"

고 한다. 해괘 상체는 진震이고 하체는 감坎이다. 진은 우레이고 감은
비이다. 그러므로 우레가 일어난다고 말한 것이다. '온갖 과목과 초목이
다 껍질이 터지니(百果草木 皆甲拆)'란 말은 분명히 봄이 온 뒤를 가리킨
다. 이것은 우레와 비가 초목에게 주는 효능에 대한 서술이다. 또 우레
가 땅에서 나온 상태를 말하는 것이다. 그렇기 때문에 또한 우레의 주기
상태를 볼 수 있는 것이다. 이 두 괘 또한 천지의 시절과 관계가 있음을
알 수 있다.

그리고 이頤괘에 대해 「상전」은 "산 아래 우레가 있는 것이 이頤다.(山
下有雷 頤)"고 하고, 「단전」은 "천지가 만물을 기르면 성인이 현자를 길
러 만민에게 미치게 하니, 이頤의 때가 크다."[159]라고 한다. 산을 상징
하는 간艮괘가 상체이고, 우레를 나타내는 진震괘가 하체이므로 이괘는
우레와 관계가 있다. 또 「단전」으로 보면 이괘는 천지가 만물을 기르는
상이 있다. 이 때문에 "이의 때가 크다."고 한 것이다. 이것으로 말미암
아 이괘가 대략 '우레 주기'의 매개 상태가 될 수 있음을 알 수 있다.

이 외에도 대과大過·감坎·돈遯·규睽·건蹇·려旅·혁革괘 등도 모두
그 괘의 때와 의의가 크다고 말한다. 그러나 모두 천지 절령節令과는
직접적인 연관이 없다.

이상에서 우레와 절령의 관계에 대해 『역전』이 매우 주의를 기울임
을 알 수 있다. 그리고 '우레주기'와 '회귀년주기'를 연계하고, 우레와
천상을 연계했다.

끝으로 혁革괘의 예를 하나 더 살펴본다.

혁괘에 대해 「단전」은 "천지가 변혁하여 사시가 이루어지며, 탕湯·
무武가 혁명을 하여 하늘에 순하고 사람들에게 응하였으니, 혁革의 때가

---

159) 「단전」, "天地養萬物 聖人養賢以及萬民 頤之時大矣哉"

크도다."160)라고 한다. 그리고 「상전」은 "못 가운데 불이 있음이 혁이다. 군자가 보고서 역수曆數를 다스려 때를 밝힌다."161)라고 한다.

혁괘에 대한 「단전」과 「상전」의 주해 요지는 1년 사시사철이 이루어짐은 천지가 바뀜으로써 나타나는 것이며, 이 천지의 변화에 의해 드러나는 사시사철의 규율을 밝혀서 사람들로 하여금 생산과 생활에 안배하게 하는 것이 군자의 역할이라는 것이다.

그런데 「상전」은 천지변화에 의해 사시가 이루어지는 규율을 괘상에서 찾을 수 있다고 보고 있다. 즉 '못 가운데 불이 있음이 혁'이라는 말은 혁괘의 괘상이 상체는 못을 상징하는 태兌괘이고, 하체는 불을 뜻하는 리離로서 못 속에 불이 들어가 있다는 것이다. 이렇게 못 속에 불이 들어 있는 혁의 괘상에서 천지변혁과 사시의 이루어짐을 파악할 수 있는 추론의 근거에 대해 노앙의 설명을 들어본다.

못 가운데 불이 있으면 곧 못에 변화를 가져올 수 있다. 못에는 본래 물이 있고 그 속에는 초목 등이 있다. 불이 못 가운데 있으면 두 가지의 극단적 정황이 생긴다. 하나는 물이 말라서 초목이 말라 죽는 것이고 다른 물이 불을 이기는 것으로, 반드시 차가운 기운이 올라가서 초목이 시든다. 이때는 물이 불을 이기고, 물의 기세는 과대하여 지극히 찬 기운이 이른다. 이 두 개의 극단정황 사이에서 각종 가능한 상태가 있을 수 있다. 물과 불이 평형을 이룸은 둘이 '기제旣濟'가 되는 것 밖에 없다. 혹은 불이 승에 치우치고 물이 적어 못이 마르거나 혹은 물이 승에 치우쳐서 못이 가득하여 점점 냉해 지는 등의 것이다. 이로 말미암아 마땅히 못물의 등락과 초목의 마르고 번성함에서 영허소식의 변화를 살필 수 있다. 1년 안에는 물과 불이 평균일 때가 있고, 매우 차고 추울

160) 「단전」, "天地革而四時成 湯武革命 順乎天而應乎人 革之時 大矣哉"
161) 「상전」, "澤中有火 革 君子以治曆明時"

때가 있으며, 더워서 열기가 비등하는 때가 있다. 물이 있는 못의 영향에 대한 이런 종류의 계절변화는 일상적인 것이다.

따라서 불이 못 속에 있는 괘상으로부터 만물의 생장 쇠망을 추출할 수 있다. 그 변혁은 계절에 따라 변화하는 것이다. 절령은 바로 천지 사계절 변화의 각종 상태이다. 따라서 역법을 수정하고 다스리는 것이 필요하다. 시령의 각종 상태를 정확히 장악함은 사람들로 하여금 시후 절령 변혁의 법칙을 장악하게 할 수 있다. 절령을 적시에 장악하고, 생활과 생산의 각 활동을 안배하여 좋게 하는 것, 이것이 곧 '치력명시'이다. 이와 같은 자연현상의 변혁은 하늘의 별들이 미루고 옮기는 현상 즉 천지의 음양의 교착에 의한 것이고, 이로 말미암아 사시를 이루어 만물이 생겨나고 자라고 이루어지고 마침이 각각 마땅함을 얻게 되는 것이다.

천지자연의 변화 규율은 인사의 전범이 되기 때문에 인사에서도 한때의 운이 다하면 반드시 개혁하여 새롭게 하는 자가 나타나게 마련이다. 그리고 개혁하여 새롭게 하는 자, 즉 왕자가 일어날 때에 하늘의 명을 받으므로 혁명이라고 하는 것이다. 『역전』은 사회와 인사를 중시하여 말하므로 이것으로 인하여 상나라 탕왕이 병사를 일으켜 하나라 걸왕을 변혁하는 명命과 주나라 무왕이 병사를 일으켜 상나라 주왕을 변혁하는 명命을 설명한다. 즉 군자는 때에 응하여 변혁하여야 하고, 때에 응하여 변혁해야 겨우 큰일을 이룰 수 있음을 강조한다. 여기에는 천지의 변혁과 사시가 갈마드는 것의 관계를 내포하고 있다.

이밖에도 진晉괘와 명이明夷괘의 「단전」과 「상전」이 천문역법적 내용을 언급하고 있으나, 앞의 우주론의 혼천설 부분에서 살핀 바가 있으므로 여기서는 생략한다.

지금까지 살펴본 「단전」·「상전」·「문언전」의 천문역법 내용을 통해

『역전』시대에는 자연현상이 주기성이 있고, 천상과 지상의 기후·물후가 대응함을 인식하여 천상에 부합하는 역법을 강조하고 있음을 알 수 있다. 또 천상에 대한 관측은 상상적 서술이 아니라 전체 천상에 대한 초보적이지만 명확한 체계를 갖추고, 천상변화에 대한 과정을 서술하는 등 중국 고대 천문학의 초보적 구성이 이루어졌음도 확인할 수 있다.

이에 비해『역경』시대는 주로 하늘의 성상에 대하여 비록 연구가 있었지만 체계적이지 못하고 개별적 서술이었다. 또 약간만 드러나는 당시의 역법 정황으로 보아 음양합력은 아직 초기의 상태에 있었다.

2)「계사전」·「설괘전」·「서괘전」의 천문역법

『주역』은 천문 관측을 통해 천체의 운행규율을 파악하여 괘상과 역수로 함축하여 나타내고, 여기에 점사를 붙여 이루어진 것임은 이미 알았다.

그런데『역경』을 주해한『역전』에서 건괘와 곤괘에만 붙어 있는「문언전」과 각 괘에 딸린「단전」·「상전」은 앞서 알아본 바와 같이 각 괘에 대한 주해를 하고 있으며, 그 주해 가운데에는 천문역법에 관한 내용을 다수 언급하고 있다. 그리고「문언전」·「단전」·「상전」을 제외한「계사전」·「설괘전」·「서괘전」·「잡괘전」은『역경』전체에 대한 개괄적 내용을 담고 있다.

여기서는「계사전」등이『역경』에 대해 개괄적으로 서술하는 내용 중에서 괘상과 천문의 관계, 팔괘와 시·공의 문제, 음양과 일월의 배합 등 천문역법에 관한 부분을 살펴본다.

(1) 천문과 괘상

「계사전」은 고인들이 괘상으로부터 생활에 필요한 지혜를 얻었음을 많은 곳에서 언급하고 있다.

예를 들어, 서합噬嗑괘에 대해 「계사전」은 "한낮(일중日中)에 시장을 만들어 천하의 백성들을 오게 하고, 천하의 재화를 모아서 교역하고 물러가 각각 살 곳을 얻게 하였으니, 서합괘에서 취하였다."[162]라고 설명한다.

「계사전」은 괘상에 근거하여 이렇게 해석한 것이다. 즉 서합괘 상체는 이離이고 하체는 진震이다. 이離는 해가 되고, 진震은 움직임이다. 괘의 위에 있는 이離괘 해는 위의 하늘 부근에 있는 태양을 표시하고, 진震괘의 움직임은 사람들이 떠들고 움직이는 것을 표시한다. 즉 이것은 대낮에 시장을 여는 괘상으로 볼 수 있다.

여기서 말하는 '일중日中'은 풍豐괘의 괘사에서도 나온다. 두 괘에서 쓰인 '일중'의 의미를 대비해보면 서합괘의 하체와 상체가 서로 상하의 자리를 바꾸면 풍豐괘가 된다. 풍괘 괘사는 "근심하지 않으려면 해가 중천에 있어 비추듯이 하여야 한다.(勿憂 宜日中)"라고 말한다. 여기의 '일중日中'은 중천에 있는 태양을 가리킨다. 풍豐괘가 말하는 것은 왕이 친히 스스로 제사지내면, 어떤 큰 일이 발생하였을 때 근심할 필요가 없다는 것이다. 제사를 지내는 시간은 정오가 마땅하다. 해가 중천에 있어 천하를 비추는 것과 같다.

『주역집해』는 『구가역』을 인용하여, "진震이 동하여 위로 간다. 그러므로 근심하지 말라고 한 것이다.(震動而上 故勿憂也)"라고 한다. 이것은 진이 비록 움직이나 해의 위에 있어서 근심하는 바가 없음을 말하는 것이다. 또 최경崔憬의 말을 인용하여, "이離괘가 아래에 있고 진震괘가 위에 있어 밝음으로써 동하여 가는 것이다.(離下震上 明以動之)"고 풀이한다. 즉 밝음이 아래에 있고 위가 움직이기 때문에 매우 분명할 수 있다.

---

162) 「계사전」 하2장, "日中爲市 致天下之民 聚天下之貨 交易而退 各得其所 蓋取諸 噬嗑"

그러므로 '근심하지 말라'가 된다. 제사는 하늘에 빌어서 귀신의 조력을 구하는 것이다. 그러므로 움직임이 위에 있는 것이다. 그런데 이와는 반대로 서합괘에서는 해가 위에, 동함이 아래에 있다. 즉 그 동함이 태양이 비추는 아래에 있어 대낮에 사람들의 교역활동을 표시하는 것이다. 때문에 사람들의 교역은 물론 인간생활의 번성함을 촉진할 수 있거니와 또 많은 쟁송을 만들 수 있다. 이것은 아래에서 동하는 내용이다.

이 두 괘는 바로 상호 도치된 괘상으로 당시의 사회 정황을 반영한다. 그러나 두 괘는 모두 '일중日中'을 말한다. 또 모두 '일중'을 시간을 표시하는 시점으로 삼는다. 물론 서합괘는 다른 해석도 있다. 「단전」은 서합괘에 대해 "입 안에 물건이 있으므로 서합이라고 한다.(頤中有物 曰噬嗑)"고 주해한다. 여기서 이頤는 뺨을 말한다. 이 때문에 또 서합괘는 입 안에서 물건을 씹어 맛을 음미하는 상이다. 하체 진震은 장남이 되고, 또 강함이 된다. 상체 이離는 중녀中女가 되고 유柔가 된다. 강함과 유함이 서로 사귐은 어금니와 혀가 서로 사귀어 음식물을 씹어 음미하는 쓰임이 될 수 있다.

또 서합괘상은 동하고 밝음으로 사람의 행함이 명찰함이 됨을 표시할 수 있다.

하체 진괘는 우레를 대표하고, 상체 이괘는 번개를 대표하므로 우레와 번개가 서로 사귐을 대표할 수 있다. 그러므로 「단전」은 "우레와 번개가 합하여 빛난다.(雷電合而章)"라고 한다.

『역전』시대에는 우레와 번개 등을 천상으로 보았다. 그러나 우레와 번개의 상으로부터 「상전」은 "우레와 번개가 서합이니, 선왕이 보고서 형벌을 밝히고 법령을 신칙하였다."[163]라고 한다. 즉 번개로써 사람의

---

163)「상전」, "雷電 噬嗑 先王以明罰勅法"

명찰함을 비유한다. 그리고 우레로써 형벌을 비유한다. 그러므로 서합괘는 고대 성인이 서합괘상을 관찰하여 형벌을 비유하고, 그 법률을 수정할 수 있는 것으로 해석할 수 있다. 이런 서로 다른 해석은 모두 천문을 관측하여 얻은 괘상을 살피는 것으로 귀결된다.

이번에는 대장大壯괘의 경우를 본다. 「계사전」은 "상고시대에는 굴에서 살고, 들에서 거처하였는데, 후세에 성인이 궁실로 바꾸어서 위에는 들보를 얹고 아래는 서까래를 얹어 비바람에 대비하였으니 대장괘에서 취하였다."164)라고 한다.

이 말은 아직 문명하지 못한 때에 인류는 집을 짓고 살지 못하고 들판에서 살거나 자연 동굴에서, 또는 땅굴을 파고 살았으나 『주역』의 대장괘를 보고 비로소 집을 지어 비바람을 피하는 지혜를 얻었다는 것이다.

대장괘가 이런 지혜를 제공할 수 있는 이유는 대장괘가 천체를 상징하는 것으로 보기 때문이다. 대장괘는 위에는 진괘이고, 아래는 건괘다. 진괘는 우레가 되고, 건괘는 하늘이고 둥금이다. 위는 우레와 비가 된다. 그리고 아래의 하늘은 활꼴형의 푸른 하늘 막, 혹은 둥근 덮개가 된다. 즉 우레와 비는 둥근 덮개의 밖에서 저지된다. 이것은 궁실의 개념이다. 대장괘의 상은 뇌성을 동반한 큰 비가 푸른 활꼴과 같은 둥근 덮개에 떨어짐을 표시한다. 네 주변의 벽에는 둥근 덮개가 가설돼 둥근 덮개로 하여금 아래에 있는 사람과 물건이 뇌우의 쏟아심으로부터 피할 수 있도록 비호한다.

사람들은 하늘을 집의 천정으로서 인류와 만물을 가려주는 덮개로 상상했다. 그리고 이것에서 영감을 얻어 궁실을 지었다. 즉 하늘의 형상을 본떠서 궁실을 지은 것이다.

---

164) 「계사전」 하2장, "上古 穴居而野處 後世聖人 易之以宮室 上棟下宇 以待風雨 蓋取諸大壯"

이처럼 인류의 삶에 필요한 지혜를 제공하는 모든 괘상은 천지자연의 상을 상징하고 있다. 괘상이 이런 기능을 할 수 있는 것에 대해 「계사전」은 "고대인은 우러러 천문을 관찰하고, 굽혀 지리를 살펴서 그런 연유로 그윽함과 밝게 드러남의 원인을 알았다."165)고 한다. 또 "옛날에 포희씨가 천하에 왕 노릇 할 때, 우러러 하늘의 상을 관찰하고, 굽어 땅의 법을 관찰하고, 새와 짐승의 무늬와 땅의 마땅함을 관찰하고, 가까이는 자신의 몸에서 취하고, 멀리는 물건에서 취하여 이에 비로소 팔괘를 만들어 신명의 덕을 통하고 만물의 정을 분류하였다."166)라고 말한다. 즉 우러러 천문을 보고, 굽혀 지리를 살피는 과정을 거쳐서 밝게 드러나는 사물과 그렇지 않은 사물의 도리를 명확하게 알았다. 따라서 괘상은 '하늘의 상'과 '땅의 법', 그리고 '땅의 마땅함'을 관찰하여 얻은 것이다.

그렇다면 하늘의 상을 관측하여 얻은 것은 무엇을 상징하는가? 『주역집해』는 '하늘의 상을 관찰하여(觀象於天)'에 대해서 순상의 말을 인용하여 "진震괘와 손巽괘는 우레와 바람이고, 이離괘와 감坎괘는 해와 달이다."167)라고 한다. 이것은 「설괘전」에서도 말하는 것으로, 고대인들이 관찰한 하늘은 해와 달과 별 외에도 또 우레·바람·안개·무지개 등의 기상 내용을 포괄했다.

또 『주역집해』는 '땅의 법을 관찰하고(觀法於地)'에 대하여, 『구가역』을 인용하여 "간괘와 태괘는 산과 연못이 된다. 땅에는 물과 불과 오행 팔괘의 형상이 있다."168)라고 하고, 또 '땅의 마땅함(與地之宜)'에 대하여는 "사방과 네 모퉁이의 팔괘 방위와 산은 높고 연못은 낮은 5토의 마

165) 「계사전」 상4장, "仰以觀于天文 俯以察于地理 是故知幽明之故"
166) 「계사전」 상2장, "古者包犧氏之王天下也 仰則觀象於天 俯則觀法於地 觀鳥獸之文與地之宜 近取諸身 遠取諸物 於是始作八卦 以通神明之德 以類萬物之情"
167) 『주역집해』, "震巽爲雷風 離坎爲日月也"
168) 『구가역』, "艮兌爲山澤也 地有水火五行八卦之形也."

땅함을 가리킨다."[169]라고 주석한다. 이것은 주로 땅의 형세와 지세를 말하는 것이다. 그런데 여기서 말하는 간괘가 산을, 태괘가 못을 상징한다는 것은 「설괘전」에서 언급하는 내용이지만, '오행 팔괘의 형상'이라던가, '5토의 마땅함' 따위의 말은 없다. 그렇지만 「설괘전」은 천지만물을 관찰하여 얻은 팔괘가 상징하는 것들을 상세히 서술하고 있다.

그런데 여기서 관심을 둘 것은 "옛날에 포희씨가 천하에 왕 노릇 할 때에 우러러 하늘의 상을 관찰하고 … 비로소 팔괘를 만들었다."라는 「계사전」 표현에 대해 일부 역학자들이 팔괘상을 복희가 천문과 지리를 관찰하여 만들었다고 인식하는데 반해 우번은 팔괘상은 복희가 만든 것이 아니라 하늘의 팔괘를 본뜬 것이라고 주장하는 대목이다.

우번은 "포희가 새와 짐승의 무늬를 관측하였다는 것은 하늘의 팔괘를 본떴음을 말하는 것이다. 역에 태극이 있고, 이것이 양의를 낳고, 양의가 사상을 낳고, 사상이 팔괘를 낳았다. 팔괘는 곧 사상이 낳은 것이다. 포희가 지은 것이 아니다. … 그리고 역을 읽는 사람들은 모두 포희 시대에 하늘에 팔괘가 있지 않아 그것을 잃을 것을 두려워하였다고 여긴다. 하늘이 상을 드리워 길흉을 나타내고, 성인이 이것을 상징하였음은 하늘에 이미 팔괘의 상이 있는 것이다."[170]고 인식한다. 즉 포희가 실제로는 하늘의 상을 관측하고, 굽어 땅의 이치를 살펴서 그 관찰한 것으로부터 팔괘의 상을 얻었음을 말하는 것이다. 포희는 단지 각종 다른 사물을 분별하여 8개 종류로 대표하여 상징을 만들었다. 그리고 천하 만물을 8종류로 분별하여 구분했다.

---

169) 『구가역』, "謂四方四維八卦之位 山澤高卑五土之宜也"

170) 『주역집해』, "謂包犧觀鳥獸之文 則天八卦效之 易有太極 是生兩儀 兩儀生四象 四象生八卦 八卦乃四象所生 非包犧之所造也 … 而讀易者咸以爲包犧之時 天未有八卦 恐失之矣 天垂象 示吉凶 聖人象之 則天已有八卦之象"

이런 인식의 차이로부터 우리는 팔괘가 복희의 창조물이 아니고 천문 관측에 의한 발견물이라는 사실을 확인할 수 있다. 그리고 이런 개념의 확실한 인식에서부터 학문의 진보가 시작되는 것이라는 의미가 있을 것이다. 그런데 「계사전」은 앞서 팔괘는 포희가 우러러 하늘을 보고, 굽혀 땅을 살피고, 가까이 몸에서 취하고, 멀리 물건에서 취하여 팔괘를 만들었다고 한 것과는 별도로 "하늘에서 상을 이루고, 땅에서 형체를 이루니 변화가 들어난다."[171]라고 한다. 이 말은 팔괘가 하늘의 상으로부터 나온 것이라는 의미로 해석될 수 있다.

그리하여 『주역집해』는 우번의 말을 인용하여, "해와 달은 하늘에서 팔괘를 이루고, 진震괘의 상은 경庚에서 나오고, 태兌괘의 상은 정丁에서 나타난다. 건乾괘의 상은 갑甲에서 가득차고, 손巽괘의 상은 신辛에서 엎드리고, 간艮괘의 상은 병丙에서 소멸되고, 곤坤괘의 상은 을乙에서 잃는다. 감坎괘의 상은 무戊로 흐르고, 이離괘의 상은 기己로 나간다. 그러므로 하늘에서 상이 이루어지고, 땅에서 형체가 이루어진다. 진은 대나무요 손巽은 목이고, 감坎은 물이고 이離는 불이며, 간艮은 산이고 태兌는 못이며, 건乾은 금이고 곤坤은 토이다. 하늘에서는 변이 되고, 땅에서는 화가 된다. 강함과 유함이 서로 미루어 변과 화가 생겨난다."[172]라고 한다.

즉 우번은 '하늘에서 상이 이루어짐'은 완전히 해와 달의 상황으로만 보고, '진☳괘의 상은 경에서 나오고, 태☱괘의 상은 정에서 나타난다. 건☰괘의 상은 갑에서 가득차고, 손☴괘의 상은 신에서 엎드리고, 간☶괘의 상은 병에서 소멸되고, 곤☷괘의 상은 을에서 잃는다. 감☵괘의

---

171) 「계사전」 상1장, "在天成象 在地成形 變化見矣"
172) 『주역집해』, "謂日月在天成八卦 震象出庚 兌象見丁 乾象盈甲 巽象伏辛 艮象消丙 坤象喪乙 坎象流戊 離象就己 故在天成象也 在地成形 謂震竹巽木 坎水離火 艮山兌澤 乾金坤土 在天爲變 在地爲化 剛柔相推而生變化矣"

상은 무戊로 흐르고 이☲괘의 상은 기로 나간다.'라고 밝힌다.

그리고 고대인들이 천상으로 보았던 풍·뇌·운·우 등은 오히려 땅에서 형상이 이루어지는 것에 속하는 것으로 지적한다. 즉 우번은 지구의 대기현상과 실재 천문현상을 구분한 것이다.

여기서 이른바 진상, 태상 등은 달의 모습(월상月相)을 가리키는 것이다. 즉 달이 어떤 위치에 있을 때의 달의 상을 단괘(삼획괘)로 표시한 것이다. 예를 들어, 진상은 그때 달의 상이다. 진☳괘의 상은 진☳괘 아래효가 강효(양효), 중효와 상효는 모두 유효(음효)가 된다. 강효는 양성을 갖고 있기 때문에 밝은 달을 표시한다. 유효는 음성을 갖기 때문에 어두움을 표시한다. 따라서 진상은 초승달의 상, 즉 신월新月의 상이다. 그리고 신월은 황혼무렵 서쪽 하늘 가장자리에, 방위로는 경의 방향에 위치한다. 그렇기 때문에 진의 상은 경의 방향에서 나온다.

다시 태兌상을 말하면 단괘 태☱괘는 아래와 가운데 효가 강효이고, 상효는 유효다. 그러므로 상현의 때에 위치한 달의 상을 서술한다. 상현은 매월 초파일에 해당한다. 달의 둥근 면의 대부분이 밝다.

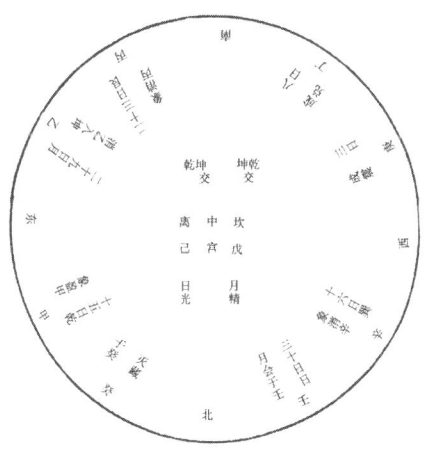

〈우번의 팔괘납갑도八卦納甲圖〉[173]

이 때문에 태☱괘 아래 면은 2강효로 표시한다. 다만 아직도 일부는 어둡다. 즉 태☱괘 상면은 유효로 표시한다. 상현달은 황혼무렵에 남쪽의 하늘에서 출현한다. 바로 정丁의 방향이다. 그러므로 "태상은 정에서 나타난다.(兌象見丁)"라고 말한다.

그런 후에 만월의 상이다. 달은 만월 때에 완전히 밝고 둥근 모습이다. 이 때문에 3개 강효인 건☰괘를 써서 표시한다. 그러므로 만월은 괘상으로 건乾이 된다. 만월은 망望이다. 즉 태양이 서쪽에서 지평선으로 몰입하면 만월은 동시에 동쪽에서 지평선 위로 나온다. 달이 지평선으로 나올 때의 방향은 갑의 방향이다. 그래서 "건상은 갑에서 가득 찬다."고 한 것이다.

〈납갑도納甲圖〉[174]

만월 뒤에는 곧 월 '기망旣望'이다. 이 월상은 아랫면이 어둡게 변하기 시작한다. 괘상에서는 단單괘 손巽괘의 괘상이다. 손☴괘 하효는 유효이고, 중과 상 두 효는 강효다. 양효는 밝고, 음효는 어둡다. 바로 '기망' 때의 월상이다. 이것은 일출 전에 서쪽에서 볼 수 있는 월상이다. 즉 신의 방향에서 이른 새벽의 월상이다. 역법에서는 대략 월의 반이 지난 뒤의 17, 18일이다. (어떤 달은 16일 이른 새벽에 단괘 손☴괘상의 달을 볼 수 없다.) 이 때문에 "손의 상은 신에 엎드린다."고 부른다.

그런 뒤에 곧 하현의 월상이다. 하현달은 단單괘 간艮괘 상을 볼 수 있다. 단괘 간☶괘는 아래와 가운데 두 효가 모두 유효다. 그리고 상효

---

173) 노앙, 앞의 책, 67쪽.
174) 노앙, 앞의 책, 68쪽.

는 강효다. 이 때문에 달의 아래 부분이 어둡고, 반원의 윗부분은 밝음을 표시한다. 하현달의 표준은 밝은 새벽 태양이 지평선에 나오기 전에 남쪽 하늘에서 볼 수 있는 월상이다. 이때의 달은 바로 병의 방향의 하늘에 있다. (달의 왼쪽은 밝고 오른쪽은 어두움을 볼 수 있다.) 이 때문에 "간의 상은 병에서 소멸한다."고 하는 것이다.

달의 바탕이 어두운 날, 달은 방위상 태양과 아주 가깝게 접근한다. 이 때문에 달을 볼 수가 없다. 그러나 괘상을 써서 이를 묘사한 월상이 곧 곤☷괘이다. 곤☷괘 세 효는 모두 유효로, 달의 둥근 전면이 어두움을 볼 수 있음을 표시한다. 이때는 방위상 일월이 서로 가깝기 때문에 이른 새벽에 볼 수 있다. 즉 일출 전에 달은 동방 을의 방위에 위치한다.

다시 감과 이 두 월상이 있다. 우번의 설에 의하면, "감坎의 상은 무戊로 흐른다."이다. 즉 밤중에 달을 볼 수 없음을 가리킨다. 그러므로 단지 회晦일과 삭朔일이 이와 같다. 그래서 우번은 "그믐날 밤과 삭일 아침의 달(晦夕朔旦)은 감상坎象이고 무戊로 흐른다."하고, 또 낮에 달을 볼 수 없는 것을 "이離의 상은 기로 흐른다.(離象就己)"고 한다. 해와 달이 이와 같다. 그러므로 "일중日中은 즉 이離이고, 이상離象은 기리로 나간다."고 한 것이다. 무戊・기는 방위에 있어 가운데다. 그래서 "무기戊己는 토의 위치다. 상을 가운데서 볼 수 있다. 해와 달이 서로 미뤄 밝음이 생긴다."[175]고 말한다.

무엇 때문에 매달 16일 이후부터 이른 새벽의 월상을 관찰하고, 15일 전에는 황혼의 월상을 관찰하는가? 이는 보름 전의 달은 태양에 앞서가고, 삭은 태양과 달의 황경이 같기 때문이다. 삭 이후는 태양이 지평선으로 들어간 뒤 달은 오히려 지평선 위에 있다.

---

175) "戊己土位 象見于中 日月相推而明生焉"

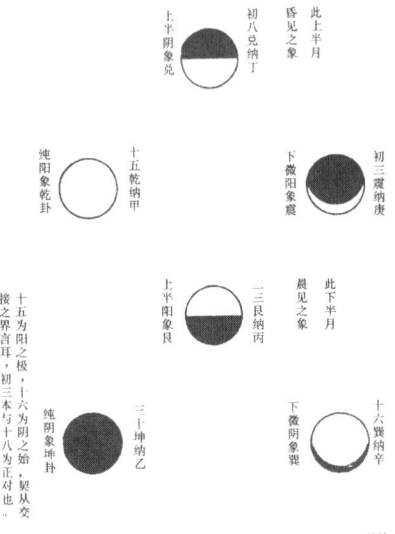

〈위백양魏伯陽의 육후납갑도六候納甲圖〉[176]

이것은 달의 매일 우행이 태양의 우행보다 12도 많기 때문이다. (달의 운행방향은 태양의 시운행 방향과 서로 반대임) 역曆의 시간은 15일이고, 180도를 우행한다. 즉 매일 태양과 비교해 12도 많게 우행한다. (하늘을 한 바퀴 도는 것을 360도로 계산한 것임) 황도 경도 상에서 달은 매일 태양과 12도 떨어져 있고, 만월에 이르러서는 달과 태양의 거리가 180도 차이 난다. 하나는 동에 있고, 하나는 서에 있어서 일월의 상호간 거리가 가장 멀기 때문이다. 만월 후 달은 비록 여전히 매일 태양보다 12도 많게 우행한다. 그러나 이것은 황도 경도 상에서 달이 점차 태양으로 돌아서 접근하는 것이다. 이 때문에 보름 전에 달은 태양에 앞서가고, 보름 후에는 달이 태양의 뒤에 가는 것과 같다. 달은 해를 좇아서 태양에 가까

---

176) 노앙, 앞의 책, 70쪽. ―그림에서 위쪽 3개는 상반월 황혼 때의 월상변화 정황이고, 아래 3개는 하반월 아침에 보이는 월상변화 정황. 곧 괘와 월상을 대응한 설명이다.

워진다. 그렇기 때문에 보름 후 달은 태양의 뒤에 가는 것이다. 이런 차이에서 보름 후는 새벽으로 월상을 정하고, 보름 전은 황혼으로 월상을 정하는 것이다.

우번은 '하늘에서 상을 이룬다.(在天成象)'와 '하늘의 해와 달이 팔괘를 이룬다.(日月在天成八卦)'에 관한 해석을 위백양魏伯陽[177]으로부터 얻었을 수도 있다. 위백양은 동한 말년의 사람으로 우번보다는 좀 이른 시기에 살았던 인물이다. 주백곤은 『주역참동계분장통의서周易參同契分章通義序』에서 말한 바의 오대五代 팽요彭曉에 근거하여, "위백양은 곧 회계會稽 상우인上虞人으로 『참동계』 3편을 편찬했다. 이것을 청주의 서라는 종사관에게 비밀리에 전수해줬다. 그리고 후한 환제桓帝 때에 이르러 같은 군의 순우숙통淳于叔通에게 전수한다. 그리하여 비로소 세상에 행하여지게 됐다. 순우숙통은, 즉 순우짐淳于斟이다. 또 이름은 익翼으로 본래 상우인이다. 요굉遠宏의 『후한기後漢記』에 기록돼 있다."고 한다. 우번은 곧 한나라 헌제獻帝와 이후 시대에 활동하여 위백양보다는 늦다. 우번 역시 회계 상우인으로 두 사람은 동향이기 때문에 우번은 학술상 위백양의 영향을 받았을 수 있다.

위백양이 『주역참동계』 「천부진퇴장天符進退章」에서 말하는 월상과 괘상에 관한 내용을 본다.

"3일에 뜨는 달은 밝다. 진은 경의 서쪽을 받는다. 8일은 태兌로 정을 받는다. 상현은 줄과 같이 병炳하다. 15일은 건체로 나간다. 만상은 갑으로 동방이다. 섬여(두꺼비)와 토끼는 똑같이 달이지만, 일월의 기운은 서

[177) 위백양魏伯陽은 중국 후한 때 도교 철학자로 호는 운아자雲牙子. 그의 학설은 『주역』에 나오는 효爻와 상象의 원리를 빌려다 신단神丹을 만드는 방법과 과정을 논하였다. 신비적 색채가 강하지만 과학적 방식을 도입하였다는 점에서 당시 중국 과학기술사의 한 부분을 차지하였다. 저서로 『주역참동계周易參同契』가 있다.

로 밝다. 달은 괘상과 절후를 보여주고, 달은 정광精光을 발한다. 보름은 양의 도가 이미 그치고 굴절 저하하여 내려간다. 16일이 되면 음으로 전화하여 통제를 받는다. 손巽과 신에서는 밝기가 평평함을 드러낸다. 그리고 병의 남쪽으로 향한다. 하현은 23일이고 곤坤의 을은 30일이다. 양로陽路는 그 밝기를 잃고 절후는 다하여 서로 길흉이 함께 한다. 본체를 이어 용이 다시 생한다. 임계는 갑을에 배당하고, 건곤은 시종을 포용한다. 7과 8은 수가 15다. 9와 6도 역시 15이다. 7·8·9·6 네 수는 합이 30이다. 양기는 멸장을 찾고 팔괘는 밝음을 포열한다. 돌아서 이동하여 중심을 잃지 않는다."178)

이 말은 우번의 말과 기본적으로 같다. 그런데『주역참동계』에서 말하는 것과 우번이 말하는 것에는 다른 점이 있다.『주역참동계』에는 초3일과 같이 특정한 날에 뜨는 달은 밝다는 말이 첨가돼 있다. 즉 매월 초3일의 달은 신월의 상이고, 8일은 상현, 15일은 보름(月望), 16일은 월기망月既望, 하현은 23일, 그믐의 곤상은 30일 등의 내용이 더 붙어있다.

다만『주역참동계』에는 "특정한 날짜와 (월상은) 또 잘 맞지 않는다. (日期并不很好)"는 말도 첨가돼 있다. 이 때문에 월상과 각 달의 날짜 차례를 엄격히 대응시킬 수 없다. 예를 들어, 신월은 초2일 일찍 볼 수 있다. 늦으면 초3일에야 겨우 볼 수 있다. 이는 역법이 정밀할 때에서야 겨우 있는 것이다. 만약 역법이 정밀하지 않으면 서로 차이는 다시 크다.

이 외에도『주역참동계』는 약간의 꾸밈의 말을 더하고 있다. 예컨대

---

178)『주역참동계』「천부진퇴장天符進退章」, "三日出爲爽 震受庚西方 八日兌受丁 上弦平如繩 十五乾體就 盛滿甲東方 蟾蜍與兎魄 日月氣雙明 蟾蜍視卦節 兎魄吐精 光 七八道已訖 屈折低下降 十六轉受統 巽辛見平明 艮直于丙南 下弦二十三 坤乙 三十日 陽路喪其明 節盡相禪與 繼體復生龍 壬癸配甲乙 乾坤括始終 七八數十五 九六亦相当 四者合三十 陽氣索滅藏 八卦布列曜 運移不失中"

섬서는 달이고, 토백은 해를 나타낸다. 달은 시간에 따라 원형이 이지러지는 변화가 있다. 마치 일광에 따라 괘효의 마디를 보는 것과 같다. 햇빛이 달을 비추기 때문이다. 그러므로 차고 이지러지는 상이 있는 것이다. "7, 8은 양의 도가 이미 끝나고, 굴절 저하해 내려간다."는 것에서 7, 8은 15일로 달이 차면 이후 이지러짐으로 전화한다. 16일은 이미 건의 통제에서 곤의 통제로 전화한다. 곤의 음이 극성한 후 건의 양이 다시 온다. 또 역曆의 하나의 새로운 순환이다. 하나의 순환은 7·8·9·6 모두 30일이다.

또 위백양은 경방 역학의 영향을 받은 것으로 볼 수 있다. 왜냐하면 납갑과 납12지설은 경방에 의해 창도된 것이기 때문이다. 위백양이 『주역참동계』에서 말하는 월상은 실제상 위백양의 납갑이론으로 경방의 납갑納甲과 서로 비슷하다. 단지 월상의 내용이 많다는 것이다. 그 나머지는 모두 경방의 납갑론에 의지한다. 이 때문에 위백양납갑이라고 하는 것이다. 그 이유는 『주역참동계』「천부진퇴론」에서 "임壬과 계癸를 갑과 을에 배합한다."에 특별히 뜻을 두어 말하기 때문이다. 실질상 이는 8괘를 10간에 모두 납입한다. 그는 임·계 두 간을 받아들였다. 이는 경방납갑을 위해 월상적 해석을 완성한 것이다. 그리고 우번의 설은 오히려 납갑을 위한 것이 아니라 팔괘 괘상이 월상으로부터 온 것을 설명하기 위한 것이다.

(2) 방위와 시간

『주역』은 우주의 생성변화규율을 표현한 것이다. 그런데 우주는 시간과 공간의 짜임이다. 그러므로 『주역』의 이해는 시간과 공간의 문제를 파악하는 것이 중요하다고 할 수 있다.

『역경』 시대에 해당하는 은나라 말기와 주나라 초기에는 방위에 관한 정의가 비교적 간단하여 겨우 간단한 4면 8방에, 다시 중앙이 더해졌을 뿐이다. 방위의 수목數目은 비록 많지 않지만 그 개념은 비교적 명확하여 구체적 공간방위가 있을 뿐 아니라, 그것에 서로 대응하는 4시 8절의 시간 개념이 있다. 이 때문에 그 당시 사람들은 공간과 시간을 분할하지 않았다.

『역경』 건乾괘 괘사는 "원형이정元亨利貞"이다. 이것에 대한 전통적 해석은 건은 괘의 이름이고 하늘이 된다. 원은 선이고, 형은 미이고, 이는 물건을 이롭게 함이고, 정은 바른 것이다.

그러나 이것이 유일한 해석은 아니다. 「상전」에 의한 건괘의 해석은 "하늘의 운행이 굳세다.(天行 健)"고 하여 '건健은 천天'이라는 기본 관념에서 출발한다. 이 때문에 사람들은 순수한 천도방면으로부터 건괘를 보는 법을 생각했다. 즉 건괘를 4시 8절과 4정 4우의 8방과 내재적 연계를 세웠다. 그리하여 '원형이정'의 괘사에 대해 춘하추동으로 해석할 수 있었다. 또 그 해석은 동서남북이 된다. 『주역상씨학』은 "천의 체는 건으로 쓰임을 삼는다. 하늘의 덕은 4시보다 큰 것이 없다. 원형이정은 즉 춘하추동이고 동서남북이다. 진震은 원元이고, 이離는 형亨이고, 태兌는 이利이고, 감坎은 정貞이다. 왕래순환이 어그러짐이 없고 다함이 없다. 주역이라고 이름을 붙인 것은 이 때문이다."[179]고 한다.

「계사전」은 易의 象을 네 종류로 구분한다. 즉 소양·노양·소음·노음으로써 사물의 음양 강유 및 그 변화 여부를 표시한다. 그리고 천상을 이렇게 나누고 지상의 물후와 기후를 대응시킨다. 예를 들어, 봄철은 소양에 대응하고, 여름은 노양에 대응하고, 가을은 소음에 대응하

---

179) 尙秉和, 『周易尙氏學』, 中華書局, 2003, 13쪽.

고, 겨울은 노음에 대응한다. 이 때문에 「계사전」에서 말하는 "하늘이
상을 드리워서 길흉이 드러난다."[180]는 것은 협의의 길흉점이 아니고,
천상이 보여주는 것으로부터 미래 물후의 정황을 예측하고, 농작물 작
황과 어황이 풍성한지 모자라는지 여부를 점쳐서 아는 것이다.

한漢 선제宣帝 때 승상 위상魏相은 이 논리로 치국의 근거를 삼았다.
역사서는 위상이 『역경』에 밝고, 사법師法이 있었다고 기록하고 있다.
그는 일찍이 『역음양易陰陽』과 『명당월령明堂月令』을 채용하여 상주문을
올렸다.

    "천지변화는 반드시 음양에 따른다. 음양의 구분은 해로써 기율을 삼는
    다. 해가 동지와 하지로 나뉘어 팔풍의 차례가 서고, 만물의 본성이 이루
    어진다. 각각 떳떳한 직분이 있어 서로 간섭하지 않는다. … 이에 5제가
    맡은 것은 각각 때가 있다. 동방의 괘는 서방을 다스릴 수 없고, 남방의
    괘는 북방을 다스릴 수 없다. 봄에 태의 다스림이 일어나면 배가 고프고,
    가을에 진의 다스림이 일면 해와 달무리가 생기고, 겨울에 이離의 다스림
    이 일면 설사가 나고, 여름에 감의 다스림이 일면 우박이 내린다. 이치에
    밝은 왕은 하늘을 삼가 존경하고, 하늘을 삼가 사람을 기른다. 그러므로
    희씨와 화씨를 관리로 세워 사시를 타고, 절령을 백성을 다스리는 일에
    안배한다. 임금은 동정動靜으로써 말하고, 음양을 순히 받든다. 즉 일월
    이 밝게 빛나고, 풍우가 절기에 맞고, 한서가 조화를 이룬다."[181]

이것은 위상魏相이 노소음양의 구분을 근거로 논술한 것임을 알 수

---

180) 「계사전」 상11장, "天垂象 見吉凶"
181) "天地變化 必由陰陽 陰陽之分 以日爲紀 日冬夏至則八風之序立 萬物之性成 各
    有常職 不得相干 … 玆五帝所事 各有時也 東方之卦不可以治西方 南方之卦不可以
    治北方 春興兌治則飢 秋興震治則華 冬興離治則泄 夏興坎治則雹 明王謹于尊天 愼
    天養人 故立義和之官以乘四時 節授民事 君動靜以道 奉順陰陽 則日月光明 風雨時
    節 寒暑調和"

있다. 천지변화는 단지 음양에 따를 뿐인데, 어찌 음양을 구분하는가? 이것은 태양의 운행으로써 기준을 삼는다. 동지와 하지의 기준을 측정하면 4시 8절의 차례가 확립된다. 어떤 절령 아래에서 만물은 어떤 모양을 이룰 수 있다. 이것은 만물이 각자의 본성으로부터 정해지는 것이다. 또한 각 절령은 각자의 직책이 있어서 상호 간섭을 할 수 없다.

그는 동남서북의 모든 신이 춘하추동과 장하를 나누어 다스림을 상술한 뒤에 이것은 오제가 관장하는 것으로 각기 일정한 시한이 있다고 인식한다. 동방의 괘(震)는 서방을 다스릴 수 없으며, 남방의 괘(離)는 북방을 다스릴 수 없다. 당연히 그 반대되는 것도 또한 이와 같다. 즉 서방의 괘(兌)는 동방을 다스릴 수 없으며, 북방의 괘(坎)도 남방을 다스릴 수 없다. 그렇기 때문에 그는 봄에 태괘가 일어나면 굶주림(기황饑荒)이 들 수 있고, 가을에 진괘가 흥하면 꽃과 나무가 시들지 않고, 겨울에 이괘가 흥하면 기氣가 어지럽게 되고, 여름에 감괘가 흥하면 얼음이 얼고 우박이 내린다.

영명한 군주는 천도를 엄격하게 준수하기 때문에 근신하여 인민을 양육한다. 이 때문에 고대 천문의 집사자인 희씨와 화씨의 관직을 두어 사시의 변천을 장악하고, 절령을 민사에 안배한다. 군주의 움직임과 멈춤(動靜)은 모두 천도를 엄수하고, 음양을 순히 받들어야 한다. 그리하여야 일월이 광명하고 풍우가 때에 알맞게 이르고, 한서가 조화를 이룬다.

위상은 곧 「계사전」의 "역에 사상이 있음은 보여준 것이다."[182]를 근거로 천상이 보여준 바를 따르는 것과 절령을 준수하는 것을 연계한 것이다. 그리고 위상은 단지 사시를 말하고, 동남서북방을 말한다. 즉 사상四象 사시四時가 중요한 내용이다. 이것은 바로 역에 있는 노소음양

---

182) 「계사전」 상10장, "易有四象 所以示也"

의 주요 영역이다.

위상을 대신하여 승상을 맡은 병길丙吉은 직접 이에 대해 사례를 더하여 설명을 한다. 봄에 한 차례 우차를 타고 외출하여 먼저 어떤 사람이 여러 사람과 싸워 이미 부상당해 죽은 것을 보았다. 그러나 그는 거들떠보지도 않았다.

후에 또 어떤 사람이 소를 몰고 가는데 소가 숨이 차서 혀를 늘어뜨린 것을 보았다. 그는 우차를 세우고 사람을 보내서 소가 길을 얼마나 달렸는가를 물어 조사케 하는 등 많은 관심을 표한다. 그 부하는 그가 소관의 일은 관심이 없고, 소관이 아닌 것은 상세히 묻는다고 생각했다. 병길은 그렇지가 않다고 생각했다.

> "뭇매질은 지방관이 관여할 일이다. 나는 재상으로서 어찌 이렇게 작은 일을 할 수 있는가? 소를 모는 것은 오히려 참견할 수 있다. 왜냐하면 바야흐로 봄은 소양少陽이 계절을 담당하고 있어 큰 열기가 있을 수 없다. 소가 근행에도 더워서 헐떡거림은 이때의 기후가 절기를 잃어서 아마 상해를 당한 바가 있을 것이다. 삼공은 음양의 조화를 맡아 직분상 마땅히 근심할 바이기에 이 때문에 이것을 물은 것이다."[183]

이 말은 봄은 소양이 절령을 맡기 때문에 열이 일어남이 없다. 만약 소가 많은 길을 달리지 않았는데도 헐떡거리고 혀의 바닥을 늘어뜨렸다면 이는 곧 더위와 열기가 일찍 임한 것이다. 이것은 곧 때에 맡는 기후가 절령과 부합하지 않는 것이다. 그것은 상해를 가져올 것이다. 삼공의 직분은 곧 음양을 조화하는 것이다.

---

183) "群毆是地方官的事 我作爲宰相怎能管這些小事 而赶牛却要過問 因方春少陽用事 未加大熱 恐牛近行 用署故喘 此時氣失節 恐有所傷害也 三公典調和陰陽 職所当憂 是以問之"

위상과 병길의 사례로부터 「계사전」이 천상과 노소음양 사상을 연계하여 일찍이 정치와 관리管理·천문에 대하여 모두 영향을 미쳤음을 볼 수 있다.

〈복희팔괘방위도〉[184]

또 「설괘전」은 팔괘의 두 종류 방위 배열을 설명하고 있다. 즉 선천先天팔괘 자리와 후천後天팔괘 자리를 밝히고 있다. 선천팔괘 자리에 대해서는 "천지가 자리를 정하니 산과 못이 기를 통하고, 우레와 바람이 서로 부딪치며, 물과 불이 서로 해치지 않고, 팔괘가 서로 갈마든다."[185]라고 설명한다.

이른바 '천지정위天地定位'란 건과 곤 두 괘가 먼저 위와 아래의 자리를 정하면, 그 나머지 괘의 배열이 위치에 따라 이루어지는 것이다. 「계사전」은 "하늘은 높고 땅은 낮으니, 건곤이 정해진다.(天尊地卑 乾坤定矣)"고 말한다. 즉 하늘은 위에 있고 땅은 아래에 있어 천지의 대립으로 역의 근본을 이룬다는 것이다. '산택통기山澤通氣'는 간과 태 두 괘가 대립하는 것을 말한다. '뇌풍상박雷風相薄'은 진震과 손巽 두 괘의 대립이고, '수화불상석水火不相射'은 감坎과 이離 두 괘의 대립을 말한다. 각각 대립하는 괘는 모두 음양이 서로 뒤섞이는 것이다.

예를 들어, 건☰괘의 세 효는 모두 강한 효이고, 곤☷괘의 세 효는 모두 유한 효이다. 이것은 음과 양이 서로 뒤섞이는 것이다. 산을 의미하는 간☶괘의 세 개 효는 상효가 강효이고, 중과 하의 두 효는 유효이

---

184) 노앙, 앞의 책, 80쪽. 중국 고법에서 위는 남방, 아래는 북방, 좌변은 동방, 우변은 서방이다. 복희팔괘는 또 선천팔괘로 부른다.

185) 「설괘전」, "天地定位 山澤通氣 雷風相薄 水火不相射 八卦相錯"

다. 간☶괘와 대립하는 괘는 못을 의
미하는 태☱괘이다. 태☱괘 세 개 효
는 상효가 유한 효이고 아래 두 효는
강효이다. 물을 의미하는 감☵괘의
상하 두 효는 유효이고, 가운데 효는
강효이며, 이에 대립하는 이☲괘는
상하 두 효가 강효이며, 가운데는 유

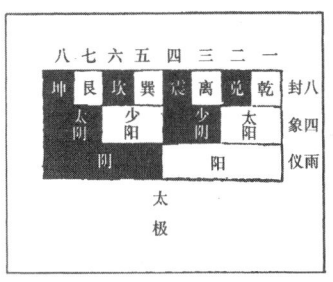

〈복희팔괘의 생성차서〉[186]

효다. 이 때문에 팔괘는 서로 교착한다고 말하는 것이다.

팔괘의 선천방위배열은 건남乾南 · 곤북坤北 · 이동離東 · 감서坎西 · 태동
남兌東南 · 간서북艮西北 · 진동북震東北 · 손서남巽西南이다.

양웅은 『태현경』에서 "천지는 서로
대립하고, 해와 달은 서로 모이며, 산
과 내는 서로 흐르고, 가볍고 무거운
것은 서로 유동한다."[188]라고 한다.
그는 또 "남북이 위치를 정하고 동서
가 기운을 통하고, 만물이 그 가운데
섞여 있다."[189]라고도 한다. 천지가
서로 대립한다고 말하고, 남북이 자리
를 정한다고 말하는 것은 서로 대립하

〈문왕팔괘방위도〉[187]

는 건곤 두 괘가 남과 북에 자리함으로써 위치를 정함을 말하는 것이다.

---

186) 노앙, 앞의 책, 81쪽.

187) 노앙, 앞의 책, 82쪽. (문왕팔괘는 후천팔괘라고 한다. 그 방위 배열 또한 위는
    남, 아래는 북, 좌동 서북이다.)

188) 『태현경』, "天地相對 日月相劘 山川相流 輕重相浮"

189) 『태현경』, "南北定位 東西通氣 萬物錯雜乎其中"

범망範望의 주注는 '귀劇'를 '회會'라고 한다. 이離는 해가 되고, 감坎은 달이 되는 것에 연유하여 이離와 감坎 두 괘가 서로 모이고, 또 동서가 서로 기운을 통한다고 말한 것이다. 이 때문에 이離는 동에, 감坎은 서에, 천지일월은 4정방위에 거하고, 그 나머지 산과 하천은 서로 흐르고, 가볍고 무거운 것은 서로 유동함이 마치 간태艮兌와 진손震巽이 서로 대립하는 4개 모서리 괘를 가리키는 것과 같다.

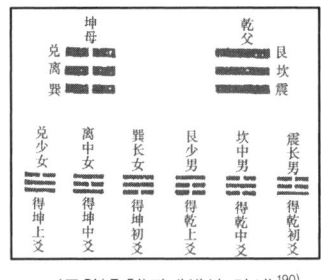

〈문왕(후천)팔괘생성 차서〉[190]

선천괘의 위치 배열 외에 후천괘의 위치 배열이 있다. 후천괘의 위치에 대해 「설괘전」은 "만물은 진震에서 나온다. 진震은 동방이다. 손巽에서 깨끗하다. 손巽은 동남이다. … 이離는 밝음이다. 만물은 다 서로 만나보니 남방의 괘다. … 곤坤은 땅이다. 만물은 모두 기름을 이룬다. … 태兌는 바로 가을이다. … 건乾은 서북의 괘다. … 감坎은 물이다. 바로 북방의 괘다. … 간艮은 동북의 괘다. 만물이 마침을 이루고, 시작을 이루는 것이다."[191]라고 한다.

이 글에는 곤☷괘와 태☱괘의 방위를 분명하게 말하지 않는다. 그러나 태☱괘는 계절이 바로 가을이라고 말한다. 가을과 4정방위의 서방은 대응한다. 그리고 곤☷괘는 만물이 모두 양육을 이루는 곳이라고 말한다. 응당 여름의 끝과 가을의 처음을 가리키는 것이다. 그것은 서남방에 대응한다. 그리하여 후천팔괘의 위치는 팔괘로 8방위에 배치한

---

190) 노앙, 앞의 책, 83쪽. (후천팔괘는 부모괘가 생성된 뒤 다시 삼남 삼녀의 육자괘가 생성됨을 볼 수 있다.)

191) 「설괘전」, "萬物出乎震 震東方也 齊乎巽 巽東南也 … 離也者 明也 萬物皆相見 南方之卦也 … 坤也者 地也 萬物皆致養焉… 兌 正秋也 … 乾 西北之卦也 … 坎者 水也 正北方之卦也 … 艮 東北之卦也 萬物之所成終 而所成始也"

다. 또 4립(춘하추동)과 2지(동하지) 2분(춘추분)의 8절을 배치한다. 또 공간방위와 물후를 사용하여 1년의 역정曆程을 나타낸다.

여기서 주목할 것은 「설괘전」이 선천팔괘에 대한 설명에서는 방위만을 언급한 것과는 달리 후천팔괘에서는 방위와 4립과 2지 2분의 8절을 연결지은 것이다. 즉 후천팔괘는 공간과 시간을 대응시켜 1년 사시의 운행규율을 파악할 수 있는 8절역법이라고 할 수 있는 것이다.

(3) 음양과 일월

「계사전」은 천지간의 음양의 도를 음양이 대립하고, 서로 전화하여 천지간의 보편규율을 보여주는 것으로 설명한다. 그리고 일월의 뜻이 음양을 천명함을 강조한다. 그리하여 "광대함은 천지에 짝하고, 변동은 사시에 짝하고, 음양의 뜻은 일월에 짝한다."[192]라고 한다. 즉 『역경』의 일음일양의 도를 천지의 사시 일월에 비의할 수 있음을 명확하게 말한 것이다. 특히 음양의 뜻을 일월에 짝지음으로써 음양의 도를 천명하는 중점으로 삼는다.

일월에 중점을 두는 이유는 "상을 달아 드러남은 일월보다 큼이 없다."[193]고 하기 때문이다. 즉 일과 월은 하늘에서 두 개의 가장 밝은 천체이다. 또 밤과 낮, 사계절의 큰 관절에 관계된다. 먼저 인식되는 것은 "일월의 도는 항상 밝다."[194]이다. 즉 태양과 달은 곧 천지인의 사이에 밝음을 주고, 태양은 대지에 밝음을 비춤으로써 만물을 생장시키고, 달은 유화한 빛으로 밤중에 사람들에게 도움과 위안을 주는 것으로 인식된다.

---

192) 「계사전」 상6장, "廣大配天地 變動配四時 陰陽之義配日月"
193) 「계사전」 상10장, "懸象著明 莫大乎日月"
194) 「계사전」 하1장, "月之道 貞明者也"

대낮에 태양이 천하를 비추고, 밤이 되어서는 월광이 어둠을 비추기 때문에 "해가 가면 달이 오고, 달이 가면 해가 오니, 일월이 서로 미루어 밝음이 생긴다."[195]이라고 말한 것이다. "일음일양을 일러 도라고 한다."는 것을 말할 때, 「계사전」은 뒤따라 "계속하여 함은 선이다."[196]라고 말한다. 즉 음양이 교체하는 것은 온 것이 계속하여 가는 것이다. 뒤에 온 것이 앞의 것을 잇는 것이다. 이것은 천지의 도의 선량한 본성이다. 마땅히 낮이 태양의 하락을 따라 소실될 때 사람들은 두려워할 만한 암흑을 경험한다. 그러나 달빛이 태양을 이어서 유화하게 밤하늘을 비춘다. 이것이 천도 음양의 선량한 구체적 체현이다. 그러므로 해가 가고 달이 오며, 달이 가고 해가 온다고 말하는 것은 해를 따라 도는 운동에 대한 서술인 것이다.

「계사전」은 다시 일월의 주년시운동에 대해 서술하고 있다. "일월이 운행하며, 한 번 춥고 한 번 덥다."[197]라고 한다. 이것은 실제로 고대인들이 천상에 대한 관측을 기술한 것이다. 고대인들은 정오에 태양이 1년 중 최고점에 도달했을 때를 보았고, 그리고 늦게 이것을 이어서 비추는 달이 최저점에 도달한 것을 보았다. 이것은 해와 달이 모두 황도 상을 운행하기 때문이다.(달의 시운동 궤도는 '백도白道'라고 부른다. 백도와 황도는 또 정확하게 각을 이루어 교차한다. 그러나 그 각의 평균치는 5도 9분이다. 이것은 매우 적은 값이다. 이 때문에 고대에 사람들은 달이 황도 상을 운행하는 것으로 믿었다. 단지 이것은 불안정하게 언제나 치우쳐서 황도와 떨어지기 때문이다.) 대낮, 정오의 태양이 최저점, 즉 동지점에 있을 때, 야반에 황도 상에서 동지점과 180도 차이를 보이는 하지점은 바로 하늘의 최고점에 있다. 달은 하늘에서 가장 높은 위치에 있기 때문이다.

---

195) 「계사전」 하5장, "日往則月來 月往則日來 日月相推而明生焉"
196) 「계사전」 상5장, "繼之者 善也"
197) 「계사전」 상1장, "日月運行 一寒一署"

이 천상에 의거하여 고대인들의 마음과 눈은 해가 남쪽 끝에 이르면 달은 북쪽 끝에 이르러 춥고, 해가 북쪽 끝에 이르러 달이 남쪽 끝에 이르면 덥다고 여겼다. 팔괘로서 표시하면 감坎은 달이고, 이離는 해이고, 감과 이는 서로 엇갈리며, 괘상은 서로 대립한다. 그렇기 때문에 일월운행은 일월의 대립으로 연유하여 한서가 이루어진다. 이것은 바로 괘상과 서로 부합하는 서술이다. 이로 인하여 일월의 음양 표현은 다시 한서의 바꿔들며 변화함을 형성한다. 「계사전」은 일월이 서로 미루어 형성하는 밤낮의 교체에 대하여 한 발 더 나아가 "주야의 도를 겸하여 안다."[198]라고 한다. 여기서 지知는 지혜의 의미가 있다. 만약 주야가 바뀌는 도리에 대해 명확히 이해한다면, 일음일양의 대립전화규율을 장악할 수 있다. 이것은 궁극의 지혜가 있어 길흉을 미리 알 수 있는 것이다.

『주역집해』는 순상의 설을 인용하여, "'주'는 건이 되고, '야'는 곤이다. 건곤의 도에 통하면 알지 못할 바가 없다."[199]라고 주석한다. 즉 이것은 주야의 도가 천지의 도이고, 천지지도가 곧 음양의 도임을 진일보하여 말한 것이다. 다시 「계사전」은 "강유는 밤과 낮의 상이다."[200]라고 말한다. 강은 양이 되고, 유는 음이 된다. "건은 양물이고, 곤은 음물이다. 음양이 덕을 합하여 강과 유가 체가 있게 되었다."[201]는 것은 음양의 의의를 일월에 배합하는 보편적 의의를 반복하여 설명하는 것이다. 동시에 일월이 천지음양의 도의 구체적 표현임을 반복 설명하고 있다.

---

198) 「계사전」 상4장, "通乎晝夜之道而知"
199) 『주역집해』, "晝者爲乾 夜者坤也 通于乾坤之道 无所不知矣"
200) 「계사전」 상2장, "剛柔者 晝夜之象也"
201) 「계사전」 하6장, "乾陽物也 坤陰物也 陰陽合德剛柔有體"

제4장 천도순환특성과 전식론全息論

　지구의 관측자가 볼 때, 해·달·별과 같은 천체는 각각 궤도를 따라 순환한다. 물론 그 순환주기는 서로 다르다. 이렇게 각각 주기가 다르게 순환하는 천체가 천지만물의 생성변화에 미치는 영향을 정확하게 파악하기 위한 것이 동양의 천문역법이다. 그리고 이를 바탕으로 인사를 논하는 것이 『주역』의 의리역이라고 하는 것은 이미 살펴보았다.

　따라서 이 장에서는 천도의 순환특성과 이런 특성을 정확하게 파악하기 위한 표준공식으로서의 간지기법에 대해 알아본다. 특히 천도운행 규율은 시·공 순환성을 갖고 있으며, 대우주와 우주에 속한 만물의 운행규율은 서로 같다는 전식론全息論과 이를 표현하는 모식으로서 간지오행에 관해 살펴본다.

1. 일월합력日月合曆과 주천공도주기

　『주역』을 비롯한 『노자』, 『여씨춘추』 등의 고경과 문헌을 보면, 중국고대인들은 우주가 잠시도 쉼이 없이 순환한다는 관념을 가지고 있었음을 알 수 있다.

『역경』태泰괘 구삼효사는 "가기만 하고 돌아오지 않은 것은 없다.(无往不復)"고 하고, 복復괘 괘사에는 "그 도를 반복한다.(反復其道)"고 한다. 또 고蠱괘에서 「단전」은 "마치면 시작이 있는 것이 천행(천도)이다.(終則有始 天行也)"라고 한다.

노자『도덕경』은 "앞에서 보아도 그 머리를 볼 수 없고, 뒤에서 보아도 그 뒤를 볼 수 없다." "독립하여 변함이 없고, 두루 행하여 위태하지 아니하다."고 한다.[1]

이처럼 고인들은 우주만물은 영원히 운동 변화하는 중에 처하고, 또 영원히 쉬거나 멈추지 않고 돌아서 다시 시작하는 환주운동環周運動을 진행한다고 인식한 것이다.[2]

『여씨춘추』에서는 "낮과 밤의 한 바퀴가 환도다. 달이 28수와 진수·각수 무리를 싸고도는 것이 환도다. 정기가 사시를 낳고, 한 번 올라가고 한 번 내려와 각각 만나는 것이 환도다. 물건이 동하면 움(맹萌)이 되고, 어린 싹(움)은 생하고, 생하면 자라며, 자라면 커지고, 커지면 이루며, 이루면 쇠하며, 쇠하면 죽으며, 죽으면 잠장하는 것이 환도다."[3]라고 한다. 이처럼 옛 사람들은 우주는 무한히 순환반복하며 우주만물은 이 순환의 규율에 따라 생장쇠망의 과정을 이어가는 것으로 보았다.

다음은 천체 가운데 지구에 가장 영향을 미치는 해와 달의 순환주기와 이 둘의 순환주기를 모두 포함하는 일월합력과 주천공도주기에 관해 알아본다.

---

1) 『도덕경』, "迎之不見其首 隨之不見其後"-14장, "獨立而不改 周行而不殆"

2) 常秉義, 『周易與曆法』, 中央編譯出版社, 2009, 24-25쪽.

3) 『呂氏春秋』「圜道篇」, "日夜一周 圜道也 月躔二十八宿 軫與角屬 圜道也 精生四時 一上一下 各與遇 圜道也 物動則萌 萌而生 生而長 長而大 大而成 成而衰 衰而殺 殺乃藏 圜道也"

1) 일월합력

(1) 태양의 순환주기

사람이 사는 지구에 가장 큰 영향을 미치는 것은 해와 달이다. 해는 아침에 동쪽에서 나와 저녁에 서쪽으로 넘어간다. 그리고 다시 다음 아침에 나오고 저녁에 지는 것을 반복한다. 여기서 하루라는 주기가 만들어진다.

고대에는 관측자가 있는 지구를 중심으로 하여 태양이 지구를 도는 것으로 생각했으나, 현대 천문학에 의해 지구가 태양을 중심으로 하고 자전하면서 공전한다는 사실이 밝혀졌다. 그리하여 하루라는 개념은 지구의 자전에 의해 생기는 태양순환주기가 된다. 즉 태양의 순환주기 가운데 가장 기본이 되는 셈이다.

그런데 현대 천문학에서는 태양의 1일 순환주기가 차이가 있다. 즉 태양이 남중에서 다음 남중까지를 평균태양일이라고 하며, 주기는 24시다. 또 다른 관점은 춘분점이 자오선을 지나서 다시 자오선으로 돌아오기까지의 시간을 말하는 항성일恒星日이 있다. 평균항성일은 평균태양일보다 조금 짧은 23시 56분 4.091초가 된다.

태양의 순환주기 가운데 큰 것은 1년 주기다. 이것은 일반적으로 지구가 자전하면서 태양을 한 바퀴 도는 것을 말하지만 역시 항성년과 회귀년에 따라 주기가 약간 차이가 있다.

다시 말해 회귀년은 태양년이라고도 하며, 태양을 기준으로 지구가 한 번 공전하는데 걸리는 시간이다. 그 주기는 365.2422일이다. 이에 비해 항성년은 지구가 항성을 기준으로 하여 태양의 둘레를 한 바퀴 공전하는 시간을 말한다. 또는 태양이 천구를 일주하는데 걸리는 시간이라고 할 수 있다. 1항성년은 회귀년보다 약간 긴 365.2563일이다.

그런데 중국 역법에서 말하는 태양의 1년 순환주기는 회귀년을 말한다. 따라서 태양력의 1년은 365.2422일이 된다.

(2) 달의 순환주기

달은 지구를 중심으로 공전하고, 지구는 다시 태양을 중심으로 공전한다. 따라서 달이 지구를 한 바퀴 도는 월 주기와 달이 지구를 12번 공전하는 것으로 만든 1년(태음년) 주기로 구분할 수 있다.

달이 지구를 도는 순환주기에는 무엇을 기준으로 삼느냐에 따라서 항성월恒星月·회귀월回歸月·근점월近點月·교점월交點月·삭망월 등으로 구분된다.

항성월은 달이 춘분점과 같은 황경을 지나서 다시 그 황경에 도달하기까지 걸리는 시간을 말한다. 즉 항성월은 천구 상에 있는 임의의 항성을 기준으로 하여 달의 주기를 측정한 것으로, 지구가 가만히 정지해 있을 때 달이 지구 주위를 공전하는데 걸리는 시간이다. 그러므로 항성월은 달의 실제적인 공전 주기로, 현재 1항성월은 27.32166일이다.

회귀월은 분점월分點月이라고도 하며, 달이 춘분점을 지난 때로부터 돌아와서 다시 춘분점을 통과하기까지 걸리는 평균시간을 말한다. 고정 춘분점을 기준으로 하는 경우는 27.32166이 되며, 평균춘분점을 기준으로 하는 경우, 달의 평균 황경이 0°에서 360°가 되기까지의 시간으로는 27.32158일이 된다. 춘분점과 달의 공전궤도가 천구 상을 이동하기 때문에 항성을 기준으로 하는 항성월에 비하여 약 7초가 짧다.

근점월은 달이 근지점을 통과하여 다시 근지점까지 돌아오는 시간이다. 달의 근지점은 백도를 따라 이동하기 때문에 근점월은 항성월보다 약간 길어진다. 근지점이 공간에 고정되어 있다면 근일점近日點(태양 주변을 도는 천체가 태양과 가장 가까워지는 지점으로, 가장 멀어지는 원일점과 반대의 개념이며 그 위치는 태양과 다른 행성의 중력에 의해서 조금씩 변한다.)의 길이는 달의 공전주기인 항성월과 같아진다. 그러나 달의 근지점은 3,232.589일(약8.55년)의 주기로 백도 위를 공전방향으로 일주하므로 근점월은 항성월보다 약 0.23289일이 길어 27.55455일이 된다.

교점월은 달이 지구 중심으로 공전하면서 승교점昇交點(천구 상의 천체 궤도와 황도가 이루는 두 교점 중에서 천체가 남쪽에서 북쪽으로 황도를 가로지르는 점을 말하며, 이와 반대로 북쪽에서 남쪽으로 가로지르는 점을 강교점이라 함.)을 지날 때까지의 평균시간으로 약27.212220일이다. 이 주기는 근점월이나 항성월보다 짧다. 일식이나 월식은 교점월과 태양의 승교점을 기준으로 한 주기의 공배수를 주기로 일어난다.[4]

이상의 항성월·회귀월·근점월·교점월은 천문학의 발전에 의해 확인된 개념들인데 비해 고대인들의 육안 관측에 의한 달의 공전주기는 삭망월이다.

우리가 일반적으로 초승달이나 보름달이니 하는 것과 같은 달의 모양(월상月相)은 지구를 중심으로 달과 태양의 위치가 어떻게 되느냐에 따라서 달라진다. 즉 달의 모습이 전혀 보이지 않은 것을 삭朔, 내지 합삭合朔이라고 하며, 달이 가득 찬 것을 만월滿月, 또는 망望이라고 한다.

삭은 달과 태양의 황경이 같은 때를 말한다. 이때 태양은 달의 뒤쪽을 비쳐주고 지구에서는 달의 그늘진 부분만 쳐다보게 되므로 달의 모습은 전혀 보이지 않게 된다. 그리고 망은 달이 태양과 반대쪽에 있을 때 달의 모습이 둥글고 가장 밝게 보이는 것을 말한다. 달이 천구 상을 운행하는 궤도를 백도라고 하며, 달이 백도 상을 운행하는 동안에 29.53일을 주기로 월상이 변한다. 이 29.53일을 1태음월, 또는 1삭망

---

4) 두산백과사전 EnCyber & EnCyber.com.

월이라고 하며 이는 음력의 한 달이다.[5] 그리고 달의 삭망을 기준으로 만든 1년이 태음년으로 12달의 날 수는 354.36일이 된다.

(3) 태음태양력과 19년7윤법

위에서 알아본 바와 같이 태양력의 1년은 365.25일이고, 태음년은 354.36일로서 1년의 날 수가 서로 다르다. 그러나 지구상에 존재하는 사람과 만물은 태양과 달의 영향을 함께 받기 때문에 고대인들은 태양력과 태음력을 함께 조율하여 태음태양력을 만들어 사용했다. 즉 달의 삭망을 기준으로 한 태음력은 태양의 순환에 의해 나타나는 계절의 변화를 파악할 수가 없다. 이에 비해 태양력은 달의 삭망에 의해 발생하는 조석의 변화라든지, 인체는 물론 동식물의 생명현상에서 나타나는 영향 등을 이해할 수가 없다. 따라서 이런 복잡한 문제를 동시에 해결하기 위해 고대인들은 해와 달의 순환주기를 통합 파악하는 것이 필요했다. 이런 이유로 만들어진 태음태양력에서는 달이 차고 비는 것을 위주로 하여 해의 운행과 맞추고자 한다. 즉 태양의 1년 순환주기 12달을 삭망월의 12달로 채우려고 하는 것이다. 그런데 이렇게 하려면 태양의 1년 순환주기 365.25일과 12개 삭망월인 태음력 1년의 354.36일이 서로 일치하지 않는다. 태양력 1년과 삭망월 12달 사이에는 10.89일의 차이가 있다.

또 삭망월의 날 수는 29.53일이어서 실제 삭망월의 배열에 있어서는 1개 삭망월의 날 수를 소수로 나타내기가 어렵다. 이 때문에 역법에서는 1개월을 30일(큰달) 혹은 29일(작은달)로 한다. 이렇게 하여 일반적으로 1년을 12개월로 하고, 큰달과 작은달을 각각 6개씩 배치한다.

---

5) 이은성, 『역법의 원리분석』, 정음사, 1985, 261-262쪽.

그런데 태양력의 날 수 365.25일을 12개 삭망월 위주로 표시할 경우 매년 부족한 10.89일을 그대로 방치할 경우 계절과 맞지 않게 된다. 그러므로 3년에 윤달을 하나 더 두어서 1년을 13개 삭망월로 하는 것이다. 이렇게 하더라도 10.89일이 세 번 겹치면 32.67일로 33일에 가까워서 윤달을 두더라도 3-4일 정도가 남게 된다. 이에 따라 다시 2년 뒤에 윤달을 하나 더 두게 된다. 즉 5년에 윤달이 2번 있게 되는 것이다. 이것이 「계사전」의 "오세재윤五歲再閏"이라는 것이다. 이렇게 하면 19년에 7개의 윤달이 있게 된다. 이것은 일반적으로 역법에서 '19년7윤법'이라고 말한다.

여기서 19년에 7개의 윤달을 두는 것에 대해 좀 더 자세히 살펴본다. 태양년으로 19년에 있는 날 수를 계산하면 365.25×19=6,939.75일이 된다. 그리고 19년에는 모두 235개 삭망월이 있어, 235개 삭망월의 일수는 29.530851×235=6,939.75일이 된다. 즉 235개 삭망월을 거쳐야 교삭交朔 시각으로 돌아오게 된다. 다시 말해 태양년으로 19년은 235개 삭망월과 시간이 거의 같은 것이다. 중국의 고육력古六曆에서는 이 19년을 1장章이라고 부른다.

이상으로 미루어 알 수 있는 것은 태음태양력에서 1년의 날 수는 세 가지의 경우를 상정할 수가 있다. 하나는 12개 삭망월이 1년이 되는 경우로 1년의 날 수는 354일이 된다. 이것은 평년이다. 둘은 윤달을 두어 13개월이 1년이 되는 해로 1년은 384일이 된다. 이것은 윤년이다. 다른 하나는 태양력의 1년 365-366(양력도 평균 4년에 1회의 윤년을 두어 한 해의 날 수를 366일로 한다.)일이다. 이것은 평년과 윤년을 정하는 기준이 된다. 즉 일월합력의 1년 순환주기는 354일과 384일의 실제 상황이 있고, 기준이 되는 366일의 세 경우가 된다.

2) 주천공도 · 64괘 · 간지주기

앞에서 알아본 바와 같이 태음태양력은 각각 주기가 다르다. 이처럼 날 수가 다른 해와 달의 주기를 하나로 통합하여 천도를 파악하고자 하는 표준공식이 『주역』 괘와 간지주기라고 할 수 있다. 실제로 고대인 들은 전통적으로 천체의 복합운동은 모두 동태적인 원형의 360° 중에 통일하여 서술할 수 있다고 생각했다. 「계사전」은 "건의 책수가 216이 요 곤의 책수가 144다. 그러므로 모두 360이니, 1년의 일수에 해당한 다. 두 편의 책수가 1만 1천 520이니 만물의 수에 해당한다."[6]고 한다.

여기서 건의 책수가 216이 되는 이유는 시초를 세어서 괘를 구할 때 노양의 수인 36에 6효의 시초를 곱하여 얻은 수다. 또 곤의 책수가 144 가 되는 것은 노음의 수 24에 역시 6효의 시초를 곱하여 얻은 것이다. 그리고 이 건과 곤의 책수를 합한 360이 1년의 날짜에 해당한다는 것은 매달이 30일이니 열두 달을 곱하면 360일이라는 것이다. 이 말은 태양 의 1년 순환주기가 365-366일이고 12개 삭망월의 날 수는 354일인 점 을 감안하면 이해가 어려운 부분이다.

이 문제에 대해, 주희는 "기氣로써 말하면 366일이고, 삭朔으로서 말 하면 354일이다. 지금 기는 가득 차고 삭은 허한 가운데 수를 들어서 말힌 것이므로 360일"[7]이라고 설명한다. 이 말은 태양의 순환주기 366일과 삭망년의 354일을 통일하여 서술한 것이 360일이라는 것이 다. 즉 「계사전」에서 말하는 1년의 날 수가 360일이라는 것은 실제의 태양년 1년의 날짜와 삭망년의 날짜를 말하는 것이 아니라, 이들을 통 합하여 파악할 수 있는 공도公度를 말하는 것이다.

---

6) 「계사전」 상9장, "乾之策 二百十有六 坤之策 百四十有四 凡三百有六十 當期之 日 二篇之策 萬有一千五百二十 當萬物之數也"

7) 주희 저, 김상섭 해설, 『역학계몽』, 예문서원, 1999, 194쪽.

공도라는 말의 뜻은 둘, 또는 둘 이상의 양量이 모두 어느 한 양을 포함하고 있을 때 그 한 양을 말한다.8) 그런데 여기서 말하는 공도는 해와 달 등 천체가 하늘을 도는 주천도수 360°를 말하는 것이다. 실제의 일월의 순환주기 일 수, 즉 기수와 삭수를 말하는 것이 아니고 이들의 순환주기에 공통으로 포함된 주천공도수인 것이다. 다시 말해『주역』의 괘는 주천공도수를 말하는 것이기 때문에 이것을 실제의 기수나 삭수와는 차이가 있을 수밖에 없다. 그러므로 주천공도수가 함축하고 있는 깊은 뜻을 파악하는 것이 중요하다.

고대에는 일찍부터 괘로써 기년했다. 즉 두 괘가 1년을 담당했다. 앞에서 예를 든 「계사전」의 "건의 책수가 216이요 곤의 책수가 144다. 그러므로 모두 360이니, 1년의 일수에 해당한다. 두 편의 책수가 1만 1천 520이니 만물의 수에 해당한다."는 말이 이를 뒷받침하고 있다. 여기서 추론하면 64괘는 32년과 꼭 들어맞는다.

『역위』「건착도」에서도 "건곤을 모방하여 32년으로 64괘 384효 1만 1천 520석析을 두루 돌아서 정貞에 돌아온다."9)고 말한다. 또한 이 내용은 「계사전」에서 언급한 내용의 반복이다. 매년 두 괘가 1년의 주천수, 즉 360도와 부합함을 말하는 것이다. 32쌍의 64괘卦는 32년과 맞먹는다. 즉 360×32=11520이다.

여기서 책수 1만 1천 520은 괘를 구할 때 양의 시초를 세어서 얻은 양효의 책수 36을 384효의 절반인 192와 곱하여 나온 6천 912와 음효의 책수 24를 역시 나머지 절반인 192와 곱하여 나온 4천 608의 합이다.

상병의는 이런 내용을 바탕으로 공도년·회귀년·삭망년·간지년의

<hr/>

8) 두산백과사전 EnCyber & EnCyber.com.
9)『역위』「건착도」, "法於乾坤 三十二歲而周六十四卦 三百八十四爻 萬有一千五百二十析 復於貞也"

관계를 밝히고, 역괘易卦·간지干支·율력律曆·물후物候·절기節氣·성수星宿 등은 모두 주천이라는 틀에 통섭되고 공도법으로써 주천순환의 도를 추연할 수 있다고 주장한다.

여기서 그의 주장을 간추려 들어본다.[10]

32쌍의 괘는 32년에 해당하는 것으로 64괘로 연역한 공도년公度年이다. 그리고 실제의 회귀년은 32년보다 부족하며, 삭망년은 32년보다 남음이 있다. 그리고 간지주기는 매년 윤달이 있어(매년 윤달이 있는 것은 불가능함) 30년이 된다.

11,520÷360=32(공도년)
11,520÷365=31.56(회귀년)
11,520÷354=32.54(삭망년)
11,520÷384=30

사실상 회귀년, 즉 간지년은 31.56회귀년이고, 또 31.56간지년이다. 그리고 여기서 가능한 공도성을 구하기 위해 특별히 윤년으로써 그것을 계산한다. 총체적으로 말해 64괘는 가공도성·전식성의 수학구성모식으로 회귀주기와 삭망주기를 엄격하고 질서 있게 통섭 통괄하는 것이다.

23,040÷360=64(공도년)
23,040÷365=63.13(회귀년)
23,040÷354=65.08(삭망년)
23,040÷384=60(간지법)

---

10) 상병의, 앞의 책, 40-43쪽.

여기서 보면 간지와 공도법은 밀접하게 들어맞는다.(60×6=360°)

그리고 64괘에서는 건·곤·감·이(즉 천·지·일·월)를 제외하면, 그 나머지 60괘가 쓰임이 되어 60갑자와 서로 배필이 된다. 그러므로 소옹邵雍은 "괘에는 64괘가 있고, 쓰임은 60에 그치는 것은 어찌된 것인가? 60괘는 360효다. 그러므로 갑자는 60에서 그친다. 육갑은 천도가 다하는 것이다. 이것은 책수로 응하는 것이다."[11]고 말한다. 또 "체는 384가 있고, 용은 366에 그침은 어찌 된 것인가? 건·곤·감·이는 쓰지 않기 때문에 360이 용이 되는 것이다."[12]고 한다.

앞에서 회귀년이 365.25일, 삭망년은 354일, 4년에 오는 윤년은 366일이며, 360을 쓰는 법은 음양을 통일한 합력임을 알아보았다. 그러므로 소옹은 "양은 360에 남고, 음은 360에 모자란다."[13]고 하고, "용은 360인데, 366이 있는 것은 무엇인가? 수가 남는 것이다. 남는 수는 어떻게 쓰나? 건은 모두 쓰는 것이다. 그러나 건·곤은 쓰지 못하고 감과 이는 반을 쓴다."[14]고 한다.

이른바 "건·곤 불용"이란 것은 "양 혼자서는 생하지 못하고, 음만으로는 이루지 못함"[15]을 말하는 것이다. 그리고 "감·리 반용"은 이동離東 감서坎西를 말하는 것으로 마땅히 음양의 반이고, 음양은 서로 차츰 가까워진다. 그러므로 감과 이는 반용이다.

---

11) 邵雍 저, 陳明 点校, 『皇極經世書』 13권 「觀物外篇」 상, 學林出版社, 2003, 912쪽. "卦有六十四而用止于六十者何也 六十卦者 三百六十爻也 故甲子止于六十也 六甲而天道窮 是以策數應之"

12) 소옹, 앞의 책, 907쪽, "體有三百八十四 而用止于三百六十 何也 以乾坤坎離之不用也 所以成三百六十之用也"

13) 소옹, 앞의 책, 913쪽, "陽數于三百六十上盈 陰數于三百六十上縮"

14) 소옹, 앞의 책, 907쪽, "用止三百六十 而有三百六十六者何也 數子贏也 數之贏 則何用也 乾之全用也 乾坤不用則坎離用半也"

15) 소옹, 앞의 책, 907쪽, "獨陽不生 專陰不成也"

「계사전」은 "서의 덕은 둥글어서 신묘하고, 괘의 덕은 반듯하여 지혜롭다."[16]고 말한다. 소옹은 여기서 더 나아가서 "원은 6변이고, 육육六六은 나아간다. 그러므로 60변은 360이다. 방은 8변이다. 그러므로 팔팔八八은 64이다. 양은 나가기 때문에 60으로 나간다."[17]고 말한다.

30년과 60년 주기와 관련하여 『황제내경』「소문」〈천원기대론〉은 다시 상세하게 논한다.

"하늘은 6으로 절을 삼고, 땅은 5로 제를 삼는다. 천기를 도는 것은 6기碁(6년)로 1비備를 삼는다. 지기地氣를 마치는 것은 5년으로 1주를 삼는다. … 오와 육이 서로 합하여 720기가 1기紀가 되므로, 무릇 30세다. 1440기는 무릇 60세로 1주가 된다. 불급과 태과는 여기에서 모두 드러난다."[18]고 한다. 또『맹희장구』는 "괘는 지 6으로, 후는 천 5로 하여 5와 6을 곱하여 소식이 1변한다. 12변하고 세가 처음으로 돌아온다."고 한다.[19]

고대 물후는 5일을 1후로 하고, 5일은 또 시진간지의 주기가 된다. 5×6=30일(360시진)이다. 괘기는 6일7분이 1괘가 되고, 1월은 5괘로, 6×5=30일이 되고, 다시 12월을 곱하면 세를 구하는 식(세식歲式)이 된다. 이렇게 괘기와 간지주기는 하나로 융합된다.

그리고 30년은 월간지갑자주기가 6주하는 것(5년이 1주)이다. 60년은 월간지주기의 12주다. 또 연年간지주기의 전체 수(전수全數)가 된다. 30

---

16) 「계사전」상11장, "筮之德圓以神 卦之德方以知"
17) 소옹, 앞의 책, 909쪽. "圓者六變也 六六而進之 故六十變而三百六十矣 方者八變 故八八六十四矣 陽主進 是以進爲六十也"
18) 『황제내경』「소문」〈천원기대론〉, "天以六爲節 地以五爲制 周天氣者 六氣爲一備 終地紀者 五歲爲一周 … 五六相合 而七百二十氣爲一紀 凡三十勢 千四百四十氣 凡六十歲而爲一周 不及太過 斯皆見矣"
19) 『맹희장구』, "卦以地六 候以天五 五六相乘 消息一變 十有二變而歲復初"

년과 60년에는 720기와 1440기가 포함된다. 즉 기는 절기로, 1개 절기는 15일이다. 그렇다면 1년 공도를 구하면 다음과 같다.

720×15=1,080
1,080÷30=360
1,440×15=2160
2,160÷60=360

이상에서 살핀 방법은 모두 360공도년 측량방법을 채용하고 있다는 것을 알 수 있다.

또 서한 초년의 『회남자』 「천문훈」 중에는 1년, 10년, 60년 3종의 주기와 관련된 기록이 있다. 그 중 1년은 5단계로 나누고, 매 1단계는 72일이 된다. 10년 또한 5개 단계로 나누고, 매 단계는 720일이 된다. 60년 또한 1440기가 있어서 1주 60세와 정확하게 부합한다.

60년주기법과 『황제내경』이 서로 완전히 같다는 것은 말할 필요도 없다. 1년과 10년의 법을 보면,

72×5=360천
720×5=3600천

위에서 말한 1년과 10년 5분법은 합하여 360일과 3600일이 된다. 여기서 천天은 일(하루)일 아니고 곧 도수度數이다.

72°×5=360°
720°×3600°이다.

이렇게 주천 360°는 1개 공도년과 완벽하게 부합하고, 3600°는 10개 공도년과 정확하게 부합한다. 여기서 64괘 괘효사를 되새겨 보면 풀리지 않던 의심이 확실하게 풀리게 된다.

예를 들어, 「문언전」은 건괘 초구에 대해 "남으로부터 인정을 받지 못해도(不見是)"라고 하는데, 이 때 '시是'는 '일중日中'이다. 즉 역에는 태극이 있고, 이것이 양의를 낳는 시是이다.

자오선의 위는 정남방正南方이다. 자오선의 아래는 정북방이다. 일중의 그림자는 반드시 바르다(正). 그림자가 바른 것은 좌우가 스스로 나뉘어 둘이 된다. 즉 좌양과 우음이다. 건괘 초구는 땅의 아래에 처해서 잠장하는 상象이다. 그러므로 "태양을 보지 못하는 것(不見是)"이다.

또 예를 들면, 『주역』미제未濟괘 상구효사는 "믿기를 지나치게 하여 의리를 잃을 것이다.(有孚失是)"라고 한다. 미제 상괘는 이離다. 일중은 곧 기운다. 상구는 이미 끝이다. 그러므로 "태극을 잃는 것(失是)"이다.

이상은 64괘 384효를 건괘 초구와 미제괘 상구(즉 역의 제1효와 제384효)로써 말한 것이다. 이로써 '시是'는 시종이 되고, 적확한 의미가 매우 길다. 더 나아가서 말하면 64괘 공도 중에 삭망은 이미 65년을 지나고, 회귀는 도리어 63년을 지나서 태양회귀를 보지 못하는데 어찌 태양(是)을 볼 수 있겠는가? 그러므로 "불견시不見是", "유부실시有孚失是"라고 한 것이다. 미제괘 뒤에는 다시 건괘 초구로부터 시작한다. 5.25×64=336일인 점을 고려하면 아직도 기영氣盈의 수에 6배 더하여야 비로소 64회귀대수에 부합할 수 있다. 이전에는 태양회귀를 볼 수 없다. 어찌 '시是(일중)'가 있겠는가? 그리고 기제는 제63괘로, 바로 63회귀년과 합한다. 그러므로 「잡괘전」은 "기제는 정함이다. 미제는 남자의 궁함(窮)이다.(既濟定也 未濟男之窮也)"라고 한다. 기제 괘사는 "처음은 길하나 끝은 어지럽다.(初吉終亂)"이다. 모두 대주기와 정확하게 들어맞는다.

　　다시 환渙괘와 절節괘로써 예를 들면, 환괘는 제59괘이고 절괘는 제
60괘다. 59×6=354, 60×6=360으로 환괘는 1개 삭망년주기와 같고,
회귀년과는 아직 11일이 부족하다. 그러므로 환괘라고 한다.(『정전』은
환은 떠나고 흩어짐이다－渙者 離也 散也－고 주석함) 그리고 절괘 360효(360°)는
1개 공도년과 같다. "수를 재는 것이 절이다.(度數也 節也)"그러므로 절
괘라고 이름지었다. 그리고 미제괘에 이르려면 윤년을 두게 된다.

　　만약 백서帛書 64괘와 통행본 서괘를 대조하면, 둘은 단지 3괘가 차
례와 이름이 같음을 발견할 수 있다. 즉 건乾괘(帛書名은 健), 항恒괘 및
중부中孚(백서명 中復), 또 건괘는 1번, 항괘는 32번, 중부는 61번이다. 여
기서는 백서 서괘와 통행본 서괘가 어찌 이와 같이 다른가? 그리고 2개
본이 어찌 제1·제32 및 제61괘가 완전히 일치하는가는 문제삼지 않는
다. 건은 천이 된다. "천하의 동함은 하나(一)에 항상한 것이다."[20]라고
한다. 그러므로 제1이 된다. 항괘는 64괘의 반이다. 또 64공도년의 반
이다.

$$32×360=11520$$

　　공도년으로 32를 곱하면 "1만 1천 520으로 만물의 수에 해당한다."와
꼭 같다. 그러므로 항이라고 한다.

　　또 중부(중복)괘 61(61공도년)에 이르러 60회귀년대수(60간지년주기)와
부합한다. 동지 야반에 있는 것과 같다.

　　이로부터 64공도법이 확실히 고대 성현의 법임을 족히 증명할 수 있
는 것이다.

　　특히 상병의는 『주역』이란 이름은 지명을 가리키는 것이 아니고, 또

---

20) 「계사전」 하1장, "天下之動 貞夫一者也"

조대朝代의 이름도 아니라고 한다. 이것은 '주행周行', 즉 "주행하여 지치지 않음(周行而不殆)", "곤에서 마치고 다시 시작함이 돌아서 연환連環하는 것과 같다.(終坤復始 如循連環)"는 우주만물주행운동의 환상시공구성으로 보는 것이다.

그는 『주역』은 실로 주기순환을 가리키는 것으로 그치면 시작이 있는 우주천상운행규율이라고 규정한다. 역괘·간지·율력·물후·절기·성수 등은 모두 주천이라는 틀에 통섭되어, 공도법으로써 주천순환의 도를 널리 확산시킨 것으로 이해한다.

2. 천도의 시·공 순환특성

천체의 운행은 주기를 갖고 순환하며, 이것은 시간으로 파악이 가능하다. 동양의 우주관은 시간과 공간을 동시에 고려한다. 그러므로 천체운행규율의 정확한 파악을 위해서는 시간과 공간을 함께 고려해야 한다. 다시 말해 천체의 운행은 시간과 공간을 주기적으로 순환하는 특성을 갖는다. 따라서 여기서는 천체의 운행에서 시간과 공간의 관계에 대해 살펴본다. 지구상의 사람들에게 가장 영향을 미치는 천체로는 해와 달이기 때문에 해와 달의 순환주기를 파악하여 전분역법을 만들었다. 이 천문역법에서는 해와 달의 순환을 하루와 한 달과 1년의 주기로 구분한다. 그리고 역법은 일·월·년의 구분 외에 년을 뛰어 넘는 초년超年의 주기를 파악하여 천체우주의 시·공 순환주기를 이해하려고 시도한다. 이 장에서는 해의 순환에 의한 시간과 방위, 그리고 달의 순환과 관련한 하늘의 성상星象방위, 초년주기와 간지의 방위로 구분하여 알아본다.

1) 사시팔절과 사면팔방

중국 고대인들은 천체 주기운동의 시·공적 구성의 본질을 시간의 차례라고 인식했다. 그리고 그들은 천체운동에 의한 변화를 시간으로만 파악한 것이 아니라 공간과 연계했다. 그 결과 사시四時를 사면四面 내지는 사방과 연계하고, 더 나가서는 입춘·입하·입추·입동의 4립과 춘·추분의 2분, 그리고 동·하지의 2지 등, 8절을 팔방에 배치했다. 이는 앞에서 '방위와 시간'을 살피면서 언급한 것이다. 따라서 여기서는 간략하게 정리해보는 것으로 대신하기로 한다.

먼저, 사시와 사면의 관계를 본다. 사시는 1년에서 봄·여름·가을·겨울의 사계절을 말한다. 그리고 사시와 연계된 사면, 또는 사방은 봄은 동쪽, 여름은 남쪽, 가을은 서쪽, 겨울은 북쪽이 된다.

사시와 사방이 이렇게 연계되는 것은 중국의 고대 우주론에서 이미 파악할 수 있다. 즉 지구의 북반구인 중국 땅에 있는 관측자가 천상의 변화를 관찰할 경우 해는 동쪽에서 떠서 남쪽을 거쳐 서쪽으로 진 뒤 다시 동쪽에서 나온다. 이것은 태양에 의한 밤낮의 변화로 하루를 이루는 모양이다.

그런데 태양은 지구의 남쪽과 북쪽을 이동하며 1년의 순환주기를 이룬다. 즉 태양이 황도를 따라 이동하고, 지구의 적도는 황도와 23도 27분의 경사각을 이루기 때문에 태양이 남쪽 끝에서 북으로 올라오며 황도와 적도가 교차하는 지점에서 밤과 낮의 길이가 같은 춘분점을 만든다. 또 반대로 북쪽에서 남쪽으로 이동하며 황도와 적도가 교차하는 곳에서 추분점을 이룬다. 그리고 태양이 남쪽 끝과 북쪽 끝에 이른 점은 동지와 하지가 된다.

이와 같은 태양의 1년 순환과정을 동쪽에서 올라와 남쪽을 거쳐 서쪽으로 들어가는 하루의 주기순환과 연계하여 보면 봄부터 여름까지는 태양이 하늘에 떠있는 낮의 시간이 길어지고, 하지에 이르러 낮 시간이 최고점에 달했다가 다시 가을로 향하면서 낮 시간은 짧아지기 시작한다. 그리고 다시 겨울의 동지에 이르러 낮 시간이 가장 짧아졌다가 춘분을 향해 가면서 낮은 길어지기 시작한다.

이것을 정리하면 봄은 동방이 되고, 여름은 남방이 되고, 가을은 서방이 되며, 겨울을 북쪽이 된다. 이것은 완전히 천상의 관측에 의한 것으로 자연현상이다.

그러므로 『주역』「계사전」은 역易의 상象을 사상四象으로 구분하고 사물의 음양 강유 및 그 변화 여부를 표시한다. 즉 소양·노양·소음·노음으로 나누어 봄은 소양, 여름은 노양, 소음은 가을, 노음은 겨울에 대응시킨다. 곧 『주역』은 사시와 사방을 구분하지 않고 연계하여 천상의 변화를 표현하는 것이다.

또 사시를 보다 구체적으로 세분한 것이 입춘·입하·입추·입동의 4립과 춘·추분의 2분, 그리고 동·하지의 2지 등 8절이다. 8절과 8방의 연계에 관해서는 두 가지 경우를 알아볼 필요가 있다. 하나는 선천팔괘 또는 복희팔괘 방위이고, 다른 하나는 후천팔괘 내지는 문왕팔괘 방위다.

「설괘전」은 선천팔괘 방위와 후천팔괘 방위에 대해 설명하고 있다. 선천팔괘 자리에 대해서는 "천지가 자리를 정하니 산과 못이 기를 통하고, 우레와 바람이 서로 부딪치며, 물과 불이 서로 해치지 않고, 팔괘가 서로 갈마든다."[21]라고 설명한다. 여기서 '천지가 자리를 정한다.'는 것은 「계사전」의 "하늘은 높고 땅은 낮으니, 건곤이 정해진다.(天尊地卑乾坤定矣)"고 하는 말과 같다. 즉 하늘은 위에 있고 땅은 아래에 있어 천지의 대립으로 역의 근본을 이룬다는 것이다. '산택통기山澤通氣'는 간艮과 태兌 두 괘가 대립하는 것을 말한다. '뇌풍상박雷風相薄'은 진震과 손巽

---

21) 「설괘전」, "天地定位 山澤通氣 雷風相薄 水火不相射 八卦相錯"

두 괘의 대립이고, '수화불상석水火不相射'은 감坎과 리離 두 괘의 대립을 말한다. 각각 대립하는 괘는 모두 음양이 서로 뒤섞이는 것이다.

「설괘전」에 의한 팔괘의 선천방위배열은 건남乾南·곤북坤北·이동離東·감서坎西·태동남兌東南·간서북艮西北·진동북震東北·손서남巽西南이다. 이 선천방위배열은 후천방위배열과 차이가 있다.

후천괘의 위치에 대해 「설괘전」은 "만물은 진震에서 나온다. 진震은 동방이다. 손巽에서 깨끗하다. 손巽은 동남이다. … 이離는 밝음이다. 만물은 다 서로 만나보니 남방의 괘다. … 곤坤은 땅이다. 만물은 모두 기름을 이룬다. … 태兌는 바로 가을이다. … 건乾은 서북의 괘다. … 감坎은 물이다. 바로 북방의 괘다. … 간艮은 동북의 괘다. 만물이 마침을 이루고, 시작을 이루는 것이다."[22]라고 한다.

이 글에는 곤괘와 태괘의 방위를 분명하게 말하지 않는다. 그러나 태괘는 계절이 바로 가을이라고 말한다. 가을과 4정방위의 서방은 대응한다. 그리고 곤괘는 만물이 모두 양육을 이루는 곳이라고 말한다. 응당 여름의 끝과 가을의 처음을 가리키는 것이다. 그것은 서남방에 대응한다. 그리하여 후천팔괘의 위치는 팔괘로 8방위에 배치한다. 또 4립 (춘·하·추·동)과 2지(동·하지) 2분(춘·추분)의 8절을 배치한다. 또 공간방위와 물후를 사용하여 1년의 역정曆程을 나타낸다.

여기서 주목할 것은 「설괘전」이 선천팔괘에 대한 설명에서는 방위만을 언급한 것과는 달리, 후천팔괘에서는 방위와 4립과 2지 2분의 8절을 연결지은 것이다. 즉 후천팔괘는 공간과 시간을 대응시켜 1년 사시의 운행규율을 파악할 수 있는 8절역법이라고 할 수 있는 것이다.

---

22) 「설괘전」, "萬物出乎震 震東方也 齊乎巽 巽東南也 … 離也者 明也 萬物皆相見 南方之卦也 … 坤也者 地也 萬物皆致養焉 … 兌 正秋也 … 乾 西北之卦也 … 坎者 水也 正北方之卦也 … 艮 東北之卦也 萬物之所成終 而所成始也"

2) 24절기와 24방위

태양의 순환주기 1년을 크게 나누면 4시가 되고, 좀 더 세분하면 8절이 되며, 더 구체적으로는 구분하면 24절이 된다. 24절은 24절기節氣로 태양의 순환과정에서 나타나는 지구상의 자연변화를 읽을 수 있는 시간의 마디가 된다.

태양은 황도 상에서 하루에 1도 정도씩 이동하여 365.25일 걸려 360도의 운행을 마친다. 그런데 태양의 운행궤도는 타원형으로서 태양이 지구와 가까운 곳을 지날 때는 비교적 빠르게 운행하므로 황도 15도를 지나는데 소요되는 시간은 비교적 짧다. 그리고 태양에서 멀리 떨어진 곳에서의 운행 속도는 비교적 느리기 때문에 황도 15도를 경과하는 시간은 비교적 조금 길다.

그러므로 태양은 황도를 하루에 보통 1도 정도 이동하는 것으로 보고 1년을 24등분하면 1절기는 평균 15일여가 된다. 따라서 한 달에는 절기가 2번 있게 되고, 한 계절에는 6번 들어온다.

중국 한나라 무제 때 제정된 태초력太初曆은 1회귀년을 24절기로 평분하여 매 1절기를 평균 15일과 1010/4617 일로 삼았다. 즉 15.21875일로 했다. 아울러 동지冬至로부터 홀수의 자리에 배치한 기氣, 즉 대한大寒·우수雨水·춘분春分·곡우穀雨·소만小滿·하지夏至·대서大暑·처서處暑·추분秋分·상강霜降·소설小雪을 중기中氣라고 규정했다. 그리고 짝수의 자리에 배치한 氣, 즉 소한小寒·입춘立春·경칩驚蟄·청명淸明·입하立夏·망종芒種·소서小暑·입추立秋·백로白露·한로寒露·입동立冬·대설大雪을 절기節氣라고 정했다.

24절기의 이름이 모두 나타나는 것은『회남자』「천문훈」이다. 「천문훈」에서는 두건斗建과 절기를 하나하나 열거하고 있는데, 이를 자세히 분석해보면 24절기와 천상의 방위를 연계한 것임을 알 수 있다.

즉 두건이 자子를 가리키면, 동지, 계癸는 소한, 축丑은 대한이다. 보덕報德의 모서리23)(간艮의 방향)를 가리키면, 입춘, 인寅은 우수, 갑甲은 경칩, 묘卯는 춘분, 을乙은 청명, 진辰은 곡우이다. 상양常羊의 모서리24)(손巽의 방향)를 가리키면 입하, 사巳는 소만, 병丙은 망종, 오午는 하지, 정丁은 소서, 미未는 대서이다. 배양背陽의 모서리25)(곤坤의 방향)를 가리키면 입추, 신申은 처서, 경庚은 백로, 유酉는 추분, 신辛은 한로, 술戌은 상강을 가리킨다. 제통蹄通의 모서리26)(건乾의 방향)를 가리키면 입동, 해亥는 소설, 임壬은 대설이다. 그리고 후에 다시 子는 동지다.27)

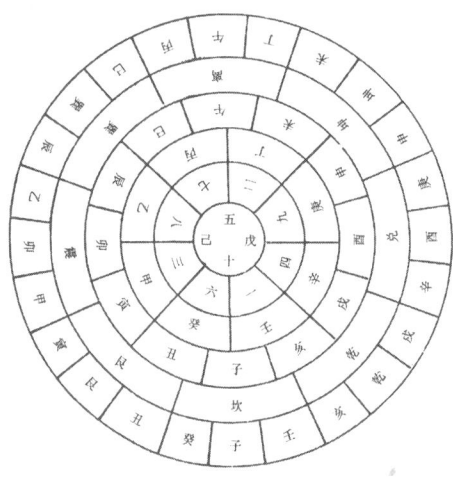

〈24방위생성도의 원도〉28)

---

23) 陰氣가 북에서 다하고 陽氣는 동쪽에서 시작하므로 艮方 즉 丑寅의 동방은 음에서 양으로 나가는 방위로서 덕을 갚는 방위의 의미로 본 것이다.

24) 辰巳의 동남은 純陽이 위치해 성하거나 쇠하지 않아 소요하는 모양을 의미한다.

25) 陽氣는 南方에서 다하고 西南에서 음기로 시작함으로 未申의 坤方을 양을 등지는 모서리라고 한 것이다.

26) 戌亥의 西北은 純陰의 자리로 양기가 점차 싹이 트려고 하는 것에 빗대어 乾方을 蹄通이라고 한 것이다.

27) 劉安 撰, 吳廣平 劉文生 譯, 『白話淮南子』, 岳麓書社, 1998, 65-66쪽.

『회남자』「천문훈」에서 말하는 24절기를 24방위생성원도와 대비하여 보면 24절기와 24방위와의 관계를 쉽게 이해할 수 있다. 여기서 24방위는 12지지와 10천간 중 무戊·기토己土를 제외한 8간, 팔괘 가운데 건乾·곤坤·간艮·손巽의 모서리 4괘를 합하여 배치한 것이다.

그런데 『회남자』는 24방위를 표시하는 4괘·8간·12지를 천상과 연결시키고 있다. 즉 건建은 북두성의 자루가 가리키는 방위를 말하는 것으로서 하늘의 상을 의미한다. 따라서 북두성의 자루가 자子를 가리키면 동지가 되고, 오午를 가리키면 하지가 되며, 묘卯를 가리키면 춘분, 유酉를 가리키면 추분이 된다. 곧 자·오·묘·유는 2지 2분이 된다.

또 간艮을 가리키면 입춘, 손巽을 가리키면 입하, 곤坤을 가리키면 입추, 건乾을 가리키면 입동이 된다. 이것은 8괘 가운데 모서리 4괘는 4립이 됨을 말하는 것이다.

그리고 10간 중에 동방에 있는 갑甲·을乙은 봄에 속하고, 남방의 병丙·정丁은 여름에 속하고, 서방의 경庚·신辛은 가을에 속하고, 북방의 임壬·계癸는 겨울에 속한다. 토에 속하는 무·기는 곧 중앙에 놓여 주변의 방위 서열에 불참한다.

이상으로 보면 24방위 또한 천상의 관측에 의한 것이며, 24절기와 24방위의 연계는 우주의 변화規율을 시간과 공간적으로 파악하기 위한 것임을 알 수 있다.

3) 12월과 천상방위

태음태양력의 1년에는 12개 삭망월이 포함된다. 물론 태양력 기준으로 365.25일과 12개 삭망월의 354.36일이 서로 들어맞지 않아서 윤달

---

28) 노앙, 앞의 책, 78쪽. (각 층차의 배열과 방도는 같다.)

을 두는 경우는 13개월이 되기도 한다.

그런데 1년을 구성하는 12개월은 각각 12지지의 이름이 붙는다. 즉 1월인 정월은 인寅, 2월은 묘卯, 3월은 진辰, 4월은 사巳, 오월은 오午, 6월은 미未, 7월은 신申, 8월은 유酉, 9월은 술戌, 10월은 해亥, 11월은 자子, 12월은 축丑월이 된다.

본래 순태음월은 계절의 변화와 관계없이 합삭에서 다음 합삭까지, 또는 보름에서 다음 보름까지의 시간을 나타내는 것이다. 그러나 태음 태양력에서는 이 삭망월을 계절과 연계하여 운용하기 때문에 태양이 남쪽 끝에 이르는 동지 때의 삭망월을 동짓달, 동지를 지난 다음 달은 섣달, 그 다음 입춘이 이르는 달은 정월 등으로 계절의 변화와 연계시 킨다. 이 때문에 동짓달을 자子월, 섣달을 축丑월, 정월을 인寅월이라고 하는 것이다. 이처럼 1년의 12개 삭망월을 12지지로 이름 붙이는 데서 삭망월과 방위가 연계됨을 금방 알 수 있다.

여기서 동짓달을 자월, 섣달을 축월, 정월을 인월이라고 하는 이유를 이해하기 위해서 먼저 하늘에서 해와 달이 만나는 합삭의 위치와 이 천상방위와 지상의 방위에 관해 알아볼 필요가 있다.

조선 세종 때 이순지李純之가 편찬한 천문서인『천문류초』는 해와 달 이 만나는 곳과 관련하여 다음과 같이 언급한다.

"신辰은 별이 없는 장소로서 어두운 별이란 의미이기도 하고, 해와 달이 만나는 곳의 뜻이기도 하다. 주천도수를 나누어 모두 12곳(12차次)이 있게 된다. 10월은 석목(析木 또는 柝木)이라 하며 인寅의 방위에서 만나고, 9월 은 대화大火라고 하고 묘卯에서 만나며, 8월은 수성壽星이고 진辰에서 만 나며, 7월은 순미鶉尾이고 사巳에서 만나며, 6월은 순화鶉火이고 오午에 서 만나며, 5월은 순수鶉首이고 미未에서 만나며, 4월은 실침實沈이고 신 申에서 만나며 3월은 대량大梁이고 유酉에서 만나며, 2월은 강루降婁이고

술戌에서 만나며, 정월은 추자娵訾이고 해亥에서 만나며, 12월은 현효玄枵
이고 자子에서 만나며, 11월은 성기星紀이고 축丑에서 만난다."[29]

해와 달이 만나는 방위를 표로 정리하면 다음과 같다.

표 4-1 12차와 12지의 방위와 이름[30]

12차의 이름	娵訾	降婁	大梁	實沈	鶉首	鶉火	鶉尾	壽星	大火	析木	星紀	玄枵
해와 달이 만나는 방위	亥	戌	酉	申	未	午	巳	辰	卯	寅	丑	子
만나는 달 (陰)	정월	2월	3월	4월	5월	6월	7월	8월	9월	10월	11월	12월

해와 달이 만나는 방위를 그림으로 보면 다음과 같다.

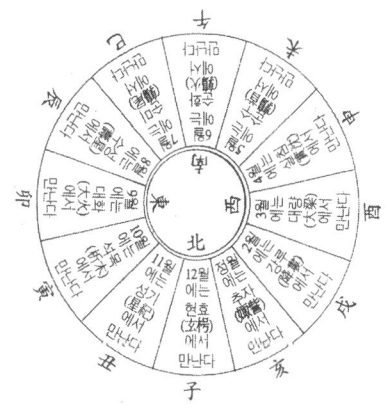

〈일월차사교회도日月次舍交會圖〉[31]

29) 이순지 저, 김수길·윤상철 공역, 『천문류초』, 대유학당, 2001, 328-329쪽. "辰
者便是無星處也 又辰以日月會 分周天之度爲十二次 十月析木寅 九月大火卯 八月
壽星辰 七月鶉尾巳 六月鶉火午 五月鶉首未 四月實沈申 三月大梁酉 二月降婁戌
正月娵訾亥 十二月玄枵子 十一月星紀丑"

30) 이순지 저, 김수길·윤상철 공역, 『천문류초』, 대유학당, 2001, 329쪽.

31) 이순지 저, 김수길·윤상철 공역, 『천문류초』, 대유학당, 2001, 453쪽.

이상의 글과 도에서 보면 해와 달이 만나는 곳에 대한 12지지와 각 삭망월에 붙인 지지의 이름이 서로 다름을 알 수 있다. 이에 대한 해답은 중국 수隋나라 때 소길蕭吉이 지은『오행대의』에서 찾을 수 있다. 소길은 해와 달이 운행하다가 만나는 곳에서 지지가 서로 합을 이룬다고 말한다.

"정월에는 해와 달이 추자의 자리에 모인다. 추자는 해亥방이고 일명 시위豕韋라고도 한다. 이때는 북두의 자루가 인寅을 가리키므로 인과 해가 합이 된다. 2월에는 해와 달이 강루의 자리에 모인다. 강루는 술戌방이고, 북두의 자루가 묘卯를 가리키는 때이므로 묘와 술이 합이 된다. 3월에는 해와 달이 대량의 자리에 모인다. 대량은 유酉방이고, 북두의 자루가 진辰을 가리키는 때이므로 진과 유가 합이 된다. 4월에는 해와 달이 실침의 자리에서 모인다. 실침은 신申방이고, 북두의 자루가 사巳를 가리키므로 사와 신이 합이 된다. 5월에는 해와 달이 순수의 자리에서 모인다. 순수는 미未방이고, 북두의 자루가 오午를 가리키는 때이므로 오와 미가 합이 된다. 6월에는 해와 달이 순화의 자리에서 모인다. 순화는 오午방이고 북두의 자루가 미未를 가리키므로 미와 오가 합이 된다. 7월에는 해와 달이 순미의 자리에 모인다. 순미는 사巳방이고 북두의 자루가 신申을 가리키므로 신과 사가 합이 된다. 8월에는 해와 달이 수성의 자리에서 모인다. 수성은 진辰방이고 북두의 자루가 유酉를 가리키므로 유와 진이 합이 된다. 9월에는 해와 달이 대화의 자리에서 모인다. 대화는 묘卯방이고 북두의 자루가 술戌을 가리키는 때이므로 술과 묘가 합이 된다. 1월에는 해와 달이 석목의 자리에서 모인다. 석목은 인寅방이고 북두의 자루가 해亥를 가리키므로 해와 인이 합이 된다. 11월에는 해와 달이 성기의 자리에서 모인다. 성기는 축丑방이고 북두의 자루가 자子를 가리키므로 자와 축이 합이 된다. 12월에는 해와 달이 현효의 자리에서 모인다. 현효는 자子방이고 천원天黿이라고도 한다. 북두의 자루가 축丑을 가리키므로 축과 자가 합이 된다."[32]

---

32) 소길 저, 김수길 · 윤상철 공역,『오행대의』, 대유학당, 2008, 239-242쪽.

여기서 보면 정월에는 북두의 자루가 인, 2월에는 묘, 3월에는 진, 4월에는 사, 5월에는 오, 6월에는 미, 7월에는 신, 8월에는 유, 9월에는 술, 10월에는 해, 11월에는 자, 12월에는 축을 가리킴을 알 수 있다. 즉 해와 달이 만나는 달에 북두가 가리키는 지지의 방향이 그 달의 이름이 되는 것이다.

이상에서 보면 12개 삭망월 또한 천상의 방위와 연계하여 시간의 변화를 표시하고 있는 것이다.

4) 초년주기와 천상방위

앞에서는 태양의 1년 순환주기 중에 사시 · 팔절 · 24절기와 방위의 관계, 그리고 12개 삭망월과 천상의 방위관계를 구분하여 알아보았다. 그런데 태음태양력에서는 태양의 1년 순환주기와 여기에 포함된 12개 삭망월의 날 수가 서로 부합하지 않아서 3년에 윤달을 한번 두고, 다시 5년에 윤달을 더 두어서 태양력의 절기와 삭망월이 조화를 이루도록 한다. 이 때문에 태양의 순환 일수와 달이 지구를 도는 날수가 똑 같아지기 위해서는 19년이 되어서야 가능하다. 즉 19년에 7번의 윤달을 두는 것을 말한다. 고육력에서 이 19년을 1장章이라고 부른다.

이것은 지구가 태양을 한 바퀴 공전하는 1년 주기와 달이 지구를 한 바퀴 공전하는 삭망월, 그리고 1년에 12개 삭망월로 1년을 이루는 태음력의 1년 주기와는 다른 것이다. 즉 초년주기에 해당하는 것이다.

이 초년주기도 천상방위와 밀접한 관계가 있다. 즉 초년주기에서 해와 달이 처음 출발할 때의 위치에 돌아오기 위해서는 19년, 76년, 1520년, 4560년의 기간이 필요하다. 고사분력에서는 이 주기를 장章, 부蔀, 기紀, 원元으로 표시한다.

여기서 이것을 좀 더 구체적으로 알아본다. 『후한서』「율력지」에는 다음과 같이 언급한다.

"해와 달이 같은 도수에서 함께 출발하는 것을 관찰하면 해가 19주 운행할 때 달은 254주 운행하고, 다시 같은 자리에 돌아온다. 이것이 달 운행의 끝이다. 해의 운행주기로 달의 운행주기를 나누면 1년 주천의 수를 얻는다. 해의 1주로써 감하면 나머지는 12와 7/19도가 된다. 즉 달의 운행이 해의 운행 수를 초과한다. 1년의 달수가 되는 것이다."[33]

이것은 태양과 달이 합삭에서 운행을 시작하는 위치가 어떤 하나의 별을 기점으로 한다는 것을 말하는 것이다. 예를 들어 해와 달의 운행 출발점이 영실營室[34] 5도라고 한다. 여기서부터 각자 운행하여 태양은 하늘에서 19주 운행하고 달은 254주 운행하여 다시 영실 5도에 돌아오는 것이다. 이것을 달의 운행이 끝난다고 말하는 것이다.

해의 주기 19로 달의 주기 254를 나누면 13과 19분의 7개 항성주恒星周(월月)가 1년에 해당한다. 달이 지구를 1주 공전하는 것이 1개 항성월이다. 이것은 땅에 있는 관측자가 달과 그 배경이 되는 별을 관측함을 말하는 것이다. 달이 지구를 서쪽으로부터 동쪽(시계 반대방향)으로 1주 운행하고, 또 그 배경이 되는 별을 한 바퀴 도는데 걸리는 시간이 1항성월로 27.32일 걸린다. 그런데 고사분력에서는 삭망월을 사용하기 때문에 삭망월은 달의 위치에 따른 상으로 기준을 삼는다. 즉 삭으로부터

---

33) 『후한서』, 중화서국, 2003, 3,057-3,056쪽. "察日月俱發度端 日行十九周 月行二百五十四周 復會于端 是則月行之終也 以日周除月周 得一歲周天之數 以日一周減之 餘十二十九分之七 則月行過周及日行之數也 爲一歲之月"
34) 이순지, 앞의 책, 128-129쪽. 실수室宿는 영실營室이라고도 하며 하늘의 다섯 방위를 주재하는 별자리 가운데 동방의 창룡蒼龍 7宿에 속하는 별. 두 개의 별로 이루어졌으며, 주천도수 중에 16도를 맡고 있다.

다음 삭에 이르는 것, 혹은 망望에서 다음 망에 이르는 것을 1개월로 삼는다.

삭망월과 항성월의 공식적 차별은 항성월은 지구의 자전운동을 고려하지 않지만, 삭망월은 오히려 지구가 해를 공전하는 것을 동시에 고려하여 나가는데 있다. 왜냐하면 관측자가 지구의 표면 위에 있기 때문이다. 달이 지구를 공전하는 동시에 지구는 달을 거느리고 해를 공전한다. 중국 고대 주천周天이 365와 4분이 1일인 점에 근거하면 매일 지구는 약 1도를 공전한다. 주의할 것은 지구공전방향과 달이 지구를 도는 방향이 일치한다는 것이다. 또 서에서 동으로 돈다. 이 때문에 달이 지구를 한 바퀴 운행하고, 그 배경에 있는 별을 한 바퀴 돌 때 그 당시의 달의 모양과 시작점의 달의 모양은 같지 않다. 만약 합삭 때 달의 배경이 된 별을 관측하여 영실 5도라고 하면, 다시 다음 차례에 영실 5도에서 관찰하면 오히려 합삭이 아니다. 합삭에 이르기까지는 다시 2일 이상을 기다려야 한다. 당연히 제2차 합삭 시는 제1차 합삭 때와 달의 배경이 된 별은 변화가 있다. 만약 두 차례 합삭을 관찰하여 달의 배경인 별이 동일하다고 한다면, 이것은 앞서 인용한 『후한서』「율력지」가 말하는 경우가 된다.

해의 주기(19)로 달의 주기(254)를 나누어 13과 19분의 7을 얻은 것에 연유하여 하늘에서 달은 매일 13과 19분의 7도를 운행하고, 태양은 하늘에서 매일 1도를 운행함을 알 수 있다. 둘 사이에는 서로 12와 7/19도의 차이가 있는 것이다. (즉 13과 7/19−12와 7/19). 이것은 태양의 운행도수에 상대한 달의 매일 운행도수다. 이것은 또 1년 삭망월 수이기도 하다. 이 때문에 1개 삭망월의 날 수는 곧 365와 1/4÷12와 7/19 =29와 499/940일이다. 즉 29.530851일이다.

실제 배열 상에 있어 1개 삭망월의 일수는 소수를 취하기가 어렵다.

때문에 역법에서는 1개월을 30일(큰달), 혹은 29일(작은달)로 한다. 1년을 12와 19분의 7개월로 안배하는 것은 불가능하고, 단지 12개월 혹은 13개월로 할 수 있다. 일반적으로 1년은 12개월이고, 큰달과 작은달이 각각 6개이다. 즉 354일을 안배할 수 있고, 1년 일수와 비교해 11일여의 차이가 있다. 이에 2 내지 3년의 시간이 지난 후에 윤월을 더해둔다. 누적하여 19년에 7개의 윤달을 더하는 것이다. 즉 19년에 모두 235개 삭망월(19×12+7=235), 19년에 있는 날 수는 365.25×19=6939.75일이고, 235개 삭망월의 일수는 29와 940분의 499×235=235×29.530851=6939.75일이다.

이 때문에 29개 삭망월을 거치거나 혹은 235개 삭망월을 거쳐야 교삭시각은 원래 시작했던 회귀 시각에 돌아온다. 고육력에서의 이 19년을 1章으로 부른다. 이것은 고대 4분력의 다른 하나의 기본 요점이다. 그러나 주의할 것은 1장을 지나서 교삭시각이 회귀하지만 원래의 입춘점은 아니라는 것이다. 즉 일월의 교삭交朔은 영실 5도에 있지 않다. 만약에 기존의 합삭 또 동일한 날짜의 입춘점을 요구한다면 그것은 76년이 지나야 한다. 76은 19의 4배이다. 또 4의 19배이기도 하다. 이 때문에 고육력은 76년을 1부蔀로 삼는다. 이것은 다른 하나의 고사분역법의 기본 요점이다.

고육력은 간지기법을 채용한다. 즉 60개 간지로써 날짜를 기록한다. 만약 합삭이 모두 개시되는 그 날이 기사일이라면, 또 이날 야반이 합삭 혹은 입춘이라면, 76년이 지나서 이날 야반에 합삭과 입춘이 함께 있더라도 기사일은 아니다. 왜냐하면 76년의 총 일수는 2만 7천 759일로, 이 날수는 1간지주수 60일과 공약이 될 수 없기 때문이다. 이 두 수의 공약은 55만 5천 180일을 지나야 얻을 수 있다. 이 때문에 최초 1개 부수일의 간지가 기사일일 때, 1부(76주)가 지난 뒤는 무신일이 된다. 무신은 제2개 부수일의 간지이다. 제3개 부수일의 간지는 정해가 되는 등등이다. 무신은 기사일이 지난 후 간지쌍의 수로 제39개 간지쌍이고, 다시 무신일이 지난 수의 제39개 간지쌍은 정해 등이다. 이 때문에 각 부수일의 간지쌍은 추산하기가 매우 쉽다. 일개 기사일의 야반에 입춘과 삭단을 얻으려면 55만 5천 180일이 지나야 된다. 이것은 20부의 일 수이다. 혹은 1천 520년의 날수이다. 이 1천 520년은 고대사분력법에서 1기紀라고 부른다.

1기를 거치면 야반삭단입춘의 날과 같은 이름(같은 간지)을 얻을 수 있다. 그러나 연의 간지는 동명이 아니다. 전욱력은 기묘를 원으로 쓴다. 그렇지만 1천 520년을 지난 후 기묘년에 돌아오지 못한다. 다만 기해년에 이른다. 다시 기묘년에 돌아오는 것은 3기를 지나야 가능하다. 즉 4천 560년 즉 1원元이라고 하는 것을 거쳐야 한다.[35]

이상은 해와 달이 합삭에서 운행을 시작하여 다시 합삭으로 돌아오는 주기와 배경이 되는 어느 하나의 별에서 운행을 시작하여 다시 원래의 배경이 되는 별이 있는 자리로 돌아오는 주기를 말한 것이다. 즉 초년주기에서도 하늘의 별의 위치가 고려되고 있는 것을 알 수 있다.

그런데 초년주기에는 이와 같이 장, 부, 기, 원 이외에도 5년, 6년, 10년, 12년, 30년, 60년, 360년 등의 주기가 있다. 예를 들어 간지로 역법을 표기하는 간지기법에서는 10천간과 12지지의 오행주기가 있다. 이 경우 10천간의 오행은 5년의 주기를 이루고, 이는 다시 음양으로 나누어지므로 양의 오행과 음의 오행을 모두 거치려면 10년의 주기가 형성된다. 또 12지지도 음과 양이 포함되므로 6년과 12년의 주기가 있게 된다. 그리고 10천간과 12지지의 배합인 60갑자는 자연히 30년

---

35) 노앙, 앞의 책, 137-140쪽 참고.

(5×6=30)과 60년 주기를 만든다.

　그런데 오행은 목의 동방, 화의 남방, 금의 서방, 수의 북방, 토의 중앙 등 5방위와 연계됨은 이미 아는 바와 같다. 즉 간지로 표시되는 초년주기에도 시간과 공간의 배합이 적용되고 있는 것이다.

3. 우주 전식론과 간지오행

　지금까지 살핀 바에 의하면, 천도의 시·공 순환특성은 우주의 보편규율을 이룬다는 것이다. 그리고 이 보편규율은 우주만물 모든 것에 동일하게 적용된다. 이처럼 대우주와 소우주가 동일한 보편규율에 따라 운행하므로 우주보편규율을 파악함으로써 우주만물의 모든 정보를 장악할 수 있다는 것이 우주전식사상이라고 할 수 있다.

　그리고 우주보편규율을 함축한 모식에는『역경』의 괘효와 하도·낙서 등 역상도, 간지음양오행 등이 있다. 그런데 이 책에서 다루고 있는 것이 천문역법이기 때문에 여기서는 우주보편규율의 모식으로서 간지오행에 중점을 두고 알아본다. 끝으로 인체와 사회에서 확인할 수 있는 우주보편규율의 예측성의 실례를 일부 살펴본다.

1) 우주보편규율과 전식론

　전식슢息이란 말은 우리에게 좀 생소한 감이 있다. 중국어에서 전식은 공간 상에 피사체가 놓여 있을 때 이 피사체에 대한 모든 정보라는 의미가 있다. 즉 우주만물에 대한 입체정보라고 해석해볼 수 있다. 그리고 한의학에서는 사물의 일부분에 전체에 대한 정보가 담겨 있는 것을 의미한다. 이것은 대우주와 소우주가 같은 정보를 갖고 있다는 뜻으로 해석된다. 이 글에서 전식의 의미는 아무래도 후자에 큰 비중이 있는 것으로 볼 수 있다.

우주의 보편규율이 만물에 동일하게 적용되어 드러나는 예를 살펴본다. 『역전』은 "주야의 도를 겸하여 안다."[36]라고 하여 순환절률을 확실히 파악하는 것이 곧 만물의 생장발전 내지 쇠망의 깊은 비밀을 발견할 수 있는 것이라고 한다.

또 『내경』은 "하늘은 덮고 땅은 실어서 만물이 다 갖춰지니 사람보다 귀한 것은 없다. 사람은 천지의 기로써 낳고 사시의 법으로 이루어진다."[37] "사람과 천지가 서로 참여하니 일월과 서로 응한다."[38] "대저 사람은 땅에서 낳고, 명은 하늘에 달려 있으니 천지의 기가 합한 것이다. 그러므로 명하여 사람이라고 한 것이다."[39]라고 한다.

이것은 곧 사람은 천지간에서 낳고, 그 기는 모두 천기에 통하는 것을 말한다. 일월성신과 지구복합운동의 서로 다른 시·공적 세계(부동시위적장不同時位的場)는 돌아서 다시 시작하여 인체에 대한 영향을 낳는다. 이에 사람과 만물은 필연적으로 우주자연장과 서로 적응하는 생리기능을 형성하고, 또 사람과 만물의 유전암호는 이런 종류의 유전자(基因)를 하대下代에 전수하여 준다.

지구가 해를 싸고 한 바퀴 공전하는 것이 1년이다. 즉 365.25일이다. 고인들은 해가 별을 한 바퀴 도는 것을 '세歲'라고 했다. 즉 세는 태양시 운동연주기가 된다. 태양은 하루에 1도를 가므로 365.25일은 하늘을

---

36) 「계사전」 상4장, "通乎晝夜之道而知"
37) 『내경』, "天覆之載 萬物悉備 莫貴于人 人以天地之氣生 四時之法成"
38) 『내경』, "人與天地相參也 與日月相應也"
39) 『내경』, "夫人生于地 懸命于天 天地合氣 命之曰人"

한 바퀴 도는 것과 같다. 달은 매일 28수 중 1수를 지나며, 1년 중에 곧 365수를 지난다.

『황제내경』「기혈론氣穴論」에 "내가 듣기로 기혈 365개로써 1년의 날 수에 응한다고 한다."[40]라고 하고, 『황제내경』「기부론氣府論」에는 "수족手足의 제어제諸魚際(폐경혈의 이름) 맥기가 발하는 것이 모두 365혈이다."[41]라고 한다.

이것은 『황제내경』이 기재한 인체 365개 혈위가 천체운동상태 아래서 자연장이 인체에 남겨지는 전식 기호가 되는 것을 이해할 수 있는지 없는지를 설명하는 것이다.

이밖에 『황제내경』「소문」〈오장생성〉과 『황제내경』「소문」〈기혈론〉은 인체의 혈위 354개와 383개의 차이를 분별하여 논술하고 있다. 무엇 때문에 『황제내경』은 인체혈위와 관련한 수를 3종으로 차별하여 나타내는가? 이것은 주천도수周天度數와 관련이 있다.

음력 1개 삭망월의 주기는 29.53일이고, 1년 12개월은 354.36일이며, 이것은 인체 354개 혈위의 유래가 된다. 그리고 태양회귀년 주기는 365.25일이고, 그 결과를 1년 12개 삭망월과 비교하면 10.89일 많다.

이에 고인들은 '나머지를 쌓아서 윤달을 두는' 방법을 써서 음양력이 서로 합치하도록 했다. 이렇게 하여 윤년 13개월의 일수는 383.89일이 된다. 이것은 사사오입원칙에 의해 384일이 되어 『주역』64괘 384효의 수와 꼭 들어맞는다. 그리하여 64괘 384효의 수가 1년의 수를 표시할 수 있음을 증명하는 것이다.

어떤 사람은 아마도 『황제내경』의 인체혈위와 관련된 3개 숫자(즉 365, 354, 383)는 도대체 어떤 것이 기준이 되는가 궁금할 것이다. 그런

---

40) 『황제내경』「기혈론氣穴論」, "余聞氣穴三百六十五 以應一歲"
41) 『황제내경』「기부론氣府論」, "手足諸魚際脈氣所發者 凡三百六十五也"

데 354개 혈위는 달과 지구의 운행상태 아래서 인체혈위의 열고 닫히는 수이고, 365개 혈위는 해와 지구의 운동상태 하에서 혈위의 열고 닫히는 수이며, 383개 혈위는 일·월·지 3자의 운행상태 하(역법의 윤년)에서 혈위의 열고 닫히는 수라고 이해할 수 있다.

이것은 3개 숫자가 활성을 갖춘 것으로 우주자연장의 변화를 따라 달라서 하나를 잡을 수 없다. 이것은 천인합일·만물일체적 우주만물관이다. 예를 들어 오동나무 잎은 평년에는 12개가 되고, 윤년에는 13개가 되는데, 이것이 곧 유력한 증거다.

80년대 중국 과학계는 지구도 인체와 서로 일치하는 경락과 혈위계통이 있다는 것을 발견했다. 그리하여 지구경락혈위구성이론을 처음 창시하여 국제과학계에 파문을 일으켰다.

이 이론의 중요 의미는 지구경락과 혈위구성에 있어서 인체경락과 혈위구성과 완전히 서로 응할 뿐 아니라, 또『주역』「계사전」중에 있는 천지인 '삼재의 도'와 꼭 들어맞는 것이다.[42] 이것은 고인들의 "하늘과 사람은 서로 응한다.(천인상응天人相應)"과 "사람과 천지가 서로 참여한다.(인여천지상참人與天地相參)" 등의 명제가 완전히 과학적 개념이라는 것을 유력하게 증명하는 것이다.

또 일월은 바드시 매월 삭일에 1차례 만난다. 즉 달은 대략 28일에 28수를 통과하고, 태양은 매월 황도 28궁의 1궁을 돌면서 거처하기 때문에 일월은 한 달에 1차례 만나고, 1년에 12번 만남을 형성한다. 두강斗綱 월건月建 1년 12지支, 또한 12 대수大數다. 또한 수성水星(진성辰星)은 태양을 따라 1년에 12궁을 통과한다. 목성(세성)은 1년에 황도의 1궁을 유행하며 거하여 대략 12년에 12궁을 통과한다.

---

42) 상병의, 앞의 책, 24-28쪽.

이 때문에 『주례』「춘관」은 "빙상씨가 12년, 12월, 12진, 28수위를 장악하여 그 일을 차례지어 천이 모이는 위치를 분간했다. 동하冬夏는 일日을 이루고, 춘추는 월月을 이루는 것으로 사시의 차례를 구분했다."[43] 고 한다.

이것으로부터 12년주기, 12월주기, 12일주기, 12시진주기 모두 전식 정보 척도인 12지지로써 표시했음을 알 수 있다. 이것은 대소가 같지 않은 12순환수이고, 천지복합운동의 객관적 반영이다.

이 때문에 고인들은 하늘에 12월이 있고 사람은 12장이 있으며, 하늘에 12회가 있고 사람은 12경이 있으며, 천에 12진이 있고 사람에 12절이 있다고 생각했다. 현대의학의 뇌신경 또한 12의 구분이 있다. 이것은 절대 우연의 교묘한 합치가 아니다.

태양회귀년주기 또한 24개 특정점, 즉 24절기를 형성한다. 『회남자』「천문훈」은 "15일이 1절이 되어 24시의 변화를 낳는다."[44]고 말한다. 이 24개 특정점은 두병이 가리키는 것으로써 확정하는 것이다. 24향의 내용은 주로 태양과 두병이다. 당연히 달·오성·28수의 영향도 있다. 이 때문에 하늘에는 24기가 있고 사람에게는 24경맥이 있으며 땅은 24향이 있는 것이다.

달은 매일 1수를 가서 머물러 28일에 28수를 두루 돈다. 태양시운동의 일주기日周期(지구 자전의 1주)는 하루에 28수를 유람한다. 또 토성은 1년에 1수씩을 옮겨가며 거하여 28년에 28수를 두루 돈다. 이밖에 태양과 수성은 모두 1년에 28수를 주편한다.

이것에 기초하여 『황제내경』「영추」〈오십영〉에는 해가 28수를 가니,

---

43) 『주례』「춘관」, "馮相氏 掌十有二歲 十有二月 十有二辰 二十八宿位 辨其叙事以 會天位 冬夏致日 春秋致月 以辨四時之叙"
44) 『회남자』「천문훈」, "十五日爲一節 以生二十四時之變"

인체의 경맥은 모두 28조가 되며, 맥의 길이는 16장 2척으로 28수에 응한다는 내용이 있다. 또 해가 28수를 두루 가고, 인체의 영기營氣가 50주周를 가서 마치는 동보同步측정수치와 똑같다고 한다.

그렇다면 『주역』 괘획은 어떻게 이런 천체운행의 수를 반영하는가? 건乾괘부터 환渙괘까지 모두 59괘는 꼭 알맞게 354효로 1년 12개월 354일을 담당한다. 건乾괘부터 중부中孚괘까지 모두 61괘는 366효로 태양회귀년의 수와 같다. 64괘는 합하여 384효로 윤달을 둔 13개월의 수에 해당한다. 12수에 이르기까지 또 괘획으로 표시할 수 있다.

예를 들어 12벽괘는 1년 12개월의 주기를 표시할 수 있고, 1일 12개 시진의 주기를 표시할 수 있다. 24수數와 관련해서는 64괘 중에 진震·리離·태兌·감坎의 4정괘(4괘는 모두 24효로 24기를 담당함)로 표시할 수 있다. 또 8괘의 4유維(즉 간艮·손巽·곤坤·건乾)·8간干·12지支의 합으로 24향을 표시할 수 있다. 28수數에 이르러서는 『주역』 서괘 구성과 이것이 관련이 있다.

고인들은 객관세계 중에는 보편적 상사성相似性이 존재하며, 독립적 사물에 대한 어떤 하나의 상相이든 모두 우주 전체상全體相과 유사한 전부특성을 갖추고 있다고 생각했다. 이에 '역易'을 지은 사람은 우러러 관찰하고 굽혀 살피고, 천지인 3위일체가 서로 대응하는 원칙에 의거하여 하늘의 운행과 땅의 변화(天運地化)와 사람이 따라야 할 성쇠만유의 규율을 제시했다. 『주역』의 관점에 의하면 우주만물은 공동발생의 역사와 절률주기를 가지고 있다. 64괘는 우주통일장 가운데 64종의 장태를 표시할 수 있고, 또 생물체의 64개 유전암호를 표시할 수 있다. 우주발전과정을 반영할 수 있고, 또 인생복잡경력을 표시할 수 있다. 인사만물은 우주와 서로 같은 변화절률을 가지고 있고, 동일한 괘상동태로 표시할 수 있다.

이 때문에 『황제내경』은 "사람과 천지가 서로 참여한다.(人與天地相參也)" "하늘을 잘 말하는 자는 반드시 사람에게서 징험한다.(善言天者 必有驗于人)"고 한다. 또 「계사전」은 "『주역』이란 책은 광대하여 모두 갖추고 있어 천도가 있고, 인도가 있으며, 지도가 있다. 이 삼재를 겸하고 두 번 하였다. 그러므로 6이 있으며, 6은 다름 아닌 삼재의 도다."[45]고 한다.

이로부터 64괘는 "그것은 커서 밖이 없고, 그것은 작아서 안이 없다.(其大无外 其小无內)"고 할 만큼 모든 정보 성질을 갖추고 있음을 알 수 있다.

그리고 고인들은 시종 만사만물의 변화는 동일한 하나의 규율에 따라 진행하지 않음이 없다고 믿었는데, 이 하나의 규율이 음양오행이다. 곧 음양오행은 우주만사만물의 전식원全息元이다.

2) 간지오행의 특성

소우주를 포함하는 대우주, 즉 우주만물에 공통으로 적용되는 우주변화의 보편규율을 나타내는 모식 가운데는 간지오행이 있다. 주지하는 바와 같이 간지는 천문역법을 기록하는 수단으로서 음양과 오행의 특성을 모두 갖고 있다. 따라서 여기서는 먼저 음양, 그리고 오행의 특성을 알아본 뒤 간지에 관하여 정리해본다.

(1) 음양의 특성

음양은 역의 두 가지 기본 원소다. 역의 주요 구성 요소인 괘효가 양의 부호(-)와 음의 부호(--)로 지어졌음이 이를 대변한다. 또 「계사전」

---

45) 「계사전」 하10장, "易之爲書 廣大悉備 有天道焉 有人道焉 有地道焉 兼三才而兩之 故六六者非他也 三才之道也"

에서도 "양괘는 음이 많고 음괘는 양이 많으니, 그 연고는 어째서인가? 양괘는 기奇이고 음괘는 우耦(偶)이기 때문이다."[46]고 하여 역의 괘가 음양으로 이루어졌음을 말하고 있다.

이렇게 역을 구성하는 두 가지 기본원소인 음양은 만물을 생성 화육시키는 역할을 맡고 있다. 「계사전」에는 "건곤乾坤은 역의 문일 것이다. 건은 양물이고 곤은 음물이니, 음양이 덕을 합하여 강유가 체體가 있게 되었다. 이로써 천지의 일을 체행하며 신명의 덕을 통달하게 된다."[47]고 했고, "낳고 낳음을 역이라고 이른다."[48]고 했다. 이들 앞뒤의 대목을 연결하여 새겨보면 만물을 낳고 낳는 것이 역이며, 이 역의 문을 이루는 건과 곤은 다름 아닌 양과 음이라는 것이다. 즉 역의 음양은 우주가 만물을 생성 화육시키는 두 가지 기본원소라고 볼 수 있을 것이다.

「계사전」에서는 "한 번 음하고 한 번 양이 되게 하게 하는 것을 도라고 한다."[49]고 했고, 주자는 『본의』에서 이 대목에 대해 "음양이 번갈아 운행함은 기氣이고, 그 이치는 이른바 도라는 것이다."[50]라고 주석하고 있다. 그런데 여기서 말하는 도는 낳고 낳는 것, 즉 생성 화육하는 원리를 말하는 것이다. 정이程頤의 "낳고 낳은 것을 역이라 하니 이것이 하늘의 도가 되는 까닭이다. 하늘은 다만 생으로써 도를 삼는다."[51]는 말은 이를 뒷받침한다. 즉 음양의 기氣가 번갈아 운행함으로써 천지만

---

46) 「계사전」 하4장, "陽卦多陰 陰卦多陽 是故何也 陽卦奇 陰卦耦"
47) 「계사전」 하6장, "乾坤 其易之門邪 乾陽物也 坤陰物也 陰陽合德 而剛柔有體 以 體天地之撰 以通神明之德"
48) 「계사전」 상5장, "生生之謂易"
49) 「계사전」 상5장, "一陰一陽之謂道"
50) 『本義』, "陰陽迭運者 氣也 其理則所謂道"
51) 『二程集』, 중화서국, 2006, 상권 권2상, 29쪽, "生生之謂易 是天地之所以謂道也 天只是以生謂道"

물은 생성 화육되며, 이것을 도라고 말한다는 것이다.[52]

이처럼 천지 만물을 생성화육하는 역할과 그 비밀의 정보를 함축하고 있는 음양은 시간성과 공간성, 대대성과 소장성, 상반상성과 물극필반, 균형과 조화의 특성을 가지고 있다.

음양의 이런 특성을 구체적으로 풀어본다. 일반적으로 역에는 세 가지 뜻이 있는 것으로 이해된다. 즉 알기 쉽고 좇기 쉽고 간단명료하다는 의미의 이간易簡과 우주의 삼라만상은 한 순간도 변하지 않음이 없다는 뜻의 변역變易, 그리고 우주변화법칙은 일정불변하는 항상성을 갖는다는 불역不易이 그것이다. 그런데 주자朱子는 『본의本義』에서 역에는 교역交易과 변역變易의 뜻이 있다고 설명한다.[53] 그리고 청대 이광지李光池는 역에는 불역不易·교역交易·변역變易·이간易簡의 네 가지 뜻이 있다고 하였다.[54] 이는 전통적인 역의 세 가지 뜻과 주자의 견해를 종합한 것임을 알 수 있다.

그러면 역의 전통적 세 가지 의미에 추가된 교역交易은 무엇을 말하는가? 일반적으로 말하는 역의 세 가지 의미 중 변역變易은 「계사전」의 "강한 것과 부드러운 것이 서로 부딪치며, 팔괘가 서로 왔다 갔다 하며, 우뢰와 번개가 만물을 발동시키며, 비바람이 만물을 윤택하게 하며, 해와 달이 번갈아 운행하며, 한 번은 춥고 한 번은 더워 건乾의 도가 남이 되고 곤坤의 도가 여가 되었으니, 건乾은 큰 시작을 주장하고, 곤坤은 물건을 만들어 완성한다."[55]라는 대목을 말하는 것이다[56] 변역을 의미

---

52) 졸고, 「文王筮法과 京房筮法의 比較研究」, 공주대학교 대학원 박사학위논문, 2009.2, 81-84쪽 참고.

53) 朱熹 저, 『周易本義』, 중국 中華書局, 1990, 주역 상 경제1, 1쪽, "其卦本伏羲所作有交易變易之義"

54) 李光地 찬, 『周易折中』, 九州出版社, 2006, 권13, 551쪽, "諸儒言易有四義 不易也 交易也 變易也 易簡也"

하는 「계사전」의 이 말을 이광지李光池는 "강한 것과 부드러운 것이 서로
부딪치며, 팔괘가 서로 왔다 갔다 하며"라는 대목이 교역의 의미이며,
"우뢰와 번개가 만물을 발동시키며, 비바람이 만물을 윤택하게 하며,
해와 달이 번갈아 운행하며, 한번은 춥고 한번은 더워, 건의 도가 남이
되고 곤의 도가 여가 되었으니, 건은 큰 시작을 주장하고 곤은 물건을
만들어 완성한다."라는 대목은 변역變易을 말하는 것이라고 한다.[57]

　　그런데 '우주'라는 말의 '우宇'는 공간을, '주宙'는 시간의 흐름을 말하
기 때문에 만물의 집인 우주도 시간과 공간으로 파악할 수 있다.[58] 또
한 시간과 공간으로 이루어진 우주의 생성변화를 음양의 변화로 설명
하는 역학에서 '일음일양'도 시간적인 인식과 공간적인 인식을 동시에
포함하고 있다고 할 수 있다. 따라서 교역交易이란 변화를 공간적인 구
조 속에서 파악하는 것이며, 변역變易이란 변화를 시간적인 흐름 속에
서 파악하는 것이라고 볼 수 있다.[59] 이는 우주변화법칙을 설명하는
역의 기본 원소인 음양을 공간적인 측면에서는 교역의 작용을 하고, 시
간적인 측면에서는 변역의 작용을 하는 것으로 파악하는 것이다.

55) 「계사전」 상1장, "剛柔相摩 八卦相盪 鼓之以雷霆 潤之以風雨 日月運行 一寒一
　　暑 乾道成男 坤道成女 乾知大始 坤作成物"
56) 고회민 저, 숭실대동양철학연구실 역, 『중국고대역학사』, 숭실대학교출판부,
　　1994, 302쪽 참고.
57) 李光池, 앞의 책, 551쪽, "'剛柔相摩' 二勾 言交易者也 '鼓以雷霆' 至 '坤作成物'
　　言變易者也"
58) 전국시대 말의 『屍子』에서는 "하늘과 땅 그리고 동서남북의 방향을 일컬어 '우'라
　　고 하고 옛것은 가고 새로운 것이 오는 것을 '주'라고 한다(天地四方曰宇 往古來今
　　曰宙)"라고 하였다.-朱海雷 撰, 『屍子』下卷, 上海古籍出版社, 2006, 47쪽. 또 前
　　漢의 淮南王 劉安이 편찬한 『淮南子』 「齊俗訓」에도 "옛날부터 지금까지를 '주'라
　　하고 사방 상하를 '우'라고 한다(往古今來謂之宙 四方上下謂之宇)"라고 했다.-劉
　　安 撰, 吳廣平 劉文生 譯, 『白話淮南子』, (岳麓書社, 1998), 284쪽.
59) 이상익 저, 『역사철학과 역학사상』, 성균관대학교 출판부, 1996, 123쪽 참고.

다시 음양의 개념을 교역과 변역의 관계를 통해 보면 공간적 구조 속에서 정태적으로 음양을 인식하는 것은 실체적 관점의 개념이며, 시간의 흐름 속에서 동태적으로 음양을 인식하는 것은 소장의 관점의 개념으로 볼 수 있다. 그리고 실체적 관점의 음양은 역학에서 언급되는 대대對待·대립對立·대치對峙·상대相對·강유剛柔 등을 말하며, 왕래순환의 소장 관점에서 음양은 유행流行·왕래往來·질운迭運·착종錯綜·변화變化 등을 말하는 것으로 이해할 수 있다. 또 유행하는 변역은 시간적인 흐름을 타고 생멸 변화하는 현상으로서의 용用이라면, 대대對待의 교역은 그 변화의 현상을 가능하게 해주는 체體라는 것이다. 그러므로 대대對待는 유행流行이 아니면 변화할 수 없는 것이고, 유행流行은 대대對待가 아니면 스스로 행해질 수 없는 것이다. 따라서 역의 일음일양一陰一陽은 음양의 대대와 유행을 동시에 의미한다. 음양의 교감에 의해 생생변화가 이루어지며, 이 생생변화에 의해 다시 음양이 정립된다.[60]

정리하면 음양은 역의 두 가지 기본원소로서 대대對待와 유행流行의 작용을 통해 만물을 생성 화육하는 역할을 한다. 이런 음양의 대대작용은 공간적 구조 속에서 정태적으로 인식되는 실체 관점의 개념이며, 유행의 작용은 시간의 흐름 속에서 동태적으로 인식되는 소장 관점의 개념이라고 파악되고 있다. 그리고 대대의 교역으로 나타나는 실체적 관점의 음양은 변화현상을 가능하게 해주는 체體이며, 유행의 변역으로 나타나는 소장적 관점의 음양은 변화현상의 용用이라고 요약된다. 그러므로 역의 일음일양一陰一陽하는 음양은 대대對待의 교역交易과 유행流行의 변역變易을 동시에 의미하며, 이 음양의 교감에 의해 생성변화가 이루어지고 다시 정립됨을 반복한다고 이해되는 것이다.

---

60) 이상익, 앞의 책, 123-145쪽 참고.

그런데『주역』에서는 음양이 서로 조화와 균형을 이루어야 교감하여 만물을 낳을 수 있다고 본다.『주역』에서 천지의 교감을 대표적으로 상징하는 괘는 태泰괘이다. 태괘는 음양의 조화와 균형을 이루어 천지가 교감하고 태통泰通할 수 있는 것이다. 태泰괘에 대해 운봉雲峯 호씨胡氏는 다음과 같이 주석한다.

"건괘와 곤괘 이후, 음효와 양효가 각각 30회씩 있고 난 다음에 태괘가 위치한다. 이는 음양이 과와 불급이 없어야만 태통할 수 있음을 의미한다. 이미 태통한 다음에는 과한 것을 억제하고 불급한 것을 보충해야 하니, 이것이 태통을 오래 보존할 수 있는 방도이다."[61]

『주역』 64괘의 배열순서로 보면 건괘로부터 시작하여 태泰괘는 11번째에 위치한다. 그런데 제1 건괘로부터 제10 이履괘에 이르기까지의 괘효를 보면 음효와 양효가 각각 30회씩 배열되어 있다. 물론 태괘도 또한 음효와 양효가 각각 3회씩 조화를 이루고 있다. 이러한 사실은 음양이 조화와 균형을 이루어야만 서로 교감하여 태통할 수 있음을 의미한다. 위의 인용문은 바로 이러한 사실을 지적한 것이다.

또 이어서 항恒괘에 대해 융산隆山 이씨李氏는 다음과 같이 주석하고 있다.

"『주역』의 64괘는 대개 둘씩 짝을 이루어 상종하며, 둘은 하나로 합일된다. 음양이 서로 균등하면 그 작용이 오래가고 크게 되어 그치지 아니하는데에 이를 수 있다. 그러나 음에 치우치거나 양에 치우치면 조화造化가 장차 그 작용을 기탁할 곳이 없게 된다."[62]

---

61)『주역전의대전』, 5권 17항, 雲峯 胡氏 小註, "乾坤而後 陰陽各三十畫 然後爲泰 是泰由於陰陽无過无不及者也 旣泰之後 制其過補其不及 所以保泰也"

이는 음양이 균형을 이루면 그 작용이 오래가고 크게 되어 무궁한 조화를 산출할 수 있지만, 음양의 균형이 무너지면 조화가 불가능하게 된다는 것이다. 이들 예문에서 보면 음양이 교감하여 태통泰通하고 또 항구성을 가지려면 음양이 조화와 균형을 이루어야만 된다는 것을 알 수 있다.

그런데 대대를 이루는 음양은 서로 이웃하거나 마주하는 것들이 각자 자기의 올바른 자리를 지키면서 서로 음양을 달리하여야만 서로 도움을 줄 수 있다. 이를 상반상성相反相成의 원리라고 한다. 즉 음과 양은 같은 성질끼리는 서로 밀치고 다른 성질끼리는 끌어당기는 성향이 있다. 이 음양 상반상성의 원리에 의해 또한 음양의 조화와 균형의 중요성을 볼 수 있다. 역에서 괘는 전반적인 상황 즉 시간을 나타내며, 효는 그 상황 속에서의 구체적인 위치를 말한다.[63] 그리고 괘 중에서 효가 나타내는 구체적인 위치는 음양으로 말하는 것과 존비로서 말하는 것[64], 그리고 삼재로 말하는 것[65]으로 구분된다.

여기서는 한 괘의 여섯 효의 위位를 음양으로 표현할 경우에 이들 효

---

62) 『주역전의대전』, 12권 20항, 隆山李氏 小註, "易中諸卦 大率皆以兩兩相從 而合兩爲一 陰陽相等 則其爲用 可以至於久大不爾 偏陰偏陽 造化將无所寄其作用矣"

63) 李光地 찬, 『周易折中』, 九州出版社, 2006, 卷 1, 屯卦, 47쪽, "卦者時也, 爻者位也"

64) 괘의 육효에서 존비로 말하는 경우에 초효와 상효는 지위가 없고, 가운데 4개 효는 지위가 있다. 5효는 임금의 자리이고, 4효는 임금과 가까운 자리이며, 3효는 임금과 가깝지는 않지만 역시 존귀한 자리이며, 2효도 비록 3, 4만큼 존귀하지는 않지만 존귀한 자리이다.(이광지, 앞의 책, 卷 首, 義例, 18쪽, "貴賤上下之謂位 王弼謂中四爻有位 而初上兩爻无位 非謂无陰陽之位也 乃謂爵位之位耳 五君位也 四近臣之位也 三雖非近而位亦尊者也 二雖不如三四之尊")

65) 삼재로 말하는 경우는 초효와 2효는 아래에 있으므로 땅의 자리를 말하고, 5효와 상효는 위에 있으므로 하늘의 자리이며, 3효와 4효는 중간에 있으므로 사람의 자리를 말한다.

위간의 음양의 조화와 균형을 알아본다. 한 괘의 6효는 초와 3, 5효는 양의 자리를 나타내고, 2, 4, 상효는 음의 자리이다. 이때 양의 자리에 양효가 자리하고 음의 자리에 음효가 위치하게 되면, 이것을 바른 자리(正位) 내지는 마땅한 자리(当位), 또는 제자리를 얻은 것(得位)으로 말한다. 그리고 그 반대로 각 효가 마땅한 자리를 얻지 못하면 부정위, 부당위, 실위失位라고 부른다. 그런데 앞에서 말한 바의 음양의 상반상성의 원리에 의해 초효와 4효, 2효와 5효, 3효와 상효의 자리는 서로 음양의 성질이 달라 응하게 된다. 또 서로 이웃하는 효위가 음양이 서로 다르게 되면 역시 서로 도움을 줄 수 있는 것으로 본다.

『주역절중』에는 "무릇 이웃하는 효인 비比와 상하괘에서 서로 대응하는 효인 응應은 반드시 일음일양이어야 그 정情을 서로 구하여 얻는 것이다. 만약 양강陽剛으로 양강에 응하거나, 음유陰柔로 음유에 응하게 되면 '무응无應'이라고 한다. 또 양강으로 양강에 이웃하고, 음유로 음유에 이웃하게 되면 역시 서로 정을 구하여 얻지 못하는 것이다."[66]라고 한다.

이는 효위의 음양이 서로 성질을 달리할 경우에만 서로 감응한다는 것을 말하는 것이다. 한 괘에서 6효가 서로 음양을 달리하여 서로 감응이 이루어지는 기제旣濟괘를 보면, 상괘는 물이고, 하괘는 불이어서 물이 불 위에 있으나 물과 불이 서로 사귀어 천하만사가 이루어지는 것을 상징한다. 기제괘의 괘사는 "형통함이 작으니 정貞함이 이로워 처음에는 길하고 끝에는 혼란하다"[67]이다.

이에 대해 주자는 "기제는 일이 이미 이루어진 것이다. 괘됨이 물과

---

66) 이광지, 앞의 책, 19쪽, 卷 首, 義例, "凡比與應 必一陰一陽 其情乃相求而相得 若以剛應剛 以柔應柔 則謂之无應 以剛比剛 以柔比柔 則亦无相求相得之情矣"
67) 『易經』 旣濟 卦辭, "旣濟 亨小 利貞 初吉 終亂"

불이 서로 사귀어 각기 그 쓰임을 얻었고 여섯 효의 자리가 각기 그 바름을 얻었기 때문에 기제라 하였다. '형소'는 마땅히 '소형'이 되어야 한다. 대저 이 괘와 여섯 효의 점사에 모두 경계하는 뜻이 있으니, 때가 마땅히 그래야 하기 때문이다."[68]라고 한다.

기제괘의 초효는 양, 2효는 음, 3효는 양, 4효는 음, 5효는 양, 상효는 음으로 여섯 효가 각기 제자리를 차지하여 바를 뿐 아니라 음양이 서로 응하기 때문에 일이 이미 이루어진 것을 상징하는 것으로 해석할 수 있다.

그런데 음양의 효는 각각 성질이 달라야만 응하여 감응할 수 있지만 음양의 성질이 서로 달라도 제자리를 얻지 못하면 제자리를 얻은 것보다는 불리하게 되기도 한다. 미제未濟괘는 초효와 4효, 2효와 5효, 3효와 상효가 각기 음양이 달라 응할 수 있지만 바른 자리를 얻지 못해 그 쓰임이 되지 못하는 것을 상징한다. 괘사는 "형통하니 어린 여우가 냇물을 건너다가 그 꼬리를 적시니 이로운 바가 없다"[69]고 한다. 이 괘에 대하여 주자는 『본의』에서 "미제는 일이 이루어지지 못한 때이다. 물과 불이 사귀지 못하여 서로 쓰임이 되지 못하고, 괘의 여섯 효가 모두 제자리를 잃었기 때문에 미제라 한 것이다. '흘汔'은 '거의'이니, 거의 건너가서 꼬리를 적심은 건너가지 않음과 같다. 점치는 자가 이와 같으면 어찌 이로운 바가 있겠는가."[70]라고 풀이한다.

이는 미제괘의 여섯 효가 서로 음양의 성질이 달라 교감할 수 있으나 앞의 기제괘와는 달리 각 효가 제자리를 잃어 이로움이 없다는 것을

---

68) 『本義』, "旣濟 事之旣成也 爲卦水火相交 各得其用 六爻之位 各得其正 故爲旣濟 亨小 当爲小亨 大抵此卦及六爻占辭 皆有警戒之意 是當然也"

69) 『易經』未濟 卦辭, "未濟 亨 小狐汔濟 濡其尾 无攸利"

70) 『本義』, "未濟 事未成之時也 水火不交 不相爲用 卦之六爻 皆失其位 故爲未濟 汔幾也 幾濟而濡尾 猶未濟也 占者如此 何所利哉"

말하는 것이다.

다음은 유행을 말하는 변역變易에서의 조화를 알아본다. 변역은 밤이 가면 낮이 오고 낮이 가면 밤이 오고, 달이 차면 기울고 다시 차는 것과 같이 음양이 순환 왕래하는 이치를 나타낸다. 이런 이치는 만물은 극에 이르면 반드시 돌아온다는 '물극필반物極必反'의 원리를 보여주고 있다. 고회민은 "음양 왕복은 두 개의 작용이 상대하여 유행하는 것이다. 상대한다는 것은 그들이 균형적 조건을 가지는 것을 말한다. 유행한다고 하는 것은 영원히 균형될 수 없는 상태에 있는 것이다. 이러한 이해는 매우 중요하다. 왜냐하면 균형적인 조건이 있기 때문에 음양의 두 작용은 영원히 균형을 구하는 의도를 가지게 된다. 영원히 균형적인 상태가 없기 때문에 두 작용은 영원히 균형을 구하려는 지향 하에서 끊임없이 유행하는 것이다"[71]라고 했다.

이 말은 자연은 유행, 즉 물극필반의 운동을 통해 저절로 음양의 균형을 이루어 가는 것으로 해석할 수 있다. 이처럼 음양은 대대하는 경우에만 조화와 균형이 요구되고 유지되는 것이 아니라, 변화 유행에서도 조화와 균형을 요구하고 이루어간다고 볼 수 있다.

그런데 변화 유행은 시간상에서 파악된다. 시간은 천지 안에서 일어나는 변화에 의해 성립한다.[72] 『주역절중』에서 "시는 소식영허를 말한다."[73]고 한 것이 이를 뒷받침하고 있다. 그러면 변화유행에서 음양의 조화와 균형은 무엇을 말하는가? 변역에서의 조화는 때와 상황에 맞는 음양의 적절한 대응 내지는 음양의 균형을 말하는 것이다. 때와 상황에 맞는 음양의 조화를 한마디로 말하면 '시중時中'이라고 할 수 있다.[74]

---

71) 고회민 저, 정병석 역, 『주역철학의 이해』, 문예출판사. 1995, 218쪽.
72) 곽신환, 『주역의 이해』, 서광사, 2003, 247쪽.
73) 이광지, 앞의 책, 18쪽, "消息盈虛之謂時"

청대 역학자 혜동은 "역도는 심오하니. 한마디로 말해 '시중'이다. 공자께서 「단전」을 지으시면서 시時에 관해 말한 것이 20괘이고, 중中에 대해 말한 것은 33괘이며, 「상전」은 중中에 관해 말한 것이 30괘이다."[75]라고 했다.

변화는 상황에 맞는 때가 있기 마련이다. 혁革괘 「단전」에서는 "천지가 변혁하여 사시가 이루어진다."[76]고 하고, 절節괘 「단전」에서는 "천지에 마디가 있어 사계절이 이루어진다."[77]고 했다. 또 풍豊괘 「단전」에서는 "천지의 차고 빔도 때에 따라 소식한다."[78]고 했다.

이 말들을 종합하면, 변화는 시간에 따라 일어나며, 때가 되어야 사물의 변화가 일어난다는 것이다. 즉 변화 자체는 항시 일어나지만, 그 변화는 일정한 시간이 흘러야 매듭지어진다. 때가 되어야 싹이 나고 꽃이 피며 열매가 맺는다. 입추로부터 일정한 시간이 흘러야만 첫눈이 내린다. 사물은 나름대로 정해진 때가 되어야만 변화하기 마련이다.[79] 다시 말해 역도에서는 시중이 중요하다는 것이다.

이처럼 '시중時中'은 상황에 맞는 때를 말한다. 『역』에서 시중時中에 관해 언급하는 대목들을 살펴본다. 곤坤괘 초효 효사는 "서리를 밟으면 단단한 얼음이 이른다."[80]고 했다. 『정전』에서는 "음이 처음 아래에서 생겨나니 지극히 미약하나, 성인은 음이 처음 생겨날 때에 그 음이 장

---

74) 심귀득, 「주역의 음양조화에 관한 연구」, 『동양철학연구』, 동양철학연구회 편, 2003, 242쪽.

75) 惠棟 찬, 『周易述』附 '易漢學', 중화서국, 2007, 하책 624쪽. "易道深矣 一言以蔽之曰 時中 孔子作彖傳 言時者二十卦 象傳 言中者三十卦"

76) 「革:彖傳」, "天地節而四時成"

77) 「節:彖傳」, "天地革而四時成"

78) 「豊:彖傳」, "天地盈虛 與時消息"

79) 곽신환, 앞의 책, 82쪽.

80) 『易經』, 坤 初爻辭, "履霜堅氷至"

차 자라날 것을 경계하였다. 음이 처음 응결하여 서리가 되니, 서리를 밟으면 마땅히 음이 점점 성하여 단단한 얼음에 이를 것을 알아야 한다."[81]라고 했다. 이는 곤坤괘가 12벽괘 중에서 겨울이 시작되는 음력 10월괘에 해당하고, 겨울이 시작되는 중에도 그 처음을 나타내는 초효에 대한 해석이다. 겨울의 처음은 서리로 시작되지만 시간이 갈수록 얼음이 꽁꽁 얼어 맹추위가 닥치게 되는 것이다. 따라서 곤坤괘 초효의 때에는 이에 맞는 상황이 있음을 알 수 있는 것이다.

이어서 건乾괘 상효의 때를 살펴본다. 건乾괘 상효의 효사는 "끝까지 올라간 용이니 뉘우침이 있으리라."[82]이다. 『정전程傳』은 "구오는 지극한 중정中正의 자리이니, 때를 얻음이 지극하고, 이것은 구오를 지나면 지나치게 높음이 된다. 상구는 지나치게 높은 곳에 이르렀으므로 뉘우침이 있는 것이니, 지나침이 있으면 뉘우침이 있다."[83]고 주석한다. 또 『본의本義』는 "상上은 가장 위에 있는 한 효爻의 명칭이고, 항亢은 높음이 지나쳐서 내려오지 못하는 뜻이다. 양이 위에서 지극하여 움직이면 반드시 뉘우침이 있다."[84]라고 주석한다. 건乾괘는 12벽괘에서 여름이 시작되는 4월괘로서 여섯 효가 모두 양효이다. 건乾괘 다음에 오는 괘는 구姤괘로서 건괘의 여섯 효가 그 세를 다하고 맨 밑에서 처음으로 음효가 생겨나는 괘이다. 이로 보면 양의 때가 다하면 음의 때가 시작되므로 마땅히 후회가 있게 된다고 한 것임을 알 수 있다. 이 또한 "천지의 영허가 때에 따라 소식한다."는 것에 지나지 않는다.

---

81) 『程傳』, "陰始生於下 至微也 聖人 於陰之始生 以其將長 則爲之戒 陰之始凝而爲 霜 履霜則当知陰漸盛而至堅氷矣"

82) 『易經』, 乾 上爻辭, "亢龍有悔"

83) 『程傳』, "九五者 位之極中正者 得時之極 過此則亢矣 上九至於亢極 故有悔也 有 過則有悔"

84) 『本義』, "上者 最上一爻之名 亢者 過於上而不能下之意也 陽極於上 動必有悔"

이 밖에 여러 괘의 「단전」에서 말하는 시중에 관한 언급을 들어본다. 건乾괘에서는 "때때로 여섯 마리의 용을 타고서 하늘을 주재한다."[85] 몽蒙괘에서는 "형통하다는 것은 때에 알맞게 행한다는 것이다."[86] 대유 大有괘에는 "천天에 응하여 시時에 행한다."[87] 손損괘와 익益괘에는 "때와 더불어 같이 행한다."[88] 승升괘에는 "부드러움이 때를 기다려 올라간다."[89] 간艮괘에는 "동정이 그 시를 잃지 않는다."[90] 풍豊괘에는 "천지의 차고 비는 것은 때와 더불어 소식하는 것이다."[91] 소과小過괘의 "때와 더불어 행한다."[92] 등은 모두 시의 중요성을 말하는 것이다.[93]

이상을 정리하면, 천지자연의 변화는 음양의 작용으로 이루어진다는 것이다. 또 음양은 대대와 소장의 성질을 가지며 대대하는 음양은 상반상성의 원리에 의한 조화와 균형을 이룰 때에 상호 교감하여 변화를 일으킨다. 음양의 변화는 물극필반의 원칙에 의한 왕래 순환하는 것으로 시작과 마침이 끝없이 이어지며 그때그때의 맞는 자연의 상황이 있게 마련이다. 즉 천지자연은 음양의 공간적 대대에서나 시간적 변화의 상황에서나 조화와 균형을 이루어야 만물을 낳아 기르는 도를 다할 수 있다고 요약할 수 있다.

---

85) 「乾:彖傳」, "時乘六龍以御天"
86) 「蒙:彖傳」, "以亨行時中也"
87) 「大有:彖傳」, "應乎天而時行"
88) 「損, 益:彖傳」, "與時偕行"
89) 「升:彖傳」, "柔以時升"
90) 「艮:彖傳」, "動靜不失其時"
91) 「豊:彖傳」, "天地盈虛 與時消息"
92) 「小過:彖傳」, "與時行也"
93) 졸고, 앞의 논문, 84-92쪽.

(2) 간지오행의 특성

일반적으로 오행을 말할 때는 의례 음양과 오행을 묶어서 '음양오행' 으로 부른다. 음양이 오행으로 확장 연계된 근거는 『역전』에서 찾을 수 있다.

『주역』에서는 일반적으로 음양론과 그것들이 어우러져 이루어내는 유기체적 정합성을 핵심개념으로 하고 있는 것으로 볼 수 있다. 음양설 은 세계를 음양이라는 두 개의 상대 짝으로 구별한 다음, 그것들의 대 대적 소장이 생생불이生生不已하며, 세계라는 유기적 정합체를 이루어 낸다고 보는 것이다. 이런 특성을 가진 음양에 관해 「계사전」에서는 "한 번 음이 되고 한 번 양이 되게 함을 도라 이르니 계속하여 함은 선 이요, 갖추어 있음은 성이다."[94]고 하여, 『역경』에서 언급하지 않은 음 양을 처음으로 말한다.

또 「계사전」에는 "천이 1이고 지가 2이며, 천이 3이고 지가 4이며, 천이 5이고 지가 6이며, 천이 7이고 지가 8이며, 천이 9이고 지가 10이 니, 천의 수가 다섯이고 지의 수가 다섯이니, 다섯의 자리가 서로 맞으 며 각기 합함이 있다."[95] "하늘이 신묘한 물건을 내자 성인이 법 받으며 … 하수河水에서 도가 나오고 낙수洛水에서 서가 나오자 성인이 법 받았 다."[96]라는 말이 나온다. 여기서 말하는 천수와 지수, 그리고 하도 등은 음양오행을 직접 언급한 것은 아니지만 실상 음양오행을 말하는 것으로 볼 수 있다. 이와 관련하여 주자朱子는 다음과 같이 말하고 있다.

---

94) 「계사전」 상5장, "一陰一陽之謂道 繼之者善也 成之者性也"
95) 「계사전」 상9장, "天一地二天三地四天五地六天七地八天九地十 天數五 地數五 五位相得而各有合"
96) 「계사전」 상11장, "天生神物 聖人則之 … 河出圖 洛出書 聖人則之"

"이 1절은 공자가 하도를 밝혀 드러낸 바의 수이다. 천지 사이에 일기—
氣일 뿐이나 나뉘어 둘이 되면 음양이 되니, 오행이 조화하고 만물은 처
음부터 끝까지 여기에 갈무리되지 않음이 없다. 그러므로 하도의 위치를
보면 1과 6은 함께 마루로서 북에 자리하고, 2와 7은 벗이 되어 남에 자리
한다. 3과 8은 같은 도로서 동에 자리하고, 4와 9는 친구가 되어 서에 자
리한다. 5와 10은 서로 지키면서 중에 자리한다. 그러나 그것들이 수를
이루는 까닭은 일음일양 일기일우로서 그 오행을 둘로 하고 있음에 불과
할 따름이다. … 양수는 기수기 때문에 1, 3, 5, 7, 9가 모두 천에 속하니
이른바 천수 5다. 음수는 우수기 때문에 2, 4, 6, 8, 10이 모두 지에 속하
니 이른바 지수 5다. 천수와 지수가 각각 유로서 서로 구하니 이른바 오위
가 서로 득한다는 것이 바로 그것이다. … 이 하도의 전수는 모두 공자의
뜻이자 제유의 설이기도 하다."[97]

주자의 이 말은 「계사전」에서 언급되고 있는 천수와 지수, 그리고 하
도 등이 음양오행을 말하는 것임을 확인하는 것이라고 하겠다. 또 「설괘
전」에도 "하늘에서 셋을 취하고 땅에서 둘을 취하여 수를 의지한다."[98]
라든가 진·손·곤·태·건·감·간괘 등을 동·동남·남·서남·서·서
북·북·동북이라는 문왕후천도적 방위에 배당하여 설명하는 점 등이
오행설과 관련된 것으로 볼 수 있다. 즉 음양과 오행 등의 개념이 『역전』
에서 근거하고 있는 것이다.[99] 또 한편으로는 『사기』「천관서」에서는

---

97) 朱熹 저, 김상섭 해설, 『역학계몽』, (예문서원, 1999), 58-61쪽. "此一節夫子所
以發明河圖之數也 天地之間一氣而已 分而爲二 則爲陰陽而五行造化 萬物始終無
不管於是焉 故河圖之位 一與六 共宗而居乎北 二與七 爲朋而居乎南 三與八 同道
而居乎東 四與九 爲友而居乎西 五與十 相守而居乎中 蓋其所以爲數者 不過一陰一
陽 一奇一偶 以兩其五行而已 … 陽數奇 故一三五七九 皆屬乎天 所謂天數五也 陰
數偶 故二四六八十皆屬乎地 所以地數五也 天數地數 各以類而相求 所謂五爲之相
得者然也 … 此河圖之全數 皆夫子之意而諸儒之說也"
98) 「설괘전」1장, "三天兩地而倚數"
99) 졸고, 앞의 논문, 26-28쪽.

"우러러 하늘의 상을 관찰하고 굽혀 땅의 무리를 본받는다. 하늘에는 해와 달이 있고, 땅에는 음양이 있다. 하늘에는 오성이 있고 땅에는 오행이 있다."[100]고 한다. 이 말은 고인들이 오랜 동안 일월오성의 운행규율을 관측하여 오행관념을 만들어냈음을 말하는 것이다.

그런데 목·화·토·금·수의 오행은 차례대로 계절의 순서에 의거하여 북극의 하늘에서 출현하기 때문에 고인들은 오성으로 사시를 정하여 날짜를 표시하는데 사용했다. 『성비星備』에는 "오성은 견우성에서 처음 출발하여 … 세성歲星(목성木星)은 하루에 12분의 1도를 가서 12년에 하늘을 한 바퀴 돌고, 형혹성熒惑星(화성火星)은 하루에 23분의 1도를 가서 23년에 주천하며, 진성鎭星(토성土星)은 하루에 28분의 1도를 가서 28년에 주천하고, 태백성太白星(금성金星)은 하루에 8분의 1도를 가서 8년만에 주천하여, 진성辰星(수성水星)은 하루에 1도를 가서 1년에 주천한다. 이것이 오성이 가는 바의 도수다."[101]고 한다.

이것은 오성이 각기 1년 중에서 72일을 점하여 주천 360도의 일수와 부합함을 말하는 것이다. 또 이것은 건괘와 곤괘의 책수 360책과 오성의 수가 맞아떨어지는 것이다. 그런데 오성 가운데 목·화·토 3성은 궤도가 커서 지구 밖에서 돌아 건의 책수 216과 합하고, 금·수 2성은 궤도가 작아서 지구 안쪽에서 돌아 곤의 책수 144와 합한다. 즉 목·화·토 3성은 양의 책수에 해당하고, 금·수 2성은 음의 책수에 부합한다.[102]즉 오행은 해와 달의 관찰을 통해 얻은 음양이 더욱 확장돼 일월오성의 운행규율을 포함하는 음양오행으로 발전됐음을 알 수 있다.

---

100) "仰則觀象於天 俯則法類於地 天則有日月 地則有陰陽 天有五星 地有五行"
101) "五星初起于牽牛 … 歲星一日行十二分度之一 十二歲而周天 熒惑日行二十三分度之一 二十三歲而周天 鎭星日行二十八分度之一 二十八歲而周天 太白日行八分度之一 八歲而周天 辰星日行一度 一歲而周天 是五緯所行度數之事"
102) 상병의, 앞의 책, 107쪽.

오행에서 음양의 성격은 10천간 12지지와 합하여 만드는 간지오행에서 쉽게 확인할 수 있다. 즉 목·화·토·금·수의 오행은 10간과 합하여 갑을甲乙 목, 병정丙丁 화, 무기戊己 토, 경신庚辛 금, 임계壬癸 수로 5개의 양오행과 5개의 음오행을 형성한다. 이 때 갑을甲乙 목은 동방, 병정丙丁 화는 남방, 무기戊己 토는 중앙, 경신庚辛 금은 서방, 임계壬癸 수는 북방으로 각각 나누어져 오행은 방위와 결합하였음도 확인 할 수 있다. 또 오행은 12지 가운데 인묘寅卯 목, 사오巳午 화, 진술축미辰戌丑未 토, 신유申酉 금, 해자亥子 수 등을 형성한다. 여기서 인은 양목, 묘는 음목, 오화는 양화, 사화는 음화, 신금은 양금, 유금은 음금, 해수는 양수, 자수는 음수, 진·술토는 양토, 축·미토는 음토로 음양이 구분된다. 다만 토에 한해 양토와 음토가 각각 2개씩 있어 오행에 육기六氣가 있게 된다. 12지오행 또한 방위와 결합됐음을 알 수 있다.

그런데 10간오행과 12지오행은 차례대로 서로 짝을 지어 60갑자를 이루어 한 사이클을 마치게 된다. 즉 1년 중에는 60갑자가 여섯 번 돌아서 1년 360도를 돌아가며, 「계사전」에서 말하는 360책수와 부합한다.

이런 간지오행은 상생과 상극 작용을 통해 우주창생변화의 내재원인 또는 근본법칙으로써 인사의 갖가지 변화양상을 설명하는 역할을 한다. 여기서 우주창생변화란 우주가 만물을 낳아 기름을 반복하는 일과 같은 의미다. 그런데 앞서 음양조화를 살피면서 천지가 만물을 낳아 끝없이 기름을 반복 순환하는 역의 도는 음양의 조화로 이루어진다고 했다. 또한 음양의 조화와 오행의 중화는 같은 의미라고 말할 수 있다.

오행은 기본적으로 상생과 상극작용을 통해 역도를 달성한다. 또 오행은 덕德을 같이 하는 오행끼리의 합덕合德과 상충相沖되는 덕을 가진 오행끼리의 충파沖破 작용을 함으로써 그 목적을 이룬다. 오행 가운데 목은 화를 생하고, 화는 토를 생하며, 토는 금을 생하며, 금은 수를 생하고, 수는 목을 생하는 관계를 상생관계라고 한다.

  오행의 이런 상생관계와 관련하여, 수隋나라 때 소길蕭吉은 오행이 상생하는 이유를 세 가지로 요약하고 있다.[103] 하나는 순환관계 때문에 상생한다는 것이다. 즉 오행이 함께 일어났지만 각각 이름이 다르다. 그러나 오행의 이름은 이미 달라졌지만 다시 서로 작용을 해서 돌아가면서 휴休하고 왕王하기 때문에 서로 생하므로 그 둘은 조화의 관계이다. 오행이 서로 생하는 것은 다른 종류끼리 서로 조화해 가는 것으로 남녀가 다른 성이지만 번식을 할 수 있는 것과 같다는 것이다. 그 셋은 역할로써 상생관계다. 하늘에 오행이 있으니 목·화·토·금·수이다. 목은 봄으로 생겨나는 것을, 여름은 기르는 것을, 가을은 거두는 것을, 겨울을 감추는 것을 각각 주관한다. 그러므로 아버지가 낳은 것을 그 자식이 키우고, 아버지가 키운 것을 자식이 기르며, 아버지가 기른 것을 자식이 이루니, 감히 아버지의 뜻을 어기지 못하는 것이 사람의 도리를 다하는 것이다. 그래서 오행이 오상五常이 되는 것이다.

  오행으로 우주변화의 원리를 설명하는 한동석韓東錫의 견해는 다음과 같다.[104] 오행의 수數를 보면 목은 3·8, 화는 2·7, 토는 5·10, 금은 4·9, 수는 1·6이다. 그런데 목생화, 화생토, 토생금, 금생수, 수생목의 상생관계를 오행의 수로 배치하면 동방목, 남방화, 중앙토, 서방금, 북방수로 나타나는 하도와 같다는 것을 알 수 있다. 즉 하도에서 동남방은 목화木火가 생장과 분열을 진행하는 과정이며, 서북방은 금수金水가 수장收藏하여 통일을 이루면서 종합하는 과정임을 고려할 때 오행의 상생관계는 양陽의 생장 분열과 음陰의 수장 통일하는 작용의 순환관계를 나타내고 있음을 이해할 수 있다. 이처럼 오행의 상생하는 이유나

103) 蕭吉 저, 김수길·윤상철 역, 『五行大義』, 대유학당, 2008, 142-144쪽.
104) 한동석, 『우주변화의 원리』, 행림출판사, 1993, 84-86쪽.

근거는 소길의 정리나 한동석의 주장이 다르지 않은 것이다.

이어서 오행이 그 덕을 더하는 '합合'에 관하여 알아본다. 여기서 말하는 '덕'은 '얻었다(득得)'는 의미로, 만물이 각기 욕심내는 바를 따라 유익하게 하여서 뉘우침과 인색함이 없게 하는 것을 말한다. 또 구원하고 돕는 것으로 모든 일이 길하고 재앙과 해악이 사라져 없어지게 하는 것이다.[105]

덕의 합에 관한 근거는 「계사전」의 "건乾은 양물이고 곤坤은 음물이니, 음양이 덕을 합하여 강유가 체가 있게 되었다"[106]고 한 것에서 찾을 수 있다. 또 건乾괘 5효 「문언전」은 "무릇 대인이란 천지와 그 덕이 합하고, 일월과 그 밝음이 합하며, 사시와 그 질서가 합하고, 귀신과 그 길흉이 합한다."[107]라고 한다.

이런 덕을 더하는 합에는 먼저 천간天干의 합이 있다. 천간의 합은 갑甲과 기己, 을乙과 경庚, 병丙과 신辛, 정丁과 임壬, 무戊와 계癸의 합을 말한다. 그런데 이 천간 합의 구성을 분석해보면, 10개 천간 가운데 양간은 음간과 음간은 양간과 합을 이루고 있음을 알 수 있다.『오행대의』에서는 이렇게 되는 이유를 "음양의 이치가 반드시 서로 짝이 되어야 하니, 임금과 신하, 남편과 아내의 뜻이다. 갑甲은 임금이 되고 남편이 되며, 기己는 신하가 되고 아내가 된다. 임금의 자리는 스스로 갖추어 있는 것이고, 신하의 자리는 임금으로부터 말미암은 것이므로, 기己의 덕은 갑甲에 있고, 을乙의 덕은 경庚에 있는 것이다. 나머지 네 경우도

---

105) 蕭吉, 앞의 책, 217쪽, "德者得也 有益於物 各隨所欲無悔吝 故謂之爲德也 五行書云若有一德 能據百災 凡陰陽用事 遇德爲善 謂之福德 爲有救助 萬事皆吉 災害消亡"

106) 「繫辭傳」하6장, "乾陽物也 坤陰物也 陰陽合德 而剛柔有體"

107) 「乾:文言傳」, "夫大人者 與天地合其德 與日月合其明 與四時合其序 與鬼神合其吉凶 …"

마찬가지이니, 음이 양을 따르는 도이다."[108]라고 설명한다.

또 지지地支의 합은 자수子水와 축토丑土, 인목寅木과 해수亥水, 묘목卯木과 술토戌土, 진토辰土와 유금酉金, 사화巳火와 신금申金, 오화午火와 미토未土가 합하는 6합이 있다. 이 지지地支의 합에 대해 역시『오행대의』는 "지지의 합은 해와 달이 운행하다가 머물러서 회합하는 곳을 말한다."[109]고 한다. 예를 들어, 정월을 나타내는 인목寅木이 해亥와 합하는 것은 정월에 해와 달이 추자娵訾[110]의 자리에 모이기 때문이다. 추자는 해방亥方이고, 일명 시위豕韋라고도 한다. 이때는 북두의 자루가 인寅을 가리키는 때이므로 인寅과 해亥가 합이 된다. 또 2월의 묘목卯木이 술토戌土와 합하는 것은 2월에 해와 달이 강루降婁의 자리에 모이기 때문이다. 강루는 술방戌方이고, 북두의 자루가 묘卯를 가리키는 때이므로 묘卯와 술戌이 합이 된다. 소길蕭吉은 지지의 합에 대해 이처럼 해와 달이 만나는 시기에 이루어진다고 설명하고 있다.

다음은 극충剋沖에 관해 알아본다. 먼저 오행의 상극相剋은 목은 토를, 토는 수를, 수는 화를, 화는 금을, 금은 목을 각각 극제剋制하는 것을 말한다. 오행의 상극관계에 대해 한대漢代에 저술된『백호통의白虎通義』에서는 "오행이 서로 해치는 것은 천지天地의 성질이다. 많은 것이 적은 것을 이기므로 수水가 화火를 이긴다. 순정한 것이 단단한 것을

---

108) 蕭吉, 앞의 책, 219쪽, "陰陽之理 必相配偶 以則君臣夫婦之義 甲爲君爲夫己爲臣爲妻 君位自在 臣位由君 故其德在甲 乙德在庚也 餘四皆然 陰從陽之道"

109) 소길, 앞의 책, 239쪽, "支合者 日月行次之所合也"

110) 동양천문학에서는 하늘에서 해와 달이 만나는 지점을 12곳으로 나누고 이를 12次라고 한다. 12차의 이름과 만나는 방위와 달을 짝지워보면 다음과 같다. 娵訾(亥-正月), 降婁(戌-2월), 大梁(酉-3월), 實沈(申-4월), 鶉首(未-5월), 鶉火(午-6월), 鶉尾(巳-7월), 壽星(辰-8월), 大火(卯-9월), 析木(寅-10월), 星紀(丑-11월), 玄枵(子-12월).

이기므로 화火가 금金을 이긴다. 굳센 것이 부드러운 것을 이기므로 금金이 목木을 이긴다. 꽉 찬 것이 듬성한 것을 이기므로 목木이 토土를 이긴다. 찬 것이 빈 것을 이기므로 토土가 수水를 이긴다."111)고 설명한다. 이 말은 오행의 각 원소가 갖는 천지자연의 성질을 바탕으로 상승相勝관계를 설명한 것이다.

오행의 상극은 1·6 수水가 2·7의 화火를 극하고, 화火는 4·9 금金을 극하며, 금金은 3·8목木을 극하고, 목木은 5·10토土를 극하며, 토土는 다시 수水를 극한다. 그런데 이 오행의 상극관계를 순서대로 표시하면 수·화·금·목·토·수의 순서로 시계 반대방향으로 순환한다. 이는 오행의 상생이 수·목·화·토·금·수의 순서로 시계방향으로 순환하던 것과 순환방향이 정반대로 바뀐 것임을 알 수 있다. 특히 상극관계에서는 상생의 순서를 역행하는 것은 물론 화火와 금金의 위치가 또한 서로 바뀌었다. 즉 하도에서 화火의 자리에는 금金이 오고, 금金의 자리에는 화火가 이동한 것이다. 다시 말해 오행의 상극관계를 표시한 그림은 낙서의 그림과 동일한 것이다. 이 상극작용은 상생작용의 반대작용을 함으로써 생生을 견실하게 한다. 즉 상생은 목·화·토·금·수의 순행법칙이었지만, 상극은 그와 반대로 수·화·금·목·토의 상극법칙으로 모순과 대립의 작용을 하면서 그것을 이용하여서 만물을 생성하는 것을 설명한다고 볼 수 있다.

충沖과 파破는 오행의 덕이 각 오행간에 상충되는 것을 말한다. 그런데 약한 오행이 강한 것으로 향해 가는 것은 충沖이라 하고, 강한 것이 약한 것을 향해 가는 것을 파破라고 한다. 즉 파보다 충에 의한 화가 덜하다고 본다. 먼저 천간의 충과 파의를 보면 갑甲과 경庚, 을乙과 신

111) 반고 저, 신정근 역주, 『백호통의』, 소명출판, 2005, 153쪽.

辛, 병丙과 임壬, 정丁과 계癸, 무戊와 갑甲, 기己와 을乙, 경庚과 병丙, 신辛과 정丁, 임壬과 무戊, 계癸와 기己가 각각 충과 파 관계에 있다. 또 지지의 충과 파는 자子와 오午, 축丑과 미未, 인寅과 신申, 묘卯와 유酉, 진辰과 술戌, 사巳와 해亥가 각각 해당된다. 그런데 천간과 지지의 충과 파는 자신과 7번째에 해당하는 천간과 지지가 충파함을 알 수 있다. 그리고 천간의 충과 파에서는 모두 뒤의 천간이 앞의 천간을 극하는 관계로 되어 있다. 또 양간과 양간이 만나고, 음간과 음간이 만나므로 그 기운이 서로 부딪치고 대립하고 있다. 따라서 지지地支의 충과 파는 서로 상극 관계에 있다.

오행은 각각 그 자체로 기운의 중中(평기平氣)과 과불급過不及이 있다. 목木을 예로 들면, 과불급이 없이 평기를 이룬 목은 그 본래의 생하는 작용을 알맞게 하여 예측할 수 없는 변화나 길흉화복의 큰 파동이 일어나지 않는다. 그러나 목의 기운이 불급하거나 태과하게 되면 생하는 작용의 조화를 이루지 못한다. 나머지 화·토·금·수의 오행도 중화를 이루지 못하면 이와 같은 결과를 낳게 된다.[112]

오행의 중화는 생부生扶와 극제剋制의 작용으로 이루어진다고 할 수 있다. 즉 오행은 상생과 상극작용을 하면서 만물의 생생변화를 이루어 간다. 또 오행은 상생·상극 작용 외에 합合과 충沖의 작용을 통해 그 기운의 왕성함과 쇠함을 가감하기도 한다. 오행론에서는 이 상극과 합충의 작용을 합하여 생부生扶와 극제剋制라는 말로 표현하기도 한다.

오행의 중화는 생生·극剋에 의해서 달성된다. 예를 들어, 목木의 기氣가 이미 중화를 이룬 상태인데 다시 생함을 받게 되면 기의 태과가 될 것이고, 극함을 받게 된다면 불급의 기가 될 것이다. 같은 이치로 목의

---

112) 한동석, 앞의 책, 47-74쪽 참고.

기운이 불급한 상태이지만 생함을 받게 되면 중화에 이를 것이나, 다시 극함을 당하면 더욱 불급하게 된다. 그 반대로 목기가 이미 과한데 다시 생함을 받으면 더욱 과하게 되지만, 극함을 받게 되면 중화에 근접하거나 중화에 이를 것이다. 다른 오행의 경우도 이와 같이 판단하게 된다.

합과 충의 경우도 중화를 달성하는 요소가 된다. 앞서 합은 같은 덕德 내지는 기운을 합하는 것으로 그 기운이 상승하게 되고, 충은 그 반대의 결과가 된다고 했다. 목木을 나타내는 지지地支 인寅과 묘卯를 예로 보면, 인목寅木과 합하는 지지는 해수亥水이며, 묘목卯木과 합하는 지지는 술토戌土이다. 즉 인목寅木이 해수亥水를 만나면 서로 그 덕을 더하고, 묘목卯木과 술토戌土가 만나면 역시 그 덕을 높이게 된다. 다른 오행도 같은 이치로 합하면 길한 작용을 한다. 반대로 오행이 서로 충沖이되면 결과가 흉하다. 예를 들어 인목寅木은 신금申金과, 묘목卯木은 유금酉金과 서로 충의 관계가 된다. 그러므로 인목寅木이 신금申金을 만나거나 묘목卯木이 유금酉金과 만나게 되면 그 덕이 줄어들어 흉하게 된다. 나머지 오행도 충의 관계가 되면 이와 같은 결과를 가져온다.

합合과 충沖은 오행의 중화를 어떻게 이루는가? 예를 들어 인목寅木이 평기平氣의 상태인데 해수亥水를 만나게 되면 목木의 기운이 더욱 높아질 것이나, 신금申金을 만나게 되면 그 기운이 쇠하게 되는 것이다. 즉 목木의 평기운平氣運이 깨져서 중화를 잃게 되는 것이다. 또 인목寅木이 평기平氣에 불급한데 해수亥水를 만나면 기운이 상승해 중화에 근접하게 될 것이지만 신금申金을 만나면 오히려 그 기운이 더욱 쇠약해질 것이다. 마찬가지로 인목寅木의 기운이 과한 상태에서 해수亥水를 만나면 그 기운이 더욱 과다하게 되고, 신금申金을 만나면 목기木氣를 덜어서 중화에 근접하도록 할 것이다.

이처럼 이 합과 충이 중화에 미치는 작용은 사실 오행의 기운을 생부生扶하고 극제剋制하는 것으로 볼 수 있다. 즉 오행의 합과 충도 본질적으로는 오행의 생극관계에 포함되는 것이다. 따라서 오행의 중화는 상생과 상극 관계의 범주를 벗어나는 것이 아니라고 하겠다.[113]

(3) 간지주기의 예측성

여기서 시간성과 공간성을 가진 간지오행을 통해 파악할 수 있는 우주의 운행규율에 관해 상병의의 견해를 통해 알아본다.[114] 간지는 중국의 고대 연·월·일·시를 기록하는 상수부호일 뿐 아니라, 팔괘·28수 등과 결합하여 천구를 획분하는 시공표지이다. 간지계통은 음양오행의 상수 모식으로 천문·역수·기상·물후 등의 운동변화규율을 반영하여, 시공통일하의 우주만물의 생명정보와 생장수장절률을 구체적으로 표현한다. 이 때문에 간지와 역괘간에는 필연적 본질의 연계가 있다.

간지와 역괘는 같은 것으로 천도天度(역법曆法)를 통해서 운기의 영허·절후의 이르고 늦음·일체의 생명현상의 생사 영고를 추보한다. 즉 간지계통이 역수와 음양오행상수모식의 특점을 체현하기 때문에 미래를 예측할 수 있는 것이다.

고건국高建國(1986)의 소개에 따르면, 명대明代 숭정崇禎 연간에 출판된 『대창주지太倉州志』에 1522년 8월 13일에서 14일(명明 가정嘉靖 원년 7월 24일에서 25일)까지의 특대의 홍수 재해가 있었다는 기록이 있다. "큰 바람과 비로 나무가 뽑히고 강물이 다 넘쳤다. 오주吾州·상숙常熟·숭명崇明·가정嘉定·오강吳江이 모두 오두막과 사람과 가축이 물에 뜨고 묻

---

113) 졸고, 앞의 논문, 119-124쪽.
114) 상병의, 앞의 책, 34-37쪽.

혀서 수만으로 집계됐다. 이날의 해는 용화龍火의 이변이 있었다. 앞서 임오壬午의 화는 경미하고 넓은 지역에서 발생했다. 60년래에 없었던 것이다. 사람은 동일한 갑자는 알지만 간지가 하루의 남음도 없음을 알 지 못한다."

그 뒤 60년, 즉 1582년 (명 만력萬曆 10년) 강소江蘇 오강吳江에서 또 대 홍수의 재해가 발생했다.『오강현지吳江縣志』(건륭乾隆 12년) 기록에 따르 면 "7월 5일 대풍우로 나무가 뽑히고 배가 뒤집혔다. 13일에 또 대풍우 로 태호가 범람하고 백성의 거처가 물에 떠서 10에 2-3만 남았다. 익사 한 사람과 가축을 셀 수가 없었다. 가경 원년 7월과 갑자 일주一周가 같이 간다."고 했다. 이로부터 매 60년 간격으로 오강 일대는 홍수재해 가 발생하고, 또 모두 임오년에 발생했음을 알 수 있다.

그러나 가장 앞의 1개 임오년은 '화는 경미했으나 멀고(넓고)', 이어서 임오년은 비록 '화가 협소했지만 재해가 심중'했으며, 60년 내에는 전 혀 없었다. 또 60년이 지나서 그 지역에 또 대홍수가 발생했다. 그리고 또 한차례는 1차에 비해 엄중했다. 사람들로 하여금 놀라게 하는 것은 연속 3개의 임오년 재해가 필경은 모두 그 곳의 초가을에 발생하였고, 간지가 1일의 오차도 없다는 것이다. 이런 종류의 시공 완전대응의 재 해규율은 확실히 의미심장하여 자세히 음미할 가치가 있으며, 사람을 깊이 생각하게 한다.

지적해야 할 것은 60년 간지주기 사이에는 완전하지 않게 전후 수미 가 연결되는 때도 있으며, 그리고 서로 겹치는 것이 모자라게 연결되는 고리로 나타나기도 한다는 것이다.

중국의 지진 전문가인 옹문파翁文波 교수는 19세기부터 20세기 사이 에 중국 화중지구(안휘·강소성 등)에서 6개년 중에 보기 드문 홍수재해 가 발생한 것에 대해 가장 두드러진 것으로 표현하고 있다. 즉 1827년·

1849년·1887년·1909년·1931년·1969년을 열거하고 1991년에 그 지구에서 다시 홍수가 발생할 수 있다고 지적했다. 이것은 사실로 증명돼 1991년 안휘·강소성 등은 과연 대홍수재해가 발생하여 이재민이 수천만 명에 달했다.

서도일徐道一은 위에서 말한 7개년을 다음과 같이 배열한다.

```
1827     1849     1887     1909     1931     1969     1991
|----- 60년 ----- |     |----- 60년 ---- |
        |-------- 60년 --------|    |-- 60년 --
```

이 중에서 4개 60년 간지주기를 볼 수 있다. 기간은 다시 다음과 같다.

```
1849-1827=22년,        1909-1887=22년,
1931-1909=22년,        1991-1969=22년,
1887-1849=37.5년,      1969-1931=37.5년.
```

당연히 그 중에서 다시 기타 주기규율이 있다. 이것은 여기서 생략한다. 바로 서도일이 간지주기규율은 사실상 광의의 순환주기개념이라고 말하는 것과 같다.

축가정竺可楨(1890-1974)이 장강 홍수 원인과 시기의 연구에서 그것은 22년 좌우의 주기가 있다고 지적했다.

```
1887  -  1909  -  1931  -  1954  -  1975
    (22년)   (22년)   (23년)   (21년)
```

그는 『시사월보』에 1931년 글을 써서 이 주기를 밝혔다. 반개 세기의

간격을 두고 1954년 장강 특대홍수, 1975년 회하 대홍수가 났다. 모두 평균 22년이다. 22년 주기는 태양太陽의 흑자黑子 자성주기磁性周期와 일치하는 것을 이미 알 수 있다.

또 고포석(1991년)의 중국 북방 수한재해 시간 분석에 따르면 1580년 이래 중국의 수한재해는 하나의 분명한 18.6년 주기가 있음을 발견한다. 18.6년 주기는 달의 백도와 황도가 교선하는 위치의 변화주기로, 일월지의 상대위치 변화를 반영한다.[115]

자본시장에서도 간지변화규율은 똑같이 존재한다.

예를 들어, 미국의 저명한 투자 전문가 윌리암 간(William D·Gann 1878-1955)이 구성한 주기순환이론은 서방을 뒤흔들었고, 지금까지 중국 내외에서 반향을 일으키고 있다.

그는 일찍이 면화 성수기의 가격변화가 30년 주기로 운행하는 것을 발견했다. 그는 면화성수기의 화물이 1864년에 역사상 최고봉을 나타냈고, 30년 후인 1894년에 최저점에 달했다고 지적했다. 실은 이 두 개가 서로 연계된 30년은 하나의 완전한 60년 간지주기와 똑같다.

또 예를 들면, 미국 뉴욕 증시는 일찍이 1927년에 주가파동이 일어났고, 60년 후인 1987년에 더욱 엄중한 주가파동이 발생했다. 또 전세계 증권시장에 해를 끼친 유사한 액운이 계속해서 출현했다. 이처럼 1919년 가을에 주가파동이 발생했고, 10년 후인 1929년 가을 또 더욱 엄청난 증권시장 붕괴가 일어났다. 또한 홍콩증시도 1967년 폭동시기 일찍이 58점까지 떨어지고, 20년 후인 1987년에도 주가파동이 발생했다. 이어 30년 후인 1997년 또 주가가 폭락하는 상황이 발생했다.

종합하면 우리는 시공주기파동분할비율을 어떤 광의의 주기규율 중

---

115) 서도일, 『周易與當代自然科學』

에 놓으면, 곧 앞면에 서술한 10년·20년·22년·18·6년, 37·5년·30년·60년 주기 등등에 대해 문득 깨닫게 될 것이다. 『주역』 경문 중에 비록 간지를 매우 적게 말하지만, 간지는 실은 역괘와 서로 표리관계이다. 간干은 하늘에 속하고, 지支는 땅에 속하며, 천지는 오행과 떨어지지 않으며, 역괘와 간지 또한 오행과 떨어지지 않는다.

서수·괘상·괘효사·간지 등등을 막론하고 모두 일정 시간과 공간의 배경 아래에 있는 생명자연정보는 존재와 운동의 특수반응으로 볼 수 있으며, 이것은 우주전식원의 필연 정식程式이다.

제5장 고대역법과 역학易學

　앞서 이미『역경』의 괘효상이 천문과 관계가 있고, 천체 관측을 통해 파악한 천도의 운행규율이 역법이기 때문에 천도를 인사에 본받고자 하는『주역』과 천문역법이 밀접한 관련이 있음을 살펴보았다. 이 과정에서 천문역법 내용의 일부가 설명되기도 했으나, 이 장에서 고대 천문역법과 역학의 관계를 보다 구체적으로 정리해본다.

1.　선先·후천도後天圖와 역법

　팔괘를 그림으로 나타낸 도식圖式은 선천도와 후천도 두 가지가 있다. 여기서 말하는 선천도와 후천도라는 말은 북송北宋의 역학자 소옹邵雍에 의해 나온 말이다. 선천복희도식으로 불리는 선천도에는 「복희팔괘차서도」·「복희팔괘방위도」·「복희64괘차서도」·「복희64괘방위도」가 있으며, 후천문왕도식으로 불리는 후천도에는 「문왕팔괘차서도」·「문왕팔괘방위도」·「문왕64괘차서도」·「문왕64괘방위도」가 있다. 선천복희도식은『주역참동계』에 연원을 두며, 진단陳摶을 거쳐 소옹에게 이르렀다. 후천문왕도식은 전국시대에 지어진 뒤『역전』과 동시대인

한당漢唐에서 유행했다.[1]

여기서는 선천도 중 「복희64괘방위도」와 후천도 가운데 「문왕팔괘도」를 중심으로 이들 도식의 역법과 관계를 살펴본다.[2]

1) 선천64괘도역법

앞서 '방위와 시간', 그리고 '천도의 시공순환특성'의 문제를 살피면서 선·후천 팔괘와 율력이 밀접하게 관련됨을 알아봤다. 여기서는 선천64괘도가 곧 고대역법의 하나임을 알아본다.

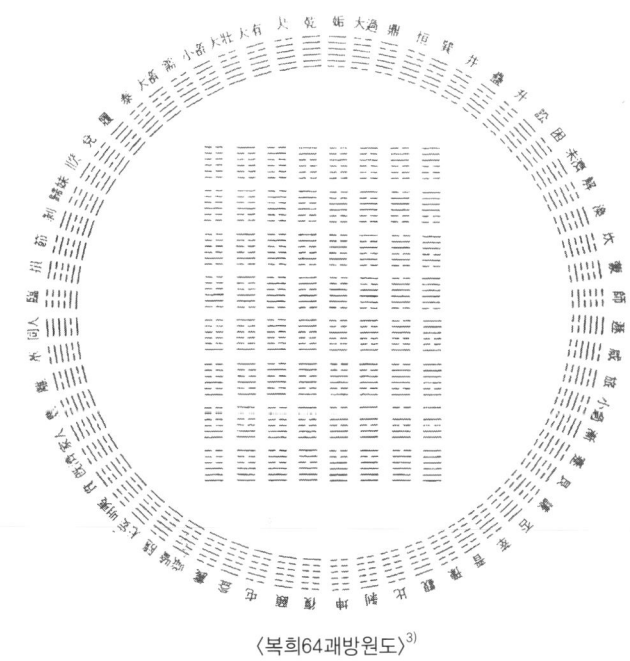

〈복희64괘방원도〉[3]

---

1) 張其成 저, 『易圖探秘』, 中國書店, 2005, 63-64쪽.
2) 전합록, 앞의 책 300-318쪽에서 옮겨 보완 정리하였다.

  아는 바와 같이, 「복희팔괘방위도」는 『주역』 「설괘전」의 "하늘과 땅
이 자리를 정하고, 산과 못이 기를 통하며, 우레와 바람이 서로 가까이
하고, 물과 불이 서로 꺼리지 아니한다."[4]는 문장에 근거하여 지어졌
다. 즉 건은 남쪽, 곤은 북쪽, 이는 동쪽, 감은 서쪽, 진은 동북쪽, 태는
동남쪽, 손은 서남쪽, 간은 서북쪽이다. 이렇게 만들어진 「복희팔괘방
위도」를 소원도小圓圖라고도 한다. 그리고 이 「복희팔괘방위도」를 더욱
펼쳐나가서 「복희64괘방위도」가 이루어진다. 「설괘전」은 "천지정위天
地定位 … 수화불상석水火不相射"이라고 한 뒤 이어서 "팔괘가 서로 섞인
다.(八卦相錯)"고 하여 팔괘가 서로 교착하여 64괘가 이루어짐을 설명하
고 있다. 이 「복희64괘방위도」는 대원도大圓圖라고 한다.
  주목할 것은 「설괘전」은 여기서 계속하여 "간 것을 헤아리는 것은 순
順이라고 하며, 올 것을 아는 것은 역逆이라고 한다. 그러므로 역易은
앞으로 올 것을 헤아리는 것이다."[5]고 하는 대목이다. 이 대목에 대해
주자朱子는 "'지나간 것은 헤아리는 것을 순'이라고 하는 것은 하늘에
순응하여 행함과 같은 것이니, 왼쪽으로 돌아가는 것이며, 모두 이미
생하여진 괘이므로 '지난 것을 헤아린다'고 말한 것이다. '앞으로 올 것
을 아는 것을 역'이라고 함은 하늘을 거슬려 행함과 같으니, 오른쪽으
로 운행하는 것이며, 모두 아직 생하지 않은 괘이므로 '올 것을 안다'고
말한 것이다. 무릇 역易의 수는 역逆으로부터 이루어진다. 이 한 구절은
그림의 뜻을 바로 해석하였으니, 네 계절이 오는 것을 앎을 말한 것과
같다."[6]고 주석한다. 즉 주자도 「선천팔괘도」가 천문역법과 관계됨을

---

  3) 주희 저, 김상섭 해설, 『역학계몽』, 예문서원, 1999. 125쪽.
  4) 「설괘전」 제3장, "天地定位 山澤通氣 雷風相薄 水火不相射 八卦相錯"
  5) 「설괘전」 제3장, "數往者順 知來者逆 是故易逆數也"
  6) 朱熹 지음, 김상섭 해설, 『易學啓蒙』, 예문서원, 1998. 126쪽. "數往者順 若順天

설명하는 것이다. 그러므로 이「선천팔괘도」를 연역한「선천64괘도」
또한 천문역법과 관련됨은 자명한 것이다.

「복희64괘원도」는 천도의 자연 본연의 규율을 표시한다. 이 천도는
다른 것이 아니라, 곧 태양운행의 궤도인 황도 즉 태극도 상의 큰 동그
라미다. 64괘 중에 건乾은 하늘이 되고, 곤坤은 땅이 되어, 하늘과 땅이
자리를 정함은 우주의 공간을 반영하는 것이다. 이離는 해가 되고, 감坎
은 달이 되어, 일월이 천지간을 운행함은 우주의 시간변화를 반영하는
것이다.「계사전」은 "해가 가면 곧 달이 오고, 달이 가면 곧 해가 와서
해와 달이 서로 미루어 밝음이 생긴다. 추위가 가면 곧 더위가 오고,
더위가 가면 곧 추위가 와서 추위와 더위가 서로 미루어 해가 이루어진
다."[7]고 말한다. 이 일월이 왕래하여 사시 한서가 변화하여 해를 이루
는 것의 실질 내용은 곧 역법曆法이다.

해는 양이 되고, 달은 음이 되어 해와 달이 천지간에서 서로 교합하
면 곧 음양이 천지간에서 교합하는 것이고, 달의 5년 주기율이다. 그러
므로『설문해자』는 "오五는 음양이 천지간에서 교오交午하는 것이다.(五
陰陽在天地間交午也)"고 말한 것이다.

태양의 주일시운동은 동에서부터 남을 지나 서쪽으로 우행右行한다.
태양의 주년시운동은 서에서부터 남을 거쳐 동으로 좌행左行한다. 다시
그 위에 관찰하지 못하는 북방을 더하면, 곧 하나의 원을 도는 하늘의
원운동을 이루는 것이 된다. 이 천원운동의 궤적이 곧 우리가 말하는
황도다.

而行 是左旋也 皆已生之卦也 故云數往也 知來者逆 若逆天而行 是右行也 皆未生
之卦也 故云知來也 夫易之數 由逆而成矣 此一節直解圖意 若逆知四時之謂也"

7)「계사전」하5장, "日往則月來 月往則日來 日月相推而明生焉 寒往則暑來 暑往則
寒來 寒暑相推而歲成焉"

동지에서 하지에 이르는 시간은 태양이 남회귀선에서 북쪽으로 운행하는 것으로 복復괘부터 건乾괘까지 32괘로 표시한다. 하지에서 동지에 이르는 시간은 태양이 북회귀선에서 남쪽으로 운행하는 것으로 구姤괘에서 곤坤괘에 이르는 32괘로 표시한다. 서로 대응하는 복괘와 구괘의 음양효는 상반되고, 전도되어 서로 뒤엎어진 것이 된다. 나머지 괘도 이와 같다. 64괘 384효는 윤년 13개 삭망월의 384일을 표시한다.

태양주년시운동의 남북왕래는 곧 64괘방도로써 표시하여 땅의 반듯함을 대표한다. 방도方圖 중에서 곤坤괘는 동지 일출점이 되고, 비否괘는 동지 일입점이 된다. 태兌괘는 하지 일출점이 되고, 건乾괘는 하지 일입점이 된다. 이것은 곧 곤坤괘는 동지점, 태兌괘는 춘분점, 건乾괘는 하지점, 비괘는 추분점이 됨을 말하는 것이다.

밖의 제1층 28괘는 28宿와 대응하고 겸謙·사師·승升·복復·명이明夷·임臨·태泰 7괘는 동방 창룡7수와 대응하며, 대축大畜·수需·소축小畜·대장大壯·대유大有·쾌夬·건乾 7괘는 북방 현무7수와 대응하며, 이履·동인同人·무망无妄·구姤·송訟·돈遯·비否 7괘는 서방 백호7수와 대응하고, 췌萃·진晉·예豫·관觀·비比·박剝·곤坤 7괘는 남방 주작7수와 대응한다. 저명한 12소식괘 복復·임臨·태泰·대장大壯·쾌夬·건乾·구姤·돈遯·비否·관觀·박剝·곤坤은 이 외층에서 1년 음양의 소식을 표시한다. 제2의 간艮·손損·태兌·함咸층 24괘는 24절기에 대응하고, 제3의 감坎·기제旣濟·이離·미제未濟층 12괘는 12월에 대응하며, 제4의 손巽·익益·진震·항恒층 4괘는 사계절에 대응한다.

이로부터 복희64괘가 일월운동규율을 고도로 개괄하여 반영하고, 비교적 객관적으로 64괘의 실질과 본원을 드러내고 있다는 것을 알 수 있다.

「복희64괘원방도」는 천원지방의 우주관념을 채용하여 그린 것으로 일월오성28수宿가 만드는 자연세계를 내함하고 있다. 이것은 천인합일의 체계이다. 그것은 일월시운동의 천상도와 이론의 근거가 같다. 64괘원방도는 밖은 둥글고 안은 반듯하다.

지방도地方圖의 지음地陰인 곤坤은 천원도天圓圖의 천양天陽인 건乾과 대응한다. 지방도 중의 지양인 건은 천원도 중의 천음인 곤에 대응한다. 원도에서 양은 남쪽에 있고, 음은 북쪽에 있다. 방도의 양은 북쪽에 있고 음은 남쪽에 있다. 그러므로『황제내경』은 "하늘의 양은 남쪽에 있고 하늘의 음은 북쪽에 있다. … 땅의 양은 북쪽에 있고 땅의 음은 남쪽에 있다."8)고 한 것이다. 원도는 하늘이 양인 것을 상징하고 하늘의 도를 대표하며, 방도는 땅이 음인 것을 상징하고 땅의 도를 대표한다. 천지가 기를 합하여 사람을 낳으니, 안은 사람이 사는 도이기 때문에 실로 삼재의 도가 있는 것이다.

방도方圖 중에서 곤坤의 자리인 지호地戶 기己는 동지점이고, 건乾의 자리인 천문天門 무戊가 하지점이다. 이 무기戊己 선상線上에 곤坤·간艮·감坎·손巽·진震·이離·태兌·건乾 8괘가 분포한다. 여기 배열 순서가 바로 선천팔괘차서횡도의 차례다. 방도의 곤坤·간艮·감坎·손巽 4음괘는 32음괘가 머무는 위의 4행에 속하고, 진震·이離·태兌·건乾의 4양괘는 32양괘가 거하는 아래 4행에 속한다.

이상의 서술로부터 역괘체계가 전체우주의 축소판이고, 전체우주의 묘리를 내포하고 있기 때문에『역경』이 미래 예측과 길흉을 결단하는 데에 쓰여 왔음을 알 수 있다.

---

8)『황제내경』, "天之陽在南 天之陰在北 … 地之陽在北 地之陰在南"

2) 후천팔괘도역법

『설괘전』에서는 다음과 같이 말한다.

"상제가 진에서 나와 손에서 가지런하고, 이에서 서로 보고, 곤에서 일을 이루고, 태에서 기뻐하며, 건에서 싸우고, 감에서 위로하며, 간에서 이룬다. 만물이 진에서 나오니 진은 동방이다. 손에서 가지런하니 손은 동남방이다. 가지런하다는 것은 만물이 깨끗하게 정돈됐다는 것을 말하는 것이다. 이는 밝은 것으로 만물이 다 서로 보기 때문이니 남방의 괘로 성인이 남쪽을 향해 천하의 말을 들어서 밝은 것을 향하여 다스리므로 대개 이것에서 취했다. 곤은 땅으로 만물을 기름을 이루기 때문에 곤에서 이룬다고 했다. 태는 바로 가을로 만물이 기뻐하는 바이기 때문에 태에서 기뻐한다고 말했다. 건에서 싸움은 건이 서북방의 괘로 음과 양이 서로 부딪힌다는 말이다. 감은 물로 정북방의 괘이니 위로하는 괘로 만물이 돌아가는 바이기 때문에 감에서 위로한다고 했다. 간은 동북방의 괘로 만물이 마침을 이루고 시작을 이루는 바이기 때문에 간에서 이룬다고 한 것이다. (이상 제5장)

신이라는 것은 만물을 묘하게 하는 것을 말하니, 만물을 움직이는 것이 우레보다 빠른 것이 없고, 만물을 흔드는 것이 바람보다 빠른 것이 없으며, 만물을 말리는 것이 불만큼 말리는 것이 없고, 만물을 기쁘게 하는 것이 못만큼 기쁘게 하는 것이 없으며, 만물을 적시는 것이 물만큼 적시는 것이 없고, 만물을 마치게 하고 시작하는 것이 간보다 성한 것이 없다. 그러므로 물과 불이 서로 밀치고, 우레와 바람이 서로 거슬리지 않으며, 산과 못이 서로 기운을 통한 뒤에야 능히 변화하여 만물을 이룬다. (이상 제6장)"[9]

9) 『설괘전』 제5·6장, "帝出乎震 齊乎巽 相見乎離 致役乎坤 說言乎兌 戰乎乾 勞乎坎 成言乎艮 萬物出乎震 震東方也 齊乎巽 巽東方也 齊也者 言萬物之潔齊也 離也者 明也 萬物皆相見 南方之卦也 聖人南面而聽天下 嚮明而治 蓋取諸此也 坤也者 地也 萬物皆致養焉 故曰致役乎坤 兌正秋也 萬物之所說也 故曰說言乎兌 戰乎乾 乾西北之卦也 言陰陽相薄也 坎者水也 正北方之卦也 勞卦也 萬物之所歸也 故曰勞

이 글에서 드러난 팔괘의 방위는 진은 동, 손은 서남, 이는 남, 건은 서북, 감은 정북, 간은 동북이고, 곤과 태는 비록 명확한 설명은 없으나 설명의 순서에 의하면 곤은 마땅히 서남, 태는 서쪽이다. 이것은 바로 사람들이 말하는 「후천팔괘방위도」가 된다.

후천팔괘가 상징하는 의미에 대한 「설괘전」의 말이 아주 명확하다. 동방의 진☳괘는 만물이 처음 시작하는 방위다. 동남쪽의 손☴괘는 만물이 나와서 가지런히 정돈됨을 표시한다. 남방의 이☲괘는 만물이 자라남을 다투어 서로 바라봄을 표시한다. 서남의 곤☷괘는 만물이 모두 대지의 지극한 기름을 얻음을 표시한다. 서쪽의 태☱괘는 가을에 만물이 성숙하여 사람들이 기뻐함을 나타낸다. 서북의 건☰괘는 기후의 음과 양이 서로 다툼을 표시한다. 정북의 감☵괘는 만물이 돌아가는 곳을 표시한다. 동북의 간☶괘는 만물의 종결을 나타내고, 또 새로운 생명을 잉태하여 기르는 개시에 있다.

여기서 말하는 만물은 식물, 주로 농작물을 가리킨다. 이것으로부터 후천팔괘방위도는 주로 농작물의 생장주기를 말하는 것임을 알 수 있다. 이것은 곧 고시대의 '사시팔절역'이다. 고서적에 실린 신농神農의 '팔절로 나눔'은 이것을 말하는 것이다. 『황제내경』 「영추」 〈구궁팔풍〉과 『회남자』 「천문훈」과 『역위』가 기록하는 '팔풍'의 '풍후력'은 곧 이것에 속한다. 이 구궁팔괘력은 6개의 궁에 46일이 있고, 2괘의 궁에 45일이 있어 모두 1년에 366일이 된다.

현재 후천팔괘의 구성에 대해 의문을 제기하는 사람들은 각 괘의 정

乎坎 艮東北之卦也 萬物之所成終而所成始也 故曰成言乎艮(이상 제5장)
神也者 妙萬物而爲言者也 動萬物者莫疾乎雷 撓萬物者莫疾乎風 燥萬物者莫熯乎火 說萬物者莫說乎澤 潤萬物者莫潤乎水 終萬物始萬物者莫盛乎艮 故 水火相逮 雷風不相悖 山澤通氣然後 能變化 旣成萬物也(이상 제6장)"

위正位 분배에 대한 후천팔괘의 방위가 괘의 이치에 들어맞지 않는다고 한다.

예를 들어, 풍우란馮友蘭은 "여기의 여러 도식 중에 이는 화로 남방에 거하여 때는 여름이다. 감은 물로 북방에 거하여 때는 겨울이다. 이것은 음양오행가의 여러 도식과 서로 합치된다. 그 나머지 여섯 괘의 방위와 계절은 「설괘전」의 해석에 비추어 보면 모두 매우 불명확하다. 아마도 이것은 쓸데없는 말과 허튼 소리이기 때문일 것이다."10)고 말한다.

또 심지형沈持衡은 "이른바 「문왕후천팔괘원도」 중에서 진☳괘로 동방을 표시하는데, 이 설은 일찍이 「설괘전」 제5장에서 나온 것으로 그 원인이 불명하여 아마도 후대 유행한 오행학설에서 연유한 것일 것이다. 동방은 갑을 목이라는 설이 있는데, 앞에서 단정한 진☳괘는 봄을 나타내고, 봄철의 초목은 어린 싹이라는 데서 연유하여 갑을甲乙은 목木이라는 설과 합병하여 얻은 것이다. 동방의 맞은편은 서방이 되고 태☱괘로 이것을 나타낸다. 그 추상법은 「설괘전」에서 태는 바로 가을이고, 가을은 숙살肅殺의 뜻이 있는 것에서 연유한 것으로, 오행설 가운데 서방은 경신庚辛 금金이 된다는 것과 서로 관련이 있는 연고가 될 만하다. 이후 이는 불이 되므로 남방에 배열한다는 것에 연유하여 감은 물이 되므로 북방에 배열하는 것이 모두 「설괘전」에 보인다. 그리고 오행학설 중에 남방은 병정丙丁의 화火, 북방은 임계壬癸의 수水라는 설이 있다. 이상의 각 설은 서한의 맹희孟喜·경방京房 역학의 괘기도卦氣圖에 병존한다. … 오행학설이 한대漢代에 유행하였기 때문에 괘기도 또한 한인의 손에서 나왔다. 그러므로 「설괘전」의 이런 종류의 언변은 「문왕팔괘도」에 이르기까지 한인이 더한 바가 있었을 것이다. 그리고 그것에 더

---

10) 馮友蘭, 『中國哲學史新編』, 중국 人民出版社, 1962, 제1책 490항.

하여 공자 및 문왕에게까지 끌어다 붙였을 것이다."[11]고 한다.

또 양문중楊文中은 "후천괘가 건을 서북, 곤을 서남으로 위치를 정한 것은 이미 공간방위의 음양 실제와 맞지 않고, 동시에 사시절후의 음양 실제와도 부합하지 않는다. 건은 순양의 괘로 양극의 뜻이 있으므로 절기로써 말하면 동지에 속한다. 하나는 여름이고 하나는 겨울이므로 음양은 서로 대응한다. 춘하추동이 동서남북 사방에 배치되어 건은 남으로 여름이 되고, 곤은 북으로 겨울이 되는데, 어찌 서북과 서남으로 분별하여 가을의 끝에서 겨울의 처음과 여름의 끝에서 가을의 처음을 대표하게 할 수 있는가? 이것은 객관적인 실제에 아주 위배되는 것이다."[12]고 말한다. 이런 이의는 주로 후천팔괘방위도의 구성이 나온 원인이 불분명한 것에 대해여 제출한 것이다. 그러므로 이런 이의를 해결하는 관건은 후천팔괘방위도가 나온 역사적 배경을 확실하게 이해하고, 그 속에서 근원을 찾는 것이다. 이에 대해 전합록은 다음과 같은 의견을 제시하고 있다.

앞서 설명한 우주 시간 절률점인 손巽·간艮·건乾·곤坤은 적도 절률점인 진辰·미未·술戌·축丑과 황도 절률점인 사巳·인寅·해亥·신申의 상호 영사映射가 겹쳐진다. 그래서 이것과 지평원 상의 4방점인 동쪽 진震, 남쪽 이離, 서쪽 태兌, 북쪽 감坎은 곧 후천팔괘방위도를 구축한다. 후천팔괘방위

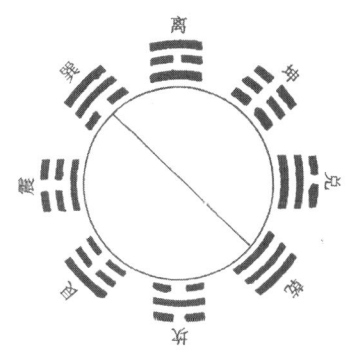

〈후천팔괘방위도〉[13]

11) 沈持衡, 『易理新研』, 중국 文津出版社, 1991, 제14항.

12) 楊文中, 『千古這迹八卦新解』, 山西人民出版社, 1994, 제108-109항.

13) 전합록, 앞의 책, 308쪽.

도의 설명은 지평원을 기초로 하여 창립된 것이다. 그리고 지평원은 관측자인 사람을 중심으로 하는 것이고, 관측자는 만물의 영장으로 만물 생성의 도를 대표하며, 만물은 오행으로 나누어진다. 그러므로 후천팔괘방위도는 오행도로서 땅에는 사면팔방과 중앙이 있음을 반영하여, 천하가 사면팔방과 중앙의 상이 됨을 규정하는 것으로 말할 수 있다. 만물은 땅에 속하기 때문에 후천팔괘방위도의 오행이 반영하는 것은 땅의 기운이 좌선하는 규율이지 하늘의 기운이 우선하는 규율은 아니다.

후천팔괘방위도로부터 그 속의 팔괘는 여전히 천문지호를 연결하는 선에 의거하여 음양이 나누어지는 것을 볼 수 있다. 건乾은 천문天門이 되고, 손巽은 지호地戶가 되고, 이 천문지호를 연결하는 선의 왼쪽 아래에 포열하는 것은 진震·간艮·감坎·건乾의 4양괘이고, 연결선의 오른쪽 위에 포열하는 것은 태兌·곤坤·이離·손巽의 4음괘다. 왜냐하면 지호로부터 천도가 우선하는 것이 봄과 여름이 되기 때문에 4양괘가 배포되고, 천문으로부터 천도가 우선하는 것은 가을과 겨울의 음이 되므로 4음괘가 배포되기 때문이다. 음괘가 위에 있고 양괘가 아래에 있는 것은 천지음양이 서로 사귀이어 태통하는 상象이다. 음과 양이 사귀어 태통하여야 비로소 만물이 화생하는 것이다.

그렇다면 상하 괘의 음양이 어떻게 하여 서로 사귀는가? 이것 또한 그림 가운데서 명확히 알 수 있다. 이☲괘와 감☵괘가 서로 대응하고, 이☲괘의 3개 효는 완전히 변하여 감☵괘가 되며, 감☵괘의 3개 효가 완전히 변하여 이☲괘가 된다. 서로 대응하는 곤☷괘와 간☶괘는 상효가 변하여, 곤☷괘 상효는 변하여 간☶괘가 되고, 간☶괘 상효는 변하여 곤☷괘가 된다. 서로 대응하는 태☱괘와 진☳괘의 중효가 변하여 태☱괘 중효는 변하여 진☳괘가 되고, 진☳괘 중효가 변하여 태☱괘가 된다. 손☴괘와 건☰괘는 서로 대응하여 하효가 변하는데, 손☴괘 하효가 변하여 건≡괘가 되고, 건≡괘 하효가 변하여 손≡괘가 된다.

이런 음양효의 변화 방식은 규율이 있다. 만약 시계 반대 방향으로 천도가 우선하면 차례대로 상·중·하효가 변하여 3개 효가 완전히 변화한다. 이것은 천기가 아래로 내려오고, 지기가 위로 올라가는 자연규율을 완전히 반영하는 것이다. 아래 효가 변하는 것은 음양의 기가 처음으로 생기는 곳이고, 중효가 변하는 것은 음양의 기가 평등한 춘분과 추분 때이며, 상효가 변하는 것은 한서의 극이 변하는 것이고, 3개 효가 모두 변하는 것은 음양이 성한 때다. 「후천팔괘방위도」에 대해 『역위』「건곤착도」는 다음과 같이 해설하고 있다.

"건乾·곤坤·손巽·간艮의 4문을 세운다. 건은 천문天門이 되므로 성인이 건괘를 그어 천문으로 삼았다. 이에 일·월·성의 여러 신령이 모이고, 만물의 생을 이룬다. 그 기세는 높고 멀어 3과 3을 거듭하여 9가 된다. 『만형경萬形經』에는 천문은 원기元氣를 다스려 열기 때문에 易은 乾에서 비롯된다고 말한다.

곤坤은 인문人門이 되므로 성인은 곤괘로 인문을 그렸다. 꿈틀거리는 만물이 모두 길러짐을 받는다. 상象은 이것을 닮았다. 곤은 덕이 두터워 멀리까지 미치어 만령萬靈을 따뜻하게 하여 이에 의뢰하여 인륜을 기르므로 사람은 그 쓰임을 본받는다. 만문萬門은 땅의 이로움에서 일어난다. 그러므로 인문이라고 하는 것이다. 그 덕이 넓고 누터우며 널리까지 미치어 체體가 머리가 없으므로 '무강無疆'이라고 이름한 것이다. 수數는 6으로 순음純陰이다. 강한 죽임을 회포하고, 덕은 하늘에 짝이 된다. 곤의 형태는 무덕無德이며, 아래는 위를 좇으므로 순하게 잇는다고 한 것이다.

손巽은 풍문風門이 되고 또한 지호地戶가 된다. 성인은 말하기를, 건과 곤은 기氣를 이루어 바람으로 행한다. 천지의 운동은 풍의 기운으로 이루어진다. 위는 양이고 아래는 음으로 체를 순히 따라 들어가므로 만물에 들어갈 수 있고, 만물을 이룬다. 천지가 낳는 것을 돕고 만물을 흩뜨리는 것은 풍의 성性이다. 성인은 천지간에 머물러 음양의 도를 성품으로 받으므로 풍은 성의 체가 된다. 이 때문에 풍을 바로 하는 것이 성인의 성이라고 한다. 『만형경』에서는 2양 1음은 무형의 도이고, 바람은 발산하므로 땅으로부터 밖으로 나온다. 그러므로 지호라고 한다. 호는 창문으로 천지의 원기를 통하게 한다. 천지가 불통하면 만물이 무성하지 못하다고 말한다.

간艮은 귀명문鬼冥門이다. 옛 성인이 말하길 1양 2음은 만물이 어두움(명매冥昧)에서 나오는 것이다. 기는 어둡고 가려진 곳(유폐幽蔽)에서 일어난다고 했다. 『지형경』에서는 산은 간이다. 흙의 나머지는 양을 쌓아 체를 이루고, 돌은 또한 기를 통한다. 만령은 명문에서 그친다. 귀는 돌아가는 것이다. 만물은 간으로 돌아간다. 간은 그침이다. 그침은 만물을 잠들게 하여 크게 가지런하게 한 뒤 나오게 하며, 나온 뒤에는 여신呂申에 이른다. 간은 어두움처럼 고요하고 그 길은 드러나지 않는다. 그러므로 귀문鬼門이라고 한다고 했다.

포희씨가 사상四象을 그리고 사우四隅를 세워 만물이 발생하는 문을 정한 이후 사정四正을 세웠다. 사정이란 기氣는 1이고, 일월의 출몰은 2, 음양의 교쟁交爭은 3, 천지의 덕은 정사正四로 정한 것이다. 감坎·이離·진震·태兌가 서는 것이 4정이다.

달은 감으로 물의 혼이다. 성인이 그린 것은 2음 1양으로 안은 강하며 밖은 약하다. 감은 물로 천지의 맥이며, 두루 흘러서 쉼이 없다. 감은 평평하지 않아 달과 물은 가득 차면 둥글다. 물은 경사지면 기울어서 감의 흠결이 된다. 달이 이지러지면 물의 도다. 성인이 물의 근원이 되는 맥을 구하여 얻으면 물을 건넘에 이로움이 있어 상하가 쉼이 없게 된다. 위에 있으면 은하라고 말하고, 아래 있으면 혈맥이라 하며, 습기는 물이 되고 기를 따르면 유순하다. 음양이 부딪치면 비가 된다. 달은 음의 정수精髓이고, 물은 천지의 믿음이 되며, 기가 순하면 습기가 된다. 습기는 물의 기운으로 험함을 오가며 그 믿음을 잃지 않는 것이다.

해는 이離로 화궁火宮이며 정중正中이고 밝음이다. 2양 1음이며, 안은 비고 밖은 실하다. 밝음은 천지의 눈이다. 『만형경』은 이르기를 태양은 사방에 순한 기운이다. 옛 성현은 말하길 촉룡燭龍(종화산鐘火山에 산다는 계절이나 기후와 같은 대자연의 섭리를 주관하는 신) 이 동쪽에 이르면 때는 쓸쓸하고(肅淸), 서쪽에 이르면 따뜻하며, 남쪽에 이르면 햇볕이 강해 크게 말리고(대쇄大㴩), 북쪽에 이르면 모두 죽인다(엄살嚴殺). 태양에 순히 하면 원기가 충실하고 또 만물을 따뜻하게 하여 말려서 형체가 새처럼 떠나간다. 촉룡이 사방에 이르면 만물이 밝음에 반향하여 은혜를 받들어 덕을 따뜻하게 하며, 실하여 더디다. 성현이 이를 상징한 것이다. 달은 빠르고 해는 침착하고 드레지다. 천지의 이치가 그러하다고 한다.

우레는 목으로 진震이며 해와 달의 출입문이다. 해는 진에서 나오고, 달은 진으로 들어간다. 진은 4정이 되고, 덕은 형태를 이루어 만물을 고무하여 불식한다. 성인이 2음 1양을 그어 그 체가 드러나지 않는다. 가령 자연의 기운이 바람을 순히 따라 행하면 세를 이루어 맹렬히 작용하고, 때가 다하면 휴식한다. 천기가 다하면 진은 능히 변하여 휴식하고, 만물은 자라지 않는다. 진이 능히 기름을 고양하는 것이다. 『만형경』에서는 우레는 천지의 성정性情이다. 성정의 이치가 그러한 것이라고 말한다.

택澤은 금金이고 수水이며 태兌로 일월이 왕래하는 문이다. 달은 못에서 나오고 해는 못으로 들어간다. 4정의 체다. 기는 형체(원체元體)를 바르게 한다. 성인이 2양 1음을 그어 거듭하여 위를 비우고 아래를 실하게 했다. 만물이 마르면 못이 영향을 미칠 수 있다. 천지가 분노하면 못은 기뻐하고, 만물의 형상이 조악한데 비해 못은 아름답고, 하늘에 응하고 사람에 순히 한다. 하늘을 순히 받드는 자는 어기거나 항거하지 않으며, 사람에 응하는 것은 못으로 만 가지 일을 기르므로, 제왕은 이를 본받는다. 그러므로 못이 천지의 화기和氣를 윤택하게 함이 그러하다."[14]

---

14) 林忠軍 主編, 『易緯導讀』, 齊魯書社, 2003, 119-122쪽 "立乾坤巽艮四門 乾爲天門 聖人畫乾爲天門 萬靈朝會 衆生成 其勢高遠 重三三而九 萬形經曰 天門辟元氣 易始于乾也 坤爲人門 懷坤爲人門 萬物蠢然 俱受蔭育 象以准此 坤能德厚迷遠 含和萬靈 資育人倫 人之法用 萬門起于地利 故曰人門 其德廣厚迷體无首 故名无疆 數生而六 六者純陰 懷剛殺 德配在天 坤形无德 下從其上 故曰順承者也 巽爲風門 亦爲地戶 聖人曰 乾坤成氣 風行 天地運動 由風氣成也 上陽下陰 順體入也 能入萬物 成萬物 扶天地生散萬物 風以性者 聖人居天地之間 性稟陰陽之道 風爲性體 因風正聖人性焉 萬形經曰 二陰一陽 无形道也 風之發洩 由地出處 故曰地戶 戶者隔戶通天地之元氣 天地不通 萬物不蕃 艮爲鬼門 上聖曰 一陽二陰 物之生于冥昧 氣之起于幽蔽 萬形經曰 山者艮也 地土之餘 積陽成體 石亦通氣 萬靈所起于冥門 言鬼 其歸也 衆物歸于艮 艮者止也 止宿諸物 大齊而出 出後至于呂申 艮靜如冥暗

문이라는 것은 출입왕래의 길이다. 동지에 해는 손문巽門에서 나와 곤문坤門으로 들어가고. 하지에는 해가 간艮에서 나와 건乾으로 들어간다. 이처럼 4우괘인 손·간·건·곤은 모두 황도 상에 있으면서 태양이 왕래하는 문호임을 알 수 있다. 그러므로 4문이라고 부른다. "태양이 사방을 순히 하고", "해와 달과 별의 여러 신령이 모이고 만물이 이루어짐"으로 4우를 만물 발생의 문으로 부르는 것이다. 이것은 태양주년시운동이다. 4정은 지평원의 4방점인 이離의 정남正南, 감坎의 정북正北, 진震의 정동正東, 태兌의 정서正西를 말한다. 동쪽은 매일 태양이 올라오고 달이 땅으로 들어가는 곳이며, 서방은 매일 태양이 지고 달이 땅위로 올라오는 곳이라고 하는 설명은 태양주일시운동이다. 남방의 열기는 해와 같고, 북방의 한기는 달과 같다. 4정은 하지·동지·춘분·추분이다. 그러므로 기를 정할 수 있는 것이다. 2지는 음양이 극하여 서로 다투고, 2분은 음양이 평등하여 서로 사귀는 것이다. 4정이 사귀면 사상과 사계절이 이루어진다. 그러므로 천지가 덕을 바르게 하는 것이다. 이로부터 「후천팔괘방위도」가 반영하는 것은 일월이 출입왕래하는

不顯其路 故曰鬼門 庖犧氏畵四象立四隅 以定群物發生門 而後立四正 四正者 定氣一 日月出沒二 陰陽交爭三 天地德正四 立坎離震兌四正 月坎也 水魄 聖人畵之二陰一陽 內剛外弱 坎者水 天地脈 周流无息 坎不平 月 水萬而圓 水傾而戾 坎之缺也月者闕 水道 聖人究得源脈 利涉淪漣 上下无息 在上曰漢 在下曰脈 潮爲澮 水氣曰濡 陰陽磚蔽爲雨也 月陰精 水爲天地信 順氣而潮 潮者水氣 來往行險而不失其信者也 日離火宮 正中而明 二陽一陰 虛內實外 明天地之目 萬形經曰 太陽順四方之氣故聖曰 燭龍行東時蕭清 行西時嘔嘔 行南時大呃殺 行北時嚴殺 順太陽實元 暖暵萬物形以鳥離 燭龍四方 萬物響明 承惠煦德 實而遲重 聖人則象 月卽輕疾 日則凝重 天地之理然也 雷木震 日月出入門 日出震 月入于震 震爲四正 德形鼓萬物不息 聖人畵二陰一陽不見其體 假自然之氣順風而行 成勢作烈 盡時而息 天地不和 震能鮋息萬物不長 震能鼓養 萬形經曰 雷 天地之性情也 性情之理自然 澤金水 兌 日月往來門 月出澤 日入于澤 四正之體 氣正元體 聖人畵二陽一陰 重上虛下實 萬物燥 澤可及 天地怒 澤能悅 萬形惡 澤能美 應天順人 承順天者不違拒 應人者澤滋萬業 以帝王法之 故曰澤潤天地之和氣然也"

시운동의 천상도이고, 일월오성운동의 천상도는 서로 다르나 같은 절묘함이 있음을 알 수 있다.

"상제가 진에서 나온다.(帝出乎震)"의 '제帝'자에 대해 장순휘張舜徽를 『정학총서鄭學叢書』「연석명演釋名」에서, 일찍이 "해의 다른 이름이다." 고 하여 진震을 '새벽(신晨)'으로 해석한다. 이 말은 해가 신에서 나온다는 말이다. 왕필은 익괘 육이효 효사에서 '왕이 상제에게 제사를 지낸다'에 대해, "'제라는 것은 생물의 주체이며 익을 더하는 종이다'고 주석한다."고 제시한다. 태양이 동에서 올라와 서쪽으로 지는 운동은 만물을 조화하는데 있어 바로 후천팔괘의 내용이다. 이것 또한 역법의 기본내용인 태양인 것이다. 이 때문에 후천팔괘방위도의 역법 내용을 읽는 것은 어렵지 않다.

어떤 사람은 무엇 때문에 건·곤·손·간이 네 귀퉁이의 문을 이루는 괘가 되는 지에 의문이 있을 수 있다. 『역위』「건착도乾鑿度」의 다음과 같은 말이 이 문제에 답이 될 수 있다.

"공자가 말했다. 세歲는 360일로 천기가 1주한다. 팔괘는 각각 45일을 맡아서 일을 하여 비로소 세를 갖춘다. 그러므로 간艮은 정월, 손巽은 3월, 곤坤은 7월, 건乾은 9월을 차례로 맡아서 각각 괘가 말하는 달이 된다. 선은 하늘로 나지만 만물의 시작이 되고, 북빙의 만물이 시작하는 곳이다. 그러므로 건의 자리는 10월에 있다. 간은 물을 그치게 하는 것으로 사시의 마침에 있어 12월에 자리한다. 손은 음이 비로소 양에 순히 하는 것으로 양이 동남방에서 처음 장성한다. 그러므로 4월에 위치한다. 곤은 땅의 도로 6월이다. 4유와 4정으로 기록하여 경위의 중간 차서의 도가 다한다. 건곤은 음양의 주다. 양은 해亥에서 시작하고 축丑에서 형태를 갖춘다. 건은 서북에 자리하여 양의 근원이 미약하고 처음에 머무는 것이다. 음은 사巳에서 시작하고, 미未에서 형체를 이루어 정正에 거하여 자리한다. 그러므로 곤은 서남에 자리하여 음의 정正이다. 이것은 건이 해에 자리하고, 곤이 미에 자리하므로 음양의 짜임을 밝히는 것이다."15)

원래 건·곤·손·간으로 4문의 괘를 만드는 것은 음양의 도를 설명하기 위한 것이다. 음기는 사巳에서 시작하고, 손巽괘는 1음이 아래에 있어서 음기가 이미 이루어진 것을 상징한다. 양기는 해亥에서 비로소 시작하여 하늘로부터 내려온다. 그러므로 건천乾天괘이다. 양기는 축丑에서 이루어져 천도가 광명하여 아래를 구제하므로 간艮괘를 쓴다. 사해巳亥는 2지점이 되므로 음양 2기가 시작하는 것이다. 축미丑未는 2분점이 되므로 음양 2기가 형태를 이룬다. 음양이 시작(시始)과 형태(형形)가 있음은 음양이 소장하여 이지러지는 것이다. 이에 후천팔괘차서도는 음양의 소장을 표시한다. 「설괘전」은 "건은 하늘이므로 아버지라고 부르고, 곤은 땅이므로 어머니라고 부른다. 진은 첫 번째로 구하여 남자를 얻으므로 장남이라 하고, 손은 첫 번째로 구하여 여자를 얻으므로 장녀라고 한다. 감은 두 번째로 구하여 남자를 얻으므로 중남이라고 하며, 이는 두 번째로 구하여 여자를 얻으므로 중녀라고 한다. 간은 세 번째로 구하여 남자를 얻으므로 소남이라 하며, 태는 세 번째로 구하여 여자를 얻으므로 소녀라고 한다."16)고 해설하고 있다.

---

15) 林忠軍 主編, 『易緯導讀』, 齊魯書社, 2003, 80쪽. "孔子曰 歲三百六十日而天氣周 八卦用事各四十五日方備歲焉 故艮漸正月 巽漸三月 坤漸七月 乾漸九月 而各以卦之所言爲月也 乾者天也 終而爲萬物始 北方萬物所始也 故乾位在于十月 艮者 止物者也 故在四時之終 位在十二月 巽者 地之道也 形政六月 四維正紀 經緯仲序度畢矣 孔子曰 乾坤 陰陽之主也 陽始于亥 形于丑 乾位在西北 陽祖微據始也 陰始于巳 形于未 據正立位 故坤位在西南 陰之正也 是以乾位在亥 坤位在未 所以明陰陽之職"

16) 「說卦傳」 제10장, "乾天也 故稱乎父 坤地也 故稱乎母 震一索而得男 故謂之長男 巽一索而得女 故謂之長女 坎再索而得男 故謂之中男 離再索而得女 故謂之中女 艮三索而得男 故謂之少男 兌三索而得女 故謂之少女"

　이 글의 요점을 이해하는 것은 '색素'자의 해석에 있다. 이 글의 주석자들은 대부분 '색'을 '구하다(구求)'로 해석하는 것이 당연한 것으로 여긴다. 그러나 실은 이곳에서 '색'의 해석은 '마땅히' '오직'의 의미인 '독獨'이 되어야 한다. 『광아廣雅』「석고삼釋詁三」에는 "색素은 독獨이다."라고 한다. 건☰괘는 3개 효가 오직 양만 있고 음이 없으므로 순양괘가 되어 아버지라고 부른다. 진☳괘는 오직 초효만 양효이므로 양괘가 되어 장남이라고 부른다. 감☵괘는 2효만, 간☶괘는 3효만 양괘이므로 감과 간은 양괘가 되어 중남과 소남이라고 부른다. 곤☷괘는 3개 효가 오직 음효이고 양효가 없으므로 순음괘가 되어 어머니라고 부른다. 손·이·태는 각각 초효·2효·3효가 오직 음효이므로 모두 음괘가 되며, 장녀·중녀·소녀로 분별한다. 이것은 「계사전」의 "양괘는 음이 많고, 음괘는 양이 많으며 … 양괘는 임금은 하나이고 백성은 둘이며, 음괘는 임금은 둘이고 백성은 하나다."[17]라는 '적은 것이 많은 것을 통솔한다'는 음양괘 구분의 원칙과 부합하는 것이다. 여기의 '일색一素', '재색再素', '삼색三素'은 곧 양괘와 음괘를 정하고, 괘의 차례를 건·간·감·진·곤·태·이·손의 순서로 확정함을 알 수 있다.

☰	☶	☵	☳	☷	☱	☲	☴
乾	艮	坎	震	坤	兌	離	巽

　양괘와 음괘의 괘 차례는 음효와 양효가 초효부터 2효, 2효부터 3효의 차례로 배열되어 차례가 정연하다. 여기에는 양효는 양괘를 정하고, 음효는 음괘를 정하는 확실히 바뀌지 않은 수의 이치가 있고, 괘를 이루는 통일된 규칙이 있으며, 과학성이 있다. 장유長幼의 윤리에 의한 배

---

17) 「계사전」 하4장, "陽卦多陰 陰卦多陽 … 陽一君而二民 陰二君而一民"

열 또한 객관성이 있다. 이런 종류의 괘를 이루는 규칙은 규칙적 통일성·객관성·과학성을 보증하고, 또 매 괘의 성질을 판정한다. 예를 들어, 진震괘는 독양獨陽이 초효에 있어 장남이 되고, 또 1양이 처음 생겨난다. 이런 종류의 배열방법은 「설괘전」의 처음에서 말하는 "음양의 변화를 보아서 괘를 세운다.(觀變於陰陽而立卦)"의 원칙에 부합한다. 또 자연계의 사시음양소장의 변화현상과도 부합한다. 이런 배열의 차서는 바로 『백서주역帛書周易』의 상체괘上體卦의 팔괘차서이다.

이런 횡으로 배열한 괘의 차례를 시계의 바늘 방향에 따라 바꿔서 원의 형태로 배열하면 다음과 같다.

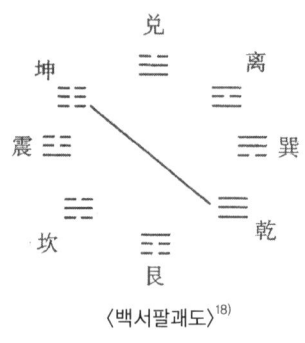

〈백서팔괘도〉[18]

이 그림으로부터 건은 천문의 하지점에 있고, 곤은 지호의 동지점에 있음을 알 수 있다. 하지에 1음이 생기고, 동지에 1양이 생기는 자연규율에 근거하여 동지점 뒤에 1양이 생기는 것은 진의 상이 되고, 감에 이르러 양기가 상승해 중효에 도달하며, 간에 이르러 양기가 올라가서 상효에 도달하고, 건에 이르러 양기가 성하면 3개 효가 모두 양효가 된다. 하지점 뒤에 1양이 생기면 손의 상이 되고, 이☲괘에 이르러 양기가 상승하여 중효에 도달하며, 태☱괘에 이르러 양기가 상승하여 상효에 도달하고, 곤☷괘에 이르러 음기가 성하면 3개 효 모두가 음효가 된다. 이와 같이 순환하여 그치치지 않고 마치면 다시 시작한다. 이런 음양소장의 변화는 바로 태양주년 시운동을 조성하는 것이다.

---

18) 전합록, 앞의 책, 315쪽.

이는 「후천팔괘방위도」는 일종의 태양력이고 물후력임을 알 수 있다.

2. 팔괘역법

앞에서 설명한 선·후천도역법도 실상은 팔괘역법이다. 그런데 여기서 말하는 팔괘역법은 팔괘도식에 의한 역법과는 차이가 있다. 즉 선·후천도역법은 역법의 내용을 괘의 형태로 나타내는 것이지만, 여기의 팔괘역법은 팔괘와 2분 2지 및 4립의 8절을 연계하여 역수曆數로 표현하는 역법이다. 이것은 팔괘와 팔절을 연계하는 것에 연유하여 팔절역법이라고도 부른다. 팔절역법에는 팔방풍 내지는 구궁팔풍을 중심으로 한 역법과 오운육기력, 팔괘육갑력 등을 포함시킬 수 있다.

특히 둔갑식은 현재 일종의 술수로 여겨지고, 허위 과학으로 배열된다. 그러나 그것이 허망한 신비의미로 내쳐지는 것을 논하지 않더라도 실제로는 일종의 팔괘력이다. 이것은 팔괘력으로부터 발전해왔다. 『사고전서四庫全書』 「자부칠子部七」 〈술수류〉에 실려 있는 『둔갑연의』는 둔갑식 원류를 다음과 같이 말한다.

　　"옛날에 황제가 기문 4천 320국법을 처음 만들었다. 이에 세歲는 팔괘에 근거하여 팔절로 나누어 절에는 3기를 두고, 세는 대략 24절기로 했다. 기에는 천지인 3후가 있고, 세는 대략 72후가 된다. 후에는 5일이 있고, 세는 대략 360일이 된다. 일에는 12시가 있고, 세는 대략 4천 320시가 된다. 1시는 1국이므로 기문은 4천 320국이다."[19]

---

19) 『둔갑연의』, "昔黃帝始創奇門四千三百二十局法 乃歲按八卦分八節 節有三氣 歲大率二十四氣也 氣有天地人三候 世大率七十二候也 候有五日 歲大率三百六十日也 日有十二時 歲大率四千三百二十時也 一時一局 故奇門四千三百二十局也"

이 일단의 서술은 2가지를 설명한다.

첫째는 팔괘를 근거로 팔절을 나누는 기초와 매절에 3기가 있음에 의해 24절기를 계통에 끌어들인다. 24절기의 매 1기는 3후가 된다. 이에 1년은 72후가 되고, 매후는 5일이며 매일은 12시이다. 그러므로 매후는 60시이다.

둘째는 여전히 1세로서 주기를 삼고 팔절 24절기 72후를 논급하고, 일과 시를 논급하나 월분은 절대로 논급하지 않는다. 이것은 곧 팔괘력적 태양력 본질을 설명하는 것이다. 팔괘력적 태양력의 성질은 '역易'의 특색을 충분히 반영한다. 즉 일월의 운행과 지면·기후·물후의 본질 관계에 주의한다. 천도와 기수의 관계를 주목하고, 천지음양적 소식영허에 주의를 기울인다.

이하에서는 이들 팔절역법계통에 관해 살펴본다.[20]

1) 팔절역법

고대인들은 토규土圭를 써서 해의 그림자를 측정하여 춘분과 추분, 그리고 동지와 하지의 2분 2지를 알아냈다. 4기氣에 해당하는 2분 2지는 실측에 의한 것이므로 상당히 정확했다.

2분 2지가 있은 다음에 8절이 있다. 즉 2분 2지의 기초 위에 입춘·입하·입추·입동의 네 개의 입立을 더한 것이 8절이다. 『주비산경』은 팔절 24절기를 싣고 있다. 조상趙爽은 여기에 주를 달아 "2지라는 것은 춥고 더움의 극이고, 2분이라는 것은 음과 양의 조화이며, 4립은 낳고 자라고 거두고 잠장하는 것의 시작이다. 이것이 8절이다."[21]고 설명한다.

---

20) 노앙, 앞의 책, 96-133쪽에서 인용하여 보완 정리하였다.

21) 『주비산경』, "二至者寒暑之極 二分者陰陽之和 四立者生長收藏之始 是爲八節"

이렇게 팔절계통이 선 뒤에 1년을 8개 시간 단위로 하는 역법이 형성됐다. 팔절의 매 1절은 45일 혹은 46일이다. 즉 매 1절은 3개 절기의 길이를 포함한다. 이 팔절역법八節曆法은『역경』시대에는 아직 대체로 확립되지 않았다.

그러나『역전』시대에는 이미 상당히 성숙됐다.『사기』「율서」는 이 8절 역법을 상세히 말하고 있다.[22] 그것은 팔방풍八方風을 끌어다가 배열하여 성수星宿·월분月份·율명律名·간지干支 등에 붙였다. 이 팔방풍을 위주로 한 역법은 본질적으로 팔절역법의 상세한 안배다. 또『사기』「율서」를 제외하고도『황제내경』「영추」에는 구궁팔풍도가 보인다. 「영추」의 '구궁팔풍'은 "태일은 항상 동지일에 협칩궁에 거하는데, 46일을 보낸다. 명일(동지부터 47일째 되는 날)에는 천류궁에 거하며, 46일을 보내고, 다음 명일부터는 창문궁에서 46일을 보내고, 다음 명일부터는 음락궁에서 45일을 보내고, 다음 명일부터는 천궁(상천)에서 46일을 보내고, 다음 명일부터는 현위궁에서 46일을 보내고, 다음 명일부터는 창과궁에서 46일을 보내고, 다음 명일부터는 신락궁에서 46일을 보내고, 다음 명일부터는 다시 협칩궁에서 거하는데, 이것을 동지라고 한다."[23]고 말한다. 즉 동지는 태일太一이 협칩궁叶蟄宮에 머무는 것을 말한다. 여기서 46일을 보내고 태일은 천류궁天留宮 등으로 나아간다. 팔괘와 대응하면 협칩궁은 곧 감坎괘가 소재한 궁이고, 천류궁은 곧 간艮궁, 창문倉門궁은 곧 진震궁 등이다. 절령과 대응하면 협칩궁은 동지에 대응하고, 천류궁은 입춘에 대응하며, 창문궁은 춘분에 대응하는 등이다.

---

22) 司馬遷,『史記』「律書」, 中華書局, 2006, 1,239-1,254쪽.

23)『황제내경』「영추」, "太一常以冬至之日 居叶蟄之宮四十六日 明日居天留四十六日 明日居倉門四十六日 明日居陰樂四十五日 明日居天宮四十六日 明日居玄委四十六日 明日居倉果四十六日 明日居新洛四十五日 明日復居叶蟄之宮 日冬至矣"

「영추」구궁팔풍도는 다시 한 발 더 나가서 태일의 운행 세절을 설명하고 있다. 그것은 "태일은 날마다 옮겨 다니는데, 동지일에 협칩궁에 거하며, 소재한 날을 헤아리면 1에 속하는 곳인 감坎의 위치로부터 시작하여 9일째에 다시 1로 돌아오는데, 항상 이와 같이 그침이 없이 마침에 이르면 다시 시작한다."[24]고 한다.

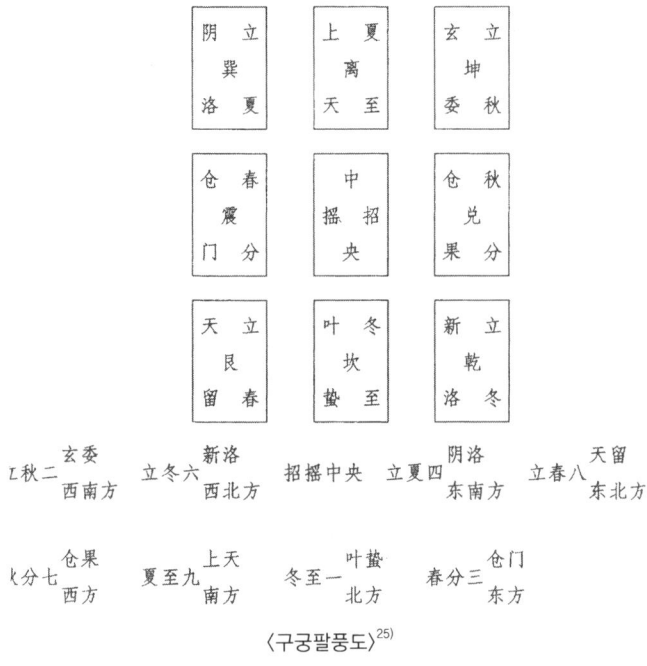

〈구궁팔풍도〉[25]

이것은 곧 태일은 매46일 혹은 45일을 8궁의 한 곳에 머무는 것 외에도 다시 매일 1궁에서 논다는 것을 말하는 것이다. 예를 들어, 태일은

---

24) 『황제내경』「영추」, "太一日游 以冬至之日居叶蟄之宮 數所在日 從一處 至九日 復返于一 常如是无已 終而復始"

25) 노앙, 앞의 책, 100쪽.

동지날에 협칩궁에 머문 뒤에 매일 1궁을 옮겨간다. 태일은 한 곳으로 부터 떠나서 9일이 지난 뒤에는 다시 한 곳으로 돌아온다. 여기의 '일처 一處'는 예를 든 것으로부터 말하면, '일궁'을 가리키거나 혹은 감궁 혹은 협칩궁을 말한다. 일반적으로 말해 이것은 모처某處, 혹은 모궁某宮을 가리킨다. 그러나 여기에는 태일 운행의 노선에 대한 명확한 설명이 없다. 만약 태일이 팔궁노선을 환행하여 날마다 노는 것을 본떠보면 다음과 같다. 만약 제1일에 태일이 협칩 감궁에 있다면 제2일은 천류 간궁으로 옮겨가고, 제3일은 창문 진궁으로 옮겨가며, 연후에 음락 손巽궁, 상천 리離궁, 현위 곤坤궁, 창과 태兌궁, 신락 건乾궁 거친다. 이와 같이 하여 제9일에는 또 협칩 감궁으로 돌아온다. 그러나 이는 태일이 협칩궁에서 46일을 머무는 안배와 맞지 않는다. 왜냐하면 만일 이와 같이 하여 5주기를 환행하면 협칩궁에 돌아오는 것은 41일째. 이에 제42일에는 천류 간궁에 있고, 43일에는 창문 진궁에, 44일에는 음락 손궁에 이르고, 45일에는 상천 리궁에 거하고, 46일에는 마땅히 현위 곤궁에 있게 된다. 그리하여 (46일에) 협칩 감궁에 머물 수가 없다. 곧 명일에 천류궁에 머물 수가 없다.

'구궁팔풍도'는 이를 명확하게 설명해 내고 있다. 즉 협칩궁은 북방에 있다. 절령으로 동지가 되고, 궁수는 1이 된다. 천류궁은 동북방에 있고, 절령은 입춘이 되고, 궁수는 8이 된다. 창문궁은 동방에 있고, 절령은 춘분이고, 궁수는 3이 되는 등등을 설명한다. 이것은 태일이 날마다 유행함은 만약 1일째 협칩궁에 있다면 2일은 현위 곤 2궁에 이르고, 3일은 창문 진 3궁에 이르고, 4일은 음락 손 4궁에 이르고 5일은 중앙 초요招搖궁에 이르고, 6일은 신락 건 6궁에 이르고, 7일은 창과 태 7궁에 이르고 8일은 유천 간 8궁에 이르고, 9일은 상천 이궁에 이른다. 연후 10일에 협칩궁에 다시 돌아온다. 11일에는 또 현위 곤 2궁에 이르는 등등이다. 이후 창문 음락 초요 신락 창과 천류 상천 각 처를 경과한다. 태일이 19일째 다시 협칩 감 1궁에 돌아온다. 이로부터 28일째, 37일째, 46일째 태일은 모두 협칩궁에 있음을 추출할 수 있다. 이에 태일은 명일에 천류궁에 46일을 머물 수 있다. 다시 하늘의 운행을 순히 하여 창문 음락 등의 궁에 이른다. 음락궁에서 다만 45일 머무는 것은 1일이 짧은 것으로 그 매일 유행하는 중에 어떻게 부족한 1일을 보충하는 지에 대해 설명이 없다. 그러나 8궁 일수의 분포로부터 태일의 1주 이동 과정을 알 수 있다. 이유는 음락과 신락은 각기 1일이 짧아서 366일이 된다. 이것은 바로 1세의 일수와 상응하는 것이다. 신락궁은 동지 전에 있고, 음락궁은 하지 전에 있다. 이 때문에 각각 지일 전에 있어서 하루를 공제하고 간다. 아마도 지일의 전에 있어서 역일의 조정을 하기에 편리했을 것이다.

구궁팔풍은 점을 하는 측면에서의 설명을 제외하고도 그 주요 내용은 1년의 역일을 하나의 그림에 압축하여 표출하고 있다. 만약 소재한 날이 음락궁에 있다면 즉 입하의 다음에 있는 것이다. 그러면 다시 그 일류를 보면 소재한 날이 태일의 어느 궁에 머무는지를 확정할 수 있다. 혹은 뒤집어서 태일이 어느 궁에 있는지를 알 수 있다. 곧 소재일이 입하와 떨어진 일수를 추출해낼 수 있다.

만약 다시 점을 풀이하는 말이 "동짓날에 있는 태일이 변화가 있다면 점은 임금과 관계가 있고, 춘분 일에 있는 태일이 변화가 있으면 점은 재상에 관한 것이며, 중궁 일에 있는 태일이 변화가 있다면 점은 관리에 관한 것이고, 추분 일에 있는 태일이 변화가 있으면 점은 장군에게 있으며, 하지 일에 있는 태일이 변화가 있으면 점은 백성에게 있다."[26]와

---

26) 『황제내경』「영추」〈구궁팔풍〉 2장, "太一在冬至日有變 占在君 太一재春分之日有變 占在相 太一在中宮之日有變 占在吏 太一在秋分之日有變 占在將 太一在夏至

같다면 2분 2지와 중궁을 특별히 일일이 지적하여 명확하게 밝힘을 더할 수 있다. 이는 곧 구궁팔풍도를 사용할 때에 몇 개의 분명한 표지가 교정용으로 쓰일 수 있는 것이다. 특별히 말하는 것은 중궁(초요招搖)이다.

태일이 팔궁에서 옮겨 다니는 것과 관련하여 중궁의 언급은 없다. 그러나 태일이 일류 중에 있어서 매 1개 절령 중에 5차에서 중궁에 들어간다. 또 아울러 '구궁팔풍'편의 설명에서 "이 때문에 태일은 중궁에 들어가 선 연후에 곧 (상제를) 알현하여(朝)하여 길흉을 점친다."[27]고 설명한다.

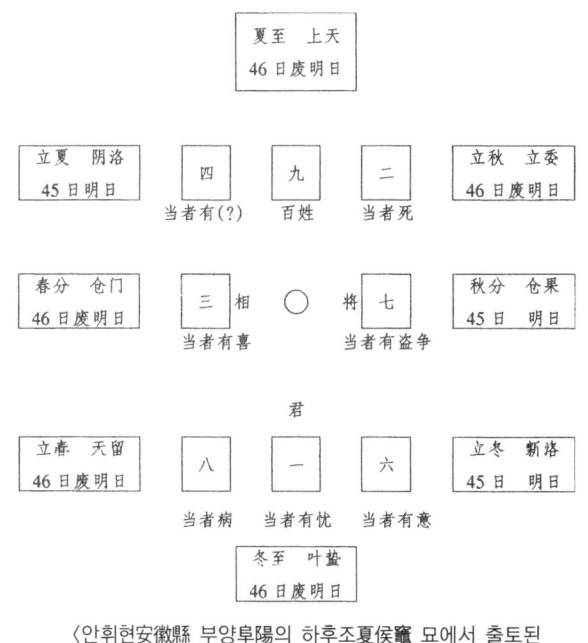

〈안휘현安徽縣 부양阜陽의 하후조夏侯竈 묘에서 출토된
서한의 태일구궁점반(1977) 설명도〉[28]

之日有變 占在百姓"
27) 『황제내경』 「영추」〈구궁팔풍〉 3장, "是故太一入徙立于中宮 乃朝八風 以占吉凶也"

이것은 중궁을 설립하는 것이 팔괘를 써서 기일하는 하나의 보충으로, 팔괘기일법이 유효하게 운용되도록 하려는 것이다. 1997년 안휘현安徽縣 부양阜陽에서 한漢 초 여음후汝陰侯 하후영夏侯嬰의 아들 하후조夏侯竈의 묘가 발굴됐다. 출토 기물 중에는 2개의 점성가星占家가 쓰는 식반式盤이 있었다는데 그 가운데 1개는 고고학자들이 '태을구궁점반太乙九宮占盤', 혹은 '태일식반太一式盤'으로 부른다.

이 그림 가운데 외면의 8개 네모와 9궁팔풍도는 완전히 같다. '당자當者는 00이다'는 표현은 점사占辭이다. '군君·상相·백성百姓' 등은 사람에 대한 구별이다.

이 '태일구궁점반' 설명도와 「영추」 '구궁팔풍편'이 보여주는 '구궁팔풍도'와 기본적으로 서로 같음을 볼 수 있다. 「영추」의 구궁팔풍도에서는 점사를 볼 수 없으므로 이것을 여기서 소개한다. '구궁팔풍'편에서는 '중궁'을 말하는데 이 그림의 중심은 다만 작은 원으로 그렸다. 이밖에 설명도는 주변 팔궁에 '여기에 해당하는 사람은 근심이 있다.(當者有憂)'는 등의 점사가 붙어있다. '구궁팔풍'편에는 팔방풍이 인체를 상해할 수 있는 내외 부위를 설명한다. '태일구궁점반'은 길흉을 점치는 것이고, '구궁팔풍'은 주로 인체와 1년의 운기가 때에 알맞은 지를 점치는 것임을 볼 수 있다. 특히 '태일구궁점반'은 음락 손궁과 신락 건궁에서 태일이 45일 머무는 것 외에 창과 태궁에서 또한 45일 머물고 있어, 태일이 1주 운행하는데 모두 365일이 걸린다. 이것은 '구궁팔풍도'보다 1일이 적은 것이다. '태일구궁점반'으로 연유하여 서한의 초기 혹은 더 이른 시기에 팔괘기일법이 이미 성행했음을 알 수 있는 것이다. 또 늦어도 이미 서한 초기에 제작이 우수한 이런 종류의 팔괘력 역반曆盤이

---

28) 노앙, 앞의 책, 103쪽.

세상에 유통됐음을 알 수 있다.

　앞서 인용한 자료에서 모두 점사를 언급하는 것으로부터 이것이 점성가 혹은 의가醫家가 사용한 역반인 것으로 보인다. 그러나 실은 그렇지 않고, 이 역반은 역시 일반 백성 평민들에 의해 채용되었다. 곧 일종의 역서와 같은 것이다. '태일구궁팔풍도'는 일종의 시간을 계산하는 방법이다. 특별히 이것은 태일이 일류하는 그런 종류의 운행방식으로, 마땅히 그 이유가 있다.

　『역위』「건착도」는 이 종류의 팔괘력에 대해 다음과 같은 해석을 하고 있다.

　　"역의 일음일양이 합하여 15가 되는 것을 도라고 한다. 양은 7에서 9로 변하고, 음은 8에서 6으로 변하며, 또 합이 15가 된다. 즉 괘변의 수는 똑같다. 양은 움직여 나아가 7에서 9로 변한다. 기운의 불어남을 상징한 것이다. 음은 움직여 후퇴하여 8에서 6으로 변한다. 기운이 사라짐을 상징한 것이다. 그러므로 태일은 그 수를 취하여 9궁을 운행하고, 네 곳의 정방과 네 곳의 모서리는 모두 합하여 15가 된다."[29]

　이 논술에 대한 정현鄭玄의 주석은 이렇다.

　　"태을은 북극성(북신北辰)이라는 신神의 이름이다. 그곳에 머무르는 것을 태을이라고 한다. 항상 팔괘 일진의 사이를 운행한다. 이것을 '천일' 혹은 '태일'이라고 한다. 유람하는 곳을 출입하는데 자궁 안팎에서 쉰다. 그 별 때문에 이름을 삼은 것이다. 4정 4유는 팔괘신이 머무르는 곳이다. 그렇기 때문에 이름하여 궁이라고 한다. 태일은 팔괘 궁을 하행하는데,

---

29) 『역위』「건착도」, "易一陰一陽合爲十五之謂道 陽變七之九 陰變八之六 亦合于十五 則象變之數若一 陽動而進 變七之九 象其氣之息也 陰動而退 變八之六 象其氣消也 故太一取其數以行九宮 四正四維皆合于十五"

매4번마다 다시 중앙에 돌아온다. 중앙은 북극성이 머무는 곳이다. 그러
므로 구궁이라고 한다. 천수는 크게 나누어 양으로써 나오고, 음으로써
들어간다. 양은 자子에서 일어나고, 음은 오午에서 일어난다. 태일은 구
궁의 아래 감궁으로부터 시작한다. 여기서부터 곤궁을 지나고, 또 여기서
부터 감궁을 지나고, 또 여기서부터 손궁을 지나 다시 중앙의 궁에서 휴
식한다. 즉 여기서부터 건궁을 지나고, 여기서부터 태궁을 지나고, 또 여
기서부터 이離궁을 지나기 때문에 운행하여 돈다. 위에서는 태일 천일 궁
에서 유람하며 휴식하고, 그리고 자궁으로 돌아온다."30)

여기서는 주로 구궁, 태일과 천일의 운행을 설명한다. 먼저 구궁에
관하여 말하면, 구궁의 구성은 4정 4유의 합이 모두 15다. 무엇 때문에
합이 15가 되는가? 이유는 역은 곧 일음일양의 도이기 때문이다. 양은
7에서 9로 변한다. 즉 양은 움직여 나간다. 음은 8에서 6으로 변한다.
즉 음은 움직여 물러난다. 7, 8은 단象이고, 9, 6은 변變이다. 단수는
합하면 15가 되고, 변수 또한 합하여 15가 된다. 이 15수를 구궁에 분포
하면 4정 4유로 하여금 15에 합이 되게 한다. 곧 이것은 하나의 3단계
환방(공허한 곳)이다. 즉 이것은 『낙서』의 거북이 상이 된다. 그 수의 분
포는 "구를 이고 일을 밟고, 좌가 삼이고 우가 칠이며, 이와 사는 어깨
가 되고, 육과 팔은 다리가 된다. 오는 중앙에 있다."31)가 된다. 1은
앞서 인용한 '구궁팔풍도'가 보여주는 것과 같다. 왜냐하면 이런 분포
는 구궁도에서 직선을 이루는 3개 숫자로 하여금 모두 15가 되게 할

---

30) "太乙者北辰之神名也 居其所曰太乙 常行于八卦日辰之間 曰天一或曰太一 出入
所游 息于紫宮之內外 其星因以爲名焉 四正四維 以八卦神所居 故亦名之曰宮 太一
下行八卦之宮 每四乃還于中央 中央者北辰之所居 故因謂之九宮 天數大分 以陽出
以陰入 陽起于子 陰氣于午 太一下九宮 從坎宮始 自此而從于坤宮 又自此而從震宮
又自此而從巽宮 還息于中央之宮 則由此而從乾宮 自此而從兌宮 又自此從于離
宮 行則周矣 上游息于太一天一之宮 而反于紫宮"
31) "戴九履一 左三右七 二四爲肩 六八爲足 五在中央"

수 있기 때문이다. 이것은 곧 구궁이 어떻게 1궁을 감궁에 응하게 하고, 2궁을 곤의 수에 응하게 하는지 등을 해석한 것이다. 즉 구궁이 어떻게 이와 같은 분포를 만드는지를 해석한 것이다.

다시 태일에 관하여 말하면, 정현의 주석에 따르면, 북극성의 신은 각각 태을이다. 혹은 신이 북극에 머무는 것을 태을이라고 이름한다. 태을신은 항상 나와서 유람한다. 팔괘의 일진 사이를 항상 유람하는 것이다. 이때를 천일, 혹은 태일이라고 부르는 것이다. 태을이 출행하여 자궁의 안으로 돌아와 머물고, 잠시 자궁의 밖에서 휴식하는 때가 있다. (북극성은 자궁의 안에 있다.) 자궁 밖의 모처에서 휴식하는 것 또한 두 개의 별이다. 이 두 개의 별이 곧 태일과 천일의 이름으로 정해진 것이다.

『사기』「천관서」는 "중궁은 천극성 가운데 밝은 하나로 태일이 항상 머무는 곳이다."[32]라고 한다. 전보종錢寶琮의 조사에 의하면, 2천년 이전의 북극성은 현재의 북극성의 자리에 있지 않았다. 그 당시에는 β성(βUrsa Minor, 소웅좌 β성)이 북극성과 불과 7, 8도 떨어져 있었다. 정확히 북극 부근에서 가장 현저히 밝은 별이다. 즉 태일이 자궁 내의 성좌에 머무는 것이다. 자궁 내의 천극성은 모두 5개가 있다. 그 가운데 가장 밝은 것이 천극 제2성이다. 이름은 제성帝星, 즉 소웅小熊 β성이고, 태일이 항상 머문다. 그 제1성의 이름은 태자太子로 소웅小熊 γ星이고, 3성의 이름은 서자庶子, 4성은 후궁後宮이고, 5성은 천추天樞다. 2천 년 진 북천극北天極은 제싱帝星에 가까웠다. 그래서 내일太一은 항상 이곳에 머문 것으로 보인다. 태일은 단지 북극성신의 이름이기 때문에 북극성은 곧 북천극이다. 이 때문에 태일이 곧 천극의 신이다. 자궁 밖에 있는

---

32) 『사기』「천관서」, "中宮. 天極星 其一明者 太一常居也."

태일의 휴식처는 태일과 천일 두 개의 별이다.

『진서』「천문지」는 "자궁문 오른쪽별 남쪽에 있는 천일성은 천제의 신이다. 전쟁을 주관하고 사람의 길흉을 안다. 태일성은 천일의 남쪽에 있어 서로 가깝다. 역시 천제신이다. 16신으로 하여금 풍·우·수·한 과 병·혁·기·근, 질·역·재해가 소재한 나라를 알게 하는 것을 주관 한다."[33]고 한다. 이 두 개의 별은 자궁 대문입구의 오른쪽 추성樞星의 남쪽에 위치한다. 오른쪽 추성은 천룡좌 α성으로 그 밝기는 3.64등이 다. 천일성은 천룡 10성으로 5등성에 가깝고 태일은 그 곁에 있으며, 밝기는 더 어두워 관찰하여 알아보기 어렵다.

태일의 운행은 실제로 '영추 구궁팔풍' 중에 태일이 유람 운행하는 노선이다. 그러나 "4정 4유로써 팔괘신이 머무는 곳이다. 그렇기 때문 에 이름을 궁이라고 한다. 태일은 팔괘궁을 하행하여 매 4번마다 중앙 에 돌아온다. 중앙은 북극성이 머무는 곳이다. 그렇기 때문에 구궁이라 고 한다."는 것을 강조한다. 이것은 곧 전체 구궁이 입체적 형상을 갖추 고 있다는 것을 말하는 것이다. 자궁은 높이 솟아있다. 그리고 북극성 또한 자궁의 최고층에 있다. 그러므로 4정 4유의 팔괘궁은 그 아래에 있는 것이다. 그렇기 때문에 태일은 팔괘궁을 하행하는 것이다. 이 입 체형태의 구궁은 아마도 창궁형의 천체에 대한 묘술일 것이다.

『역위』「건착도」에서 말하는 태일의 구궁 운행은 영추 구궁팔풍과 비교해 약간 복잡함이 확연하다. 그것은 "양은 자에서 시작하고, 음은 오에서 시작한다."는 것을 제출한다. 이것은 구궁 또 12지지 방위에 더 해짐을 말하는 것이다. 팔괘궁위와 12지지방위의 대응은 4정궁과 4정

---

33) 『진서』「천문지」, "天一星在紫宮門右星南 天帝之神也 主戰斗 知人吉凶者也 太 一星在天一南 相近 亦天帝神也 主使十六神 知風雨水旱 兵革饑饉 疾疫災害所在之 國也"

방위가 서로 겹치는 것이다. 즉 감궁과 자위가 서로 합하고, 진궁과 묘위가 서로 합하고, 이궁과 오위가 서로 합하고, 태궁과 유위가 서로 합하며, 그 나머지 네 모서리궁위와 그 나머지 8지지의 위가 대응한다. 즉 간궁은 축인丑寅 2위에 대응하고, 손궁은 진사辰巳 2위에 대응하고, 곤궁은 미신未申 2위에 대응하고 건궁은 술해戌亥 2위에 대응한다. 양은 자로부터 시작한다는 말로부터 연유하여 태일이 감궁으로부터 출발한다. 그러나 음은 오에서 시작한다. 즉 마땅히 이궁으로부터 출발한다. 이 때문에 태일은 곧 음양으로 나뉠 수 있는 것이다. 그러나 『역위』「건착도」는 "음은 오에서 시작한다."는 것에 대해 진일보한 설명은 없다.

2) 오운육기력

둔갑식에서 말하는 팔괘력 계통은 먼저 『황제내경』「소문」에서 논술하는 오운육기력 중에 명료하게 기재돼있다.

오운육기력의 기초와 '구궁팔방도'는 완전히 서로 같지는 않다. 주로 직접은 아니나 팔괘팔절과 서로 연계에 있고, 팔절의 3배와 함께 한다. 즉 24절기가 직접 연결된다. 그러나 주의가 필요하다. 24절기는 1년 내의 각 시간주기의 표지점이다. 그것이 소재한 궁위는 여전히 팔괘팔절로 표시된다. 또 팔절 자체 또한 24절기의 일부분이고, 4립 2분 2시 모두 24절기에 속한다.

오운육기력은 1년을 육보로 나누고 또 육기六氣라고 칭한다. 매 1보기는 24절기 중의 4개 절기를 점한다. 매년의 6보기는 다음과 같다.

제1보기는 대한에서 시작하여 입춘, 우수, 경칩을 거친다.
제2보기는 춘분에서 시작하여 청명, 곡우, 입하를 거친다.

제3보기는 소만에서 시작하여 망종, 하지, 소서를 거친다.
제4보기는 대서에서 시작하여 입추, 처서, 백로를 거친다.
제5보기는 추분에서 시작하여 한로, 상강, 입동을 거친다.
제6보기는 소설에서 시작하여 대설, 동지, 소한을 거친다.

　이런 과정을 거친 연후에 다음해 제1보기인 대한으로 진입한다. 상술한 6보기의 24절기의 분포로부터 각 보기의 시작점은 모두 중기가 되고, 제2보기와 제5보기는 바로 춘분과 추분이 됨을 알 수 있다. 춘분은 제1보기와 제2보기의 분계가 된다. 추분은 제4보기와 제5보기의 분계가 된다. 만약 제1보기에서 제3보기를 상반년으로 본다면, 제4보기에서 제6보기는 하반년으로 볼 수 있다. 제2보기는 상반년의 중간이고, 제5보기는 하반년의 중간이다. 이에 2분점은 곧 상반년과 하반년의 중간점이다. 이것은 ‘나눈다’는 것은 즉 ‘기가 나누어지는 것’을 말한다. 곧 춘추 2분의 때는 기의 분계선임을 말한다.

　육보기의 분포 중에 있는 이 24절기는 다시 상반년에는 양기가 당령하는 때로, 양기가 바야흐로 한창 흥성하는 극점이 하지임을 알 수 있다. 그리고 이것이 바로 하나의 절기가 바뀌는 전환점이다. 즉 하지에 1개 음이 개시하여 이 음기로부터 점차 자라난다. 하지는 바로 상반년의 제3기적 중간으로, 상반년이 끝에 이른 정황을 표시한다. 같은 모양으로 하반년에 음기가 당령할 때는 음기가 극적 정황에 이른 것이 동지이며, 동지는 또한 1양이 시작된다. 그리고 동지는 제6보기의 중간에 위치한다. 이런 종류의 정황은 ‘이른다(지至)’는 즉 ‘기가 이른다’는 것을 말한다. 즉 이것은 또는 음양의 기가 극점에 이른 것을 표시함을 말한다. 이 때문에 오운육기력이 구분하는 원칙은 곧 ‘나누는 것은 기운을 나누는 것이고, 이르는 것은 기운이 이르는 것(分則氣分 至則氣至)’으로 8

개 글자이다. 이것은 바로 기의 수와 천도가 서로 응하는 원칙을 표시한 것이다. 지至가 있는 곳은 제3보기와 제6보기의 최후에 있지 않고 중간에 위치한다. 이것은 두 보기가 음양 2기가 소지극小至極으로부터 다시 반환하는 표지점임을 표시한 것이다.

오운육기력의 매 1보기는 4개 절기의 길이를 점하고, 대략 60일을 말한다. 그것은 대략 60일을 취하는 이유가 60간지와 일종의 대응관계가 있기 때문이다.

『황제내경』「소문」에는 "하늘은 육육으로써 절을 삼고, 땅은 구구로써 시기를 정한다(制會). 하늘은 10일이 있고, 일이 여섯 번 경과하여 갑자를 한 바퀴 돌고, 갑이 여섯 번 반복하여 세를 마친다. 이것이 360일 법이다."[34] 라고 말한다. 앞서 이미 『역경』, 혹은 『역전』의 기일법이 곧 간지기일임을 말했다. 간지로써 기일함이 곧 "하늘은 '육육'으로써 절을 삼음"의 역법계통이고, 또 양력체계이다.

여기서 잠시 『황제내경』의 달에 관한 약간의 논술을 덧붙여 설명한다. 왜냐하면 『역경』에서는 '월기망月幾望'을 말한다. 즉 달의 상과 위치 또한 기일의 일종의 방법을 이룬다. 『황제내경』은 그것과 기본적으로 서로 비슷하다. 단지 월상을 관측하여 월의 차고 빔을 확정한다. 「팔정신명론」에서는 다음과 같이 말한다.

"달이 비로소 생하면, 혈기가 비로소 정精하고, 음식의 양분이 피부와 살결을 튼튼히 하여 보호하는 기운(衛氣)이 비로소 행한다. 달의 윤곽이 가득하면 혈기가 실하고, 뼈와 살이 튼튼해진다. 달의 윤곽이 비면 뼈와 살이 감하고, 경락이 허하게 된다."[35]

---

34) "天以六六爲節 地以九九制會 天有十日 日六竟而周甲 甲六復而終世 三百六十日 法也六節藏象"

35) 「팔정신명론」, "月始生則血氣始精 衛記始行 月郭滿則血氣實 肌肉堅 月郭空則

　세 종류의 월상을 연속하여 말한다. 즉 '월시생'은 초승달의 정황이
다. '월곽만'은 곧 망으로 만월의 때이다. '월곽공'은 그믐과 초승의 사
이다. 여기에서는 월상의 변화를 기일과 연계하지 않는다. 단지 인체와
연계한다. 그러나 「영추」 '세로歲露'에서는 기일紀日과 관계되는 것을 서
술하고 있다.

　　"사람은 천지와 더불어 서로 참여하고, 일월과 더불어 서로 응한다. 그러므
　　로 달이 가득차면 바닷물은 서쪽이 성하고, 사람의 혈기가 쌓이고 … 월곽이
　　공함에 이르면 즉 바닷물은 동쪽에서 성하고 인의 혈기는 허하고 …"36)

　즉 달은 조석을 일으키는 주요 인소로 인식한다. 이왕 그렇게 된 이
상 달은 지상의 물의 흐름에 대한 변화를 일으킨다. 그렇다면 인체 중
에서 유동하는 혈기에 대해서도 변화를 일으킬 것이다.
　동한의 철학가 왕충王充37)은 그의 『논형』 중에서 다음과 같이 말한
다. "천지에는 백천百川이 있다. 마찬가지로 사람에게는 혈맥이 있다.
혈맥은 유행하고, 넓게 드러나고 동정하여 스스로 절도가 있다. 백천
또한 그러하다. 조석 왕래는 사람이 호흡하여 기가 출입하는 것과 같
다."38) 조석이 월상과 관계가 있는 것에 연유하여 월상으로써 조석의

　　肌肉減 經絡虛"
36) 「영추」 '세로歲露', "人與天地相參也 與日月相應也 故月滿則海水西盛 人血氣積
　　… 至其月郭空則 海水東盛 人氣血虛 …"
37) 왕충王充(27~100?)은 후한의 사상가로 자는 중임仲任, 절강성浙江省 회계상우
　　會稽上虞 사람으로 낙양洛陽에 유학하여 역사가 반고班固의 부친 반표班彪에게 사
　　사하였다. 반속정신反俗精神의 소유자로 언론의 자유를 내세우는 위진魏晉적 사조
　　를 만들어냈다. 주요저서 『논형論衡』 85편이 있다.
38) 『논형』, "夫地之有百川也 猶人之有血脈也 血脈流行 泛揚動靜 自有節度 百川亦
　　然 其潮汐往來 猶人之呼吸 氣出入也"

성쇠하는 날을 기록했다. 이밖에도『황제내경』은 월상으로써 인체기혈의 운행주기를 서술하는 경향이 있다. 그러나 이런 종류의 기일법은 단지 오운육기력이 인체의 보조기일방법을 서술하는 것이다.

3) 팔괘육갑력

팔괘육갑력, 또한 둔갑식 기일법으로 부를 수 있다. 이런 종류의 기일법은 1년 주기에 대한『황제내경』의 오운육기적 처리방식을 완전히 채납한 것과 같다. 또 1년을 6개 큰 단락으로 나누어 매 단락을 60일로 삼은 것이다. 그러나 이 6개 단락으로 시간단위를 삼는 것은 아니고, 직접 24절기로서 주요 시간단위를 삼는 것이다. 그리하여 72후를 다시 기본적 시간단위로 삼아 팔괘계통을 납입하는 것이다. 둔갑식 기일법이 중점적으로 관심을 가지는 것은 60개 간지(즉 60 화갑)를 팔괘구궁과 직접 연계하는 것이다. 이것은 오운육기력과 육보기와 태일의 일류구궁을 동시에 사용하는 최소한의 정신과 일치한다.

만약 60개 간지쌍을 팔괘구궁체계에 분포시키려면 반드시 간지쌍을 확장시키거나 어쩌면 팔괘구궁을 확장시켜야 할 것이다. 그런데 팔괘구궁의 확장은 당연히 고려할 수가 없고, (왜냐하면 그것은 역법을 제정하는 우주론의 전제이기 때문이다.) 다만 간지쌍을 좀 더 확장시켜야 한다. 무엇 때문에 반드시 간지쌍을 확장시켜야 하는가? 왜냐하면 60은 9와 통약될 수 없기 때문에 60개 간지쌍은 구궁에 고르게 분포시킬 수 없다. 만약에 간지를 구궁에 고르게 분포시키려면 곧 60과 9의 최소공배수를 구하는 것이 필요하다. 이 수가 곧 180이다. 즉 180은 9로 나누어진다. 180개 수는 반년의 대략 일수 혹은 전체 날수와 꼭 부합한다. 이 때문에 반년의 전체 일수는 구궁에 고르게 분포될 수 있다.

180개 간지쌍은 60 화갑의 3배다. 즉 3개 60간지주기를 포함한다. 그래서 그것은 상·중·하 삼원으로 불린다. 매 1원은 즉 1개 간지주기다. 상원에 속하는 60개 간지쌍은 먼저 구궁에 분포된다. 또 구궁팔풍반과 똑 같이 감궁으로부터 시작한다. 구궁팔풍의 태일 일류가 구궁을 두루 거치는 것을 본뜬 것이다. 제1의 간지쌍은 갑자로서 1궁 감에 배치한다. 다음 간지쌍 을축은 곧 제2궁 곤에 배치한다. 제3간지쌍 병인은 곧 제3궁 진에 배치하고, 제4간지쌍 정묘는 곧 4궁 손에, 5간지쌍 무진은 중궁 5에 배치한다. 제6간지쌍 기사는 6궁 건에, 제7간지쌍 경오는 7궁 태에, 제8간지쌍 신미는 8궁 간에, 제9간지쌍 임신은 9궁 이에, 제10간지쌍 계유는 차례대로 1궁 감에, 제11간지쌍 갑술은 곧 차례에 따라 2궁 곤에 배치한다. 이와 같이 하나하나 배치해 나가서 제21간지쌍 갑신에 이르면 곧 1궁 감에 배치된다. 제31간지쌍 갑오는 곧 4궁 손에 배치되고, 제41간지쌍 갑진은 차례에 의해 중궁 5에 배치되며, 제51간지쌍 갑인은 6궁 건에 배치되고, 제60간지쌍 계해에 이르면 또 6궁 건에 배치되고, 여기에 이르러 상원갑자주기의 분배가 완전히 끝난다.

이하 제61간지쌍 갑자는 중원간지주기의 제1간지쌍이 되는데, 이는 1궁 감에 배치되는 것이 아니라 차례대로 7궁 태에 배치된다. 이와 같이 차례에 의해 순서대로 배치하면 중원 제11간지쌍 갑술은 8궁 간에 배치되고, 중원 제21간지쌍 갑신은 구궁 이에 배치되며, 중원 제31간지쌍 갑오는 1궁 감에 배치되고, 중원 41간지쌍 갑진은 2궁 곤에 배치되며, 중원 최후 육갑의 순수 즉 제51간지쌍 갑인은 3궁 진에 배치된다. 중원 간지주기의 최후 간지쌍 계해, 또한 3궁 진에 있다. 여기에 이르러 중원 간지주기의 배포는 완전히 끝난다.

연후에 하원 간지주기 제1간지쌍(180개 간지쌍에서 제121위에 배치된다.)은 차례에 의해 4궁 손에 배치된다. 그 나머지 하원 육갑순수 갑술·갑신·갑오·갑진·갑인은 차례대로 중오·육건·칠태·팔간·구리의 여러 궁에 배치된다. 그 말순末旬의 수갑인 갑인은 구궁인 이에 있고, 그 하원 간지주기 최후 간지쌍 계해, 또한 9궁인 이에 있다. 여기에 이르러 3원간지주기 전부가 구궁에 분배된다. 그리고 다시 제181간지쌍을 접한다. 즉 다시 상원갑자를 시작한다. 그리고 여전히 1궁 감으로부터 시작한다. 그러나 구체적 정황은 약간 복잡한 면이 있다.

상술한 간지주기의 구궁 납입 과정으로부터 우리는 이미 육갑순수의 배열이 매우 규칙적임을 알 수 있다. 즉 갑자는 상·중·하 국의 차례에 의거하여 배열 분별하면 1·7·4궁이 된다. 갑술은 2·8·5궁에 분포하고, 갑신은 3·9·6궁에 분포되고, 갑오는 4·1·7 궁에 분포되고, 갑진은 5·2·8궁에 분포되고, 갑인은 6·3·9궁에 분포된다.

1년으로 말하면 1년의 날수는 대략 전체가 360일이다. 즉 2개의 삼원을 포함한다. 2개의 180일이다. 역괘력술易卦曆術에 근거하여 동지 후 양기는 점차 자라고, 하지에 이르러 극성하게 된다. 하지 후 음기가 점차 자라기 시작해 동지에 이르러 극성에 달한다. 이 때문에 동지 후 180일을 양둔 삼원이라고 한다. 그리고 하지 후 180일을 음둔 삼원이라고 한다.

양둔 삼원의 배포는 이미 앞서 서술했다. 그러면 음둔 삼원의 배포는 어떠한가? 이것은 전면에서 인용한 『역위』「건착도」에서 말하는 태일의 구궁 운행법칙에 따른다. 즉 양은 자에서 시작하고, 음은 오에서 시작한다. 이미 양둔 삼원이 감궁으로부터 시작한 바에는 음둔 삼원은 응당 이궁으로부터 개시한다. 상원 제1간지쌍 갑자는 9궁 이에 배치된다. 음둔은 역행하기 때문이다. 그러므로 제2간지쌍 을축은 차례에 따라 8궁 간에 배치된다. 제3간지쌍 병인은 7궁 태에 배치되고, 제4간지쌍 정묘는 6궁 건에 배치되고, 제5간지쌍 무진은 중궁 5에 배치되며, 제6

간지쌍 기사는 4궁 손에 배치되고, 제7간지쌍 경오는 3궁 진에 배치되며, 제8간지쌍 신미는 2궁 곤에 배치되고, 제9간지쌍 임신은 1궁 감에 배치되며, 제10간지쌍 계유는 9궁 이에 배치되고, 제11간지쌍 갑술은 8궁 간에 배치된다. 전술한 법칙을 모방했음을 알 수 있다. 제21간지쌍 갑신은 7궁 태에 배치되고, 제31간지쌍 갑오는 6궁 건에 배치되며, 제41간지쌍 갑진은 중궁 5에 배치되고, 제51간지쌍 갑인은 4궁 손에 배치된다. 이와 같이 역으로 배치하여 음둔 상원 60개 간지쌍의 한 바퀴 배치가 완료된다. 다음 간지쌍, 즉 음둔 중원 제1간지쌍 갑자는 3궁 진에 배치된다. 그 나머지 육갑순수의 배포는 갑술은 2궁 곤에 배치되고, 갑신은 1궁 감에 배치되며, 갑오는 9궁 이에 배치되고, 갑진은 8궁 간에 배치되며, 갑인은 7궁 태에 배치된다. 음둔 중원의 최후 간지쌍 계해는 7궁 태에 배치된다. 여기까지 이르러 음둔 중원 60간지주기는 배포가 완료된다. 이하는 즉 음둔 하원에 들어간다.

　음둔 하원의 육갑순수 분포는 다음과 같다. 갑자는 건6궁에 거하고, 갑술은 중5궁에 거하며, 갑신은 손4궁에 배치되고, 갑오는 진3궁에 배치되며, 갑진은 곤2궁에 배치되고, 갑인은 감1궁에 배치된다. 여기에 이르러 음둔 하원국의 최후 1개 간지쌍 계해는 감1궁에 배치된다. 만약 제181간지쌍 갑자가 있다면 이궁으로부터 시작된다. 그러나 음둔 하원국에 긴밀하게 접한 것은 양둔 상원국이다. 양둔은 또 당연히 감궁으로부터 시작한다. 이 때문에 둔갑식은 음양둔으로 나뉘고, 실질상 이것은 8괘력의 일종을 다시 명확하게 기술한 방식이다.

　음둔 육갑순수의 배열은 또한 같은 규칙을 갖추고 있다. 갑자순수는 상·중·하국의 차례에 따라 분별하여 9·3·6궁에 배치된다. 갑술순수는 차례대로 8·2·5궁에 나뉘어 배치되고, 갑신순수는 7·1·4궁에 나뉘어 배치되며, 갑오순수는 6·9·3궁에 나뉘어 배치되고, 갑진순수는 5·

8・2궁에 나뉘어 배치되며, 갑인순수는 4・7・1궁에 나뉘어 배치된다.

　이상 기술한 것은 실제로 고대인들이 『주역』을 모방해 건립한 팔괘육갑력체계다. 이 역법체계는 육갑간지주기와 팔괘계통을 하나로 종합한 것으로, 이는 또 팔괘력과 음양력을 더 발전시켜 결합한 것이다. 예를 들어 이미 육갑순수의 궁위를 알면 어떤 간지쌍이 어느 둔(즉 이 간지쌍이 상반년 혹은 하반년에 있다.), 어느 원(즉 상・중・하원의 어느 일원, 일원의 시간은 대략 2달을 지난다.)에 속하는 지를 안다. 곧 구궁적 위치를 알 수 있다. 예를 들어 무인일은 그것이 갑술순 중에 있음을 매우 쉽게 추출할 수 있다. 마치 음둔(하반년) 하원국(상강에서 동지 사이에 있음)에 속함을 알 수 있는 것과 같다. 그러므로 갑술순두가 중궁 5에 있음을 알면 제2을해는 4궁에 있고, 제3병자는 3궁에 있고 제4정축은 제2궁에 있고, 제5무인은 1궁에 있는 것이다. 그러므로 하반년 상강 후 무인일이 1궁 감에 있음을 즉각 알 수 있다. 또 역으로 추출하는 것도 가능하다. 즉 궁위와 일자를 통해서 간지쌍을 거꾸로 구할 수 있는 것이다. 이렇게 정하여진 역일계통은 둔갑식의 기초다.

　그러나 둔갑식 역법은 해결하지 못한 문제를 하나 가지고 있다. 곧 팔괘육갑력과 1세(회귀년)를 대응하는 것이다. 1회귀년의 전부 일수를 대응하는 것이지, 단지 정수일(360일)과 구궁을 대응하는 것이 아니다. 앞에서 서술한 것은 단지 1회귀년의 정일수 360과 팔괘궁을 대응한 것이다. 여기에는 나머지 5일과 1/4일의 안배가 없다. 이 5와 1/4일을 처리하기 위해 둔갑식은 '초신접기'라는 치윤방법을 정하여 두고 있다.

4) 둔갑식팔괘력

　둔갑식 기일법은 실상은 단지 팔괘기일법과 육십간지를 결합한 것이다. 이 때문에 그것은 실상 팔괘육갑력법이다. 둔갑식이 해결하고자 하는 것은 팔괘구궁을 납입하여 간지기일을 하는 것이 아니라, 1회귀년의 일수 전부를 차례대로 팔괘구궁계통에 납입하는 것을 요구한다. 이것은 기실 360일 외에 나머지 부분 즉 5와 1/4일을 적절하게 처리하는 것이 필요한 것이다. 이 나머지 부분을 팔괘구궁에 납입하여 가는 것이다.

그러나 곤란한 것은 팔괘육갑력술이 규정하는 육갑순수의 이궁移宮규칙을 필수로 준수하는 것이다. 즉 육갑이 소재한 궁위가 일정하다는 것이다. 왜냐하면 예를 들어 이 규칙을 준수하지 않으면 육갑력과 팔괘구궁의 결합은 파괴된다. 만약 이 규칙을 준수하면 1년의 나머지 일수는 팔괘구궁에 삽입하여 가는 것이 곤란하다. 이 때문에 둔갑식은 팔괘육갑력술에 대한 전반적 처리를 하고 있다. 우선 이것은 60간지쌍을 적당하게 나누어 60간지주기와 24절기를 써서 72후와 모종의 유효한 대응을 기대하려는 것이다. 1개 절기는 15일에서 약간 남기 때문에 60간지주기는 곧 4부분으로 나눠 대응할 수 있다. 이는 오운육기력에서 이미 일부 드러내 보였다. 둔갑식이 채용하는 방법이 육갑삼원획분이다.

이른바 육갑삼원획분은 곧 60간지쌍을 4개 부분으로 나누는 것이다. 제1부분은 갑자로부터 무인에 이르는 모두 15개 간지쌍, 제2부분은 기묘에서 계사에 이르는 모두 15개 간지쌍, 제3부분은 갑오에서 무신에 이르는 모두 15개 간지쌍, 제4부분은 기유에서 계해에 이르는 15개 간지쌍이다. 그런 뒤에 제1부분은 또 3분한다. 제1분은 5개 간지쌍이 된다. 이는 실제상 매 1절기의 3후에 대응하는 것이다. 그것을 배열하면 아래와 같다.

제1부분   상원 갑자 을축 병인 정묘 무진
          중원 기사 경오 신미 임신 계유

	하원 갑술 을해 병자 정축 무인
제2부분	상원 기묘 경진 신사 임오 계미
	중원 갑신 을유 병술 정해 무자
	하원 기축 경신 신묘 임진 계사
제3부분	상원 갑오 을미 병신 정유 무술
	중원 기해 경자 신축 임인 계묘
	하원 갑진 을사 병오 정미 무신
제4부분	상원 기유 경술 신해 임자 계축
	중원 갑인 을묘 병진 정사 무오
	하원 기미 경신 신유 임술 계해

이리하여 매5일은 1원이 된다. 이와 같은 구분으로부터 아래와 같은 규칙을 볼 수 있다. 갑과 기의 천간에 자오묘유子午卯酉를 더하면 상원, 갑과 기의 천간에 인신사해를 더하면 중원, 갑과 기의 천간에 진술축미를 더하면 하원이 된다. 즉 부部와 원元을 막론하고 머리의 간지쌍의 천간은 갑 아니면 기이다. 이 때문에 갑과 기를 '삼원부두三元符頭'라고 부른다. 간칭으로는 '부두符頭'다.

60개 간지쌍으로 구분하는 시간단위는 확실히 15일이다. 많지도 적지도 않다. 그러나 24절기에서 매 1절기의 평균 길이는 15와 1010/4617일, 즉 15.21785일로 정확히게 15일이 아니다. 이 때문에 만약 동지일이 마침 갑자일이라면 15일이 지난 뒤의 1일(즉 기묘일)은 반드시 소한小寒절에 대응하는 것은 아니다. 평균적으로 말해 1/5일의 차이가 있다. 당연히 이따금 아마도 수치의 차이가 너무 작아서 기묘일이 소한절과 대응할 수 있다. 즉 소한절은 여전히 기묘일에 있다. 그러나 교절시각은 자야시子夜時의 날자가 바뀌는 시각이 아니다. 그러므로 평균적으로 말해 묘시에 있다.(야반과는 약 5소시의 차이가 있다.) 만약 다시 1개 절기가 지나 즉 갑오일에 이르러 이날이 대한절과 상응한다면 여전히 같은 날에 있음을 추산할 수 있다. 그러나 대한의 교절시각은 이미 반일이 차이가 난다. 이와 같이 내려가면 교절일과 부두일은 가면 갈수록 차이가 멀어진다. 이는 곧 모종의 방법을 채용하여 부두와 절기의 대응을 조정할 것을 고려하게 만드는 것이다. 팔괘육갑력과 실제 천상과 절령을 맞게 하는 것이다.

고대 둔갑식은 절기는 나머지(선여羨餘)가 있고, 간지는 나머지가 없는 것으로 인식했다. 이른바 '선여羨餘'는 고대 관부가 돈과 식량을 세금으로 징수할 때 손모부분이 있기 때문에 대부분 일부 부가세를 징수하는 것이다. 이 부분 부가세는 실제 손모분을 보충하는 것 외에 일부를 남겨서 '선여'라고 불렀다. 왜냐하면 절기에 선여가 있기 때문이다. 이 때문에 절기는 항상 늘어나고 뒤에 처져서 부두가 절기에 앞서서 이르는 것처럼 보인다.

둔갑식은 팔괘육갑력을 써서 기일하기 때문에 부두가 주가 된다. 절기를 돌보는 것은 만약 부두가 절기에 앞서 이르면 부두를 써서 절기의 개시를 계산한다. 그리고 절기가 이르기 전에 계산을 시작함은 '초신超神'이라고 부른다. 즉 일진이 절기에 앞서 있는 것을 말한다. 만약 절기와 부두가 거듭 합치게 되면 이것은 '정수正授'라고 부른다. 곧 부두절기가 정상에 있는 것으로 보이는 것, 혹은 이상理想상태를 말하는 것이다. 만약 절기가 부두에 앞서 이르면 여전히 부두로서 주를 삼는다. 부두일진이 이른 때에는 한 절기를 계산하는 것이다. 이것은 '접기接氣'라고 부른다. 항상 초신이 앞선다. 초가 오래되면 부두와 절기의 차이가 크게 나서 10일 이상에 달한다. 이때는 한 절기를 더 두어 윤으로 삼는다. 한 절기를 더 둔 뒤에는 '접기'가 출현할 수 있다. 즉 절기가 부두에 앞서는 것이다. 이후는 점점 '정수'에 접근하고, 정수의 이후에는 또 초신이다. 이것은 곧 둔갑식력의 기본정황이다.

역기서 초신접기의 방법을 예를 들어 명백히 설명한다. 『둔갑연의』에 든 예를 본다. 가령 병오년 4월 13일 임신에 입하절기가 들어온다면, 4월 초5일이 갑자이다. 이미 입하 9일 전으로 초신이다. 먼저 갑자부터 입하 상원국기를 쓰고, 기사己巳 다음에 중원국을 쓴다. 이는 곧 먼저 기국奇局를 얻고 뒤에 절기를 얻는 것이다.

또 예를 들어 말하면, 11월 초2일 경인 대설절과 같은 경우다. 기묘에 앞서 경인이 이미 이르러 12일을 초과했다. (기묘는 상원부두다.) 이것은 순을 지난 것이다. 나머지는 다시 초과할 수가 없다. 여기에 이르러 윤을 쓴다. 윤이란 무엇인가? 갑오로부터(기묘 뒤의 상원부두) 무신(무오는 상원부두가 되고 이것은 일부 최후 일일一日이다.)에 이르는 15일에 대한 것으로, 대설절 전 거듭된 기국이다. 16일 갑진에 동지절과 교대하여 바야흐로 동지의 하국을 쓴다. '접接'이라고 말한다. 이 예는 비교적 일목요연하게 이해하기가 어렵다. 이 때문에 해설이 조금 필요하다.

11월 초2일 경인일에 대설절이 바뀐다. 이 때문에 기묘 상원 부두가 이미 12일 전에 도래했다. 이때는 이미 대한절 아래에 있는 것으로 인식된다. 이 때문에 대설절은 이미 상·중 양 국(1국은 즉 1원으로 5일을 담당)을 지나고, 하국도 이미 1일을 지났다. 그러나 11월 초2 경인에 대설절이 바꾸어 들어온다. 그리하여 이 일국의 경인·신묘·임진·계사 4일은 대설절의 하국으로 간주된다. 갑오일에 이르러(초육) 윤대설절 상국으로 간주된다. 기해일(11일)에 이르러 윤대설절 중국으로 간주된다. 16일 갑진은 동지절이 바꾸어 들어온다. 그러나 부두 기유는 아직 도래하지 않았다.(갑오 후의 상원부두) 이 때문에 갑과 기의 천간은 진술축미를 더해 하원으로 삼는다. 이에 따라 16일 갑진은 하원부두이다. 그러므로 동지 하국을 쓸 수 있다. 기유일에 이르러 동지 상국을 쓸 수 있는 것이다. 이는 '접기'의 예이다.

이하에 다시 구체적 예를 들어 증명한다. 더나가 '초신접기'와 치윤의 예를 설명한다. 제1개 예는 남송南宋 순우淳祐 6년 병오(1246) 4월 13일 임신 입하, 그리고 본월 초5는 갑자(상원부두)이다. 이는 부두가 먼저 오고, 절기가 뒤에 이르는 것으로 '초신'의 정황이다. 입하절기의 앞 9일부터 입하 절령을 쓰는 것이다. 초5일부터 입하 상국을 쓰고, 10일 기사부터 입하 중국을 쓰고, 1일 갑술일부터 입하 하국을 쓴다. 이것을 서술하여 구체적으로 예를 들면 다음과 같다.

표 5-1 남송南宋 순우淳佑 6년(1246) 입하절 때 부두절기표符頭節氣表(초신超神의 예)[39]

갑자(4월 초5) 부두	을축(초6)	병인(초7)	정묘(초8)	무진(초9)	입하 상원국
기사(4월 초10)	경오(11)	신미(12)	임신(13 입하절)	계유(14)	입하 중원국
갑술(4월 15일)	을해(16)	병자(17)	정축(18)	무인(19)	입하 하원국

제2예는 순우 7년 정미(1247) 2월 23일(정미) 청명절이 바꾸어 드는 경우다. 그러나 25일이 바야흐로 기유(상원부두)로 청명 상국기를 쓸 수 있다. 이는 곧 절이 먼저 들어오고 후에 기를 얻은 것이다. 이것이 이른바 '접기'이다. 24일 무신에 이르러 (즉 기유 전 1일) 여전히 춘분 하국을 쓸 수 있다. 그렇기 때문에 강한 기가 이미 본절을 교체한 것이다. 그리고 기성은 오히려 앞의 1절기를 쓴다. 이에 의거해 아래와 같은 표를 배열한다.

---

39) 노앙, 앞의 책, 122쪽.

표 5-2 남송 순우 7년 청명절淸明節 때 부두절기표(접기接氣의 예)[40]

갑오(2월 초10)	을미(11)	병신(12)	정유(13)	무술(14)	춘분상원국
기해(2월 15)	경자(16)	신축(17)	임인(18)	계묘(19)	춘분중원국
갑진(2월 20)	을사(21)	병오(22)	정미(23 청명)	무신(24)	춘분하원국
기유(2월 25)	경술(26)	신해(27)	임자(28)	계축(29)	청명상원국

위의 예를 이어서 내려가면 그해 (순우 7년) 6월 28일 기유일에 입추 절이 들어온다. 바로 정기와 일진이 함께 이르는 것이다. 즉 기유일부 터 입추절의 입추 상원국이 시작된다. 이것은 '정수'라고 하는 것으로 앞에서 이미 언급했다. 정수는 바로 정상적 이상적 정황이다.

다시 제3의 예를 들어 치윤의 실제를 설명한다. 예를 들어 병술년 5월 초1일이 기묘로 상원부두이다. 초9일 정해 사해에 이르러 망종절 이 들어온다. 이미 9일이 지났다. 일반적으로 초신 9일은 망종 혹은 대설절을 만나면 마땅히 치윤한다. 즉 기묘로 망종 상국을 삼는다. 초6 일 갑신은 망종 중국, 11일 기축은 망종 하국으로 한다. 초국은 여기서 다한다. 다시 거듭 1국을 치윤으로 삼는다. 둔갑식은 '3기 윤국'이라고 부른다. 16일 갑오를 망종 윤 상국으로 삼는다. 24일은 하지에 들어온 다. 하지 7일을 빌려, 그 5월 小가 다하고 6월 초2 기유에 이르러 바야 흐로 하지 상국을 삼는다. 초7일 갑인은 하지 중국으로 삼는다. 12일 기미는 하지 하국으로 삼는다. 이것을 구체적으로 표를 만들면 아래와 같다.

---

40) 노앙, 앞의 책, 122쪽.

표 5-3 둔갑식 치윤의 예[41]

기묘(5월초1)	경진(초2)	신사(초3)	임오(초4)	계미(초5)	망종 상국
갑신(5월초6)	을유(초7)	병술(초8)	정해(초9 망종)	무자(초10)	망종 중국
기축(5월11)	경신(12)	신묘(13)	임진(14)	계사(15)	망종 하국

갑오(5월16)	을미(17)	병신(18)	정유(19)	무술(20)	망종 윤국상
기해(5월21)	경자(22)	신축(23)	임인(24 하지)	계묘(25)	망종 윤국중
갑진(5월26)	을사(27)	병오(28)	정미(29)	무신(6월초1)	망종 윤국하

기유(6월초2)	경술(초3)	신해(초4)	임자(초5)	계축(초6)	하지 상원국
갑인(6월초7)	을묘(초8)	병진(초9)	정사(초10)	무오(11)	하지 중원국
기미(6월12)	경신(13)	신유(14)	임술(15)	계해(16)	하지 하원국

갑자 (6월17)	을축(18)	병인(19)	정묘(20)	무진(21)	소서 상원국

　이상 세 가지 예로 둔갑식팔괘력의 주요 특징을 설명했다. 이것은 시종 팔괘육갑력일로 주를 삼고 오히려 24절기로써 기초를 삼는 역일 계통이다. 팔괘육갑력에서는 이 때문에 팔괘구궁에 있는 육갑순두로써 기일紀日의 정표점을 삼는다. 그 운행방식은 오운육기력에 있는 태일의 일류운행방식과 서로 같다. 또 상술한 것으로부터 둔갑식팔괘력은 팔괘육갑력의 이런 특징을 위배하지 않음을 알 수 있다.

　그러나 이것 또한 새로운 변화가 있다. 즉 상원부두 갑자·기묘·갑오·기유가 더해진다. 이것은 육갑계통과 24절기를 대비하여 건립한 개념을 만들기 위한 것이다. 이것에 연유하여 어떤 규칙을 조성한다. 즉 갑과 기의 천간에 자오묘유를 더하여 상원부두를 만들고, 갑과 기의

---

41) 노앙, 앞의 책, 123쪽.

천간에 인신사해를 더하여 중원부두를 만들고, 갑과 기의 천간에 진술 축미를 더하여 하원부두를 만든다.

그러나 좀 더 자세한 설명이 필요하다. 둔갑식팔괘력은 태일이 하늘을 따라 주선하는 운동방식을 견지한다. 즉 전술한『황제내경』「영추」'구궁팔풍'에서 말하는 태일팔방팔절의 운행방식이다. 하늘을 따라 운행하는 둔갑식의 운행방식은 구궁팔풍에서 말하는 태일의 순천운행방식과 기본적으로 서로 같다. 그러나 또한 두 가지 분명한 차이가 있다. 첫째로, 다른 것은 구궁팔풍이 하늘을 따라 좌행한다. 하지만 둔갑식은 음양 2둔으로 나눈다. 동지로부터 하지에 이르기까지를 양둔으로 삼고, 하지로부터 동지에 이르기까지를 음둔으로 한다. 둘째로, 다른 것은 구궁팔풍의 태일은 팔궁팔절을 따라 운행하고, 매궁은 46일 혹은 45일 머무른다. 그러나 둔갑식팔괘력은 팔궁의 팔절을 고쳐서 24절기로 삼는다. 이 두 가지 점을 제외하면 기타는 본질상 일치한다. 단지 이 양 점이 둔갑식팔괘력의 일류를 '구궁팔풍'과 비교하여 복잡함이 많다고 똑 같이 규정하지 못한다.

둔갑식은 또 동지 감1궁으로부터 시작한다. 감1궁은 동지 중기를 제외하고 다시 소한절기와 대한중기가 있는데, 대개 이것은 46일이다. 그런 뒤에 하늘을 따라 이동하여 간8궁에 이른다. 이것은 입춘이 당령하는 궁이다. 그러나 둔갑식에서는 이 1궁은 입춘절·우수중기·경칩절기 등 3개 절기를 포괄한다. 접한 것은 진3궁에 거한 춘분 당령이다. 이 1궁은 춘분중기를 제외하고노 다시 청명설·곡우중기가 있다. 하늘을 따라 돌아서 이동하여 손4궁에 이른다. 손4궁은 입하가 당령한다. 입하절, 소만중기와 망종절을 포괄한다. 하늘을 따라 돌아서 이구궁離九宮에 이른다. "양기는 자에서 시작하고, 음기는 오에서 일어난다." 그러므로 이궁으로부터 음둔이 개시된다. 이궁은 하지가 당령하고, 하지

중기, 소서절과 대서중기를 포괄한다. 그런 뒤 돌아서 곤2궁에 이른다. 곤2궁은 입추절이 당령한다. 입추절을 제외하고도 처서중기와 백로절을 포괄한다. 다시 앞으로가서 운행하여 태7궁에 이른다. 추분이 당령한다. 추분중기, 한로절과 상강중기를 포괄한다. 여기서부터 다시 1궁을 운행하여 건6궁에 이르러 입동절이 당령한다. 입동절·소설중기·대설절이 포함된다. 그런 뒤에 또 운행하여 감1궁 동지에 이른다. 여기에 이르러 하늘을 따라 도는 것이 한 바퀴가 된다.

구궁팔풍은 태일이 협칩궁(즉 감1궁)에서 일류를 시작하여 매일 1궁을 일류한다. 구궁을 5회 거친다. 태일은 협칩궁으로부터 천류궁(간8궁)으로 전입한다. 이와 같이 이어진다. 예를 들어 지금이 동지라면 감1궁에 있는 1개 절기가 된다. 동지는 대개 15일이다. 예를 들어 태일 일류를 살피면 즉 구궁의 1편을 유행하여 소한절에 접착함이 이와 같다. 이런 3개 절기 일류는 구궁팔풍과 어떤 차별도 없다.

둔갑식은 1개 절기를 15일로 구분하여 상중하 3원으로 삼는다. 매원은 5일, 매일은 12시, 5일은 총 60시이다. 3원은 곧 180시다. 이에 시진이 구궁을 유행하므로 '일유日游'는 '시유時游'로 변성한다. 다시 말해 동지중기의 3원은 매원이 60시로 구궁을 편력한다. 제1시는 감1궁(양둔은 여기서 출발한다.)에 있고, 제2시는 곧 곤2궁에 이른다. 전술한 팔괘육갑력법을 본떠서 제10시에 이르면 다시 감1궁으로 돌아온다. 11시에는, 즉 곤2궁, 12시는 곧 진3궁, 이와 같이 하여 다시 배치하여 내려가서 곧바로 60시에 이르고, 건6궁에 이른다. 이것은 곧 동지 상원5일의 '시유時游'이다.

오히려 감1궁으로부터 다시 시작하는 것이 아니라 이어서 상원태7궁부터 개시하는 것이다. 즉 제1시는 태7궁에 있고, 제2시는 간8궁 등등에 있어 이와 같이 다시 60시를 거쳐 진3궁에 이르러 멈춘다. 이어서 하원5일에서 '시유'를 개시한다. 다시 중원에 이어 손4궁부터 하원국제 1시를 개시한다. 제2시는 중궁5에 있다. 이와 같이 하여 60시를 거쳐 이9궁에 이르러 멈춘다. 동지 상·중·하 3원 180시 전부가 구궁을 지나 1주한 것이다. 동지 후는 소한절이다. 소한은 또한 감1궁에 있다. 소한절 또 상·중·하 3원이다. 이 또한 매원은 5일 60시다. 합하여 모두 180시가 구궁을 유행한다. 만약 소한절이 감1궁에 있다고 하면 또 제1궁으로부터 그 상원 제1시를 시작한다. 동지기의 180시와 완전히 같다. 구별을 위하여 주로 순천환행의 차례를 표시한다. 그 제1시는 곤2궁부터 개시한다. 이때 확실히 기억할 것은 양둔은 좌선한다는 것이다. 이에 제2시는 곧 3궁 진에 있고, 제3시는 4궁 손에 있다. 이와 같이 '시유'하여 내려가면 그 상원60시가 태궁7에서 이르러 멈춘다.

이후 이어서 중원 60시다. 중원 제1시는 간8궁에 있다. 제2시는 이구궁에 있다. 이와 같이 배열해 내려가면 제6시는 제4궁에 있다. 바로 접해 있는 하원 제1시는 중궁 5에 배열된다. 차례대로 배열하면 제6시는 제1궁에서 멈춘다. 소한절의 180시는 구궁을 유행하여 완전히 마친다. 감1궁 중에는 다시 대한 중기가 있다. 대한 중기의 상·중·하 3원 180시는 구궁을 두루 거치는 방식이 당연히 완전히 똑같다. 다만 그 시작하는 궁은 수의 차례에 있어 순히 1위를 돈다. 즉 3궁으로부터 그 행정을 개시한다. 즉 상원 제1시는 3궁에서 시작한다. 이때는 양둔이다. 그러므로 제2시는 손4궁에 있다. 이와 같이 상원이 간8궁에 이르러 멈춘다. 중원은 구궁에서 시작하고, 하원은 6궁에서 시작한다. 하원 제60시는 곤2궁에 이르러 멈춘다.

팔괘구궁에서 동지가 당령하는 3개 절기의 정황을 토론한 후에 다시 더 나아가 기타 7개 절령 21개 절기의 상·중·하원의 정황을 토론할 필요가 있다. 그렇지만 먼저 앞에서 토론한 것 중에 부적당한 1곳을 설명할 필요가 있다. 곧 제1시, 제2시 등을 사용한 것은 각 원의 60시의 배열 정황을 묘사한 것이다. 이 때문에 타당한 설이 아니다. 이것은 왜냐하면 고대의 시간 계산은 실제로 모두 간지로써 기시했기 때문이다. 예를 들어, 동지 상원 제1시는 당연히 자시다. 이 때문에 시간 계산은 야반으로부터 시작된다. 제2시는 축시 등이다. 둔갑식규정은 갑과 기를 부두로 쓴다. 그리하여 제1시는 반드시 갑자, 제2시는 을축 등이다. 이렇게 되면 앞에서 말한 팔괘육갑력으로 되돌아왔다. 이 때문에 둔갑식력은 둔갑식팔괘력이라고 말하는 것이다. 곧 그것은 팔괘육갑력의 기초 위에서 건축된 것이다.

둔갑식력에 있는 4시·8절·일진 등은 구궁팔풍에 있는 태일과 같은 부류다. 당연히 팔절은 하늘을 순히 하여 입춘절령에 이른다. 곧 태일이 간8궁을 돌아 이르는 것과 같아 양둔단계에 있는 것이다. 간궁의 제1절기는 입춘이다. 입춘 상원은 간8궁에서 시작한다. 즉 갑자는 8궁에 있고, 을축은 9궁에 있으며, 제60시 계해시에 이르러 손궁에 있다. 중원 갑자는 중궁5에서 시작하고, 하원 갑자는 제2궁에서 시작한다. 입춘절의 하원 1개 절기는 우수다. 우수절기 또한 8궁에 있다. 이런 종류의 정황은 앞에서 이미 우연히 만났다. 그 상원갑자는 다시 8궁에서 시작할 수 없다. 하늘을 순히 하여 운행하는 원칙에 의하여 8의 뒤에는 9다. 그러므로 우수 상원갑자는 9궁에서 시작한다. 주의할 것은 이때도 여전히 양둔이라는 것이다. 이에 우수절기의 중원갑자는 건6궁에서 시작한다. 하원갑자는 3궁에서 시작한다. 곧 이어 있는 것은 경칩절이다. 예에 의거해 순서에 따라 1궁을 순행한다. 9를 차례대로 헤아리면 아래 1위가 1이다. 이 때문에 경칩 상원은 1궁에서 시작한다. 경칩 중원은 7궁에서 시작한다. 경칩 하원은 4궁에서 시작한다. 경칩 180시의 최후 1시 계해는 이9궁에서 멈춘다.

하늘을 따라 주선하므로 간궁 이후는 곧 진 3궁이다. 진3궁은 춘분이 당령하고, 춘분 청명 곡우 3개 절기가 있다. 춘분 상원갑자는 3궁에서 시작한다. 중원갑자는 9궁에서 시작하고, 하원갑자는 6궁에서 시작한다. 청명절기는 여전히 양둔 순행원칙에 따라 3으로부터 나아가 4에 이른다. 그 상원갑자는 4궁에서 시작한다. 중원갑자는 1궁에서 시작하고, 하원갑자는 7궁에서 시작한다. 청명 뒤에는 곡우로, 4로부터 나아가 5에 이른다. 그러므로 곡우절기 상원갑자는 중궁 5에서 시작한다. 중원갑자는 2궁에서 시작하고, 하원갑자는 8궁에서 시작한다. 이렇게 하여 진 3궁의 3개 절기 운행이 완성된다.

이하는 손 4궁으로 입하가 당령하며, 입하 소만 망종의 3개 절기가 있다. 입하절기 상원갑자는 4궁에서 시작하고, 중원갑자는 1궁에서 시작하며, 하원갑자는 7궁에서 시작한다. 손 4궁의 제2절기는 소만이다. 상원갑자는 중5궁에서 시작하고, 중원갑자는 곤 2궁에서 시작하며, 하원갑자는 8궁에서 시작한다.

이하는 망종절이다. 5궁에서 6궁으로 순행한다. 그러므로 망종 상원갑자는 6궁에서 시작하고, 중원갑자는 3궁에서 시작하며, 하원갑자는 즉 9궁에서 시작한다.

감1궁 동지로부터 하늘을 따라 돌아서 손4궁 망종절의 끝에 이르는 것은 모두 양둔 상태에 속한다. 그렇지만 하늘을 따라 도는 것이 이9궁 하지 당령에 이르러 음둔 상태로 들어간다. 이것은 하나의 중요한 바뀜이다. 왜냐하면 이후 수의 차례는 바뀌어 역수가 된다. 즉 수의 차례는 큰 것이 가고 작은 것이 오기 때문이다. 그렇기 때문에 이궁에 들어가면 하지·소서·대서 3개 절기가 있다. 하지 중기 상원갑자는 9궁에서 시작한다. 역행하기 때문이다. 그러므로 제2시 을축은 간艮8궁에 있다. 병인은 태7궁에 이른다. 그 제11시 갑술은 간8궁에 이르고, 제21시 갑신은 태7궁에 이르는 등이다. 제51시 갑인은 손4궁에 있다. 그렇기 때문에 하지 중원갑자는 손3궁에서 일어나고, 하원갑자는 건6궁에서 시작한다.

하지 이후 절기는 소서이다. 이것은 음둔을 따른다. 그러므로 역수다. 9로부터 내려가 8에 이른다. 그러므로 소서 상원갑자는 8궁에서 시작하여, 중원갑자는 2궁에서 시작하고, 하원갑자는 5궁에서 시작한다. 바로 이어서 대서절기다. 상원갑자는 7궁에서 시작하고, 중원갑자는 1궁에서 시작하고 하원갑자는 4궁에서 시작한다. 그런 뒤에 여전이 하늘을 순히 하여 돌아 곤2궁에 이른다. 곤2궁은 입추가 당령하여, 입추·처서·백로 3개 절기가 있다. 입추는 곤궁의 수로서 선다. 즉 입추절 상원갑자는 곤2궁에서 시작하고, 중원갑자는 중5궁에서 시작하며, 하원갑자는 간8궁에서 시작한다. 입추 후는 처서가 된다. 처서 상원갑자는 1궁에서 시작하고, 중원갑자는 4궁에서 시작하며, 하원갑자는 7궁에서 시작한다. 처서 뒤에는 백로다. 1궁 물러나서 9가 된다. 백로 상원갑자는 9궁에서 시작하고, 중원갑자는 3궁에서 시작하고, 하원갑자는 6궁에서 시작한다.

곤궁으로부터 태궁에 이르고, 태궁은 추분이 당령하여, 추분 한로 상강의 3개 절기를 포괄한다. 태7궁이다. 그러므로 추분 상원갑자는 7궁에서 시작하고, 중원갑자는 1궁에서 시작하며, 하원갑자는 4궁에서 시작한다. 태궁의 제2절기는 한로로, 역수 7에서 뒤로 1 물러나 6이다. 그러므로 한로 상원갑자는 6궁에서 시작하고, 중원갑자는 9궁에서 시작하며, 하원갑자는 3궁에서 시작한다. 한로 위는 상강 중기다. 한로는 6수에서 거꾸로 퇴하여 5이다. 그러므로 상강 상원갑자는 중궁5에서 시작하여, 중원갑자는 8궁에서 시작하고, 하원갑자는 2궁에서 시작한다.

최후에 순천하여 건6궁에 이른다. 건궁은 입동이 당령하여 입동 소

설 대설의 3개 절기가 있다. 입동 상원갑자는 건6궁에서 시작하여, 중
원갑자는 9궁에서 시작하고, 하원갑자는 3궁에서 시작한다. 소설 중기
의 상원갑자는 5궁에서 시작하고, 중원갑자는 8궁에서 시작하며, 하원
갑자는 2궁에서 시작한다. 대설 절기 상원갑자는 4궁에서 시작하고,
중원갑자는 7궁에서 시작하고, 하원갑자는 1궁에서 시작한다.

이상은 하나의 표로 열거하여 비치할 수 있다. 『둔갑연의』는 이 표를
'팔문구성축시이궁표八門九星逐時移宮表'라고 부른다. 어떤 둔갑식책은 또
'팔문둔갑삼원정국'이라고 부른다.

표 5-4 팔문구성축시이궁표[42]

陽遁局				陰遁局			
坎一	상	중	하	離九	상	중	하
동지	일	칠	사	하지	구	삼	육
소한	이	팔	오	소서	팔	이	오
대한	삼	구	육	대서	칠	일	사
艮八				坤二			
입춘	팔	오	이	입추	이	오	팔
우수	구	육	삼	처서	일	사	칠
경칩	일	칠	사	백로	구	삼	육
震三				兌七			
춘분	삼	구	육	추분	칠	일	사
청명	사	일	칠	한로	육	구	삼
곡우	오	이	팔	상강	오	팔	이
巽四				乾六			
입하	사	일	칠	입동	육	구	삼
소만	오	이	팔	소설	오	팔	이
망종	육	삼	구	대설	사	칠	일

---

42) 노앙, 앞의 책, 131쪽.

시진적 팔괘육갑력을 고찰한 것으로부터 절기의 교절에 이르는 일기를 고려할 뿐 아니라 교절시각을 계산할 수 있다. 그러므로 하나의 예를 통해 둔갑식력의 구체적 운행을 주시할 필요가 있다.

제4의 예는 명明 만력萬曆 24년 병신(1596) 정월 9일 축시 입춘이다. 초9 병자일 무자시(입춘교절은 축시 전 1시진임)는 전년 대한大寒 하국下局이다. 축시부터 시작하여 돌아가면 입춘 하국이다. 초9 병자일 축시부터 해시에 이르는 시간을 계산하면 모두 11시, 초10 정축일 12시, 11 무인일 12시로, 모두 35시로 입춘 하원국의 잔국이 된다. 이때는 양둔이다. 입춘 하원갑자는 곧 2궁에서 시작한다. 병자 정축 무인 3일은 갑술순두에 속하므로 갑에 진술축미을 더하여 하원국의 순두가 된다. 이 때문에 입춘하원국의 잔국이 된다. 바로 이어 12일 기묘일상원부두가 이른다. 그러므로 기묘일 갑자시로부터 시작되고, 경진 신사 임오를 거쳐 16일 계미일 해시에 멈춘다. 모두 계산하여 5일6시가 입춘상원국이 된다. 또한 양둔이 되고, 8궁 간의 상원에서 갑자가 시작된다.

정월 17일 갑신일에 국을 바꾼다. 갑신일부터 21일 무자일 계해시에 이르러 멈춘다. 모두 5일 60시가 입춘 중원국이 된다. 양둔 중 5국에서 갑자가 시작된다. 22일 기축일 갑자시에서 24일 신묘일에 이르러 시간이 멈추고, 합하여 28시에서 입춘 하원국의 보국이 된다. 즉 보국의 앞면 초구일 병자 축시에서 시작돼 11일 무인일 해시에서 멈출 때까지 35시진이 입춘 하원 잔국이 된다. 정월 24일 신묘일 진시에 우수절과 교대한다. 즉 이때부터 시간이 시작된다. 26일 계사일 해시에 이르러 시간이 멈추고 모두 32시가 되고, 우수 하원 잔국이 된다. 양둔 진 3궁에서 갑자가 일어난다. 왜냐하면 이 3일 신묘·임진·계사는 기축 부두 아래에 있다. 그리고 갑과 기의 천간에 진술축미를 더해 하원국이 된다. 27일 갑오일에 이르러서야 상원부두의 위치에 이른다. 이날 갑자시부터 시작해 2월 초1일 무술일 해시에 이르기까지 모두 5일 60시가 우수 상원국이 된다. 양둔 이9궁에서 갑자가 시작된다. 2월2일 기해일 자시에서 시작돼 초8 계묘일 해까지 또한 5일 60시가 우수 중원국이다. 양둔 건6궁에서 갑자가 시작된다. 주의할 것은 기해일이 갑기甲己 간에 인신사해를 더해 중원이 된다는 것이다. 바로 이어 초7 갑진일 12시, 초8 을사일 12시, 초9 병오일 사시에 이르러 멈추기까지 모두 30시가 우수 하원 보국이 된다. 보충하여 채우기 전 정월 24일 신묘일에 우수와 교대하는 시간의 하국 잔국이 된다. 그 시는 단지 32개 시진이다. 현재 다시 30개 시진을 보하여 초9 병오일 오시에 경칩절과 교대한다. 그리하여 이 오시부터 시작해 무신일 해시에 이르러 멈추기까지 모두 30시가 당연히 경칩 하국 잔국이다.(병오 정미 무신은 갑진부두에 속한다. 갑기에 진술축미를 더하여 하원국이 된다.) 양둔 손4궁에서 갑자가 시작된다. 2월 12일 기유일이 상원부두의 위치에 온다. 기유 자시부터 계축일 해시까지(2월12일부터 2월16일까지) 모두 5일 60시가 경칩 상국으로 간주된다. 양둔 감1궁에서 갑자가 시작된다. 바로 뒤이은 2월 17일 갑인일 자시에서 일어나 21일 무오일 해시에 이르기까지 또한 5일 60시가 경칩 중원국이다. 양둔 태7궁에서 갑자가 시작된다. 이후 2월 22일 기미일, 28일 경신일까지 모두 2일 24시다. 다시 24일 신유일 신시 그 침까지를 더해 모두 합이 33시로 경칩 하국의 보국이 된다. 이렇게 하여 초9 병오일 오시에서 경칩 하국 잔국을 일으킨다. 모두 63시다. 방금 절기가 바뀐 때의 하원국이 잔국이다. 1절기 내려가 절을 바꾸기 전이 불완전한 하원국이 보국이다. 각 일의 '기여氣餘'는 망종(혹 대설)절기에서 다시 치윤을 둔다.

3. 태초력과 삼통력

태초력은 전한前漢의 무제武帝 때 제정돼 기원전 104년부터 시행된 역법이며, 삼통력은 전한 말기인 기원전 7년 유흠劉歆이 태초력을 일부 수정하여 만든 것이다. 그러나 태초력의 28수와 동지점의 위치를 약간 수정하였을 뿐 나머지 수치는 그대로이기 때문에 태초력과 삼통력은 같은 것으로 인식되고 있다.[43]

삼통력에 앞서 쓰인 전욱력에 대해 먼저 알아본다. 이미 아는 바와 같이 전국시대와 그 이전에 사용된 고육력은 황제력黃帝曆·전욱력顓頊曆·하력夏曆·은력殷曆·주력周曆·노력魯曆 등 여섯 종류를 말한다. 그런데 진시황은 중국을 통일한 후, 고육력 가운데 전욱력을 진력秦曆으로 채택하였다. 고육력의 하나인 진력은 이후 전한前漢의 무제가 역법을 고쳐 태초력을 만들어 대체할 때까지 사용되었다.

이 고육력의 특징 중 하나는 4분력이라는 것이다. 4분력의 의미는 1회귀년의 길이(세실歲實)를 365.25일, 즉 365와 1/4일로 정한데서 연유한다. 1년의 날수를 365라는 정수와 나머지 부분을 4분하여 표시한데서 나온 것이다.

또 고육력의 다른 특징은 삭망월의 길이를 29와 499/940일로 하여 19년에 7번의 윤달을 두는 것이다. 물론 이들 역법은 한 해의 첫 달인 세수歲首를 두는 데는 차이가 있다. 황제력·주력·노력은 동지가 있는 자子월, 은력은 동지가 있는 달의 다음 달인 축丑월, 하력은 동지 뒤 두 번째 달인 인寅월, 전욱력은 동지가 있는 달의 앞 달인 해亥월을 각각 세수로 삼았다.

특히 주목해야 할 특징은 고육력이 회귀년과 삭망년을 함께 고려한

---

43) 노앙, 앞의 책, 135-149쪽에서 옮겨 보완 정리하였다.

태음태양력이라는 데서 발생하는 교삭시각의 회귀주기에 관한 것이다. 다시 말해 해와 달이 하늘의 어떤 한 항성이 배경이 되는 지점에서 삭 또는 망이 되어 각자 운행을 시작한 뒤, 다시 똑같은 상황에 돌아오기 위해서는 일정한 시간을 지나야 한다. 이 같은 이유는 태양의 1회귀년 은 365.25일인데 비해 달의 1삭망년은 354.36일이기 때문에 해와 달 이 처음 운행을 시작한 점에서 다시 만나기 위해서는 최초로 19년이 지나야 하고 다음은 76년, 다음은 1520년, 다음은 4560년이 지나야 한 다. 고육력에서 이 회귀주기를 19년은 장章, 76년은 부蔀, 1520년은 기 紀, 4560년은 원元으로 나타낸다.

이런 역법은 한나라 무제 때까지 이어져 이미 100여년이 지났다. 이 역법은 당시에 이미 천상天象과 부합하지 않았다. 바로 사마천 등이 "삭 과 회에 달을 보고, 현에 만월이다."라고 말한 것에서 잘 드러난다. 즉 삭과 회의 날은 태양이 본래 달과 같은 위치에 있어 해와 달이 방위상 아주 가까운 거리에 있기 때문에 달은 태양의 강렬한 빛에 가리어 없어 진다. 근본적으로 달을 볼 수가 없다. 그런데 역법에 기재된 그믐날과 초하루에 오히려 달을 볼 수 있다. 이것은 명백히 역법에 문제가 있음 을 드러낸 것이다. 마찬가지로 상현 때에 달과 태양이 서로 떨어져 가 득 참을 볼 수 있다. 그리고 만월이 되는 때에는 달이 오히려 이지러진 다. 이것은 자연히 역법에 문제가 있음을 드러낸 것이다.

이 때문에 "역법은 잘못을 기재하고 있어 마땅히 정삭을 고쳐야 한 다."고 제기한다. 역법이 천상과 부합함을 구하기 위해 반드시 하나의 정확한 역원을 거듭 새롭게 정해야 했다. 한 무제 원봉 7년(기원전 104 년) 11월 초 1일이 마침 갑자일이고, 또 동지절기를 교대하는 날이라는 좋은 기회를 만났다. 이것은 하나의 실제적 천상이고, 역법의 안배와도 부합하는 것이다. 이에 한 무제는 개력을 명령했다. 원봉 7년을 태초원년으로 개칭하고, 아울러 12월 말을 태초원太初元의 연종年終으로 규정했다. 이후 매년 모두 맹춘정월로부터 개시하여 겨울 마지막 달인 계동季冬 12월 연종에 이른다. 원봉 7년 11월 갑자일 삭단 동지는 정확한 추보기점이다. 천상과 역법이 서로 맞지 않는 정황을 대대적으로 개선한 것이다.

이렇게 하여 시행된 태초력은 삭망월의 길이를 29와 43/81일로 정하였다. 이것은 고육력에서 삭망월의 길이를 29와 499/940로 정한 것과 달라진 것이다. 이 때문에 태초력을 81분역법이라고도 부른다. 또 이전에 사용하던 전욱력에서 해亥월을 세수로 하였으나 태초력에서는 인寅월을 세수로 하고, 11월을 동짓달로 고정하고, 중기中氣가 있는 달에 윤달을 두는 무중치윤법無中置閏法을 채택한 것이다. 그리고 원봉 7년(기원전 104) 11월 갑자삭단동지를 추보기점으로 삼았다.

그런데 태초력의 추보기점과 81분율력에 대해서는 당시에 쟁점이 있었다. 원봉 7년(기원전 104) 11월 갑자삭단동지를 추보기점으로 삼은 이 내용에 대하여 소제昭帝 원봉元鳳 3년(기원전 78년)에 당시의 태사령 장수왕張壽王은 태초력 시행을 반대하여 이 추보기점을 승인하지 말고 은나라 역법을 채용하도록 하는 상소를 올렸다. 이에 소제는 역법을 관장하는 선우망인鮮于妄人과 대사농중승 大司農中丞 마광麻光 등 20여 인에게 '계절 · 해 · 달 · 회 · 삭 · 현 · 망과 8절 24절기를 섞어서 모든 역법을 비교하여 진술하도록 명령했다. 5년여의 관측과 비교를 거쳐 장수왕 등이 지지한 역법의 조사 결과는 탐탁하지 않고, 태초력이 제1임을 알았다. 대개 이 논쟁은 매우 장시간 연속했으나 최후에는 태초력이 진일보한 것이라는 결과를 얻었다. 이 논쟁의 결과 '역법의 근본에 대한 검증은 하늘에 달려 있다'는 중요한 사실을 확인했다. 즉 실제 관측을 통해서 역법에 대한 검증을 진행해야 한다는 것이다. 이것은 하나의 과학적 결론이다.

등평이 제출한 81분률력에 대해 태초개력을 최초로 창의한 사마천은 원봉 7년 11월 갑자삭단동지가 하나의 적합한 추보기점이라고 인정하면서도 고대 4분력의 추보기점을 남겨둔다. 그가 편찬한 『사기』 「역서」는 등평의 81분률력을 제출하지 않는다. 그는 고육력의 4분력법에 근거하여 추보를 진행하는 「역술갑자편」을 덧붙인다. 그는 태초력의 추보기점에 근거하고, 4분력법에 근거하여 76년(1부)의 역보를 추산한다. 등평의 81분률력은 또 보존하지 않는다. 그러나 뒤에 와서 유흠劉歆이 편찬한 『삼통력보三統曆譜』는 오히려 태초개력을 답습하고 등평술에 개수를 더해 얻은 것이다. 반고는 그것을 "법을 미루어 요점을 정밀하게 한 것이다.(推法密要)"라고 말하고 『한서』 「율력지」에 실었다.

태초개력은 당시 원봉元封 연호를 고쳐 태초로 삼아 이 역법을 널리 보급하여 쓴 것을 의미한다. 그러나 이 역법의 추보는 등평의 81율력법이다. 유흠은 '삼통三統'으로써 법을 삼아 개력을 진행한 것으로, 그래서 이름이 '삼통력'이라고 인식한다. 태초와 삼통은 이름만 다르고 실은 같은 것이다. 『삼통력보』는 비록 등평이 지은 '81분율력'의 원저는 아니지만, 대략 태초력의 원모습을 유지하고 있다. 그리하여 그 저작 자체는 실상 고대에 전해온 일부로 비교적 완전한 천문역법저작이다.

태초개력시에 전욱력을 좇아 고쳐왔기 때문에 근본적으로 여전히 고사분력법의 원칙범위 내에 있는 것이다. 그것의 가장 중요한 개변은 먼저 1일을 81분으로 나누는 것으로 결정한 것이다. 그리하여 1개 삭망월의 길이, 즉 삭책朔策이 29와 940분의 499일에서 29와 81분의 43일로 변경됐다. 먼저 이 논의를 한 까닭은 '율律'로써 '역曆'을 일으키는 원칙에 근거한 것이다. 『한서』 「율력지」는 이 구상을 기록하고 있다.

"율은 1작(약)을 포용한다. 81촌을 쌓아 1일로 구분한다. '길이와 서로 함께 마친다(與長相終)'. 율의 길이는 9촌이고, 171분으로 마치고 다시 반복한다. 3번 반복하여 갑자를 얻는다. 대저 율은 음양과 구육九六을 말하고, 효상은 따라 나오는 것이다. 그러므로 황종으로 원기의 법도를 삼은 것을 율이라고 한다. 율은 법이다. 법을 취하지 않음이 없다."44)

이에 의하면 일법日法을 81에서 취함이 황종률에 근거함을 알 수 있다. 『회남자』「천문훈」에 따르면 "황종률은 9촌이어야 궁음에 조화한다. 따라서 이를 9배하면 9×9=81이 된다. 그러므로 황종의 수가 성립된다."45)고 한다. 여기서 말하는 "9촌이라야 궁음이 조화를 이룬다."는 즉 9촌길이의 관자管子(대금)를 불어서 황종 궁음의 조화를 얻는다는 것이다.

「율력지」는 또 말한다. "오성五聲의 근본은 황종률黃鐘律에서 나온다. 9촌은 궁음이 되고, 여기에 혹 덜거나 혹 더하여 상·각치·우음을 정한다. 구육의 상행은 음양의 응함이다."46) 이는 황종률이 오성의 근본이라는 것이다. 그리하여 황종률은 9촌 길이의 관자로서 궁음을 불어내고, 연후에 관의 길이를 혹은 덜고, 혹은 더하여 기타의 제 소리를 정하는 것이다. 그것은 황종관의 용적이 1작侖임을 말하는 것이다. 작에 대한 「율력지」의 설에 의하면 "약은 황종의 실實이다." 즉 황종을 불어서 나오는 궁음의 율관이다. 그 용량은 바로 1작이다. 작은 고대

---

44) 『한서』「율력지」, "律容一侖 積八十一寸 則一日之分也 與長相終 律長九寸 百七十一分而終復 三復而得甲子 夫律陰陽九六 爻象所從出也 故黃鐘紀元氣之謂律 律法也 莫不取法焉"

45) 『회남자』「천문훈」, "黃鐘之律 九寸而宮音調 因而九之 九九八十一 故黃鐘之數立焉"

46) 「율력지」, "五聲之本 生于黃鐘之律 九寸爲宮 或損或益 以定商角徵羽 九六相生 陰陽之應也"

용량의 기본단위다. 『한서』「율력지」 말에 의하면, 12율관의 둘레는 규정이 있다. 맹강孟康의 주에는 "율의 구경은 3분으로 삼천參天의 수이다. 둘레는 구분으로 종천의 수이다."고 한다. 즉 황종 율관의 길이는 9촌이고 둘레는 9분이다. 이 때문에 "구구팔십이촌九九八十一寸"이라고 한 것이다. 이런 관 안에 1,200개의 검정 기장 알을 넣을 수 있다. 두 작은 1합이 되고, 십합十合은 일승一升이 된다. 등평의 81분율력은 비록 삭책을 29와 81분의 43으로 삼았지만, 원래 전욱력의 삭책을 고친 것이다. 그렇기 때문에 여전히 원래 4분력의 윤달의 주기(윤주閏周)를 채용하고 있다. 즉 19년 윤달의 장법을 채용하고 있다. 이 때문에 「율력지」는 "율의 길이는 9촌, 171분으로 마치고 다시 시작한다. 3번 반복하여 갑자를 얻는다."고 한다. 이 이유는 1개 삭망월이 29와 43/81이 되고 원삭책과 차이가 거의 없기 때문이다.

이와는 달리 1년은 여전히 12와 7/19분=235/19개 삭망월이다. 이 때문에 1회귀년의 길이는 고침이 있을 수 없다. 이때의 1회귀년은 235/19=2,392/81=562,120/1,539=365와 385/1,539일이다. 이것을 전욱력의 365와 4분의 1일과 비교하면 점점 약간씩 커지기 마련이다. 81분율력의 세실은 점점 커진 후에 마치 때에 맞는 것 같아서 어떤 타당치 않음이 있음을 알지 못했다. 이 때문에 삭책이 점점 커진 후에 더욱더 천상과 부합하는 것 같았다. 그리고 통계수치 자료 데이터는 오히려 아주 간화簡化하여 아주 밝고 쉬운 계산으로 변했다.

그리하여 율로써 역을 일으키는 것이 마치 더욱 천지법칙을 언급하는 본질과 같았다. 세실歲實이 비록 점점 커졌지만 수량이 아주 적었기 때문에 가까운 기간 내에는 어떤 영향도 미치지 못했다. 이런 미소한 변화가 오히려 고사분력법의 질서를 파괴했다. 81분율력의 세실이 커진 후에는 곧 동지점이 매4년마다 원위치에 회복할 수 없었다. 그리하여 81과 19의 최소공배수 즉 1539년 혹은 562,120일을 지난 후에 겨우 원 위치에 회복할 수 있었다. 예를 들어 원봉 7년 11월 갑자 야반 삭단 동지가 4분력 추보에 의하면 4년 후에는 당연히 야반에 동지가 교대되는 것이다. 비록 삼통력법이 여전히 19년 7윤 장법을 합리적인 것으로 인정하더라도, 235×81=1만 9천 53개 삭망월을 기다려야 겨우 같은 날 야반에 동지 삭단에 이를 수 있다.

이 때문에 4분력은 76년 일부—蔀를 거쳐야 도달하는 야반 삭단 동지가 있고, 81분율력은 1천 539년이 필요하다. 그러므로 그것과 일부의 수는 같은 것이다. 1천 539년을 거친 후의 야반 삭단 동지의 날은 원래 앞에 있던 갑자일에 돌아온 것이 아니다. 즉 1천 539년의 수 또 60의 공약수가 될 수 없다. 만약 갑자일 야반 삭단 동지가 돌아오길 구한다면, 곧 4천 617년, 혹은 168만 6천 360일을 지나야 한다. 이것을 일러 1원이라고 한다. 1원은 1천 539년이 3개 있어야 이루어진다. 1천 539년은 1통統이라고 칭한다. 그러므로 1원에는 3통이 있다. 이것이 삼통역의 명칭이 유래한 바이다.

역원의 기점은 갑자일이다. 1통 81장, 1천 539년, 56만 2천 120일을 지난 후에 삭단 동지는 갑자일 야반에 교대하지 않는다. 그리고 갑진일 야반에 교대한다. 왜냐하면 1통의 일수를 60으로 나누어 얻은 나머지가 40이고, 이것은 간지표로부터 얻은 갑진일이기 때문이다.(56만 2천 120 〈mod 60〉 r=40) 이 갑진일은 제2통의 기점이다. 여기서부터 다시 1천 539년, 81장을 거쳐서 갑신일 야반삭단 동지를 얻는다. 이것은 제3통의 기점이다. 다시 1통을 거쳐서 갑자 야반 삭단 동지를 얻는다. 이 때문에 3번 반복하여 갑자를 얻으면 이미 4,617년이고, 이는 이미 1원이 지난 것이다. 171은 9장의 수(9×19=171)이고, 이것을 9배하여 얻은 것은 1,539 즉 1통의 수다. 1통의 3배가 1원이 된다. 1통의 3분의 1은

513이 된다. 그리고 513은 또 171의 3배다. 이 때문에 "율의 길이는 9촌, 171분으로 마치고 반복한다. 3번 반복하여 갑자를 얻는다."고 한 것이다. 이후 다시 513의 수를 볼 수 있다.

삼통력의 중점은 율과 역의 내재관계를 게시하는데 있다. 『역전』「계사전」에는 "역이란 책은 잊을 수 없고, 도道됨은 자주 옮긴다. 변동하여 머물지 않아 육허에 두루 흐른다."[47]라고 말한다. 『한서』「율력지」는 율과 역의 관계에 있어 특별히 주의하여 여기의 '주류육허'를 인용한다. 왜냐하면 역법의 추보는 수의 계산을 진행할 필요가 있다. 그리고 「율력지」는 수를 "그 수는 역易의 대연지수 50이다. 그 쓰임은 49로 양육효를 이루어 육허를 두루 흐르는 상을 얻는다. 대저 역수를 추산하여 율려律呂를 낳고 여러 기구를 만들어, 규구로 둥근 것과 반듯한 것을 파악하고, 권형으로 무게와 형평을 측정하며, 수준기로 양을 헤아려 잡란한 것을 탐색하고 은밀한 것을 찾으며, 깊은 것을 끌어내고 먼 것을 오게 하니 쓰이지 않음이 없다."[48] 고 인식한다. 또 율에 대하여 「율력지」는 "율은 12가 있다. 양 6은 율이 되고, 음 6은 려呂가 된다."[49] 또 "천지의 기가 합하여 바람을 낳고, 천지의 풍기가 바루어져 12율이 정해진다."[50], 또 "궁은 9로서 6을 인도하고, 변동하여 머물지 않으며, 육허를 두루 흐른다."[51]고 한다.

「율력지」는 「계사전」이 말하는 천지의 수에 대하여 다시 "하늘에 있는 수가 5, 땅의 수가 6이다, 그리고 이 둘은 합이 된다. 육은 허가되

---

47) 「계사전」하8장, "易之爲書也 不可遠 爲道也屢遷 變動不居 周流六虛"
48) 「율력지」, "其數以易 大衍之數五十 其用四十九 成陽六爻 得周流六虛之象也 夫 推曆生律制器 規圓矩方 權重衡平 準繩嘉量 探賾索隱 鉤深致遠 莫不用焉"
49) 「율력지」, "律有十二 陽六爲律 陰六爲呂"
50) 「율력지」, "天地之氣合以生風 天地之風氣正 十二律定"
51) 「율력지」, "宮以九唱六 變動不居 周流六虛"

고, 오는 소리가 되어 육허에 두루 흐른다. 허라는 것은 효와 율이다. 대저 음과 양은 오르고 내리며 운행하고, 벌여서 12가 된다. 그리하여 율과 여가 화합한다."[52]고 말한다.

율력의 상호 관계는 보기에 천지우주법칙에 관한 어떤 종류의 더욱 깊은 지배를 받는다. 「율력지」가 인식하는 육허는 효와 율을 포괄하고, 음양의 등강登降과 운행에 관련된다. 효는 역괘의 육효를 가리키고, 율은 곧 양 육률과 음 육려로 조성된 12율이다. 「율력지」는 특별히 천지의 기가 합하여 바람을 일으킴을 주장하고, 사람이 존재하는 자연환경과 율려의 관계를 표명한다. 만약 천지의 풍기가 정상이면 이상적 상황의 정황에 부합한다. 곧 12율에 상당히 정확히 대응하는 것이다. 이것은 정상 상황의 풍기는 양 육률과 음 육려의 육허 가운데 있어 어떤 종류의 질서 있는 주류를 형성하는 것을 말하는 것이다. 천지의 기가 합하여 만드는 바람 또한 천상의 일월운행과 관계가 있다. 우선, 천상의 일월운행 또한 주류육허이다. 『주역집해』는 우번을 인용하여 "육허는 육위다. 일월이 두루 흐름은 마치면 곧 다시 시작하는 것이다. 그러므로 육허를 두루 흐르는 것이다."[53]고 한다. 즉 태양과 달이 천지 사이 상하 사방의 육합 가운데를 두루 운행하는 것을 이른다. 당연히 일월은 어떤 한 별에 머문다. 예를 들어, 견우 별의 초도初度에 있다고 말하면, 이때의 바람은 곧 황종율에서 두루 흐를 수 있다. 그리고 일월은 영실 5도에 모인다. 아마도 이때의 바람이 바로 태주율에서 흐르는 것이다. 앞면 제2장에서 「계사전」의 "음양의 뜻은 일월에 짝한다."는 것에 대하여 이미 설명했다. 즉 일월운행은 바로 역의 "일음일양을 도

---

52) 「율력지」, "天之中數五 地之中數六 而二者爲合 六爲虛 五爲聲 周流于六虛 虛者 爻律 夫陰陽 登降運行 列爲十二 而律呂和矣"

53) 『주역집해』, "六虛 六位也 日月周流 終則復始 故周流六虛"

라고 한다."는 것을 전형적으로 표현한 것이다.

「율력지」는 바로 『역전』의 이 사상에서 깊은 영향을 받아서 일월운행과 성률이 깊고, 내재적인 본질상 연계 혹은 일치함이 있다고 인식한다. 즉 율은 본질상 역曆을 반영하고, 역曆은 본질상 율을 반영한다고 인식한다. 앞에서 인용한 『주역집해』의 우번은 '주류육허'에 관한 말이 또 있다. "갑자의 순에서 진사辰巳는 허가 되고 감무坎戊는 달이 되고, 이기離己는 해가 된다. 중궁에 들어감은 허공에 처하는 것이다. 그러므로 육허라고 칭한다. 5갑은 감坎과 같은 것이다."54)고 한다. 더 나가서 팔괘와 육갑력을 연계한다. 전 면에서는 이미 팔괘육갑력을 상세히 설명했다. 여기에서는 우번의 말을 해석하기 위해 다시 약간의 보충을 한다. 여기서 말하는 것은 '갑자의 순에서 진과 사는 허가 된다'이다. 왜냐하면 갑자순은 갑자·을축·병인·정묘·무진·기사·경오·신미·임신·계유 10일을 포괄하기 때문이다.

10천간과 12지지가 짝으로 응함에는 반드시 10간이 먼저 앞에 있는 10개 지지와 서로 짝을 하고 나머지 두 개 지지는 본 순에서 간지의 짝이 없다. 갑자 순에서 10간은 단지 앞에 있는 자로부터 유까지의 10개 지지와 짝을 한다. 그리고 나머지 술과 해 두 개 지지는 짝이 없다. 이 갑자 순에서의 술과 해 두 개 지지를 '고孤'라고 칭한다. 그리고 고라고 불리는 양 개 지지와 대립하는 방위의 진辰과 사巳 두 개 지지는 허 '虛'라고 부른다. 허와 서로 짝이 되는 간은 무戊와 기己 양 간이다.

예를 들어, 갑술순의 10일은 갑술甲戌·을해乙亥·병자丙子·정축丁丑·무인戊寅·기묘己卯·경진庚辰·신사辛巳·임오壬午·계미癸未이다. 이 1순의 지지는 술戌부터 시작한다. 그 마지막 양 개 지지는 신申과 유酉다.

---

54) 『주역집해』, "謂甲子之旬 辰巳爲虛 坎戊爲月 離己爲日 入在中宮 其處空虛 故稱 六虛 五甲如次者也"

그러므로 신과 유는 고가 된다. 갑술순 중에 이미 짝할 수 있는 간이 없기 때문이다. 그리하여 갑술순에서는 인寅과 묘卯가 허虛가 됨을 미루어 알 수 있다. 그리고 인묘寅卯와 서로 짝이 되는 간干은 여전히 무戊와 기己이다. 그리고 팔괘육갑력은 무戊로써 감坎괘와 짝을 하고, 기己로써 이離괘에 짝을 한다. 무는 해와 짝하는 양간이고, 기는 달과 짝하는 음간이 된다. 그리고 공간 방위 중에서 천간 무기戊己는 중앙에서 짝을 한다. 천공의 중앙은 바로 공허한 곳이다. 우번虞翻은 "그 곳은 공허하다. 그러므로 육허라고 부른다."고 한다.

위에서 비록 단지 갑자 갑술 양 개 순을 말했지만, 그 나머지 4개 순 또한 상술한 방법에 따라 각 순의 고孤와 허虛를 구할 수 있다. 이것은 이른바 '육갑고허六甲孤虛'라는 것이다.

고인은 이런 고허법이 천지우주의 대법칙을 반영한다고 크게 인식했다. 갑·을·병·정 등 10간을 음양으로 나누어 각각 5간을 얻는다. 즉 갑·병·무·경·임은 오양간이 되고, 을·정·기·신·계는 오음간이 된다. 자·축·인·묘 등 12지 또한 음양으로 나누어 자·인·진·오·신·술은 6양지가 되고, 축·묘·사·미·유·해는 6음지가 된다. 천간은 나뉘어 5조가 되고, 지지는 나뉘어 6조가 된다. 이 때문에 천수는 5, 지수는 6이다. 이 양자가 서로 합한다. 즉 육허에 두루 흐른다는 것은 이런 의미를 포함하는 것이다. 이 때문에 『역전』「단전」 '건乾괘'는 "시작과 끝을 크게 밝히면 6위가 때로 이루어지니, 때로 여섯용을 타고 하늘을 날아다닌다."[55]라고 한다. 또 『역전』「문언전」 '건乾괘'는 "건원乾元의 용구用九는 하늘의 법칙을 볼 수 있다.(乾元 用九 乃見天則)"라고 한다. 즉 건괘의 육효가 아래부터 위를 따름은 효의 변화를 표시하는 것일 뿐 아니라 동시에 양기가 때의 차례대로 상승하는 것을 표시하고,

---

55) 『역전』「단전」, "大明終始 六位時成 時乘六龍以御天"

계절기후의 변화를 표시하며, 바람소리의 음률 변화를 표시하고, 당연히 다시 일월의 왕래를 반영한다. 이 때문에 괘효는 율력·기후·물후 내지 천상의 전체적 표시를 이룬다. 역의 괘효는 천지우주의 근본법칙을 모사한다. 이 때문에 「계사전」은 "건곤이 열을 이룸에 역은 그 가운데 선다. 건곤이 훼손되면 역을 볼 수 없다. 역을 볼 수 없으면 건곤은 종식된다."[56]라고 한다. 이 때문에 율로써 역을 일으킨다는 것은 바로 『역전』 사상의 영향의 결과라고 하는 것이다.

4. 괘기학설

서한시대에는 역易으로써 역曆을 해석하려는 시도가 적지 않았다. 앞서 살핀 바와 같이 유흠은 역易을 인용하여 태초력에 대한 이론을 설명하고 해석했다. 그의『삼통력급보三統曆及譜』는 당시에 이 방면에서 대표성이 있고, 후세에도 또한 영향력이 있는 것으로 평가된다. 그가 주의를 기울인 것과 실제의 관측은 부합하였으므로 삼통력은 천문역법상에서 큰 업적을 남겼다. 유흠 외에도 많은『주역』학자가 역易으로써 역曆을 해석하고 설명했으나 여기서는 맹희孟喜[57]와 경방京房[58]의 대표적 괘기학설卦氣學說을 알아본다.[59]

---

56) 「계사전」 상12장, "乾坤成列 而易立乎其中矣 乾坤毀則无以見易 易不可見 則乾坤或幾乎息矣"
57) 맹희孟喜-사는 장경長卿 동해 난릉蘭陵(현 산동山東 창산蒼山 난능진蘭陵鎭) 사람. 서한의 금문경학가 금문역학 '맹씨학'의 창시자. 그의 역학 특성은『주역』괘상으로 1년의 절기변화를 해설하는 '괘기卦氣'를 개창한 것이다.
58) 경방京房(기원 전 77-기원 전 37)-서한 금문역학자로 '경씨학'의 창시자. 본성은 李, 자는 군명君明, 동군돈부군頓邱(현 하남河南 청풍淸豊 서남西南) 출신. 맹희의 문인 초연수焦延壽로부터 역을 배워 변통變通으로 역을 설명하고, 재이災異를 즐겨 말하였다.

괘기학설과 삼통력은 모두 '역易'으로써 '역曆'을 해석한 것이다. 그런데 괘기학설은 '역易'으로써 태초력을 해석하거나 설명하는 연구자료와 천도의 운행을 재는 일에 직접적인 주의를 기울이지 않는다. 그리고는 '역易'과 '역曆'의 일반성적 관계 중에서 '역易'과 '역曆' 간의 더욱 깊은 내재관계를 찾아내려고 시도한다. 아마도 율律로써 역曆을 낳는 계발에 연유하여 괘기설이 '역易'과 '역曆' 간에 자연적이고 본질적인 관계가 있다고 믿는 것 같다.

역曆은 하늘의 일·월·성신의 운행 정황에 대한 묘술이다. 그리고 역易은, 천지 우주간의 일체 사물에 대한 본질성의 묘술이다. 그리하여 이 양 자는 서로 표시할 수 있고, 또 적절한 말로 처리할 수 있다면, 심혈을 기울여 제작한 한 부의 태초력은 『주역』 계통 중에서 그 우월함이 자연히 드러날 수 있다고 할 것이다. 이 때문에 괘기학자는 역曆에 대해서나 역易에 대해서 상응적인 처리를 하고 있다.

괘기학자는 한편으로 『주역』의 기초인 64괘를 1년 12개월 24절기 등 시간주기 중에 녹여 넣고, 한편으로는 각종 시간단위와 시간주기를 괘효 중에 녹여 넣는다. 이를 위해서 여러 종류의 방법을 시험했다. 그러나 대개는 곧 바로 이상적 결과에 도달하지 못한다. 그것은 64괘를 1년의 모든 시간주기에 배치하고, 64괘를 3종류로 나눈다. 제1류는 단지 4괘가 있는데, 방백괘方伯卦라고 칭한다. 즉 4정괘로 감坎·이離·진震·태兌이다. 이것은 아마도 표준을 정하기 위해 설계된 것으로 보인다. 제2류는 12월괘로 혹 12벽괘辟卦로도 불린다. '벽辟'자에는 '왕王'과 '주인主人'의 의미가 있다. 제3류는 잡괘라고 부른다. 즉 위의 두 종류 16괘를 제외한 48괘다.

4정괘는 사시를 주관한다. 4괘는 모두 24효가 있는데, 매 효는 24절

---

59) 노앙, 앞의 책, 165-176쪽에서 옮겨 보완 정리하였다.

기의 1개 절기를 주관한다. 역曆은 동지로부터 개시하고, 괘는 감坎괘부터 시작된다. 감괘 6효는 동지와 그 뒤의 6개 절기를 주관한다. 즉 감괘 초육은 동지를 주관하며, 구이는 소한을 주관하고, 육삼은 대한을 주관하고, 육사는 입춘을 주관하며, 구오는 우수를 주관하고, 상육은 경칩을 주관한다. 진괘震卦는 춘분 뒤의 6개 절기를 주관한다. 진괘 초구는 춘분을 주관하며, 육이는 청명을 주관하며, 육삼은 곡우를 주관하고, 구사는 입하를 주관하며, 육오는 소만을 주관하고, 상육은 망종을 주관한다. 이離괘는 하지와 그 뒤의 6개 절기를 주관한다. 이괘 초구는 하지를 주관하고, 육이는 소서를 주관하며, 구삼은 대서를 주관하고, 구사는 입추를 주관하며, 육오는 처서를 주관하고, 상구는 백로를 주관한다. 태兌괘는 추분과 그 뒤의 6개 절기를 주관한다. 태괘 초구는 추분을 주관하고, 구이는 한로를 주관하며, 육삼은 상강을 주관하고, 구사는 입동을 주관하며, 구오는 소설을 주관하고, 상육은 대설을 주관한다. 비록 4정괘와 그 각효가 모두 구체적 날짜와 대응되는 것은 아니지만 표준을 정한 의미는 지극히 분명하다. 추산 상으로는 이 4정괘를 표준으로 배열한 것 외에 나머지 60괘 또한 처리하기에 편리하다.

　12월 벽괘에서 벽은 왕이기 때문에 벽괘는 각 월의 주인이 되는 괘로서 완전히 음양의 소식에 의하여 배열한 것이다. 역曆은 동지부터 시작하므로 동지가 소재한 달은 '건자建子'의 달이 되고, 복復괘가 벽괘가 된다. 복괘의 상체는 곤坤이고, 3효가 모두 음이다. 하체는 진震으로 1양효가 아래에 있다. 바로 동지에 1양이 처음 생기고 여러 음이 위에 있는 정황과 똑같다. 바로 이어 축월丑月(즉 대한大寒 중기中氣가 소재한 달)은 2양이 아래에 임한 임괘로서 벽괘가 된다. 그런 뒤에 인寅월(농사력으로는 정월, 우수가 소재한 달)은 태괘가 벽괘이다. 즉 이른바 '삼양이 크게 열린다(三陽開泰)'이다. 묘卯월(춘분이 소재한 달로 농력 2월)은 대장大壯괘가 벽괘다. 아래 네 효가 양효이고 위에 2효가 음효다. 진辰월(곡우가 있는 달로 농력 3월)은 쾌夬괘가 벽괘다. 쾌괘 상체는 태兌이고, 하체는 건乾이다. 오직 가장 위에 한 효가 음효다. 사巳월(소만이 있는 달로 농력 4월)은 건乾괘가 벽괘다. 6효 모두가 양이다. 여기에 이르면 양기가 가장 성한 때이다. 그 다음에는 오午월(하지가 있는 달로 농력 5월)은 구姤괘가 벽괘가 된다. 이것은 바로 하지에 1양이 생기는 것을 반영한다. 이하 미未월(대서가 있는 달로 농력 6월)은 돈遯괘가 벽괘이다. 신申월(처서가 있는 달로 농력 7월)은 비否괘가 벽괘다. 유酉월(추분이 있는 달로 농력 8월)은 관觀괘가 벽괘가 된다. 술戌월(상강이 있는 달로 농력 9월)은 박剝괘가 벽괘가 된다. 해월(소설이 있는 달로 농력 10월)은 곤坤괘가 벽괘다. 동지에서 1양이 생겨나서 이후 매월 양이 자라서 음을 멸식시킨다. 즉 매월 양효 1개가 증가한다. 4월 소만에 이르러 6양을 모두 갖추어 건乾괘가 된다. 그런 다음 하지에 1음이 생겨나서 이후 매월 음이 양을 멸식시킨다. 즉 점차 음이 양효를 소거시킨다. 10월 소설에 이르러 모두 음인 곤坤괘가 된다. 완전히 음양 소장에 의거하여 표현했다.

〈12벽괘도十二辟卦圖〉[60]

본서는 앞에서 이미 『역전』「단전」 풍豐괘의 "해는 중천에 이르면 기울고 달은 차면 먹히니, 천지의 차고 빔이 때와 더불어 소식한다."[61]라고 한 것을 인용했다. 또 「단전」 박剝괘의 "군자가 소식과 영허를 숭상함이 하늘이 운행하는 도이다."[62]를 인용했다. 괘기설은 이것에 근거하여 12벽괘를 만들었다. 음양의 소식과 천지의 영허에 의하여 1년의 주기변화 과정을 설명하는 것이다. 이 때문에 12월괘, 혹은 12벽괘 또는 12소식괘라고 부르는 것이다.

제3류는 48개 잡괘雜卦다. 괘기설은 괘에 이미 12벽괘와 4방백方伯괘가 있기 때문에 그 나머지 48괘를 공公괘, 후侯괘, 대부大夫괘, 경卿괘의 4등으로 나눈다. 4개 방백괘에서 열외된 그 나머지 60개 괘는 5등괘로 나눈다. 다시 5등괘를 벽괘를 따라 각 월중에 분포시킨다. 이 5등괘가 1개월 중에 배열되는 차서는 다음과 같다. 1개월의 개시 3일은 후侯괘의 외外괘다. 즉 후侯괘의 상면 3효가 조성하는 단單괘가 때를 담당한다. 바로 이어지는 것은 大夫괘다. 그 다음에 이어지는 것은 경卿괘다. 경괘의 뒤는 공公괘다. 그 다음이 벽괘다. 다시 바로 이어지는 달의 끝은 후侯괘 내內괘(즉 후괘하면 3효로 조성된 단괘)다. 그러나 주의할 것은 본本월 초의 후侯괘 외괘와 윗 달의 끝 후侯괘 내괘는 같은 괘의 중重괘다. 그리고 본월 초 후侯괘의 외괘와 본월 끝의 후侯괘 내괘는 오히려 같은 중重괘가 아니다.

앞에서 각 월 벽괘의 배열을 상세히 설명했다. 그 각 월에 분포된 나머지 4등괘를 간략하게 서술하면 다음과 같다.

삼공三公괘. 11월 중부中孚괘는 동지冬至에서 시작된다. 12월 승升괘는 대한大寒에서 시작한다. 정正월 점漸괘는 우수에서 시작하고, 2월 해解괘

60) 노앙, 앞의 책, 166쪽.
61) 『역전』「단전」〈풍豐괘〉, "日中則昃 月盈則食 天地盈虛 與時消息."
62) 「단전」〈박剝괘〉, "君子尙消息盈虛 天行也"

는 춘분春分에서 시작하고, 3월 혁革괘는 곡우穀雨에서 시작하고, 4월 소축小畜괘는 소만小滿에서 시작하고 5월 함咸괘는 하지에서 시작하고 6월 이離괘는 대서大暑에서 바뀌고 7월 손損괘는 처서에서 시작하고, 8월 비賁괘는 추분에서 시작하고 9월 곤困괘는 상강에서 시작하고, 10월 대과大過괘는 소설에서 시작한다. 삼공三公괘는 각월 중기中氣에서 시작한다.

제후諸侯괘. 11월 둔屯괘(둔 내괘는 11월 끝에 있음, 둔 외괘는 12월 초에 있음), 이후 각 월은 단지 후괘 내괘가 있는 달을 말한다. 예를 들어 12월 소과小過괘는 즉 후侯괘 소과小過의 내괘가 12월 끝에 있는 것을 말하는 것이다. 정월 수需괘, 2월 예豫괘, 3월 여旅괘, 4월 대유大有괘, 5월 관觀괘, 6월 항恒괘, 7월 손巽괘, 8월 귀매歸妹괘, 9월 간艮괘, 10월 미제未濟괘.

대부大夫괘. 11월 건蹇괘, 12월 겸謙괘, 정월 몽蒙괘, 2월 수隨괘, 3월 송訟괘, 4월 사師괘, 5월 가인家人괘, 6월 풍豐괘, 7월 절節괘, 8월 췌萃괘, 9월 무망无妄괘, 10월 기제旣濟괘.

구경九卿괘. 11월 이頤괘, 12월 규睽괘, 정월 익益괘, 2월 진晉괘, 3월 고蠱괘, 4월 비比괘, 5월 정井괘, 6월 환渙괘, 7월 동인同人괘, 8월 대축大畜괘, 9월 명이明夷괘, 10월 서합噬嗑괘.

만약 각 등급 괘의 배열 차서를 살피고, 월분에 따라 배열하면 괘기도卦氣圖를 얻는다. 예를 들어, 11월은 먼저 미제未濟괘이다. 그런 뒤에 곧 건蹇괘(大夫괘)다. 바로 이어서 이頤괘(九卿괘), 중부中孚괘(三公괘), 복復괘(벽괘), 둔屯괘 내괘이다.

북위北魏의 장용상張龍祥, 이업흥李業興 등은 『정광력正光曆』을 편찬해 처음으로 괘기를 역법에 도입했다. 즉 "(감坎 이離 진震 태兌)4정괘는 방백方伯이 되고, 중부中孚괘는 삼공이 되고, 복復괘는 천자가 되고, 둔屯괘는 제후가 되며, 겸謙괘는 대부가 되고, 규睽괘는 구경九卿이 되고, 승升괘는 다시 삼공이 되어 두루 다시 시작된다."고 말한다. 『위서魏書』「율력지律曆志」는 이 표가 늦어도『정광력』부터 이미 이런 차례를 가지고 있었다고 설명한다.

괘기학설은 '역易'을 '역曆'에 도입하는 근거로 인용한다. 마치 주로 「계사전」에서 "'역易'이란 책은 잊을 수 없고, 도됨은 자주 옮긴다. 변동하여 머물지 않아 육허에 두루 흐른다. 그리하여 오르고 내림이 무상하며, 강과 유가 서로 교역하여 표준법칙으로 삼을 수 없고, 오직 변화하여 나가는 바이다."[63]라고 한 것과 같다. 역이 말하는 것은 천지간의 일체 변화하는 사물 혹은 일체 사물의 변화이다. 그리고 일체 변화하는 사물 혹은 일체 사물의 변화는 모두 규칙을 찾을 수 있다. 그중 하나의 규칙은 역에서 볼 때 일체 사물의 변화는 모두 어떤 주기성이 있다는 것이다.

예를 들어, 종시·왕반·래복 따위로 이미 앞의 몇 장에서 제시했다. 역법曆法은 다시 한 계열의 크고 작은 서로 다른 시간주기성으로 조성된 것이다. 그리고 역법주기는 바로 天象 운행의 각종 공간을 두루 흐르는 시간의 묘술이다. 그리고 어떤 사물의 변화는 모두 역법에서 말하는 한 계열의 시간주기 내에서 드러난다. 이 때문에 역법은 천지인 3개 세계의 하나의 접합부분이다. 그리고 『역경』 괘효 계통은 더욱 본질적인 우주만유의 일종의 부호표시로 인식되고, 『역경』 계통으로 역법曆法을 묘술 혹은 융합하는 매우 자연적인 것이다. 그리고 또 고대 역학가易學家와 역법가曆法家에서는 양 자의 융합, 혹은 상호 묘술은 불가능할 것으로 보였다. 그렇다면 이것은 불가사의한 것이다. 앞에서 말한 태초개력의 사상은 이와 같은 것이다. 유흠도 이와 같고, 「역구액」도 이와 같고, 괘기설 또한 이와 같다. 『역경』에서 제2조가 변화의 규칙에 관련이 있다. 곧 음양의 기는 일체 사물변화의 시종을 수반한다. 그리고 음양의 기는 소식영허로 표현되고, '때와 함께 소식한다'로 표현된다. 이 때문에 일체의 주기변화과정은 모두 생장쇠망, 손익영허, 강유상추, 음

---

63) 「계사전」 하8장, "易之爲書也不可遠 爲道也屢遷 變動不居 周流六虛 上下无常 剛柔相易 不可爲典要 維變所適"

양상계 등등의 상태 중에 있다. 인간사회의 변화는 진실로 이와 같고, 천지일월의 변화 또한 이와 같다.

『한서』「율력지」는 특별히 「계사전」의 이 단락 가운데 '변동불거 주류육허' 대목을 많이 인용한다. 천체(천구) 및 천상의 일월오성의 인식은 천상과 지하 전후좌우 육합의 빈 공간에서 밤낮 쉬지 않고 마치면 다시 시작하는 운행을 하는 것이다. 이것은 '변동불거 주류육허'의 구체적 모습이다. 또한 본장 앞면 중에서 풍기는 육률 육려에서 '두루 흐른다'는 것을 소개했다. 이 또한 일종의 주류육허이다. 역괘 각 효가 상하를 오고 감은 끊임없이 강유 음양의 변화를 만들어내는데, 이것이 주류육허이다.

节气	(月中节)	始　卦	中　卦	终　卦
冬至	十一月中	公 中孚	辟 复	侯 屯(内)
小寒	十二月节	侯 屯(外)	大夫 谦	卿 睽
大寒	十二月中	公 升	辟 临	侯 小过(内)
立春	正月 节	侯 小过(外)	大夫 蒙	卿 益
雨水	正月 中	公 渐	辟 泰	侯 需(内)
惊蛰	二月 节	侯 需(外)	大夫 师	卿 晋
春分	二月 中	公 解	辟 大壮	侯 豫(内)
清明	三月 节	侯 豫(外)	大夫 讼	卿 蛊
谷雨	三月 中	公 革	辟 夬	侯 旅(内)
立夏	四月 節	侯 旅(外)	大夫 随	卿 比
小满	四月 中	公 小畜	辟 乾	侯 大有(内)
芒種	五月 節	侯 大有(外)	大夫 家人	卿 井
夏至	五月 中	公 咸	辟 姤	侯 鼎(内)
小暑	六月 節	侯 鼎(外)	大夫 丰	卿 涣
大暑	六月中	公 履	辟 遁	侯 恒(内)
立秋	七月 节	侯 恒(外)	大夫 节	卿 同人
处暑	七月 中	公 损	辟 否	侯 巽(内)
白露	八月 节	侯 巽(外)	大夫 萃	卿 大畜
秋分	八月 中	公 贲	辟 观	侯 归妹(内)
寒露	九月 节	侯 归妹(外)	大夫 无妄	卿 明夷
霜降	九月 中	公 困	辟 剥	侯 艮(内)
立冬	十月 节	侯 艮(外)	大夫 既济	卿 噬嗑
小雪	十月 中	公 大过	辟 坤	侯 未济(内)
大雪	十一月节	侯 未济(外)	大夫 蹇	卿 颐

〈괘기도표(5등괘와 절기대응표)〉[64]

---

64) 노앙, 앞의 책, 171쪽.

앞면에서 또 무戊와 기己의 천간이 허신虛辰의 일진 상에 배치되는 것
을 표현하는 '주류육허' 등에 관하여 우번을 인용했다. 그리하여『한서』
「율력지」는 "고로 음양이 변화를 베풀어 만물이 마치고 시작한다. 이미
같은 유가 율려에서 여행하고 또 일진을 거친다. 그리하여 변화의 정을
볼 수 있다."[65]고 한다. 여기에는 실제로 변화에 관한 역학의 제3조
규칙이 은함돼 있다. 곧 만사만물의 변화정황은 서로 모사할 수 있는
것이다. 즉 일종의 사물변화, 혹은 일종의 변화적 사물은 다른 일종의
변화, 혹은 다른 일종의 사물로 유추되고 표시될 수 있다.『한서』「율
력지」 중에서는 다시 말한다. "역 대연지수 50으로, 그 씀은 49이고,
양 육효를 이루어 육허를 주류하는 상을 얻는다."[66] 또 "궁은 9로써
6을 선도하고, 변동하여 머물지 않고, 육허를 두루 흐른다."[67]고 한다.
즉 음양의 기가 괘효의 육위에서 변동하여 머물지 않음을 설명한다. 곧
괘의 육효의 의미는 음양의 기가 육허를 유행하는 본질을 묘사하는 것
이다. 만사만물이 육허를 주류하는 것은 비록 복잡다양하고, 비록 번잡
한 것을 나타내지만 모두 이 괘효 모식으로 해석과 설명을 할 수 있다.
『역위』「건착도」는 "공자가 말하기를, 역易은 쉬운 것(이易)이고, 변하
는 것(변역變易)이고, 불변하는 것(불역不易)이다. 이 세 가지의 관장은 도
덕을 포용하는 열쇠가 된다."[68]고 한다. 즉 이것은 역은 평이하고, 변
역과 불역의 특성이 있다는 것을 말하는 것이다. 정현의 주注는 "역의
도통은 이 삼자이다. 그러므로 천하의 도덕을 이룰 수 있고, 그러므로

65)『한서』「율력지」, "故陰陽之施化 萬物之終始 旣類旅于律呂 又經歷于日辰 而變
　　化之情可見矣"
66)『한서』「율력지」, "以易 大衍之數五十 其用四十有九 成陽六爻 得周流六虛之象也"
67)『한서』「율력지」, "宮以九唱六 變動不居 周流六虛"
68)『역위』「건착도」, "孔子曰 易者易也 變易也 不易也 管三成爲道德包篇"

도덕을 포용하는 중요한 열쇠라고 말하는 것이다."69)고 한다. 정현은 이것을 근거로 진일보하여 "역은 한 이름으로 세 가지 의미를 포함한다. 이간易簡이 그 하나이고, 변역變易이 둘이며, 불역不易이 셋이다."고 한다. 이것은 곧 역과 괘효가 천지우주, 만사만물의 운동변화(변역)를 나타내는 일종의 모식(이간)임을 말하는 것이다. 그리고 그 가운데서 탐색한 것이 우주법칙(불역)이다.

그러나 괘기설은 하나의 문제가 있다. 즉 괘효와 일진을 서로 짝짓는 처리 방법에 있어서 삼통력에 대한 그들의 간법을 반영하고 있다. 이것은 괘기학설의 구체적 기술 세목이다. 그러나 그것은 '육일칠분법'이라고 하는 전문 명칭이 있다. 이 '육일칠분'은 1년 365일의 나머지를 각 괘에 배치하는 구체적 방법이다. 그러나 '육일칠분'은 아마도 길흉을 점치는 일종의 기술일 수 있다. 『후한서』 「낭의전郎顗傳」은 낭의의 부친 낭종郎宗에 대해 "'경씨역'을 배웠다. 풍각風角·성산星算 육일칠분에 밝아 기를 보고 길흉을 점칠 수 있다. 항상 점을 쳐서 돈을 받아 스스로를 봉양했다."70)고 설명한다. 여기서의 풍각·성산·망기 등은 모두 길흉을 점치는 기술이다.

'육일칠분'을 그 중에 열거하는 것은 자연히 길흉을 점치는 기술로 보인다. 그러나 전해오는 육일칠분법은 매우 간단하다. 즉 1회귀년은 여전히 365.25일이고, 360일을 60괘에 나눈다. 즉 매 괘는 6일을 얻는다. 그러나 나머지 5.25일은 어떻게 처리하는가? 곧 매일을 80분으로 정하면, 5.25일은 모두 420분이 된다. 이 420분을 60괘에 분포시키면 매괘는 7분을 얻는다. 그러므로 1년 365.25일을 60괘에 평균하여 분포

---

69) "易道統此三者 故能成天下之道德 故云包道之要篇也"
70) 『후한서』 「낭의전郎顗傳」, "學京氏易 善風角 星算 六日七分 能望氣占候吉凶 常 賣卜自奉"

시키면 매 괘는 6일7분을 얻는다. 1개월에 대해 말하면 즉 1개월은 5괘
와 30일과 80분의 50일을 얻는다.

이것은 하나의 순 양력계통이다. 음력계통과는 직접적 관련이 없다.
이렇게 괘기설은 괘와 월(삭망월이 아님)과 일이 긴밀하게 결합하여 역易
이 역법曆法을 묘술하는 설계를 완성했다. 그러나 6일7분법을 보면 매
일을 80분으로 나누고, 81분은 아니기에 확실히 등평의 '81분율력'과는
어울리지 않는다. 물론 이것은 4분역법을 써서 처리하므로 간단명료하
다. 그러나 역법曆法중의 날의 분수는 기초자료이므로 임의대로 하는
것은 마땅하지 않다. 이런 정황은 아마도 개력을 한 사람이 율을 역曆에
도입할 때에 관심을 기울였거나 어쩌면 삭책에 주로 관심을 기울이고
세실에는 주의가 미치지 못했기 때문일 것이다. 아마도 삭책을 실제상
약간 소소하게 고쳐서 대개는 세실에 영향을 미치지 않는다고 여겼을
수 있다. 또 혹시 세실이 받는 영향을 고려한 사람도 있을 수 있다.

1년에 12와 19분의 7개 삭망월(왜냐하면 19년 7윤의 장법은 불변하기 때문
임)이 있는 점을 고려하면, 매 1개 삭망월에는 29와 81분의 43일이 있
다. 이 양 자의 곱한 누적은 365와 1,539분의 385다. 즉 365.25016일
이다. 이것은 또 그 차이가 극히 미소한 수치다. 이 때문에 회귀년 길이
로 쓸 때에는 365.25로 쓰는 것이 아마도 자연히 맞는다고 여길 수 있
다. 비록 이 가능성이 의미는 없다고 해도 그러나 유흠이 편찬한『삼통
력』이전에는 태초력의 4분법 분위기가 상당히 비중 있게 반영되었다.

괘기설은 천지간 만사만물의 음양소식적 수기성의 율칙으로부터 다
방면에 깊이 파고든 연계를 이룬다. 그런데 그들은 오히려 그들이 앞에
닥친 대상의 본질지식을 알지 못할 수 있기 때문에, 그리하여 그들은
정말로 바른 적극적 과학성과를 얻을 수 없는 것이다. 그런데 그들이
강조하는 것은 이성사유이고, 사물을 탐색하는 심층적 혹은 본질적 기

제이고, 괘효와 각종 현상규율을 이용하여 보편적 연계를 만드는 것이고, 아울러 이런 종류의 연계를 거쳐 더욱 심층차 상에 있는 각종 현상의 상호 관련을 극력 게시하는 것이다.

찾아보기

지은이 **김진희**金珍熙는 1956년 충북 음성에서 태어나 청주대학교 행정학과를 졸업하고 공주대학교 대학원에서 역리학易理學 석사와 교육학(한문) 박사 학위를 받음. 1984년 연합통신(현 연합뉴스)에 입사해 현재 연합뉴스 전국부 기자(부국장급)로 일하고 있음. 논문으로는 「『주역周易』 상象·수數의 시공성時空性 고찰」, 「육효서법六爻筮法의 구성체계에 관한 철학적 고찰」, 「사주명리학의 철학적 기초」, 「자평사주학子平四柱學의 이론적 근거와 구성체계에 관한 연구」(석사학위논문) 「문왕서법文王筮法과 경방서법京房筮法의 비교연구」(박사학위논문) 등이 있음. 저서로는 「주역 읽기 첫걸음」(2012), 「알기 쉬운 상수역학」(2013)이 있음.

주역의 근원적 이해 - 천문역법을 중심으로

2010년 6월 21일 초판 1쇄 펴냄
2015년 1월 15일 초판 2쇄 펴냄

지은이 김진희
펴낸이 김흥국
펴낸곳 도서출판 보고사

등록 1990년 12월 13일 제6-0429호
주소 서울특별시 성북구 보문동7가 11번지 2층
전화 922-5120~1(편집), 922-2246(영업)
팩스 922-6990
메일 kanapub3@naver.com
http://www.bogosabooks.co.kr

ISBN 978-89-8433-818-0 93150
ⓒ 김진희, 2010

정가 20,000원